いちばんわかる日商簿記1級 商業簿記・会計学の教科書

第II部

CPA会計学院 編著

はしがき

本書を手に取る方の多くは、いま日商簿記３級２級の勉強中、もしくは、すでに合格したという方でしょう。

日商簿記１級は日商簿記検定の最高峰に位置づけられる試験です。

簿記２級合格後の新たな目標として、簿記１級は非常におすすめです。

簿記２級においても多くのことを学習しますが、簿記会計分野の領域は非常に広く、簿記２級においてまだ学習できてないことは多々あります。

この点、簿記１級では幅広くそして奥深く学習することになるため、簿記会計に関する大きな強みを身につけることができます。

事実、簿記１級合格者は企業において高く評価されています。しかし、現状簿記１級合格者は多くないため、非常に重宝されます。合格したあかつきには、昇進や転職などキャリアアップに大きく活きることでしょう。

また簿記１級は、国家資格である公認会計士試験や税理士試験の登竜門でもあり、最終的に公認会計士を目指すという方にもおすすめです。

しかし、その分難しい試験であるという点も事実です。

そこで本書においては、難しい内容でもしっかりと身につけられ、かつ、効率的に学習できるよう以下のような特徴を持たせました。

・図や表を積極的に用いることで、理解・定着ができる。

・各論点に例題を設けることで、解く力を養うことができる。

・学習上の重要性を付すことで、効率的に学習できる。

上記に加えて最大の強みは、CPAラーニングと連動している点です。

CPAラーニングでは本書を用いた講義を実施しています。

講義動画は、CPA会計学院の公認会計士講座の講師が担当しており、本書の内容を、かみ砕いてわかりやすく解説しています。正しく理解し、効率的に学習を進めるためにも、講義を受講することをおすすめいたします。

簿記1級はその内用面、試験範囲の広さから、完全独学が難しい試験となっています。本書と合わせて、ぜひCPAラーニングをご活用して頂き、簿記１級の合格を勝ち取って下さい。

本書は、会計資格の最高峰である公認会計士試験で高い合格実績を誇るCPA会計学院が自信を持ってお贈りする一冊です。本書で学習された皆様が、日商簿記検定１級に合格されることを心より願っております。

2023年５月吉日

CPA会計学院　講師一同

■CPAラーニングを活用しよう！

CPAラーニングの特徴

✓ **プロ講師による「理解できるWEB講義」**

簿記1級を熟知した講師が試験に出やすいポイントやつまづきやすい問題などを丁寧に解説しているので、忙しい社会人の方や就活生でも効率的に最短合格を目指せます。また、WEB講義形式のため、いつでも、どこでも、何度でもご視聴いただけます。

✓ **模擬試験が受け放題**

本番さながらの実力をチェックできる模擬試験を何度でも受験することができます。もちろん、分かりやすい解説付きなので苦手な論点を得意に繋げることができます。

✓ **運営元は大手公認会計士スクール「CPA会計学院！」**

CPAラーニングは公認会計士講座を50年以上運営してきた実績あるCPA会計学院が講義を提供しています。講義は公認会計士講座の講師が担当しているので、本質が理解できるわかりやすい講義を展開します。

✓ **実務で役立つ講義も受けられる**

日商簿記1級講座の受講生は経理、会計、税務、財務などスキルアップできる実務講座を学ぶことができます。基礎的な講座から応用力を鍛える講座まであるため、学習者はレベルにあった講座を選ぶことができます。資格+実務講義でキャリアアップへ導きます。

✓ **簿記3級2級もすべて無料開放**

簿記1級にチャレンジする前に簿記3級2級の復習がすべて無料でできます。WEB講義から教科書・問題集（PDF）のダウンロードまで必要なものをご用意しています。

ご利用はこちらから

cpa-learning.com

■合格への道

1．学習を始める前に知っておくべき1級の特徴

特徴１　試験科目は４つあるが、実質２科目！

簿記１級の試験科目は「商業簿記」、「会計学」、「工業簿記」、「原価計算」の４つに分けられています。しかし、実際は「商業簿記と会計学」、「工業簿記と原価計算」がそれぞれセットであり、実質２科目です。簿記２級で言えば前者が商業簿記、後者が工業簿記です。簿記１級は、簿記２級の商業簿記と工業簿記の延長線上にあると言えます。

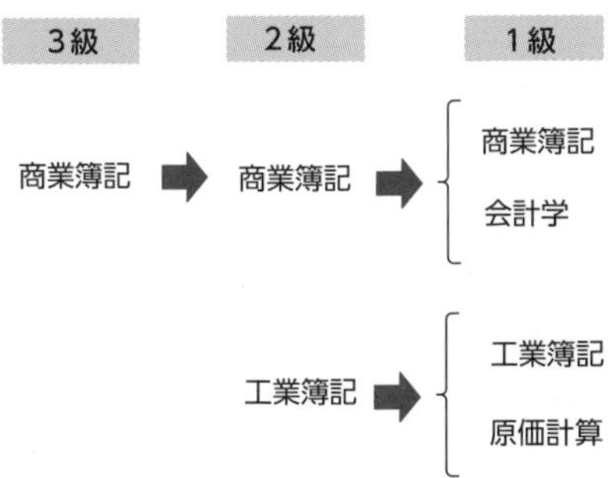

特徴２　試験範囲が広いが、得点調整がなされる！

簿記１級は試験範囲が非常に広く、時にはテキストに記載されてないような論点が出題されることもあります。しかし、簿記１級は得点調整（傾斜配点）がなされると言われます。具体的には、試験が難しく受験生の多くが点数を取れなかった場合、正答率が低い問題の配点は小さくなり、正答率が高い問題の配点が大きくなるよう調整されます。このため、難しい問題をいかに正答するかよりも、正答すべき基本的な問題をいかに失点しないかが大事な試験と言えます。

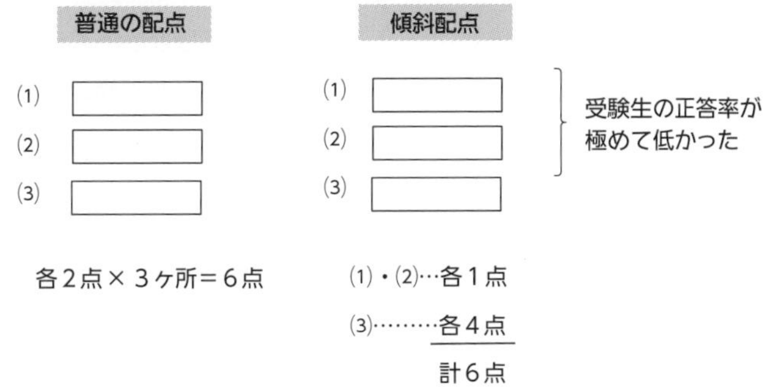

特徴３　理論問題も出題されるが、計算問題を最優先で！

簿記１級では計算問題（金額を解答する問題）だけでなく、理論問題（文章の正誤を判定する問題や語句補充問題）も出題されます。理論の出題範囲は幅広く、完璧な対応は不可能に近いです。しかし、配点は計算問題の方が多く、また、計算問題が解ければ正答できるレベルの理論問題も多いです。そのため、計算問題をしっかり解けるようにすることを最大限意識して学習するようにしましょう。

2．短期で確実に合格するために！

①　CPAラーニングの動画を見る！

簿記１級は内容的にも分量的にも、独学で合格を目指すのは非常に大変です。合格への最短ルートは、講義動画を見ることです。CPAラーニングでは、CPA会計学院の人気講師が本テキストを使用してわかりやすく講義しています。講義は、「商業簿記・会計学」と「工業簿記・原価計算」の２つありますが、並行して学習することをおすすめします。

②　重要度を意識する！

本書は「論点の説明→例題で確認」という構成にしていますが、全ての例題に重要度を明示しています。簿記１級は試験範囲が広く、網羅的に学習することは非常に大変です。また、得点調整が行われる可能性も考慮すると、難しい論点に勉強時間を充てるのは非効率な勉強とも言えます。効率的に学習するために、重要度を活用して下さい。

重要度A	どんな方も解けるようにすべき論点
重要度B	基本的に解けるようにすべきだが、余裕がない方はやらなくてよい論点
重要度C	余裕がある方のみ解けるようにすべき論点

基本的には重要度Ｂまでをしっかりと復習して、正答できる力を身につけるのがおすすめです。

もし、時間がない方は重要度Ａまでをしっかりとやって、簡単な論点のみ重要度Ｂまで手を出すようにして下さい。

③　計算問題をスラスラ解けるようにする！

上述の通り、簿記１級では理論問題も出題されますが、合格への最短ルートは計算問題をできるようにすることです。計算問題は１回復習しただけではスラスラ解けるようにはなりません。講義後、最低でも３回は例題を解くようにしましょう。

	タイミング	ここに注意！
1回目	講義後すぐに	講義を聞いただけでは解けないので、最初は解答解説を見ながらやりましょう。その後に、解答解説を見ずに自力で解いてみるようにして下さい。
2回目	1回目の復習の3日後	3日しか経ってなくても結構忘れてるので、解けなくなってるかもしれません。でも、それで大丈夫です。知識は、「忘れかけた頃に思い出す」ことで身についていくものだからです。
3回目	2回目の復習の1週間後	3回目なので論点によってはスラスラ解けるかもしれません。ただ、やっぱりすっかり忘れて解けないことも多いです。でも、それで大丈夫です。知識は、「忘れかけた頃に思い出す」ことで身についていくものだからです。

また、３回目以降も継続して復習するようにして下さい。１ヶ月～1.5ヶ月おきに復習するのがおすすめです。３回目の復習で完璧に解けるようになったとしても、時間の経過によりだんだんと忘れてしまうので解けなくなってるかもしれません。でも、それで大丈夫です。知識は、「忘れかけた頃に思い出す」ことで身についていくものだからです。

④　基礎固めを大事にする！

簿記１級では応用的な問題も出題されます。応用的な問題は無限にパターンがあるので、全てのパターンを事前に演習することは不可能です。では､応用問題への対応力はどのように身につけるのでしょうか？

それは、基礎を徹底的に固めることです。基礎固めこそが応用力獲得の一番の近道です。そして、そのために例題を何回も反復するようにして下さい。

何回も反復すると解答数字を覚えてしまうかもしれません。しかし例題で大事なのは、解答数字を算定することよりも、「自分が何を分かっていて、何が分かってないのか」を明確にすることです。例題が解けなかったり、解けたけど解き方でちょっと迷ったり、問題文の意味が読み取れなかったり、ちょっとした勘違いをしたり、などなどスラスラ解けないことがあるはずです。

ちょっとでもスラスラ解けなかったら、そこは理解不足・定着不足という認識を持つようにして下さい。基礎をしっかりと固め、理解不足や定着不足をゼロに近づけることで合格に近づいていきます。

理解するためのコツ～自分に問いかけてみよう～

・なぜそうするのかを説明できる？
・似た論点の違いがわかってる？
・問題文の指示の意味がわかってる？（問題文読まずに、単にその例題の解き方を覚えちゃってない？）
・計算式の意味がわかっている？（単に計算式を公式のように覚え、そこに数値を当てはめるだけになってない？）

⑤　講義を受講し終えたらあとは総復習！

講義が全部終わってからは総復習の段階に入ります。全範囲を学習してみると、簿記１級の試験範囲の広さが実感でき、多くのことを学習してきたことがわかるでしょう。それは「全範囲を勉強したぞ」という自信にもつながりますが、一方で、試験範囲の広さを目の当たりにして自信をなくすかもしれません。

しかし、講義が全部終わったのなら合格まであと一歩です。合格できるかどうかは、講義を受講し終えてからの総復習にかかっています。まだ完全に身についてない論点を再度復習し、穴を一つひとつ埋めていきましょう。また、完全に身についた論点についても、忘れてしまっていないかという点を確認するようにして下さい。

これを繰り返すことで、基礎が固まり、合格するための力を身につけることができます。簿記１級は合格率の低い試験ではありますが、難しい問題を解けるようにしないと受からない試験ではありません。

講義が終われば合格まであと少しです。合格に向けて総復習、頑張って下さい。

■日商簿記検定1級について

試験概要

受験資格	なし
試験形式	年2回のペーパー試験
申込期日	受験日の約2か月前から約1か月間 (受験希望地の商工会議所によって、申込期日や申し込み方法は異なる)
受験日	6月中旬(第2日曜日)、11月下旬(第3日曜日)
受験料	税込7,850円
試験科目	商業簿記・会計学・工業簿記・原価計算
試験時間	商業簿記・会計学(90分) 工業簿記・原価計算(90分) 合計180分(途中休憩あり)
合格基準	70%以上 ただし、1科目ごとの得点は40%以上
合格発表日	受験後、約1か月後に発表(商工会議所により異なる)
筆記用具について	試験では、HBまたはBの黒鉛筆、シャープペン、消しゴムが使用可 (ラインマーカー、色鉛筆、定規等は使用不可)
計算器具について	電卓の持ち込み可(ただし、計算機能(四則演算)のみのものに限り、例えば、次の機能があるものは持ち込み不可。印刷(出力)機能、メロディー(音の出る)機能、プログラム機能(例):関数電卓等の多機能な電卓、辞書機能(文字入力を含む)ただし、次のような機能は、プログラム機能に該当しないものとして、試験会場での使用を可とします。日数計算、時間計算、換算、税計算、検算(音のでないものに限る)
合格率	10%前後であることが多い

※ 本書の刊行時のデータです。最新の情報は商工会議所のWEBサイトをご確認ください。(https://www.kentei.ne.jp/bookkeeping)

■書籍の訂正及び試験の改正情報について

発行後に判明した誤植や試験の改正については、下記のURLに記載しております。
cpa-learning.com/correction-info

目　次

第Ⅱ部

第19章　退職給付会計

第20章　資産除去債務

第21章　純資産

第23章　四半期財務諸表

第24章　収益認識

第25章　本支店会計

第26章　連結会計Ⅰ（連結会計の基礎）

第27章　連結会計Ⅱ（資本連結）

第28章　連結会計Ⅲ（成果連結）

第29章　連結会計Ⅳ（連結税効果）

第Ⅰ部

第Ⅲ部

第17章

外貨建取引

第1節　概要

1 概要

✓ 簿記3,2級

外貨建取引とは、売買価額その他取引価額が、**外国通貨で表示されている取引**をいう。外貨建取引を行った場合、換算相場を用いて**日本円に換算する**必要がある。なお、換算相場には直物為替相場（現時点の為替相場）と先物為替相場（将来時点の為替相場）がある。

直物為替相場	取引発生時の為替相場	ＨＲ（Historical Rate）
	決算時の為替相場	ＣＲ（Current Rate）
	期中平均相場	ＡＲ（Average Rate）
先物為替相場		ＦＲ（Forward Rate）

2 換算方法（為替予約をしていない場合）

✓ 簿記3,2級

取引発生時	取引発生時の為替相場（ＨＲ）により換算する。ただし、前払金及び前受金は、金銭授受時の為替相場（ＨＲ）による円換算額を付す。
決済時	外貨建金銭債権債務の**決済による収入・支出額は決済時の為替相場により換算し**、取引時の円換算額との差額を「為替差損益」勘定で処理する。
決算時	**貨幣項目**は、**決算時の為替相場（ＣＲ）で換算**する。また、取引時の円換算額と決算時の円換算額との差額を**「為替差損益」勘定**で処理する。

※　貨幣項目とは、貨幣又は将来において貨幣により決済されるものをいい、非貨幣項目とは、貨幣項目以外のものをいう。
　貨幣項目　：通貨、預金、金銭債権債務、未収収益、未払費用等
　非貨幣項目：棚卸資産、固定資産、前受金、前払金、前受収益、前払費用等

3 損益計算書の表示

✓ 簿記3,2級

為替差損益は、**為替差損と為替差益の純額を「為替差損」又は「為替差益」で営業外損益に表示する。**

■ 例題1　外貨建取引①（基本的な取引）

重要度A

以下の一連の取引について、必要な仕訳を示し、当期の財務諸表に計上される買掛金及び為替差損益の金額を答えなさい。なお、直物為替相場は次のとおりである。

×1年1月10日：1ドル＝120円　　×1年1月20日：1ドル＝122円
×1年2月20日：1ドル＝123円　　×1年3月31日：1ドル＝119円

(1)　×1年1月10日に外国企業と商品1,600ドルの買付契約を締結し、手付金100ドルを支払った。
(2)　×1年1月20日に外国企業より商品1,600ドルを掛けで輸入し、代金のうち100ドルは手付金を充当し、残額の1,500ドルを掛けとした。
(3)　×1年2月20日に買掛金のうち1,000ドルを支払った。
(4)　×1年3月31日（決算日）

■ 解答解説（単位：円）

(1)　×1年1月10日（手付金の支払）

（借）前払金	12,000		（貸）現金預金	12,000

※　100ドル×@120（手付金支払時ＨＲ）＝12,000

(2)　×1年1月20日（商品の仕入）

（借）仕入	195,000※1		（貸）前払金	12,000※2
			買掛金	183,000※3

※1　仕入：12,000（前払金※2）＋183,000（買掛金※3）＝195,000

※2　前払金：100ドル×@120（手付金支払時ＨＲ）＝12,000

※3　買掛金：1,500ドル×@122（仕入時ＨＲ）＝183,000

(3)　×1年2月20日（買掛金の支払）

（借）買掛金	122,000		（貸）現金預金	123,000
為替差損益	1,000			

※1　現金預金：1,000ドル×@123円（支払時ＨＲ）＝123,000

※2　買掛金：1,000ドル×@122（仕入時ＨＲ）＝122,000

※3　為替差損益：差額

(4)　×1年3月31日（換算替え）

（借）買掛金	1,500※2		（貸）為替差損益	1,500

※　500ドル×｛@119（ＣＲ）－@122（仕入時ＨＲ）｝＝1,500（買掛金の減少なので益）

〔財務諸表計上額〕

買掛金：500ドル×@119（ＣＲ）＝59,500

為替差損益：△1,000（3）＋1,500（4）＝500（益）

■ 例題２　外貨建取引②（決算）　重要度A

以下の資料に基づき、当期の財務諸表を作成しなさい。

(1) 決算整理前残高試算表（一部）

残　高　試　算　表

×５年３月31日　（単位：円）

借方科目	金額	貸方科目	金額
売　掛　金	140,000	未　払　金	81,500
備　品	102,000	前　受　金	31,200
支　払　保　険　料	50,000	借　入　金	208,000
		為　替　差　損　益	1,000

(2) 決算整理事項

① 売掛金には外国企業に対する600ドルが含まれている（取引時の為替相場：１ドル＝100円）。

② 備品は当期首に1,000ドルで購入したものである（購入時の為替相場：1ドル＝102円）。
当該備品は耐用年数５年、残存価額ゼロ、定額法により減価償却を行う。

③ 未払金には外国企業に対する500ドルが含まれている（取引時の為替相場：１ドル＝103円）。

④ 前受金は期中に受け入れた300ドルである（受入時の為替相場：１ドル＝104円）。

⑤ 借入金は×５年１月１日に借り入れた2,000ドルである（借入時の為替相場：1ドル＝104円）。
借入条件は利率年３％、利払日年２回（６月末、12月末）である。

⑥ 支払保険料には前払いした200ドルが含まれている（取引日の為替相場：１ドル＝107円）。

(3) 決算時の為替相場は１ドル＝105円である。

■ 解答解説（単位：円）

１．決算整理仕訳

(1) 売掛金の換算

(借) 売　掛　金	3,000	(貸) 為　替　差　損　益	3,000

※　600ドル×｛@105（ＣＲ）－@100（取引時ＨＲ）｝＝3,000

(2) 備品の減価償却費の計上

(借) 減　価　償　却　費	20,400	(貸) 減価償却累計額	20,400

※　1,000ドル×@102（購入時ＨＲ）÷５年（耐用年数）＝20,400

(3) 未払金の換算

(借) 為　替　差　損　益	1,000	(貸) 未　払　金	1,000

※　｛@105（ＣＲ）－@103（取引時ＨＲ）｝×500ドル＝1,000

(4) 前受金

仕　訳　な　し

⑸　借入金

①　換算

(借) 為替差損益	2,000	(貸) 借入金	2,000

※　｛@105（ＣＲ）－@104（借入時ＨＲ）｝×2,000ドル＝2,000

②　未払利息の計上

(借) 支払利息	1,575	(貸) 未払利息	1,575

※　2,000ドル×３％（利率）×３ヶ月（X5.1～X5.3）／12ヶ月×@105（ＣＲ）＝1,575

⑹　前払保険料の計上

(借) 前払保険料	21,400	(貸) 支払保険料	21,400

※　200ドル×@107（取引時ＨＲ）＝21,400

２．損益計算書（一部）

損益計算書

支払保険料	28,600	為替差益	1,000
減価償却費	20,400		
支払利息	1,575		

※　支払保険料：50,000（前Ｔ／Ｂ）－21,400（6）＝28,600

※　為替差益：1,000（前Ｔ／Ｂ）＋3,000（1）－1,000（3）－2,000（5）①＝1,000

３．貸借対照表（一部）

貸借対照表

売掛金	143,000	未払金	82,500
前払費用	21,400	前受金	31,200
備品	102,000	未払費用	1,575
減価償却累計額	△20,400	借入金	210,000

※　売掛金：140,000（前Ｔ／Ｂ）＋3,000（1）＝143,000

※　未払金：81,500（前Ｔ／Ｂ）＋1,000（3）＝82,500

※　借入金：208,000（前Ｔ／Ｂ）＋2,000（5）①＝210,000

4 一取引基準と二取引基準

一取引基準	外貨建取引と決済取引とを一連の取引（営業取引）とみなして会計処理を行う方法
二取引基準	外貨建取引は営業取引であり、決済取引は財務取引であって両者を別個独立の取引とみなして会計処理を行う方法（現行）

具体例 一取引基準と二取引基準

A社は、①X1年度に海外にあるB社から商品1ドルを購入し（購入時：1ドル＝110円）、②代金未決済のまま決算日を迎え（決算時：1ドル＝105円）、③X2年度中に買掛金を決済した（決済時：1ドル＝107円）。

<一取引基準>　→ 購入時と決算時、決済時の取引を区別せず、すべて「営業取引」と捉える

購入時	（借）	仕入	110	（貸）	買掛金	110
決算時	（借）	買掛金	5	（貸）	仕入	5
決済時	（借）	買掛金	105	（貸）	現金	107
		仕入	2			

<二取引基準>　→ 購入時の仕訳を「営業取引」と捉え、決算時、決済時の仕訳を「財務取引」と捉える

購入時	（借）	仕入	110	（貸）	買掛金	110
決算時	（借）	買掛金	5	（貸）	為替差損益	5
決済時	（借）	買掛金	105	（貸）	現金	107
		為替差損益	2			

第2節　為替予約

1 概要

(1) 意義

✓ 簿記3,2級

為替予約とは、将来、円と外貨を交換する際に適用する為替相場を、現時点であらかじめ予約する取引をいう。通常、為替予約は企業と銀行との間で行われる。

為替予約により、外貨建金銭債権債務について、決済時の円貨額を予め確定させることにより、為替相場の変動リスクを回避することができる。

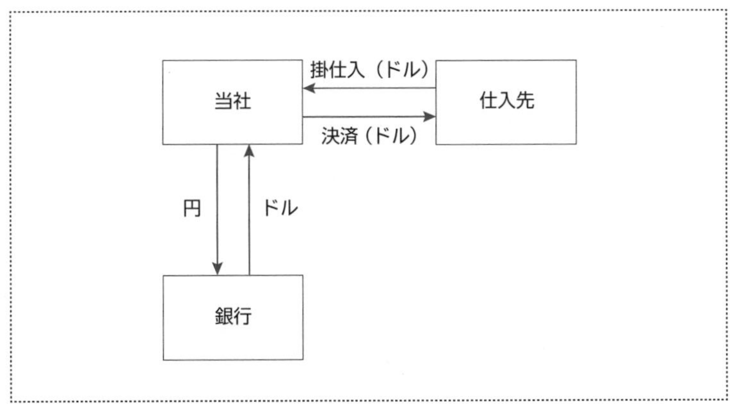

(2) 直物為替相場と先物為替相場

✓ 簿記3,2級

直物為替相場（直物相場）	現在時点の為替相場
先物為替相場（先物相場）	将来時点の為替相場

(3) 会計処理

為替予約はデリバティブ取引であるため、原則として期末に時価評価を行い、評価差額は当期の損益とする（**独立処理**）。なお、ヘッジの会計の要件を満たす場合には、経過措置として**振当処理**によることができる。

原則：独立処理	デリバティブ取引である「為替予約」と為替予約の対象となる外貨建金銭債権債務を個々に処理する方法。
容認：振当処理	為替予約の対象となった外貨建金銭債権債務等を為替予約相場（先物相場）で換算する方法。

2 振当処理

(1) 分類

① 取引発生以前に為替予約が付された場合

取引の種類	会計処理
非資金取引	外貨建債権債務及び収益・費用項目のすべてが先物為替相場により計上されるため、換算差額は生じない。
資金取引	外貨建債権債務は、先物為替相場で計上されるが、取引時の資金収支は、直物為替相場で計上される。よって、直先差額が生じる。

※ 資金取引とは、金銭の貸借、社債の発行等のように**取引発生時に資金が動く取引**をいう。

※ 非資金取引とは、掛売上、掛仕入等のように**取引発生時に資金が動かない取引**をいう。

※ 非資金取引については、外貨建債権債務を先物為替相場で計上し、費用・収益項目は取引時の直物為替相場で計上する方法（直先差額を認識する方法）が原則的な処理とされるが、受験上は上記の通り会計処理を行う（特例処理）。なお、後述の例題では特例処理の指示を省略している。

② 取引発生後に為替予約が付された場合

<table>
<tr><th>取引の種類</th><th>会計処理</th></tr>
<tr><td>非資金取引</td><td rowspan="2">外貨建債権債務は、取引発生時において、取引発生時の直物為替相場で計上されている。そして、為替予約を付すことにより、先物為替相場で計上されるため、換算差額が生じる。
換算差額は、取引時の直物為替相場と為替予約時の直物為替相場の差額である直々差額と、為替予約時の直物為替相場と先物為替相場の差額である直先差額に分類される。</td></tr>
<tr><td>資金取引</td></tr>
</table>

(2) 換算差額

直々差額	取引時の直物為替相場と予約時の直物為替相場との差額であり、当期中の為替相場の変動リスクであるため、当期の損益（為替差損益）として計上される。
直先差額	予約時の直物為替相場と先物為替相場との差額であり、予約時から決済時の為替相場の変動リスクであるため、予約時から決済時までの期間において、期間按分を行う。

(3) 財務諸表の表示

<table>
<tr><td>外貨建金銭債権債務</td><td colspan="2">先物為替相場（ＦＲ）による円換算額をもって計上</td></tr>
<tr><td>直々差額及び直先差額のうち当期に帰属する額</td><td colspan="2">為替差損と為替差益の純額を「為替差損」又は「為替差益」で営業外損益に表示</td></tr>
<tr><td rowspan="2">直先差額のうち期以降に帰属する額</td><td>決算日の翌日から起算して１年以内の期間に帰属する額</td><td>「前払費用」・「前受収益」の名称で流動資産・流動負債に計上</td></tr>
<tr><td>決算日の翌日から起算して１年超の期間に帰属する額</td><td>「長期前払費用」・「長期前受収益」の名称で投資その他の資産・固定負債に計上</td></tr>
</table>

※ 問題文の指示によっては、長短分類を行わない場合もある。

■ 例題3　取引発生以前に為替予約・非資金取引　重要度A

以下の資料に基づき、×2年3月期の財務諸表に計上される売掛金及び為替差損益の金額を答えなさい。

(1)　×1年12月1日（直物相場：1ドル＝115円）に商品100ドルを掛販売し、販売と同時に売掛金に対して1ドル＝110円の為替予約を行った。なお、売掛金の決済日は×2年4月30日である。

(2)　為替予約の会計処理は振当処理を採用する。

(3)　決算日の為替相場は1ドル＝112円である。

■ 解答解説（単位：円）

(1)　×1年12月1日（商品販売時・為替予約時）

取引発生以前に為替予約を行っているため、売掛金は先物相場で換算する。また、実質的に円貨建取引とみなせるため、売上も先物相場により換算する。この結果、換算差額は生じない。

（借）売　掛　金	11,000	（貸）売　上	11,000

※　100ドル×@110（ＦＲ）＝11,000

(2)　×2年3月31日（決算整理仕訳）

仕　訳　な　し

(3)　財務諸表計上額

売掛金：100ドル（売掛金）×@110（ＦＲ）＝11,000

為替差損益：0

■ 例題4　取引発生以前に為替予約・資金取引　重要度A

以下の資料に基づき、×2年3月期の財務諸表に計上される借入金、前受収益及び為替差損益の金額を答えなさい。

(1)　×1年12月1日（直物相場1ドル＝115円）に100ドルを借り入れ、借り入れと同時に借入金に対して1ドル＝110円の為替予約を行った。なお、返済日は×2年4月30日である。

(2)　為替予約の会計処理は振当処理を採用し、按分計算は月割計算による。

(3)　決算日の為替相場は1ドル＝112円である。

■ 解答解説（単位：円）

(1)　×1年12月1日（借入時・為替予約時）

取引発生以前に為替予約を行っているため、借入金は先物相場で換算する。また、受け取った現金は直物相場により換算する。この結果、換算差額が生じる。当該換算差額は直先差額であるため、いったん前受収益を計上する。

（借）現　金　預　金	11,500※2	（貸）借　入　金	11,000※1
		前　受　収　益	500※3

※1　借入金：100ドル（借入金）×@110（ＦＲ）＝11,000

※2　現金預金：100ドル（現金）×@115（取引時ＨＲ）＝11,500

※3　前受収益（直先差額）：｛@115（取引時ＨＲ）－@110（ＦＲ）｝×100ドル（借入金）＝500

⑵　×2年3月31日（決算整理仕訳）

（借）前受収益	400	（貸）為替差損益	400

※　500（直先差額）×4ヶ月（X1.12～X2.3）／5ヶ月（X1.12～X2.4）＝400

⑶　財務諸表計上額

借入金：100ドル（借入金）×@110（ＦＲ）＝11,000

前受収益：{@115（取引時ＨＲ）－@110（ＦＲ）}×100ドル（借入金）
×1ヶ月（X2.4）／5ヶ月（X1.12～X2.4）＝100

為替差益：{@115（取引時ＨＲ）－@110（ＦＲ）}×100ドル（借入金）
×4ヶ月（X1.12～X2.3）／5ヶ月（X1.12～X2.4）＝400

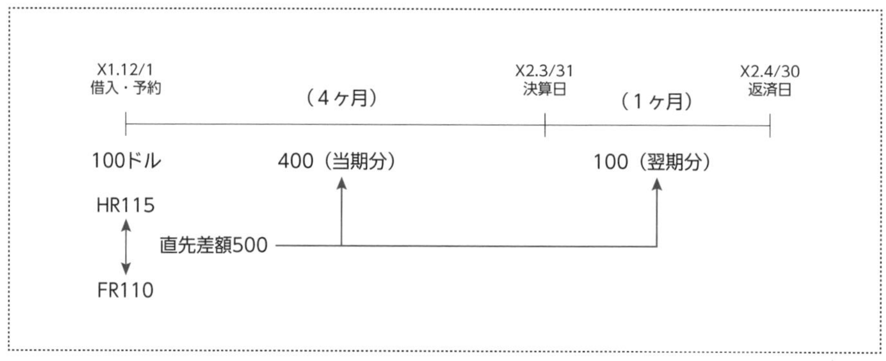

■ 例題5　取引発生後に為替予約・非資金取引　　重要度A

以下の資料に基づき、×2年3月期の財務諸表に計上される売掛金、前払費用及び為替差損益の金額を答えなさい。

⑴　×2年2月1日（直物相場1ドル＝120円）に商品100ドルを掛販売し、×2年3月1日（直物相場1ドル＝114円）に売掛金に対して1ドル＝110円で為替予約を行った。なお、決済日は×2年6月30日である。

⑵　為替予約の会計処理は振当処理を採用し、按分計算は月割計算による。

⑶　決算日の為替相場は1ドル＝112円である。

■ 解答解説（単位：円）

⑴　×2年2月1日（商品販売時）

（借）売掛金	12,000	（貸）売上	12,000

※　100ドル（売掛金）×@120（取引時ＨＲ）＝12,000

⑵　×2年3月1日（為替予約時）

取引後に為替予約を行っているため、為替予約時点で売掛金を先物相場により換算替えする。この換算替えにより生じた差額は直々差額と直先差額であり、直々差額は為替差損益を計上し、直先差額はいったん前払費用とする。

（借）為替差損益	600※2	（貸）売掛金	1,000※1
前払費用	400※3		

※1　売掛金：｛@110（ＦＲ）－@120（発生時ＨＲ）｝×100ドル（売掛金）＝△1,000
※2　為替差損益（直々差額）：｛@114（予約時ＨＲ）－@120（発生時ＨＲ）｝×100ドル（売掛金）＝△600
※3　前払費用（直先差額）：｛@110（ＦＲ）－@114（予約時ＨＲ）｝×100ドル（売掛金）＝△400

⑶　×2年3月31日（決算整理仕訳）

（借）為替差損益	100	（貸）前払費用	100

※　400（直先差額）×1ヶ月（X2.3）／4ヶ月（X2.3～X2.6）＝100

⑷　財務諸表計上額

売掛金：100ドル（売掛金）×@110（ＦＲ）＝11,000
前払費用：｛@110（ＦＲ）－@114（予約時ＨＲ）｝×100ドル（売掛金）
×3ヶ月（X2.4～X2.6）／4ヶ月（X2.3～X2.6）＝300
為替差損：600（直々差額※1）＋100（直先差額※2）＝700

※1　直々差額：｛@114（予約時ＨＲ）－@120（発生時ＨＲ）｝×100ドル（売掛金）＝△600
※2　直先差額：｛@110（ＦＲ）－@114（予約時ＨＲ）｝×100ドル（売掛金）
×1ヶ月（X2.3）／4ヶ月（X2.3～X2.6）＝△100

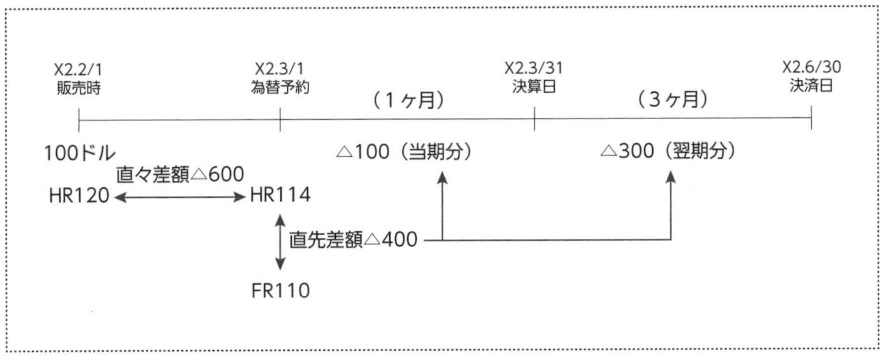

■ 例題6　取引発生後に為替予約・資金取引　重要度A

以下の資料に基づき、×2年3月期の財務諸表に計上される借入金，前受収益及び為替差損益の金額を答えなさい。

(1)　×2年2月1日（直物相場1ドル＝120円）に、100ドルを借り入れ、×2年3月1日（直物相場1ドル＝114円）に借入金に対して1ドル＝110円で為替予約を行った。なお、返済日は×2年6月30日である。

(2)　為替予約の会計処理は振当処理を採用し、按分計算は月割計算による。

(3)　決算日の為替相場は1ドル＝112円である。

■ 解答解説（単位：円）

(1)　×2年2月1日（借入時）

(借)	現金預金	12,000	(貸)	借入金	12,000

※　100ドル（借入金）×@120（取引時ＨＲ）＝12,000

(2)　×2年3月1日（為替予約時）

取引後に為替予約を行っているため、為替予約時点で借入金を先物相場により換算替えする。この換算替えにより生じた差額は直々差額と直先差額であり、直々差額は為替差損益を計上し、直先差額はいったん前受収益とする。

(借)	借入金	1,000※1	(貸)	為替差損益	600※2
				前受収益	400※3

※1　借入金：100ドル（借入金）×｛@110（ＦＲ）－@120（発生時ＨＲ）｝＝△1,000
※2　為替差損益（直々差額）：｛@120（発生時ＨＲ）－@114（予約時ＨＲ）｝×100ドル（借入金）＝600
※3　前受収益（直先差額）：｛@114（予約時ＨＲ）－@110（ＦＲ）｝×100ドル（借入金）＝400

(3)　×2年3月31日（決算整理仕訳）

(借)	前受収益	100	(貸)	為替差損益	100

※　400（直先差額）×1ヶ月（X2.3）／4ヶ月（X2.3～X2.6）＝100

(4)　財務諸表計上額

借入金：100ドル（借入金）×@110（ＦＲ）＝11,000

前受収益：｛@114（予約時ＨＲ）－@110（ＦＲ）｝×100ドル（借入金）
×3ヶ月（X2.4～X2.6）／4ヶ月（X2.3～X2.6）＝300

為替差益：600（直々差額※1）＋100（直先差額※2）＝700

※1　直々差額：｛@120（発生時ＨＲ）－@114（予約時ＨＲ）｝×100ドル（借入金）＝600
※2　直先差額：｛@114（予約時ＨＲ）－@110（ＦＲ）｝×100ドル（借入金）
×1ヶ月（X2.3）／4ヶ月（X2.3～X2.6）＝100

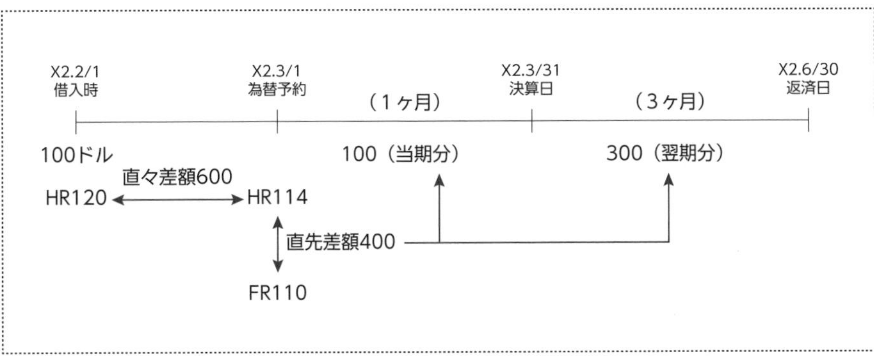

■ 例題7　直先差額の長短分類　重要度B

以下の資料に基づき、×2年3月期の財務諸表に計上される借入金、前払費用、長期前払費用及び為替差損益の金額を答えなさい。

(1)　×2年1月1日に2,000ドルを借入れた（直物相場は1ドル＝100円）。借入条件は利率年3％、利払年2回（6月末、12月末）、借入期間2年である。

(2)　借入時に元本に対して為替予約を1ドル＝103円で行い、さらに×2年6月30日の利払日の支払利息に対して為替予約を1ドル＝104円で行った。

(3)　為替予約の会計処理は、振当処理を採用し、按分計算は月割計算による。

(4)　直先差額のうち翌期以降に帰属する額については、一年基準に基づき長短分類を行う。

(5)　決算日の為替相場は1ドル＝105円である。

■ 解答解説（単位：円）

(1)　×2年1月1日（借入時・為替予約時）

（借）	現金預金	200,000※2	（貸）借入金	206,000※1
	長期前払費用	6,000※3		

※1　借入金：2,000ドル（借入金）×@103（ＦＲ）＝206,000

※2　現金預金：2,000ドル（借入金）×@100（取引時ＨＲ）＝200,000

※3　直先差額：｛@103（ＦＲ）－@100（取引時ＨＲ）｝×2,000ドル（借入金）＝6,000

(2)　×2年3月31日（決算整理仕訳）

① 直先差額の期間按分

（借）	為替差損益	750※1	（貸）長期前払費用	750
（借）	前払費用	3,000※2	（貸）長期前払費用	3,000

※1　為替差損：6,000（直先差額）×3ヶ月（X2.1～X2.3）／24ヶ月＝750

※2　前払費用：6,000（直先差額）×12ヶ月（X2.4～X3.3）／24ヶ月＝3,000

② 未払利息の計上

（借）	支払利息	1,560	（貸）未払利息	1,560

※　2,000ドル（借入金）×3％（利率）×3ヶ月（X2.1～X2.3）／12ヶ月×@104（ＦＲ）＝1,560

※　×2年6月30日に支払う利息のうち当期帰属分を見越計上するが、当該支払利息について為替予約を行っているため、先物相場で換算する。

⑶　財務諸表計上額

借入金：2,000ドル（借入金）×@103（ＦＲ）＝206,000

前払費用：｛@103（ＦＲ）－@100（取引時ＨＲ）｝×2,000ドル（借入金）

×12ヶ月（X2.4～X3.3）／24ヶ月＝3,000

長期前払費用：｛@103（ＦＲ）－@100（取引時ＨＲ）｝×2,000ドル（借入金）

×９ヶ月（X3.4～X3.12）／24ヶ月＝2,250

為替差損：｛@103（ＦＲ）－@100（取引時ＨＲ）｝×2,000ドル（借入金）

×３ヶ月（X2.1～X2.3）／24ヶ月＝750

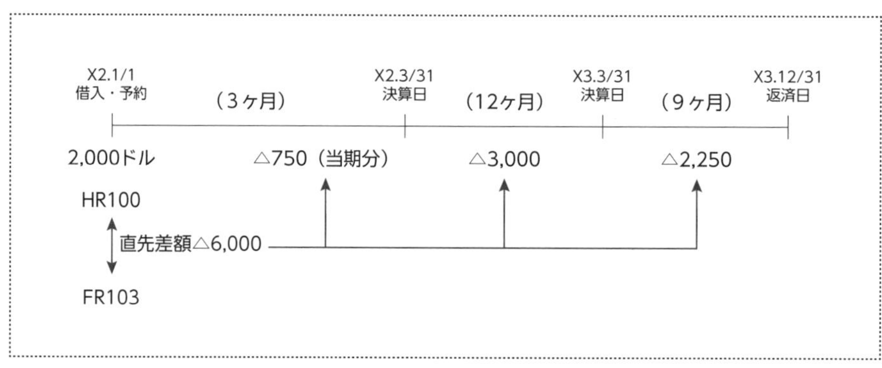

3 独立処理

〔会計処理〕

ヘッジ対象	ヘッジ対象である外貨建金銭債権債務は、**決算時において決算時の為替相場（CR）により換算し、為替差損益を計上する。**
ヘッジ手段	ヘッジ手段である為替予約は、**決算時において時価評価を行い、評価差額（為替差損益）を計上する。**

■ 例題8　独立処理

重要度B

以下の資料に基づき、必要な仕訳を示しなさい。

(1)　×1年2月1日に、商品2,000ドルを掛仕入した。なお、決済日は×1年5月31日である。

(2)　×1年3月1日に、上記買掛金について為替予約を締結した。

(3)　×1年3月31日（決算日）

(4)　×1年5月31日に上記掛代金を決済した。

(5)　直物為替相場及び先物為替相場（×1年5月31日期日）は以下のとおりである。

	直物為替相場	先物為替相場
×1年2月1日	1ドル＝108円	1ドル＝110円
×1年3月1日	1ドル＝110円	1ドル＝112円
×1年3月31日	1ドル＝112円	1ドル＝113円
×1年5月31日	1ドル＝115円	―

(6)　為替予約の会計処理は、原則的な処理によるものとする。

■ 解答解説（単位：円）

(1)　×1年2月1日（仕入日）

(借) 仕入	216,000	(貸) 買掛金	216,000

※　2,000ドル×@108（仕入時HR）＝216,000

(2)　×1年3月1日（為替予約時）

仕　訳　な　し

(3)　×1年3月31日（決算日）

①　外貨建金銭債務の換算

(借) 為替差損益	8,000	(貸) 買掛金	8,000

※　｛@112（CR）－@108（仕入時HR）｝×2,000ドル（買掛金）＝8,000

②　為替予約の時価評価

(借) 為替予約資産	2,000	(貸) 為替差損益	2,000

※　｛@113（決算時FR）－@112（予約時FR）｝×2,000ドル（為替予約）＝2,000

(4)　×1年4月1日（期首）

（借）為替差損益	2,000	（貸）為替予約資産	2,000

(5)　×1年5月31日（決済日）

①　外貨建金銭債務の決済

（借）買掛金	224,000	（貸）現金預金	230,000※1
為替差損益	6,000※2		

※1　現金預金：2,000ドル（買掛金）×@115（決済時ＨＲ）＝230,000

※2　為替差損益：｛@115（決済時ＨＲ）－@112（ＣＲ）｝×2,000ドル（買掛金）＝6,000

②　為替予約の決済

（借）現金預金	6,000	（貸）為替差損益	6,000

※　｛@115（決済時ＨＲ）－@112（予約時ＦＲ）｝×2,000ドル（為替予約）＝6,000

※　先物為替相場は、決済日において直物為替相場と一致する。

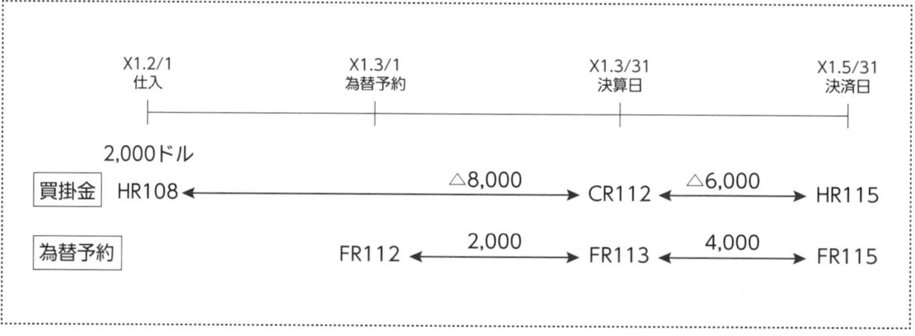

第3節　予定取引

1 意義

予定取引とは、以下のような取引をいう。

・未履行の確定契約に係る取引

・契約は成立していないが、取引予定時期、取引予定物件、取引予定量、取引予定価格等の主要な取引条件が合理的に予測可能であり、かつ、それが実行される可能性が極めて高い取引

2 会計処理

(1) 独立処理

予定取引をヘッジ対象とする為替予約の場合、ヘッジ手段を時価評価することにより損益が認識されるが、ヘッジ対象は取引が行われていないため、損益が認識されない。よって、ヘッジ手段とヘッジ対象の損益を期間的・合理的に対応させるために、**ヘッジ手段に係る損益は、ヘッジ対象に係る損益が認識されるまで、繰延ヘッジを適用する**ことになる。

(2) 振当処理

予定取引をヘッジ対象とする為替予約の場合、決算時に振当の対象となる外貨建金銭債権債務は存在しないため、為替予約を振当てることはできない。しかし、為替予約をオフバランスすれば、為替予約を行っているという経済的実態が財務諸表に適切に反映されないことになる。

よって、予定取引に対する**為替予約を決算日に時価評価し**、経済的実態を財務諸表に表示するとともに、**当該時価評価差額を繰り延べる**。しかし、当該評価差額は、翌期に洗替処理されるため、**予定取引実行時の仕訳には、影響を及ぼさない**。

また、取引実行時の仕訳は、通常の取引以前に為替予約を行っている場合の振当処理と同様になる。

■ 例題９　予定取引

重要度C

以下の資料に基づき各問に答えなさい。

(1)　×１年３月10日（為替予約日）

　×１年４月30日に予定されている商品2,000ドルの輸出に関して、為替予約を行った。なお、当該為替予約は、商品代金の回収日である×１年５月31日を決済期日とする。

(2)　×１年３月31日（決算日）

(3)　×１年４月30日に予定通り、商品2,000ドルを輸出し、代金は掛とした。

(4)　×１年５月31日に掛代金の回収を行った。

(5)　直物為替相場及び先物為替相場は以下のとおりである。

	直物為替相場	先物為替相場
×1年３月10日	１ドル＝117円	１ドル＝115円
×1年３月31日	１ドル＝116円	１ドル＝113円
×1年４月30日	１ドル＝113円	１ドル＝112円
×1年５月31日	１ドル＝110円	―

(6)　ヘッジ会計の要件を満たしているものとする。

(7)　按分計算が必要な場合、月割計算によること。

問１　振当処理を適用した場合の仕訳を示しなさい。

問２　独立処理を適用した場合の仕訳を示しなさい。

■ 解答解説（単位：円）

問１　振当処理

(1)　×１年３月10日（為替予約時）

仕　訳　な　し

(2)　×１年３月31日（決算日）

(借)		(貸)	
為替予約資産	4,000	繰延ヘッジ損益	4,000

※　｛@115（予約時ＦＲ）－@113（決算時ＦＲ）｝×2,000ドル（販売予定額）＝4,000

(3)　×１年４月１日（翌期首）

(借)		(貸)	
繰延ヘッジ損益	4,000	為替予約資産	4,000

(4)　×１年４月30日（商品販売時）

(借)		(貸)	
売掛金	230,000	売上	230,000

※　2,000ドル（販売額）×@115（予約時ＦＲ）＝230,000

(5)　×１年５月31日（決済日）

(借)		(貸)	
現金預金	230,000	売掛金	230,000

問2　独立処理（繰延ヘッジ）

(1)　×1年3月10日（為替予約時）

仕　訳　な　し

(2)　×1年3月31日（決算日）

(借)	為替予約資産	4,000	(貸) 繰延ヘッジ損益	4,000

※　｛@115（予約時ＦＲ）－@113（決算時ＦＲ）｝×2,000ドル（為替予約）＝4,000

(3)　×1年4月1日（翌期首）

(借)	繰延ヘッジ損益	4,000	(貸) 為替予約資産	4,000

(4)　×1年4月30日（商品販売時）

①　ヘッジ対象に係る仕訳

(借)	売掛金	226,000	(貸) 売上	226,000

※　2,000ドル（販売額）×@113（販売時ＨＲ）＝226,000

②　ヘッジ手段に係る仕訳

〔為替予約の時価評価〕

(借)	為替予約資産	6,000	(貸) 繰延ヘッジ損益	6,000

※　｛@115（予約時ＦＲ）－@112（販売時ＦＲ）｝×2,000ドル（為替予約）＝6,000

〔損益の認識〕

(借)	繰延ヘッジ損益	6,000	(貸) 売上	6,000

※　ヘッジ対象から損益が発生しているため、繰延ヘッジ損益を当期の損益として認識する。また、ヘッジ会計を適用しているため、ヘッジ対象に係る勘定科目と同一のもの（売上）を使用する。

(5)　×1年5月31日（決済日）

①　ヘッジ対象に係る仕訳（掛代金の回収）

(借)	現金預金	220,000※1	(貸) 売掛金	226,000
	為替差損益	6,000※2		

※1　現金預金：2,000ドル（売掛金）×@110（決済時ＨＲ）＝220,000
※2　為替差損益：｛@113（販売時ＨＲ）－@110（決済時ＨＲ）｝×2,000ドル（売掛金）＝6,000

②　ヘッジ手段に係る仕訳（為替予約の決済）

(借)	現金預金	10,000※1	(貸) 為替予約資産	6,000
			為替差損益	4,000※2

※1　現金預金：｛@115（予約時ＦＲ）－@110（決済時ＨＲ）｝×2,000ドル（為替予約）＝10,000
※2　為替差損益：｛@112（販売時ＦＲ）－@110（決済時ＨＲ）｝×2,000ドル（為替予約）＝4,000

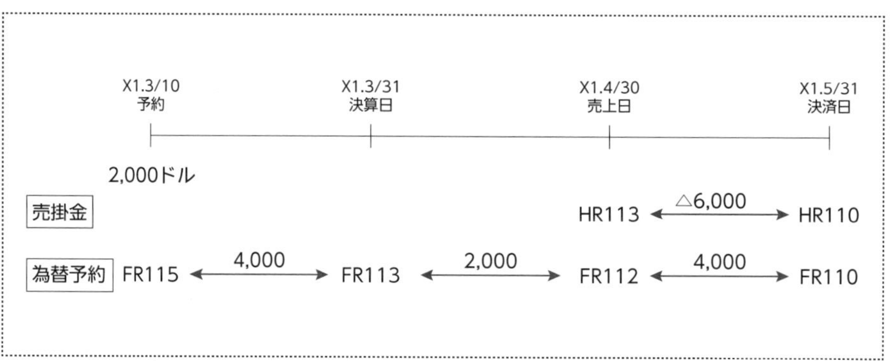
X1.3/10
予約
X1.3/31
決算日
X1.4/30
売上日
X1.5/31
決済日
2,000ドル
売掛金
HR113
△6,000
HR110
為替予約
FR115
4,000
FR113
2,000
FR112
4,000
FR110

第4節　外貨建有価証券

1　外貨建有価証券の決算

〔会計処理〕

	決算時の処理	貸借対照表価額
売買目的有価証券	帳簿価額と決算時の**外貨建時価**に決算時の為替相場（ＣＲ）を乗じた金額との差額を**「有価証券評価損益」勘定又は「有価証券運用損益」勘定**で処理する。	決算時の**外貨建時価**に決算時の為替相場（ＣＲ）を乗じた金額
満期保有目的の債券	償却原価法による**償却額は、期中平均相場（ＡＲ）により換算**する。外貨建の償却原価に決算時の為替相場（ＣＲ）を乗じた金額と、取得原価に償却額を加えた金額との差額を**為替差損益**として処理する。なお、為替差損益は、翌期に洗替処理を行わない。	**外貨建の償却原価**に決算時の為替相場（ＣＲ）を乗じた金額
子会社株式・関連会社株式	取得原価を貸借対照表価額とするため、換算替えは行わない。	**外貨建の取得原価**に取得時の為替相場（ＨＲ）を乗じた金額
その他有価証券（株式）	帳簿価額と外貨建時価に決算時の為替相場（ＣＲ）を乗じた額との差額を**時価評価差額**として処理する。なお、時価評価差額の会計処理は、全部純資産直入法又は部分純資産直入法を適用し、翌期に洗替え処理を行う。	決算時の**外貨建時価**に決算時の為替相場（ＣＲ）を乗じた金額を貸借対照表価額とする。

※　その他有価証券（債券）の場合、償却額を期中平均相場により換算し、償却原価と時価（外貨建時価×ＣＲ）の差額を評価差額として処理する。ただし、差額を為替相場の変動部分と時価の変動部分に区分することも認められる。

■ 例題10　売買目的有価証券

重要度A

以下の資料に基づき、前期及び当期の仕訳を示しなさい。

(1)　前期にA社株式を100ドルで取得した（取得時の為替相場：1ドル＝100円)。

(2)　前期末のA社株式の時価は110ドルである（決算日の為替相場：1ドル＝105円)。

(3)　当期にA社株式を130ドルで売却した（売却時の為替相場：1ドル＝98円)。

問1　洗替方式によった場合

問2　切放方式によった場合

■ 解答解説（単位：円）

問1　洗替方式によった場合

1．前期仕訳

(1)　期中仕訳

（借）有価証券	10,000	（貸）現金預金	10,000

※　100ドル×@100（HR）＝10,000

前T／B

有価証券	10,000		

(2)　決算整理仕訳

（借）有価証券	1,550	（貸）有価証券評価損益	1,550

※　110ドル×@105（CR）－10,000（取得原価）＝1,550

後T／B

有価証券	11,550	有価証券評価損益	1,550

2．当期仕訳

(1)　再振替仕訳

（借）有価証券評価損益	1,550	（貸）有価証券	1,550

(2)　期中仕訳

（借）現金預金	12,740	（貸）有価証券	10,000
		有価証券売却損益	2,740

※　有価証券売却損益：130ドル×@98（HR）－10,000（取得原価）＝2,740

前T／B

有価証券評価損益	1,550	有価証券売却損益	2,740

(3)　決算整理仕訳

仕　訳　な　し

後T／B

有価証券評価損益	1,550	有価証券売却損益	2,740

問2　切放方式によった場合

1．前期仕訳

(1)　期中仕訳

（借）有価証券	10,000	（貸）現金預金	10,000

※　100ドル×@100（HR）＝10,000

前T／B

有価証券	10,000		

(2)　決算整理仕訳

（借）有価証券	1,550	（貸）有価証券評価損益	1,550

※　110ドル×@105（CR）－10,000（取得原価）＝1,550

後T／B

有価証券	11,550	有価証券評価損益	1,550

2．当期仕訳

(1)　再振替仕訳

仕　訳　な　し

(2)　期中仕訳

（借）現金預金	12,740	（貸）有価証券	11,550
		有価証券売却損益	1,190

※　有価証券売却損益：130ドル×@98（HR）－11,550（前期末時価）＝1,190

前T／B

		有価証券売却損益	1,190

(3)　決算整理仕訳

仕　訳　な　し

後T／B

		有価証券売却損益	1,190

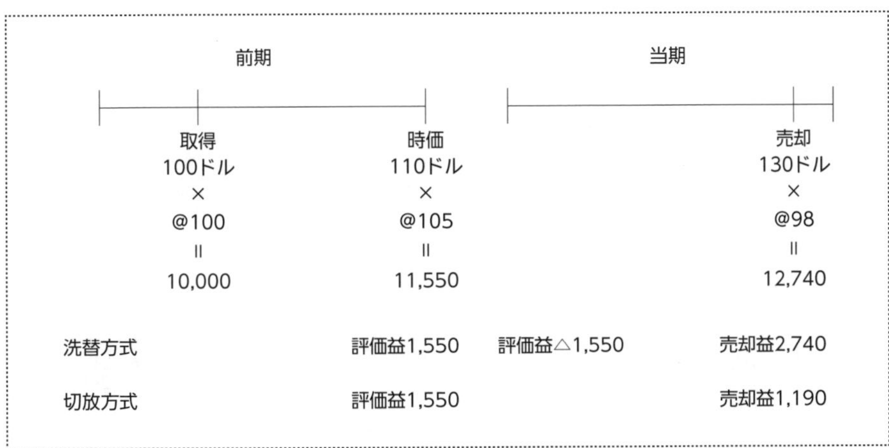
前期
当期
取得
100ドル
×
@100
=
10,000
時価
110ドル
×
@105
=
11,550
売却
130ドル
×
@98
=
12,740
洗替方式
評価益1,550
評価益△1,550
売却益2,740
切放方式
評価益1,550
売却益1,190

■ 例題11　満期保有目的の債券　重要度A

以下の資料に基づき、×2年3月期及び×3年3月期の財務諸表に計上される為替差損益、有価証券利息及び投資有価証券の金額を答えなさい。

(1)　×1年4月1日に社債（額面10,000ドル）を9,700ドルで取得し、満期保有目的の債券として保有している。当該社債は利率年4％、利払年2回（3月末、9月末）、償還期間は5年である。なお、取得原価と額面金額の差額は、金利の調整と認められるため、償却原価法（定額法）を適用する。

(2)　為替相場は以下のとおりである。

×1年4月1日の為替相場	1ドル＝100円
×1年9月30日の為替相場	1ドル＝98円
×2年3月31日の為替相場	1ドル＝103円
×2年9月30日の為替相場	1ドル＝106円
×3年3月31日の為替相場	1ドル＝110円
×1年4月1日～×2年3月31日の期中平均相場	1ドル＝102円
×2年4月1日～×3年3月31日の期中平均相場	1ドル＝108円

■ 解答解説（単位：円）

1．×2年3月期

(1)　取得時（×1年4月1日）

（借）	投資有価証券	970,000	（貸）現金預金	970,000

※　9,700ドル（取得原価）×@100（取得時ＨＲ）＝970,000

(2)　利払日（×1年9月30日）

（借）	現金預金	19,600	（貸）有価証券利息	19,600

※　10,000ドル（額面金額）×4％（利率）×6ヶ月（X1.4～X1.9）／12ヶ月×@98（利払時ＨＲ）＝19,600

(3)　利払日（×2年3月31日）

（借）	現金預金	20,600	（貸）有価証券利息	20,600

※　10,000ドル（額面金額）×4％（利率）×6ヶ月（X1.10～X2.3）／12ヶ月×@103（利払時ＨＲ）＝20,600

(4)　決算整理仕訳（×2年3月31日）

①　償却原価法

（借）	投資有価証券	6,120	（貸）有価証券利息	6,120※1

※1　償却原価法（円貨額）：60ドル（外貨建償却額※2）×@102（ＡＲ）＝6,120

※2　償却原価法（外貨額）：｛10,000ドル（額面金額）－9,700ドル（取得原価）｝÷5年（償却期間）＝60ドル

②　換算

（借）	投資有価証券	29,160	（貸）為替差損益	29,160

※　｛9,700ドル（取得原価）＋60ドル（外貨建償却額）｝×@103（ＣＲ）－｛970,000（取得原価）＋6,120（償却額）｝＝29,160

⑸ 財務諸表計上額

為替差益：29,160

有価証券利息：19,600 + 20,600 + 6,120 = 46,320

投資有価証券：｛9,700 ドル（取得原価）＋60 ドル（外貨建償却額）｝×@103（ＣＲ）＝1,005,280

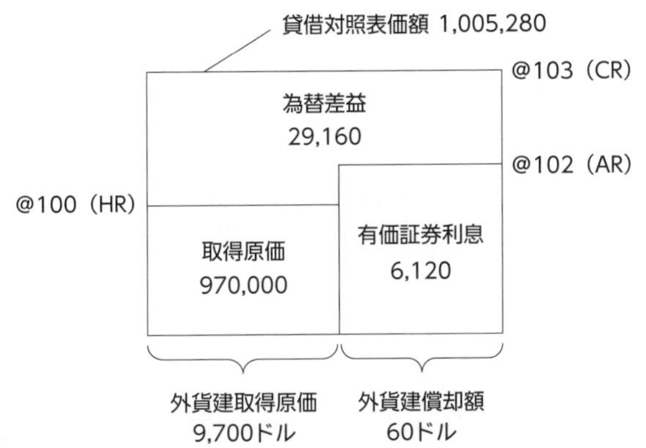

２．×３年３月期

⑴ 利払日（×２年９月30日）

（借）現　金　預　金	21,200	（貸）有価証券利息	21,200

※　10,000 ドル（額面金額）×４％（利率）×６ヶ月（X2.4～X2.9）／12 ヶ月×@106（利払時ＨＲ）＝21,200

⑵ 利払日（×３年３月31日）

（借）現　金　預　金	22,000	（貸）有価証券利息	22,000

※　10,000 ドル（額面金額）×４％（利率）×６ヶ月（X2.10～X3.3）／12 ヶ月×@110（利払時ＨＲ）＝22,000

⑶ 決算整理仕訳（×３年３月31日）

① 償却原価法

（借）投資有価証券	6,480	（貸）有価証券利息	6,480※1

※１　償却原価法（円貨額）：60 ドル（外貨建償却額※2）×@108（ＡＲ）＝6,480

※２　償却原価法（外貨額）：｛10,000 ドル（額面金額）－9,700 ドル（取得原価）｝÷５年（償却期間）＝60 ドル

② 換算

（借）投資有価証券	68,440	（貸）為替差損益	68,440

※　｛9,760 ドル（前期末外貨建償却原価）＋60 ドル（外貨建償却額）｝×@110（ＣＲ）
－｛1,005,280（前期末償却原価）＋6,480（償却額）｝＝68,440

⑷ 財務諸表計上額

為替差益：68,440

有価証券利息：21,200 + 22,000 + 6,480 = 49,680

投資有価証券：｛9,760 ドル（前期末外貨建帳簿価額）＋60 ドル（外貨建償却額）｝×@110（ＣＲ）＝
1,080,200

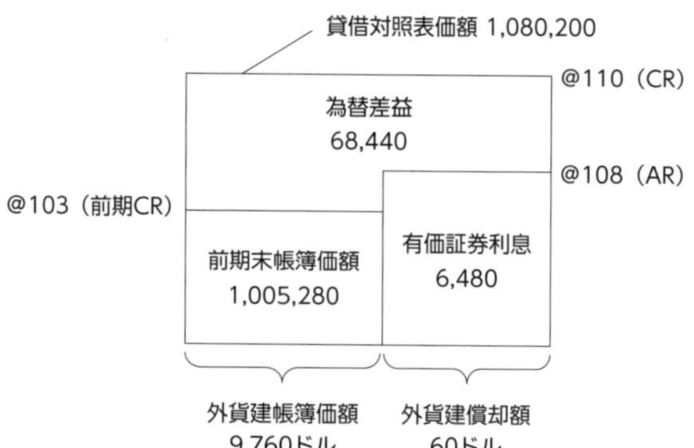
貸借対照表価額 1,080,200
@110（CR）
為替差益
68,440
@108（AR）
@103（前期CR）
前期末帳簿価額
1,005,280
有価証券利息
6,480
外貨建帳簿価額
9,760ドル
外貨建償却額
60ドル

■ 例題12　子会社株式及び関連会社株式　重要度A

以下の資料に基づき、貸借対照表に計上される関係会社株式の金額を答えなさい。

(1) 当期に取得し、当期末に保有している株式は下記のとおりである。

銘柄	取得価額	当期末時価	保有目的	取得時の為替相場
S社株式	500ドル	515ドル	子会社株式	1ドル＝109円

(2) 決算日の為替相場は1ドル＝120円である。

■ 解答解説（単位：円）

(1) 期中仕訳

(借) 関係会社株式	54,500	(貸) 現金預金	54,500

※　500ドル（取得原価）×@109（HR）＝54,500

(2) 決算整理仕訳

仕　訳　な　し

(3) 財務諸表計上額

54,500（取得原価）

■ 例題13　その他有価証券（株式）

重要度A

以下の資料に基づき、貸借対照表に計上される投資有価証券及びその他有価証券評価差額金の金額を答えなさい。

(1) 当期に取得し、当期末に保有している株式は下記のとおりである。

銘柄	取得価額	当期末時価	保有目的	取得時の為替相場
A社株式	800ドル	820ドル	その他有価証券	1ドル＝110円

(2) 決算日の為替相場は1ドル＝120円である。

■ 解答解説（単位：円）

(1) 期中仕訳

(借) 投資有価証券	88,000	(貸) 現金預金	88,000

※　800ドル（取得原価）×@110（ＨＲ）＝88,000

(2) 決算整理仕訳

(借) 投資有価証券	10,400	(貸) その他有価証券評価差額金	10,400

※　820ドル（当期末時価）×@120（ＣＲ）－88,000＝10,400

(3) 財務諸表計上額

投資有価証券：820ドル（当期末時価）×@120（ＣＲ）＝98,400

その他有価証券評価差額金：10,400

■ 例題14　その他有価証券（債券）

重要度 C

以下の資料に基づき、×２年３月期の財務諸表に計上される為替差損益、投資有価証券及びその他有価証券評価差額金の金額を答えなさい。

(1)　×１年４月１日に社債（額面10,000ドル）を9,700ドルで取得し、その他有価証券として保有している。当該社債は利率年４％、利払年２回（３月末、９月末）、償還期間は５年である。なお、取得原価と額面金額の差額は、金利の調整と認められるため、償却原価法（定額法）を適用する。

(2)　社債の決算日における時価は10,200ドルであった。

(3)　為替相場は以下のとおりである。

×１年４月１日の為替相場	１ドル＝100円
×１年９月30日の為替相場	１ドル＝98円
×２年３月31日の為替相場	１ドル＝103円
×１年４月１日～×２年３月31日の期中平均相場	１ドル＝102円

(4)　税効果会計は考慮しない。

問１　原則処理によった場合

問２　為替相場変動部分を為替差損益とする方法（容認処理）によった場合

■ 解答解説（単位：円）

問１　原則処理

(1)　取得時（×１年４月１日）

（借）投資有価証券	970,000	（貸）現金預金	970,000

※　9,700ドル（取得原価）×@100（取得時ＨＲ）＝970,000

(2)　利払日（×１年９月30日）

（借）現金預金	19,600	（貸）有価証券利息	19,600

※　10,000ドル（額面金額）×４％（利率）×６ヶ月（X1.4～X1.9）／12ヶ月×@98（利払時ＨＲ）＝19,600

(3)　利払日（×２年３月31日）

（借）現金預金	20,600	（貸）有価証券利息	20,600

※　10,000ドル（額面金額）×４％（利率）×６ヶ月（X1.10～X2.3）／12ヶ月×@103（利払時ＨＲ）＝20,600

(4)　決算整理仕訳（×２年３月31日）

（借）投資有価証券	6,120※1	（貸）有価証券利息	6,120
（借）投資有価証券	74,480	（貸）その他有価証券評価差額金	74,480※3

※１　償却原価法（円貨額）：60ドル（外貨建償却額※2）×@102（ＡＲ）＝6,120

※２　償却原価法（外貨額）：｛10,000ドル（額面金額）－9,700ドル（取得原価）｝÷５年（償却期間）＝60ドル

※３　その他有価証券評価差額金：10,200ドル（外貨建時価）×@103（ＣＲ）
－｛970,000（取得原価）＋6,120（償却額）｝＝74,480

(5) 財務諸表計上額

為替差損益：0

投資有価証券：10,200ドル（外貨建時価）×@103（ＣＲ）＝1,050,600

その他有価証券評価差額金：74,480

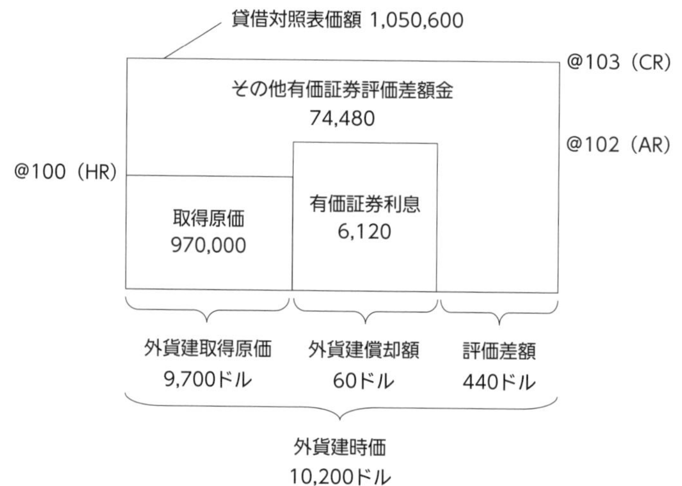

問２ 容認処理

(1) 取得時（×1年4月1日）

(借) 投資有価証券	970,000	(貸) 現金預金	970,000

※ 9,700ドル（取得原価）×@100（取得時ＨＲ）＝970,000

(2) 利払日（×1年9月30日）

(借) 現金預金	19,600	(貸) 有価証券利息	19,600

※ 10,000ドル（額面金額）×4％（利率）×6ヶ月（X1.4～X1.9）／12ヶ月×@98（利払時ＨＲ）＝19,600

(3) 利払日（×2年3月31日）

(借) 現金預金	20,600	(貸) 有価証券利息	20,600

※ 10,000ドル（額面金額）×4％（利率）×6ヶ月（X1.10～X2.3）／12ヶ月×@103（利払時ＨＲ）＝20,600

(4) 決算整理仕訳（×2年3月31日）

(借) 投資有価証券	6,120	(貸) 有価証券利息	6,120
(借) 投資有価証券	74,480	(貸) その他有価証券評価差額金	45,320※1
		為替差損益	29,160※2

※1 その他有価証券評価差額金：｛10,200ドル（外貨建時価）－9,700ドル（取得原価）－60ドル（償却額）｝×@103（ＣＲ）＝45,320

※2 為替差損益：｛9,700ドル（取得原価）＋60ドル（償却額）｝×@103（ＣＲ）－｛970,000（取得原価）＋6,120（償却額）｝＝29,160

⑸　**財務諸表計上額**

為替差益：29,160

投資有価証券：10,200ドル（外貨建時価）×@103（ＣＲ）＝1,050,600

その他有価証券評価差額金：45,320

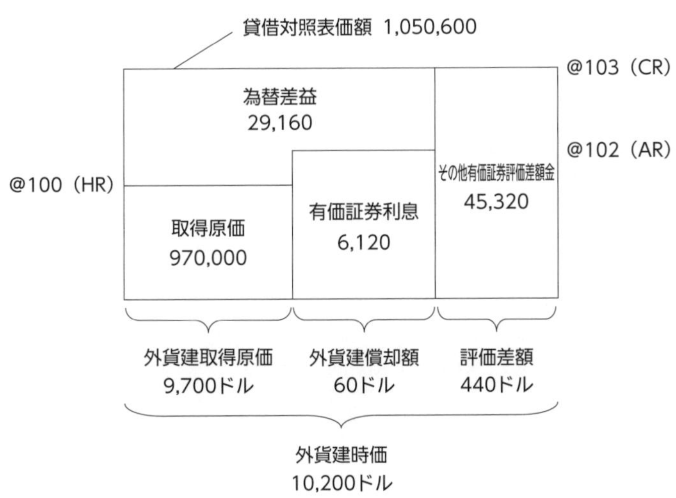

2　減損処理（市場価格がある場合）

⑴　**減損の判定**

外貨建有価証券の時価が著しく下落しており、時価の回復見込みがない又は不明の場合には減損処理を適用する。なお、**減損の判定は外貨で行う。**

⑵　**会計処理**

外貨建の取得原価に取得時の為替相場（ＨＲ）を乗じた金額と**外貨建の時価に決算時の為替相場（ＣＲ）を乗じた金額**の差額を評価損として処理する。また、切放法によるため、翌期に洗替処理は行わない。

⑶　**貸借対照表価額**

減損処理を適用した場合は、外貨建時価に決算時の為替相場（ＣＲ）を乗じた金額を貸借対照表価額とする。

■例題15　減損処理（市場価格がある場合）

重要度B

以下の資料に基づき、財務諸表に計上される投資有価証券及び投資有価証券評価損の金額を答えなさい。

(1)　当期に取得し、当期末に保有している株式は下記のとおりである。

銘柄	取得価額	当期末時価	保有目的	取得時の為替相場
A社株式	1,000ドル	400ドル	その他有価証券	1ドル＝105円

(2)　A社株式について、時価の回復の見込みは認められない。

(3)　決算日の為替相場は1ドル＝106円である。

■解答解説（単位：円）

(1)　取得時

(借) 投資有価証券	105,000	(貸) 現金預金	105,000

※　1,000ドル（取得原価）×@105（ＨＲ）＝105,000

(2)　決算整理仕訳

(借) 投資有価証券評価損	62,600※2	(貸) 投資有価証券	62,600

※1　減損の判定：1,000ドル（取得原価）×50％ ＞ 400ドル（時価）　∴　減損処理を行う

※2　投資有価証券評価損：105,000（取得原価）－400ドル（時価）×@106（ＣＲ）＝62,600

(3)　財務諸表計上額

投資有価証券：400ドル×@106（ＣＲ）＝42,400

投資有価証券評価損：62,600

3　市場価格のない外貨建株式等（その他有価証券）

(1)　株式の場合

市場価格のない株式等（その他有価証券）については、**取得原価を決算時の為替相場（ＣＲ）により換算し、換算差額をその他有価証券評価差額金として処理する。**

(2)　減損処理

① 減損の判定

実質価額が著しく下落している場合には減損処理を適用する。なお、**減損の判定は外貨で行う。**

② 会計処理

外貨建の取得原価に取得時の為替相場（ＨＲ）を乗じた金額と外貨建の実質価額に決算時の為替相場（ＣＲ）を乗じた金額の差額を評価損として処理する。また、切放法によるため、翌期に洗替処理は行わない。

(3)　貸借対照表価額

減損処理を適用した場合は、実質価額に決算時の為替相場（ＣＲ）を乗じた金額を貸借対照表価額とする。

■ 例題16　市場価格のない外貨建株式等　重要度C

以下の資料に基づき、財務諸表に計上される投資有価証券及びその他有価証券評価差額金の金額を答えなさい。

(1)　当期に取得し、当期末に保有している株式は下記のとおりである。

銘柄	取得価額	当期末時価	保有目的	取得時の為替相場
Ａ社株式	1,000ドル	―	その他有価証券	１ドル＝105円

(2)　Ａ社株式は市場価格のない株式である。

(3)　決算日の為替相場は１ドル＝106円である。

■ 解答解説（単位：円）

(1)　**取得時の会計処理**

(借) 投資有価証券	105,000	(貸) 現金預金	105,000

※　1,000ドル（取得原価）×@105（ＨＲ）＝105,000

(2)　**決算整理仕訳**

(借) 投資有価証券	1,000	(貸) その他有価証券評価差額金	1,000

※　1,000ドル（取得原価）×@106（ＣＲ）－105,000＝1,000

(3)　**財務諸表計上額**

投資有価証券：1,000ドル（取得原価）×@106（ＣＲ）＝106,000

その他有価証券評価差額金：1,000

■ 例題17　減損処理（市場価格がない場合）

重要度C

以下の資料に基づき、財務諸表に計上される投資有価証券及び投資有価証券評価損の金額を答えなさい。

(1)　当期に取得し、当期末に保有している株式は下記のとおりである。

銘柄	取得価額	当期末時価	保有目的	取得時の為替相場
A社株式	1,000ドル	—	その他有価証券	1ドル＝105円

(2)　A社株式は市場価格のない株式であり、実質価額は200ドルである。

(3)　決算日の為替相場は1ドル＝106円である。

■ 解答解説（単位：円）

(1)　取得時

(借) 投資有価証券	105,000	(貸) 現金預金	105,000

※　1,000ドル（取得原価）×@105（HR）＝105,000

(2)　決算整理仕訳

(借) 投資有価証券評価損	83,800※2	(貸) 投資有価証券	83,800

※1　減損の判定：1,000ドル（取得原価）×50％ ＞ 200ドル（実質価額）　∴　減損処理を行う

※2　投資有価証券評価損：105,000（取得原価）－200ドル（実質価額）×@106（CR）＝83,800

(3)　財務諸表計上額

投資有価証券：200ドル×@106（CR）＝21,200

投資有価証券評価損：83,800

第18章

社債

第１節　社債

1　意義

社債とは、広く公衆から長期の資金を調達するために、会社が発行した債券である。

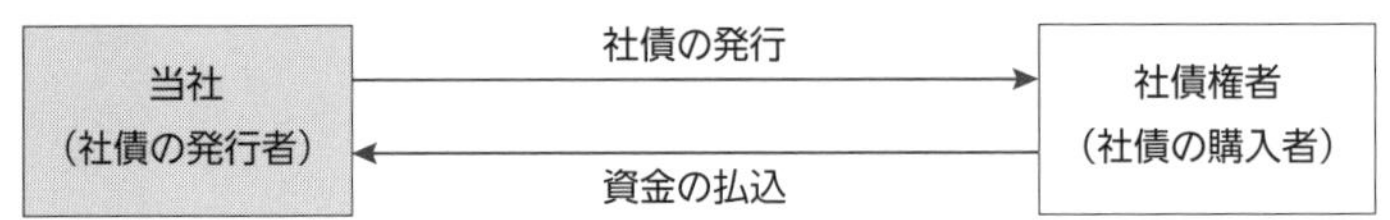

2　社債の発行形態

社債の発行形態は、以下の３つに分類される。

発行形態	額面金額と払込金額の関係
平価発行	額面金額 ＝ 払込金額
割引発行	額面金額 ＞ 払込金額
打歩発行	額面金額 ＜ 払込金額

※　額面金額は債券金額と表現される場合もある。

※　払込金額とは、社債発行時に「社債の購入者から払い込まれる金額」をいう。

第2節　会計処理

1 発行時

社債発行時は、**払込金額について「社債」勘定（負債）**を計上する。

(借) 現金預金	×××	(貸) 社債	×××

2 利払日

クーポン利息について**「社債利息」勘定（費用）**を計上する。

(借) 社債利息	×××	(貸) 現金預金	×××

3 償却原価法

社債を額面金額より低い価額又は高い価額で発行した場合、当該差額について、償却原価法を適用しなければならない。なお、償却額は、**「社債利息」勘定（費用）**に計上する。

(1) 利息法（原則）

利息法とは、**社債のクーポン利息総額と金利調整差額の合計額を、社債の帳簿価額に対して一定率（実効利子率）となるように、複利計算によって各期の損益に配分する方法**をいい、**当該金額とクーポン利息の差額（償却額）を帳簿価額に加減する**方法をいう。

〔償却額計上の仕訳〕

(借) 社債利息	×××※1	(貸) 現金預金	×××※2
		社債	×××※3

※1　社債利息総額 ＝ 元本（発行価額＋償却額）× 実効利子率× 当期の月数/12 ヶ月
※2　クーポン利息 ＝ 額面金額 × クーポン利子率 × 当期の月数/12 ヶ月
※3　償却額 ＝ 社債利息総額 － クーポン利息

⑵ 定額法（容認）

定額法とは、債券の金利調整差額を発行日から償還日までの**期間で除して各期の損益に均等額を配分する方法**をいう。

〔償却額計上の仕訳〕

(借) 社　債　利　息	×××	(貸) 社　　　債	×××

クーポン利息 ＝ 額面金額 × クーポン利子率 × 月数/12ヶ月
償却額 ＝ (額面価額－発行価額) ÷ 償却期間 × 当期の月数/12ヶ月
社債利息総額 ＝ 償却原価法の増減額 ＋ クーポン利息

⑶ 償却原価法の適用時期

利息法（原則）	利払日ごとに期中仕訳として、償却原価法を適用する。
定額法（容認）	決算日ごとに決算整理仕訳として償却原価法を適用する。

※　なお、決算日と利払日が異なる場合、利息法においても決算日に償却原価法を適用する。この場合、現金預金勘定の部分を未払社債利息勘定とし、また、決算整理仕訳の全部を翌期首の再振替仕訳の対象とする。

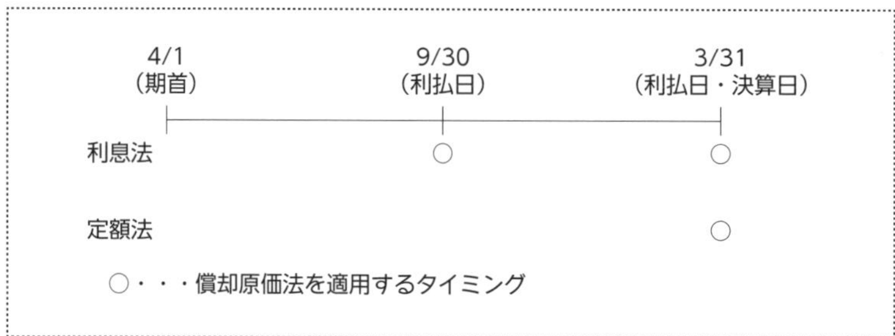

4 社債発行費

社債発行費は、**原則として支出時に営業外費用として処理**するが、**繰延資産として計上することもできる**。社債発行費を繰延資産として計上した場合、**社債の償還期間にわたり償却**する（詳細は繰延資産の章を参照すること）。

5 勘定科目及び財務諸表の表示

(1) 貸借対照表

〔償還日が決算日の翌日から起算して１年以内〕

勘定科目	表示科目	表示区分
「社債」	「一年以内償還予定社債」	流動負債

〔償還日が決算日の翌日から起算して１年超〕

勘定科目	表示科目	表示区分
「社債」	「社債」	固定負債

(2) 損益計算書

勘定科目	表示科目	表示区分
「社債利息」	「社債利息」	営業外費用

■ 例題１　社債（利息法と定額法）　重要度A

以下の資料に基づき、×2年3月期の財務諸表に計上される社債利息及び社債の金額を答えなさい。

(1)　×1年4月1日に社債（額面100,000円）を95,000円で発行した。当該社債は利率年3％、利払年2回（3月末、9月末）、償還期間5年であり、発行価額と額面金額の差額について償却原価法を適用する。

(2)　計算上、円未満の端数が生じる場合は、その都度四捨五入する。

問1　償却原価法を利息法で実施した場合（実効利子率：年4.1％）

問2　償却原価法を定額法で実施した場合

■ 解答解説（単位：円）

問1　利息法

1．期中仕訳

(1)　×1年4月1日（発行時）

(借)		(貸)	
現金預金	95,000	社債	95,000

(2)　×1年9月30日（利払日）

(借)		(貸)	
社債利息	1,948※1	現金預金	1,500※2
		社債	448※3

※1　社債利息：95,000（発行価額）×4.1％（実効利子率）×6ヶ月（X1.4～X1.9）/12ヶ月≒1,948

※2　クーポン利息：100,000（額面金額）×3％（クーポン利率）×6ヶ月（X1.4～X1.9）/12ヶ月＝1,500

※3　償却原価法：448（差額）

(3)　×2年3月31日（利払日）

(借)		(貸)	
社債利息	1,957※1	現金預金	1,500※2
		社債	457※3

※1　社債利息：{95,000（発行価額）＋448（償却額）}×4.1％（実効利子率）×6ヶ月（X1.10～X2.3）／12ヶ月≒1,957

※2　クーポン利息：100,000（額面金額）×3％（クーポン利率）×6ヶ月（X1.10～X2.3）／12ヶ月＝1,500

※3　償却原価法：457（差額）

前T／B

社債利息	3,905	社債	95,905

2．決算整理仕訳

仕訳なし

後T／B

社債利息	3,905	社債	95,905

3．財務諸表計上額

社債利息：1,948 + 1,957 = 3,905

社債：95,000（発行価額）＋448（X1.9償却額）＋457（X2.3償却額）＝95,905

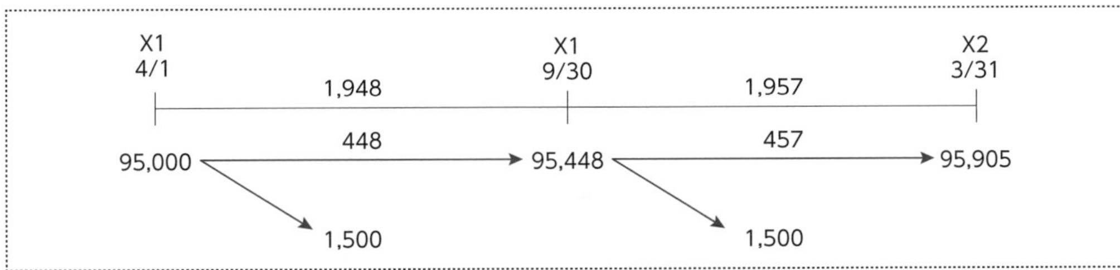

問2　定額法

1．期中仕訳

(1)　×1年4月1日（発行時）

（借）現金預金	95,000	（貸）社債	95,000

(2)　×1年9月30日（利払日）

（借）社債利息	1,500	（貸）現金預金	1,500

※　100,000（額面金額）×3％（クーポン利率）×6ヶ月（X1.4～X1.9）／12ヶ月＝1,500

(3)　×2年3月31日（利払日）

（借）社債利息	1,500	（貸）現金預金	1,500

※　クーポン利息：100,000（額面金額）×3％（クーポン利率）×6ヶ月（X1.10～X2.3）／12ヶ月＝1,500

前T／B

社債利息	3,000	社債	95,000

2．決算整理仕訳

（借）社債利息	1,000	（貸）社債	1,000

※　｛100,000（額面金額）－95,000（発行価額）｝÷5年（償却期間）＝1,000

後T／B

社債利息	4,000	社債	96,000

3．財務諸表計上額

社債利息：1,500（X1.9クーポン利息）＋1,500（X2.3クーポン利息）＋1,000（償却額）＝4,000

又は

100,000（額面金額）×3％（クーポン利率）＋1,000（償却額）＝4,000

社債：95,000（発行価額）＋1,000（償却額）＝96,000

又は

100,000（額面金額）×96％（当期末償却原価割合）＝96,000

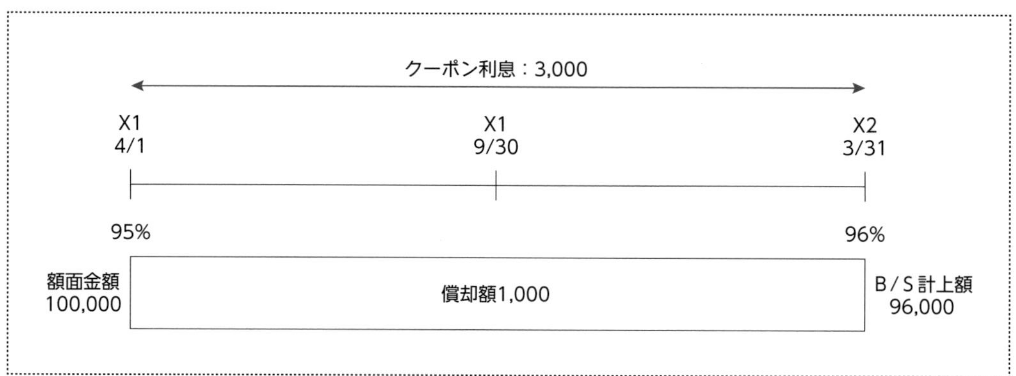
クーポン利息：3,000
X1
4/1
X1
9/30
X2
3/31
95%
96%
額面金額
100,000
償却額1,000
B/S計上額
96,000

第３節　社債の償還

1　分類

本節においては、以下の３つの償還方法について学習する。

満期償還 （定時一括償還）	当初設定された社債の償還日において、社債の額面金額をもって償還する方法
買入償還	社債の償還日より前に、臨時で、市場から時価等で買い入れて償還する方法
抽選償還 （定時分割償還）	一定期間毎に一定額ずつ分割して償還する方法

※　上記の他に、抽選償還において、償還予定時より前に臨時で買い入れて償還する方法（繰上償還）もある。

2　満期償還（定時一括償還）

満期償還とは、**社債の償還日において、社債の額面金額をもって償還する方法**をいう。満期償還においては、満期日において最終のクーポン利息の支払いを同時に行う。

■ 例題２　満期償還　重要度C

以下の資料に基づき、必要な仕訳を示しなさい。

額面金額100,000円、利率年３％、利払年１回（３月末）の社債を満期日（３月末）に償還し、クーポン利息と合わせた金額を支払った。なお、償却原価法は考慮しないものとする。

■ 解答解説（単位：円）

（借）	社　　　債	100,000	（貸）現　金　預　金	103,000
	社　債　利　息	3,000※		

※　社債利息：100,000（額面金額）×３％（クーポン利率）＝3,000

3 買入償還

(1) 意義

買入償還とは、発行会社に資金的余裕が生じた等の理由により、**社債の満期日より前に、市場から時価等で社債を買い入れて償還する方法**をいう。

(2) 会計処理

期首から償還時までの償却額を計上し、償還時点における社債の償却原価を算定する。その後、当該償却原価と償還金額（時価）との差額を「社債償還益（収益）」勘定又は「社債償還損（費用）」勘定で処理する。なお、損益計算書において社債償還損益は、特別損益の区分に表示する。

〔償還損が生じる場合〕

(借)	社債利息	×××	(貸) 社債	×××
(借)	社債	(償却原価)	(貸) 現金預金	(償還金額)
	社債償還損	×××		

〔償還益が生じる場合〕

(借)	社債利息	×××	(貸) 社債	×××
(借)	社債	(償却原価)	(貸) 現金預金	(償還金額)
			社債償還益	×××

(3) 端数利息

利払日以外に買い入れを行った場合には、**直前の利払日から償還日までの端数利息を支払う**ことになる。

償還時の支払総額 ＝ 償還金額（裸相場）＋ 端数利息

※　裸相場とは、端数利息を除いた償還金額のことである。

■ 例題3　買入償還①（利払日と償還日が一致している場合）　重要度B

以下の資料に基づき、×3年3月期の財務諸表に計上される社債利息、社債償還損、社債の金額を答えなさい。

(1)　×1年4月1日に社債（額面100,000円）を1口100円に対して95円で発行した。当該社債は利率年3％、利払年2回（3月末、9月末）、償還期間5年である。なお、発行価額と額面金額の差額について、償却原価法（定額法）を適用する。

(2)　×2年9月30日に社債額面40,000円を1口100円に対して98円で買い入れた。

第18章　社債

■ 解答解説（単位：円）

1．×1年度

(1)　×1年4月1日（発行時）

(借)	金額	(貸)	金額
現金預金	95,000	社債	95,000

※　100,000（額面金額）× 95％（発行価額割合）＝ 95,000

(2)　×1年9月30日（利払日）

(借)	金額	(貸)	金額
社債利息	1,500	現金預金	1,500

※　100,000（額面金額）× 3％（クーポン利率）× 6ヶ月（X1.4 ～ X1.9）/12ヶ月＝ 1,500

(3)　×2年3月31日（利払日）

(借)	金額	(貸)	金額
社債利息	1,500	現金預金	1,500

※　100,000（額面金額）× 3％（クーポン利率）× 6ヶ月（X1.10 ～ X2.3）/12ヶ月＝ 1,500

(4)　決算整理仕訳

(借)	金額	(貸)	金額
社債利息	1,000	社債	1,000

※　100,000（額面金額）× 1％（償却割合）＝ 1,000

2．×2年度

(1)　×2年9月30日（利払日・買入償還時）

①　利息の支払

(借)	金額	(貸)	金額
社債利息	1,500	現金預金	1,500

※　100,000（額面金額）× 3％（クーポン利率）× 6ヶ月（X2.4 ～ X2.9）/12ヶ月＝ 1,500

②　期首から償還時までの償却原価法

(借)	金額	(貸)	金額
社債利息	200	社債	200

※　40,000（償還分・額面金額）× 0.5％（償却割合）＝ 200

③　買入償還

(借)	金額	(貸)	金額
社債	38,600※1	現金預金	39,200※2
社債償還損	600※3		

※1　社債：40,000（償還分・額面金額）× 96.5％（償還時償却原価割合）＝ 38,600

※2　現金預金：40,000（償還分・額面金額）× 98％（償還価額割合）＝ 39,200

※3　社債償還損：差額

(2) ×3年3月31日（利払日）

（借）社　債　利　息	900	（貸）現　金　預　金	900

※　60,000（未償還分・額面金額）×３％（クーポン利率）×６ヶ月（X2.10～X3.3）/12ヶ月＝900

(3) 決算整理仕訳

（借）社　債　利　息	600	（貸）社　　　　債	600

※　60,000（未償還分・額面金額）×１％（償却割合）＝600

3．財務諸表計上額

社債利息：40,000（償還分・額面金額）×３％（クーポン利率）×６ヶ月（X2.4～X2.9）/12ヶ月
＋60,000（未償還・額面金額）×３％（クーポン利率）
＋200（償還分・償却額）＋600（未償還分・償却額）＝3,200

社債償還損：40,000（償還分・額面金額）×｛96.5％（償還時償却原価割合）－98％（償還価額割合）｝
＝600

社債：60,000（未償還分・額面金額）×97％（当期末償却原価割合）＝58,200

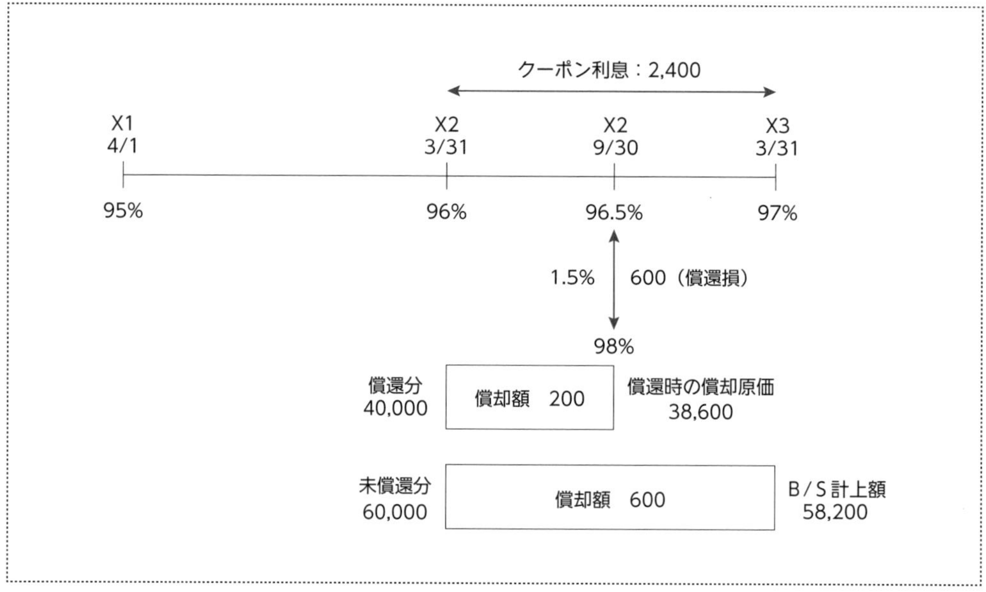

■ 例題4　買入償還②（利払日と償還日が一致していない場合）　重要度B

以下の資料に基づき、×3年3月期の財務諸表に計上される社債利息、社債償還益、社債の金額を答えなさい。

(1) ×1年4月1日に社債（額面100,000円）を1口100円に対して95円で発行した。当該社債は利率年3％、利払年2回（3月末、9月末）、償還期間5年である。なお、発行価額と額面金額の差額について、償却原価法（定額法）を適用する。

(2) ×2年12月31日に社債額面40,000円を1口100円に対して96円（裸相場）で買入れ、端数利息を含めた金額を支払った。

■ 解答解説（単位：円）

1．×1年度

(1) ×1年4月1日（発行時）

(借) 現金預金	95,000	(貸) 社債	95,000

※ 100,000（額面金額）×95％（発行価額割合）＝95,000

(2) ×1年9月30日（利払日）

(借) 社債利息	1,500	(貸) 現金預金	1,500

※ 100,000（額面金額）×3％（クーポン利率）×6ヶ月（X1.4～X1.9）/12ヶ月＝1,500

(3) ×2年3月31日（利払日）

(借) 社債利息	1,500	(貸) 現金預金	1,500

※ 100,000（額面金額）×3％（クーポン利率）×6ヶ月（X1.10～X2.3）/12ヶ月＝1,500

(4) 決算整理仕訳

(借) 社債利息	1,000	(貸) 社債	1,000

※ 100,000（額面金額）×1％（償却割合）＝1,000

2．×2年度

(1) ×2年9月30日（利払日）

(借) 社債利息	1,500	(貸) 現金預金	1,500

※ 100,000（額面金額）×3％（クーポン利率）×6ヶ月（X2.4～X2.9）/12ヶ月＝1,500

(2) ×2年12月31日（買入償還時）

① 端数利息の支払

(借) 社債利息	300	(貸) 現金預金	300

※ 40,000（償還分・額面金額）×3％（クーポン利率）×3ヶ月（X2.10～X2.12）/12ヶ月＝300

② 期首から償還時までの償却原価法

(借) 社債利息	300	(貸) 社債	300

※ 40,000（償還分・額面金額）×0.75％（償却割合）＝300

③ 買入償還

（借）社　　　　債	38,700※1	（貸）現金預金	38,400※2
		社債償還益	300※3

※1　社債：40,000（償還分・額面金額）× 96.75%（償還時償却原価割合）＝ 38,700
※2　現金預金：40,000（償還分・額面金額）× 96%（償還価額割合）＝ 38,400
※3　社債償還益：差額

(3)　×3年3月31日（利払日）

（借）社債利息	900	（貸）現金預金	900

※　60,000（未償還分・額面金額）× 3%（クーポン利率）× 6ヶ月（X2.10 ～ X3.3）/12ヶ月＝ 900

(4)　決算整理仕訳

（借）社債利息	600	（貸）社　　　　債	600

※　60,000（未償還分・額面金額）× 1%（償却割合）＝ 600

3．財務諸表計上額

社債利息：40,000（償還分・額面金額）× 3%（クーポン利率）× 9ヶ月（X2.4 ～ X2.12）/12ヶ月
＋ 60,000（未償還・額面金額）× 3%（クーポン利率）
＋ 300（償還分・償却額）＋ 600（未償還分・償却額）＝ 3,600

社債償還益：40,000（償還分・額面金額）× ｛96.75%（償還時償却原価割合）－ 96%（償還価額割合）｝
＝ 300

社債：60,000（未償還分・額面金額）× 97%（当期末償却原価割合）＝ 58,200

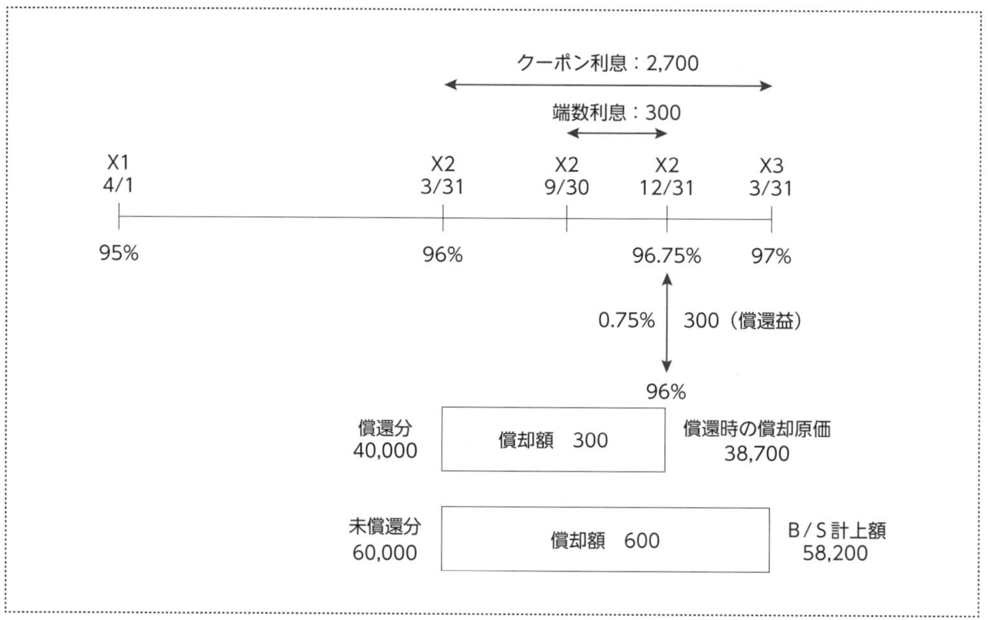

4 抽選償還（定時分割償還）

抽選償還とは、満期日に至るまで一定期間ごとに分割して償還する方法をいう。抽選償還の場合、満期償還と同様に、市場を通さず社債権者から直接買い入れるため、**額面金額**で償還される。

なお、償却方法について、定額法で処理する場合、社債の利用度（元本残高）に応じて償却原価法を適用する（**級数法と同様に計算する**）。

■ 例題5　抽選償還①（利息法）　重要度C

以下の資料に基づき、各問に答えなさい。なお、会計期間は４月１日～３月31日の１年間である。

(1)　×１年４月１日に社債額面30,000円を１口100円に対して94円で発行した。当該社債は利率年２％、利払年１回（３月末）、償還期間５年である。なお、発行価額と額面金額の差額について、利息法（実効利子率：年4.2％）による償却原価法を適用する。

(2)　毎年３月末に6,000円ずつ抽選償還する。

(3)　計算上、端数が生じる場合には、その都度円未満を四捨五入する。

問１　×２年３月期の仕訳を示しなさい。

問２　×３年３月期の仕訳を示しなさい。

■ 解答解説（単位：円）

問１　×２年３月期

(1)　×１年４月１日（発行時）

(借)	金額	(貸)	金額
現金預金	28,200	社債	28,200

※　30,000（額面金額）×94％（発行価額割合）＝28,200

(2)　×２年３月31日（利払日・抽選償還時）

①　償却原価法

(借)	金額	(貸)	金額
社債利息	1,184※1	現金預金	600※2
		社債	584※3

※１　社債利息：28,200（発行価額）×4.2％（実効利子率）≒1,184

※２　クーポン利息：30,000（額面金額）×２％（クーポン利率）＝600

※３　償却原価法：584（差額）

②　抽選償還

(借)	金額	(貸)	金額
社債	6,000	現金預金	6,000

※　額面金額で償還するため、社債償還損益は生じない。

(3)　決算整理後残高

社債利息：1,184

社債：28,200（発行価額）＋584（X2.3償却額）－6,000（X2.3償還）＝22,784

問2　×3年3月期

⑴　×3年3月31日（利払日・抽選償還時）

①　償却原価法

(借)	社債利息	957※1	(貸)	現金預金	480※2
				社債	477※3

※1　社債利息：22,784（X2.3計上額）×4.2%（実効利子率）≒957
※2　クーポン利息：｛30,000（額面金額）－6,000（X2.3償還）｝×2％（クーポン利率）＝480
※3　償却原価法：477（差額）

②　抽選償還

(借)	社債	6,000	(貸)	現金預金	6,000

⑵　決算整理後残高

社債利息：957

社債：22,784（X2.3計上額）＋477（X3.3償却額）－6,000（X3.3償還）＝17,261

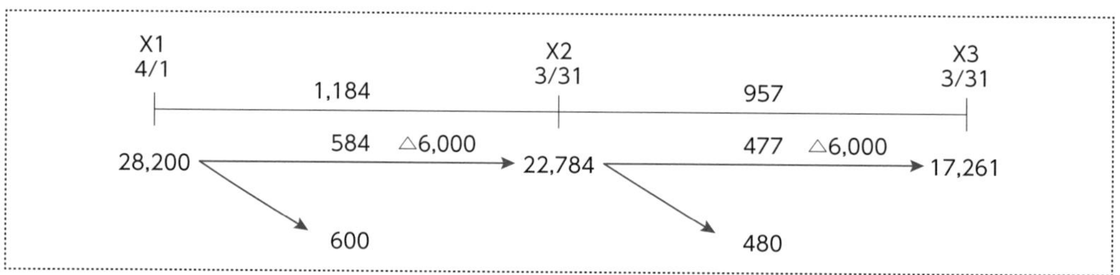

■ 例題6　抽選償還②（定額法）　重要度C

以下の資料に基づき、各問に答えなさい。なお、会計期間は4月1日～3月31日の1年間である。

⑴　×1年4月1日に、社債（額面30,000円）を26,400円で発行した。当該社債は利率年4％、利払年1回（3月末）、償還期間3年である。なお、発行価額と額面金額の差額について、償却原価法（定額法）を適用する。

⑵　毎年3月末に10,000円ずつ抽選償還する。

問1　×2年3月期の仕訳を示しなさい。

問2　×3年3月期の仕訳を示しなさい。

■ 解答解説（単位：円）

〔償却額の算定〕

発行価額の異なる３つの社債を発行したと捉える。

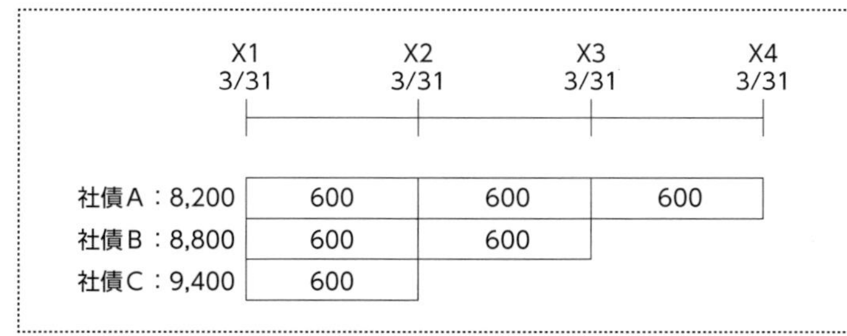

⑴　総項数

３項＋２項＋１項＝６項

⑵　１項当たりの償却額

｛30,000（額面金額）－26,400（発行価額）｝÷６項＝@600

問１　×２年３月期

⑴　×１年４月１日（発行時）

（借）現金預金	26,400	（貸）社債	26,400

⑵　×２年３月31日（利払日・抽選償還時）

①　利息の支払

（借）社債利息	1,200	（貸）現金預金	1,200

※　30,000（額面金額）×４％（クーポン利率）＝1,200

②　期首から償還時までの償却額（社債Ｃ）

（借）社債利息	600	（貸）社債	600

※　@600（１項当たりの償却額）×１項＝600

③　抽選償還（社債Ｃ）

（借）社債	10,000	（貸）現金預金	10,000

⑶　決算整理仕訳（社債Ａ及び社債Ｂの償却額）

（借）社債利息	1,200	（貸）社債	1,200

※　@600（１項当たりの償却額）×２項＝1,200

⑷　決算整理後残高

社債利息：1,200（クーポン利息）＋@600（１項当たりの償却額）×３項＝3,000

社債：8,200（社債Ａ）＋8,800（社債Ｂ）＋@600（１項当たりの償却額）×２項＝18,200

問2 ×3年3月期

(1) ×3年3月31日（利払日・抽選償還時）

① 利息の支払

（借）社債利息	800	（貸）現金預金	800

※ ｛30,000（額面金額）－10,000（X2.3償還）｝×４％（クーポン利率）＝800

② 期首から償還時までの償却額（社債B）

（借）社債利息	600	（貸）社債	600

※ ＠600（１項当たりの償却額）×１項＝600

③ 抽選償還（社債B）

（借）社債	10,000	（貸）現金預金	10,000

(2) 決算整理仕訳（社債Aの償却額）

（借）社債利息	600	（貸）社債	600

※ ＠600（１項当たりの償却額）×１項＝600

(3) 決算整理後残高

社債利息：800（クーポン利息）＋＠600（１項当たりの償却額）×２項＝2,000

社債：8,200（社債A）＋＠600（１項当たりの償却額）×２項＝9,400

第19章

退職給付会計

第1節　総論

1　退職給付の意義

✓ 簿記3,2級

退職給付とは、一定の期間にわたり労働を提供した等の事由に基づいて、**退職以後に支給される給付**をいう。

2　退職給付の分類

(1)　退職一時金制度と企業年金制度（退職給付の支払方法による分類）

退職一時金制度	退職時に一括で企業から退職金が支払われる方法。
企業年金制度	退職以後に一定期間にわたり退職金が分割により支払われる方法。

(2)　内部積立型と外部積立型（退職給付を支給する主体による分類）

内部積立型	退職給付の原資が企業内部に積み立てられ、退職給付を企業が直接退職者に支給する方法。
外部積立型	退職給付の原資が企業外部に積み立てられ、退職給付を外部機関が退職者に支給する方法。

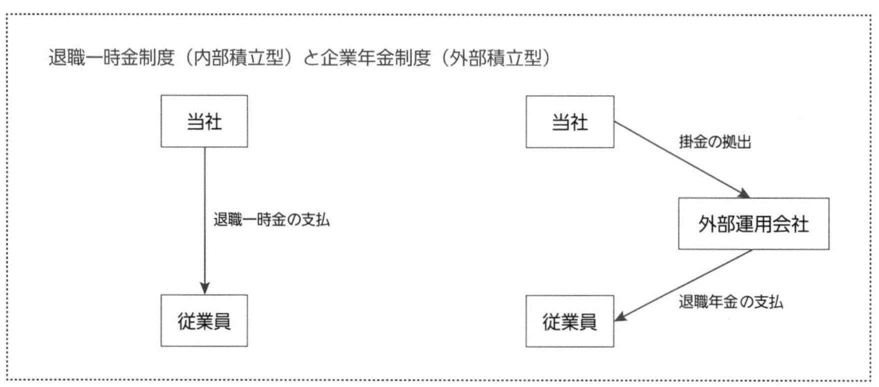

※　わが国においては、退職一時金制度の場合には内部積立型を採用し、企業年金制度の場合には外部積立型を採用することが一般的であるため、「退職給付に関する会計基準」においては当該組合せを前提にしている。

支払方法		支給する主体
退職一時金制度	⇔	内部積立型
企業年金制度	⇔	外部積立型

⑶　外部積立型における確定給付型と確定拠出型（運用リスクを負う主体による分類）

確定給付型	確定給付型は、従業員が受け取る退職給付額が確定している退職給付制度である。つまり、掛金の運用の結果、支給原資が不足した場合の追加のリスクを企業側が負担している。
確定拠出型	確定拠出型は、従業員が受け取る退職給付額が、掛金の運用結果に左右される退職給付制度である。つまり企業は一定の掛金を拠出すればよく、その後の運用リスクは従業員が負担している。

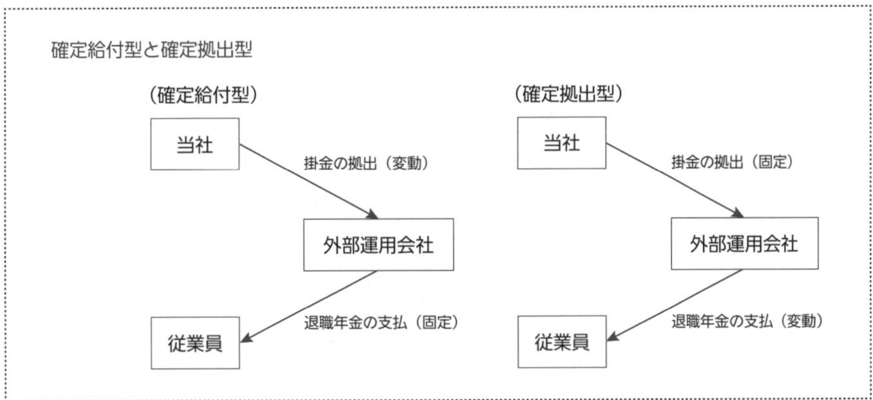

3　各制度と会計処理の関係

内部積立型退職一時金制度		退職給付引当金を計上する。
外部積立型企業年金制度	確定給付型	退職給付引当金を計上する。
	確定拠出型	退職給付引当金を計上しない。

4　退職給付に係る用語

退職給付見込額	将来の退職時に見込まれる退職給付の総額である。
退職給付債務	退職給付債務とは、当期末までに発生した退職給付見込額の合計を現在価値に割引計算したものである。
勤務費用	勤務費用とは、当期の労働の対価として発生した退職給付債務である。勤務費用は、当期に発生した退職給付見込額を現在価値に割引計算したものである。
利息費用	利息費用とは、期首時点における退職給付債務について期末時点までの時の経過により発生する計算上の利息である（期首の退職給付債務×割引率）。

具体例 退職給付債務の計算

(1) A氏の入社から当期末までの勤務年数は14年間である。

(2) 予想勤務年数は15年間であり、退職時の退職給付見込額は15,000円である。

(3) 退職給付見込額のうち各期に発生すると認められる金額は1,000円（＝15,000円÷15年）である。

(4) 割引率は5％とする。

〔全体像〕

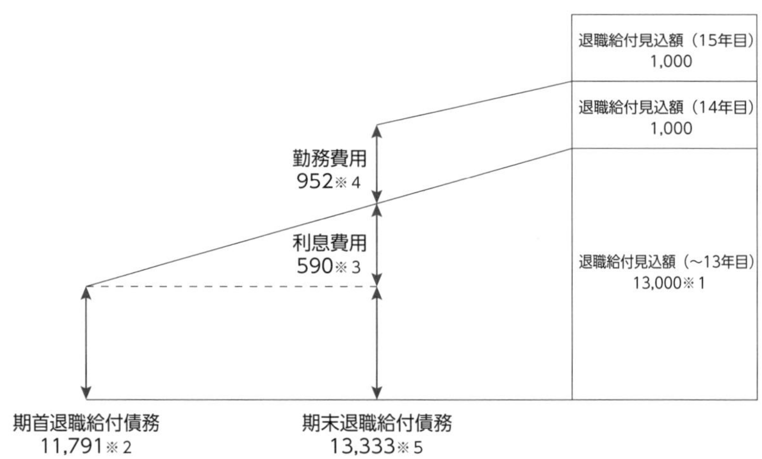

※1　退職給付見込額（期首までの発生額）：1,000（1年当たりの発生額）×13年＝13,000

※2　期首退職給付債務：13,000（期首退職給付見込額※1）÷（1＋5％）^{2} ≒ 11,791

※3　利息費用：11,791（期首退職給付債務※2）×5％≒590

※4　勤務費用：1,000（14年目発生の退職給付見込額）÷（1＋5％）^{1} ≒ 952

※5　期末退職給付債務：11,791（期首退職給付債務）＋590（利息費用※3）＋952（勤務費用※4）＝13,333
又は14,000（期末退職給付見込額※6）÷（1＋5％）^{1} ≒ 13,333

※6　退職給付見込額（期末までの発生額）：1,000（1年当たりの発生額）×14年＝14,000

〔当期の会計処理〕

＜仕訳＞

(借) 退職給付費用	1,542	(貸) 退職給付引当金	1,542

※　952（勤務費用）＋590（利息費用）＝1,542

＜財務諸表計上額＞

退職給付費用：1,542（勤務費用と利息費用の合計）

退職給付引当金：13,333（当期末退職給付債務）

第２節　内部積立型退職一時金制度

1　勤務費用・利息費用

勤務費用及び利息費用を「**退職給付費用」勘定（費用）**及び「**退職給付引当金」勘定（負債）**に計上する。

（借）退　職　給　付　費　用	×××	（貸）退職給付引当金	×××

2　退職一時金の支払

退職者に退職一時金を支給した場合は、「**退職給付引当金」勘定（負債）を減少**させる。

〔退職一時金支給時の仕訳〕

（借）退職給付引当金	×××	（貸）現　　金　　預　　金	×××

3　財務諸表計上額

(1)　退職給付引当金

退職給付引当金 ＝退職給付債務

(2)　退職給付費用

退職給付費用 ＝ 勤務費用 ＋利息費用

(3)　勘定科目及び財務諸表の表示

	勘定科目・表示科目	表示区分
貸借対照表	「退職給付引当金」	固定負債
損益計算書	「退職給付費用」	販売費及び一般管理費

■ 例題1　内部積立型退職一時金制度

重要度A

以下の資料に基づき、当期の財務諸表に計上される退職給付費用及び退職給付引当金の金額を答えなさい。

(1)　当社は、退職一時金制度を採用している。

(2)　退職給付に関する資料は次のとおりである。

①　当期首の退職給付債務	100,000円
②　当期の勤務費用	5,000円
③　割引率	年３％
④　当期の退職一時金支払高	2,000円

■ 解答解説（単位：円）

1．当期首の退職給付引当金

100,000（期首退職給付債務）

2．当期の仕訳

(1)　退職給付費用の計上

（借）退職給付費用	8,000※1	（貸）退職給付引当金	8,000

※1　退職給付費用：5,000（勤務費用）＋3,000（利息費用※2）＝8,000

※2　利息費用：100,000（期首退職給付債務）×３％（割引率）＝3,000

(2)　退職一時金の支払

（借）退職給付引当金	2,000	（貸）現金預金	2,000

3．財務諸表計上額

退職給付費用：8,000

退職給付引当金：100,000（期首引当金）＋8,000－2,000＝106,000

第３節　外部積立型企業年金制度

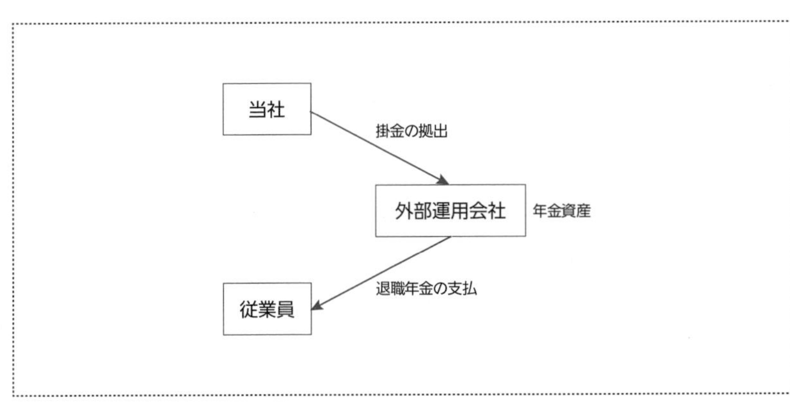

1 掛金の拠出

外部積立型の場合、企業は外部運用会社に資金を拠出することになる。当該資産を年金資産という。

企業が資金を外部に拠出した場合、企業が追加的に負担する債務である**「退職給付引当金」勘定（負債）は減少**することになる。

〔掛金拠出時の仕訳〕

(借) 退職給付引当金	×××	(貸) 現　金　預　金	×××

2 退職年金の支払

年金資産から退職者へ退職年金を支給した場合、**退職給付債務と年金資産は同額減少する**が、将来企業が負担する「退職給付引当金」の額に影響はない。よって、会計上、何ら**仕訳は行われない。**

〔退職年金支給時の仕訳〕

仕　訳　な　し

3 勤務費用・利息費用

勤務費用及び利息費用の算定は、内部積立型と同様である。

〔勤務費用及び利息費用〕

(借) 退職給付費用	×××	(貸) 退職給付引当金	×××

4 期待運用収益

期待運用収益とは、年金資産を運用した場合に合理的に期待される年金資産の増加額をいう。期待運用収益は、期首の年金資産の額に**年金資産を運用した場合に期待される収益率（長期期待運用収益率）**を乗じて算定する。

期待運用収益 ＝ 期首の年金資産 × 長期期待運用収益率

期待運用収益が生じた場合、企業が追加で拠出する金額が減少するため、**「退職給付費用」勘定（費用）及び「退職給付引当金」勘定（負債）が減少**することになる。

〔期待運用収益の計上の仕訳〕

（借）退職給付引当金	×××	（貸）退職給付費用	×××

5 財務諸表計上額

(1) 退職給付引当金

退職給付引当金 ＝ 退職給付債務 － 年金資産
＝ 期首退職給付引当金 － 当期掛金拠出額 ＋ 当期退職給付費用

※ 退職給付債務より年金資産の方が大きい場合、「前払年金費用」勘定（資産）とする。

(2) 退職給付費用

退職給付費用 ＝ 勤務費用 ＋ 利息費用 － 期待運用収益

■ 例題2　外部積立型企業年金制度

重要度A

以下の資料に基づき、当期の財務諸表に計上される退職給付費用及び退職給付引当金の金額を答えなさい。

(1)　当社は、退職一時金制度と企業年金制度を併用している。

(2)　退職給付に関する資料は次のとおりである。

①　期首の退職給付債務	100,000円
②　期首の年金資産	80,000円
③　当期の勤務費用	6,000円
④　当期の利息費用（割引率２％）	2,000円
⑤　当期の期待運用収益（長期期待運用収益率３％）	2,400円
⑥　当期の退職一時金支払額	1,000円
⑦　当期の掛金拠出額	4,000円
⑧　当期の退職年金支払高	2,000円

■ 解答解説（単位：円）

1．当期首の退職給付引当金

100,000（期首退職給付債務）－80,000（期首年金資産）＝20,000

2．当期の仕訳

(1)　退職給付費用の計上

（借）退職給付費用	5,600	（貸）退職給付引当金	5,600

※　6,000（勤務費用）＋2,000（利息費用）－2,400（期待運用収益）＝5,600

(2)　退職一時金の支払

（借）退職給付引当金	1,000	（貸）現金預金	1,000

(3)　掛金の拠出

（借）退職給付引当金	4,000	（貸）現金預金	4,000

(4)　退職年金の支払

仕　訳　な　し

3．勘定分析

年金資産

期首残高	80,000	年金支給	2,000
期待運用収益	2,400	期末残高	84,400
掛金拠出	4,000		

退職給付債務

一時金支払	1,000	期首残高	100,000
年金支給	2,000	勤務費用	6,000
期末残高	105,000	利息費用	2,000

4．財務諸表計上額

退職給付費用：5,600

退職給付引当金：20,000（期首引当金）＋5,600（退職給付費用）－1,000（一時金支払）－4,000（掛金拠出）＝20,600

又は105,000（期末退職給付債務）－84,400（期末年金資産）＝20,600

参考 従業員拠出がある場合の企業年金制度

企業年金制度において、拠出する掛金の一部を従業員が負担する（従業員が代わりに支払う）場合がある。この場合、従業員が拠出した金額について退職給付費用の減額として処理する。なお、退職給付引当金は、従業員拠出額の分だけ減額させるため、従業員拠出の有無は退職給付引当金には影響しない（例題２において、掛金拠出額4,000円のうち1,000円が従業員負担だった場合、退職給付費用は4,600円になるが、退職給付引当金は20,600円となる）。

第4節　各種差異

1　数理計算上の差異

(1)　意義

数理計算上の差異とは、退職給付債務の数理計算に用いた見積数値と実績との差異及び見積数値の変更等により発生した差異、年金資産の期待運用収益と実際の運用成果との差異をいう。

(2)　各種基礎率等と退職給付債務及び年金資産の関係

① 退職給付債務

昇給率が予定より高い場合には、退職給付債務の実績額が増加する。逆に、昇給率が予定より低い場合には、退職給付債務の実績額が減少する。また、退職給付債務は割引率に基づき割引計算されるため、割引率が高くなれば退職給付債務の実績額は減少し、低くなれば増加する。

基礎率	増加又は減少	退職給付債務への影響
予定昇給率	増加	退職給付債務の増加（不利差異）
	減少	退職給付債務の減少（有利差異）
割引率	増加	退職給付債務の減少（有利差異）
	減少	退職給付債務の増加（不利差異）

② 年金資産

年金資産の運用結果が予想よりも高い場合には年金資産の公正な評価額は増加するが、運用結果が予想よりも低い場合には、年金資産の公正な評価額が減少する。

基礎率	高い又は低い	年金資産への影響
実際運用収益率	高い	年金資産の増加（有利差異）
	低い	年金資産の減少（不利差異）

なお、不利差異のことを借方差異、有利差異のことを貸方差異という場合もある。

⑶ 数理計算上の差異と退職給付費用の関係

① 退職給付債務に関する数理計算上の差異

退職給付債務の実績額が予測よりも増加した場合には将来支払う退職金が増加することを意味するため、退職給付費用の増加要因となる。逆に、退職給付の実績額が予測よりも減少した場合には退職給付費用の減少要因となる。

退職給付債務の予測額 ＜ 退職給付債務の実績額	不利差異（退職給付費用の増加要因）
退職給付債務の予測額 ＞ 退職給付債務の実績額	有利差異（退職給付費用の減少要因）

② 年金資産に関する数理計算上の差異

年金資産の公正な評価額が予測よりも増加した場合には掛金拠出額が少なくてすむため、退職給付費用の減少要因となる。逆に、年金資産の公正な評価額が予測よりも減少した場合には追加の掛金拠出が必要になるため、退職給付費用の増加要因となる。

年金資産の予測額 ＜ 年金資産の公正な評価額	有利差異（退職給付費用の減少要因）
年金資産の予測額 ＞ 年金資産の公正な評価額	不利差異（退職給付費用の増加要因）

⑷ 遅延認識

期間損益の平準化を図るため、数理計算上の差異は**発生年度に全額費用処理はせず、一定期間に渡って規則的に費用計上を行う（遅延認識）**。

⑸ 財務諸表計上額

数理計算上の差異のうち、遅延認識を行うことにより、**未だ費用として認識していないものを未認識の数理計算上の差異**という。

未認識の数理計算上の差異が生じている場合、退職給付引当金及び退職給付費用は以下のように算定する。

退職給付引当金 ＝ 退職給付債務の実績額 － 年金資産の評価額
－ 未認識数理計算上の差異（不利差異）
＋未認識の数理計算上の差異（有利差異）

※　未認識の不利差異は、負債の増加要因をまだ認識していない（引当不足）ため、退職給付引当金を算定するに際してマイナスする。

退職給付費用 ＝ 勤務費用 ＋ 利息費用 － 期待運用収益
＋ 数理計算上の差異の当期費用計上額（不利差異）
－数理計算上の差異の当期費用計上額（有利差異）

2 過去勤務費用

(1) 意義

過去勤務費用とは退職給付規定の改訂等に起因して、退職給付債務の金額が変化した場合の差異をいう。

(2) 過去勤務費用と退職給付費用の関係

退職給付支給水準の引き上げ	不利差異（退職給付費用の増加要因）
退職給付支給水準の引き下げ	有利差異（退職給付費用の減少要因）

(3) 遅延認識

退職給付水準の改訂は、将来の従業員の勤労意欲等に影響すると考えられるため、過去勤務費用は一時に費用処理はせず、平均残存勤務期間以内の一定期間に渡って費用計上する（遅延認識）。

(4) 財務諸表計上額

過去勤務費用のうち、遅延認識を行うことにより、未だ費用として認識していないものを未認識の過去勤務費用という。

未認識の過去勤務費用が生じている場合、退職給付引当金及び退職給付費用は以下のように算定する。

退職給付引当金 ＝ 退職給付債務の実績額 － 年金資産の評価額
－ 未認識の過去勤務費用（不利差異）
＋未認識の過去勤務費用（有利差異）

退職給付費用 ＝ 勤務費用 ＋ 利息費用 － 期待運用収益
＋ 過去勤務費用の当期費用計上額（不利差異）
－過去勤務費用の当期費用計上額（有利差異）

3 各種差異の処理方法

	費用処理方法※1	費用処理開始時期	費用処理期間
数理計算上の差異	原則：定額法 容認：定率法	原則：差異発生年度 容認：差異発生年度の翌期※2	平均残存勤務期間以内
過去勤務費用	原則：定額法 容認：定率法	差異発生年度	平均残存勤務期間以内

※1　発生時に全額費用処理することも認められる。

※2　数理計算上の差異は、その性質上必ず期末時点で発生するが、期末時点で差異を把握するのは、実務上手間を要するため、発生年度の翌年からの費用処理が認められる。

■ 例題３　各種差異①（期末発生）

重要度 A

以下の資料に基づき、当期の財務諸表に計上される退職給付費用及び退職給付引当金の金額を答えなさい。

(1)　当社は、退職一時金制度を採用している。

(2)　退職給付に関する資料は次のとおりである。

①　当期首の退職給付債務	100,000円
②　当期の勤務費用	5,000円
③　割引率	年３％
④　当期の退職一時金支払高	2,000円
⑤　当期末の退職給付債務実績額	108,000円

(3)　数理計算上の差異は、発生年度より10年間にわたり定額法により費用処理する。

(4)　期首において、各種差異は生じていない。

■ 解答解説（単位：円）

1．当期首の退職給付引当金

100,000（期首退職給付債務）

2．当期の仕訳

(1)　退職給付費用の計上

（借）退職給付費用	8,200※	（貸）退職給付引当金	8,200

※　退職給付費用

勤務費用：　5,000

利息費用：100,000（期首退職給付債務）×３％（割引率）＝ 3,000

当期発生差異：2,000 ÷ 10年 ＝ 200（不利）

合計　8,200

(2)　退職一時金の支払

（借）退職給付引当金	2,000	（貸）現金預金	2,000

3．勘定分析

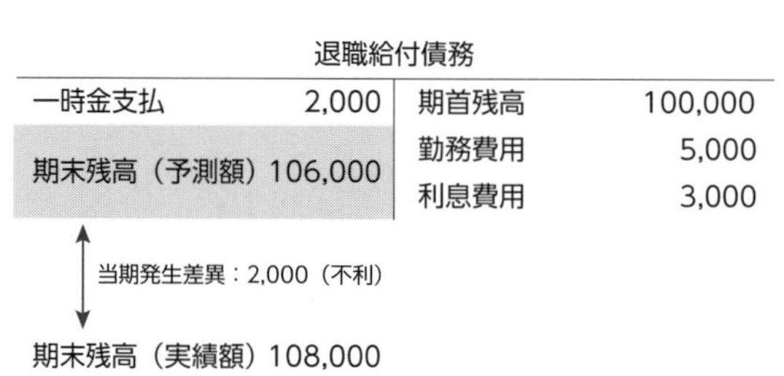

４．財務諸表計上額

退職給付費用：8,200

退職給付引当金：100,000（期首引当金）＋8,200（退職給付費用）－2,000（一時金支払）＝106,200

又は108,000（期末退職給付債務実績額）－1,800（期末未認識差異※）＝106,200

※　期末未認識差異：2,000（当期発生差異）×９年／10年＝1,800

■ 例題４　各種差異②（期末発生・翌期から償却）　重要度Ａ

以下の資料に基づき、当期の財務諸表に計上される退職給付費用及び退職給付引当金の金額を答えなさい。

(1)　当社は、退職一時金制度を採用している。

(2)　退職給付に関する資料は次のとおりである。

①　当期首の退職給付債務	100,000円
②　当期の勤務費用	5,000円
③　割引率	年３％
④　当期の退職一時金支払高	2,000円
⑤　当期末の退職給付債務実績額	108,000円

(3)　数理計算上の差異は、発生年度の翌期より10年間にわたり定額法により費用処理する。

(4)　期首において、各種差異は生じていない。

■ 解答解説（単位：円）

1．当期首の退職給付引当金

100,000（期首退職給付債務）

2．当期の仕訳

(1)　退職給付費用の計上

(借) 退職給付費用	8,000※	(貸) 退職給付引当金	8,000

※　退職給付費用

勤務費用：　5,000

利息費用：100,000（期首退職給付債務）×３％（割引率）＝　3,000

合計　8,000

(2)　退職一時金の支払

(借) 退職給付引当金	2,000	(貸) 現金預金	2,000

3．勘定分析

退職給付債務

借方		貸方	
一時金支払	2,000	期首残高	100,000
期末残高（予測額）	106,000	勤務費用	5,000
		利息費用	3,000

当期発生差異：2,000（不利）

期末残高（実績額）108,000

4．財務諸表計上額

退職給付費用：8,000

退職給付引当金：100,000（期首引当金）＋8,000（退職給付費用）－2,000（一時金支払）＝106,000

又は108,000（期末退職給付債務実績額）－2,000（期末未認識差異）＝106,000

■ 例題5　各種差異③（前期以前に発生）　重要度A

以下の資料に基づき、当期の財務諸表に計上される退職給付費用及び退職給付引当金の金額を答えなさい。

(1)　当社は、退職一時金制度を採用している。

(2)　退職給付に関する資料は次のとおりである。

①　当期首の退職給付債務	100,000円
②　当期の勤務費用	5,000円
③　割引率	年３％
④　当期の退職一時金支払高	2,000円
⑤　当期末の退職給付債務実績額	104,000円

(3)　数理計算上の差異は、発生年度より10年間にわたり定額法により費用処理する。

(4)　期首において、未認識の数理計算上の不利差異が7,000円（３年費用処理済み）生じている。

■ 解答解説（単位：円）

1．当期首の退職給付引当金

100,000（期首退職給付債務）－7,000（期首未認識差異）＝93,000

2．当期の仕訳

(1)　退職給付費用の計上

(借)		(貸)	
退職給付費用	8,800※	退職給付引当金	8,800

※　退職給付費用

勤務費用：　5,000

利息費用：100,000（期首退職給付債務）×３％（割引率）　＝　3,000

当期発生差異：△2,000÷10年　＝　△200（有利）

期首未認識差異：7,000÷｛10年－３年（経過年数）｝　＝　1,000（不利）

8,800

(2)　退職一時金の支払

(借)		(貸)	
退職給付引当金	2,000	現金預金	2,000

3．勘定分析

4．財務諸表計上額

退職給付費用：8,800

退職給付引当金：93,000（期首引当金）＋8,800（退職給付費用）－2,000（一時金支払）＝99,800

又は104,000（期末退職給付債務実績額）－4,200（期末未認識差異※）＝99,800

※　期末未認識差異
7,000（期首未認識差異）×６年／７年　＝6,000（不利）
2,000（当期発生差異）×９年／10年　＝1,800（有利）
4,200（不利）

■ 例題６　各種差異④（企業年金制度・定率法）　重要度A

以下の資料に基づき、当期の財務諸表に計上される退職給付費用及び退職給付引当金の金額を答えなさい。

(1)　当社は、従業員非拠出の確定給付企業年金制度を採用している。

(2)　退職給付に関する資料は次のとおりである。

①　当期首の退職給付債務	100,000円
②　当期首の年金資産	80,000円
③　当期の勤務費用	8,000円
④　割引率	年２％
⑤　長期期待運用収益率	年３％
⑥　当期の掛金拠出額	4,000円
⑦　当期の退職年金支払高	2,000円
⑧　当期末の退職給付債務実績額	110,000円
⑨　当期末の年金資産評価額	87,400円

(3)　数理計算上の差異は、発生年度より定率法（償却率0.206）により費用処理する。

(4)　期首において、各種差異は生じていない。

■ 解答解説（単位：円）

1．当期首の退職給付引当金

100,000（期首退職給付債務）－80,000（期首年金資産）＝20,000

2．当期の仕訳

(1)　退職給付費用の計上

(借) 退職給付費用	7,394※	(貸) 退職給付引当金	7,394

※　退職給付費用
勤務費用：　8,000
利息費用：100,000（期首退職給付債務）×２％（割引率）　＝　2,000
期待運用収益：80,000（期首年金資産）×３％（長期期待運用収益率）　＝　△2,400
当期発生差異：（△3,000＋2,000）×0.206　＝　△206（有利）
7,394

⑵　掛金の拠出

(借) 退職給付引当金	4,000	(貸) 現　金　預　金	4,000

⑶　退職年金の支払

仕　訳　な　し

3．勘定分析

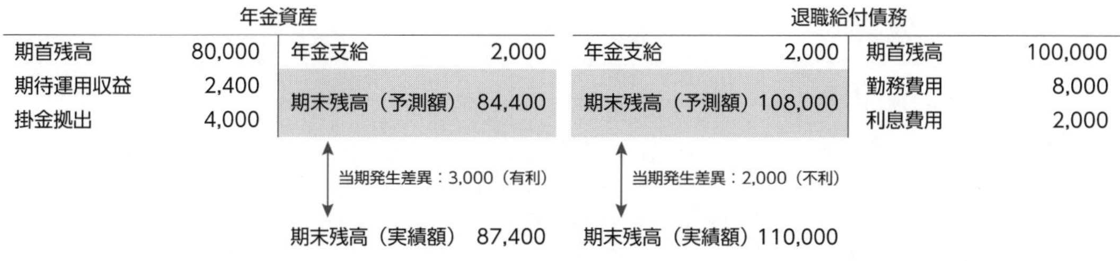

4．財務諸表計上額

退職給付費用：7,394

退職給付引当金：20,000（期首引当金）＋7,394（退職給付費用）－4,000（掛金拠出）＝23,394

又は110,000（期末退職給付債務実績額）－87,400（期末年金資産評価額）

＋794（期末未認識差異※）＝23,394

※　期末未認識差異：(有利3,000－不利2,000)×（1－0.206）＝有利794

■ 例題７　各種差異⑤（過去勤務費用）　重要度A

以下の資料に基づき、当期の財務諸表に計上される退職給付費用及び退職給付引当金の金額を答えなさい。

(1)　当社は、企業年金制度を採用している。

(2)　退職給付に関する資料は次のとおりである。

①　当期首の退職給付債務(改訂前)	140,000円
②　当期首の年金資産	100,000円
③　当期の勤務費用	8,500円
④　割引率	年３％
⑤　長期期待運用収益	年５％
⑥　当期の掛金拠出額	30,000円
⑦　当期の退職金支払高	20,000円
⑧　当期末の退職給付債務実績額	194,500円
⑨　当期末の年金資産評価額	115,000円

(3)　当期首に退職給付規定が改訂され、期首現在の退職給付債務が200,000円となった。

(4)　過去勤務費用は、20年間にわたり定額法により費用処理する。

(5)　当期首において数理計算上の差異は生じていない。

■ 解答解説（単位：円）

1．当期首の退職給付引当金

140,000（期首退職給付債務）－100,000（期首年金資産）＝40,000

2．当期の仕訳

(1)　退職給付費用の計上

（借）退職給付費用	12,500※	（貸）退職給付引当金	12,500

※　退職給付費用

勤務費用：　8,500

利息費用：200,000（改定後期首退職給付債務）×３％（割引率）＝6,000

期待運用収益：100,000（期首年金資産）×５％（長期期待運用収益率）＝△5,000

当期発生過去勤務費用：{200,000（改定後退職給付債務）－140,000（期首退職給付債務)}÷20年＝3,000（不利）

合計　12,500

(2)　掛金の拠出

（借）退職給付引当金	30,000	（貸）現金預金	30,000

(3)　退職年金の支払

仕訳なし

3．勘定分析

年金資産

借方		貸方	
期首残高	100,000	年金支給	20,000
期待運用収益	5,000	期末残高（予測額）	115,000
掛金拠出	30,000		

当期発生差異：0

期末残高（実績額）115,000

退職給付債務

借方		貸方	
年金支給	20,000	期首残高（改訂後）	200,000
期末残高（予測額）	194,500	勤務費用	8,500
		利息費用	6,000

当期発生差異：0

期末残高（実績額）194,500

4．財務諸表計上額

退職給付費用：12,500

退職給付引当金：40,000（期首引当金）＋12,500（退職給付費用）－30,000（掛金拠出）＝22,500

又は194,500（期末退職給付債務実績額）－115,000（期末年金資産評価額）

－57,000（期末未認識過去勤務費用※）＝22,500

※　期末未認識過去勤務費用：60,000（当期発生過去勤務費用）×19年／20年＝57,000（不利）

第20章

資産除去債務

第１節　基本的な会計処理

1　意義

有形固定資産の除去とは、**有形固定資産を用役提供から除外すること**をいう（一時的に除外する場合を除く）。除去の具体的な態様としては、**売却、廃棄、リサイクルその他の方法による処分等が含まれる**が、**転用や用途変更は含まれない**。また、当該有形固定資産が**遊休状態になる場合は除去に該当しない**。

資産除去債務とは、有形固定資産の取得、建設、開発又は通常の使用によって生じ、当該有形固定資産の除去に関して**法令又は契約で要求される法律上の義務**及びそれに準ずるものをいう。

2　負債発生時

(1)　資産除去債務の計上時期

資産除去債務（負債）は、有形固定資産の取得、建設、開発又は通常の使用によって発生した時に負債として計上する。通常、除去に関する支出義務は、当該有形固定資産を取得した段階で発生することになるので、**取得時に計上することになる**。

また、**有形固定資産は、取得時の支出額に資産除去債務を加えた金額で計上**する。

(借)	有形固定資産	×××	(貸)	現金預金	×××
				資産除去債務	×××

※　有形固定資産：現金預金＋資産除去債務

参考　資産除去債務が使用の都度発生する場合

有形固定資産の使用により土地を汚染するような場合に伴う支出義務は、使用に伴って発生するため、使用の都度計上することになる。ただし、通常、資産除去債務は有形固定資産の取得時点で発生するものであり、使用の都度発生する場合は極めて例外と考えられる。

(2)　資産除去債務の算定

資産除去債務は、有形固定資産の除去に要する割引前の将来キャッシュ・フローを見積り、**割引後の金額（割引価値）で算定**する。

$$\text{資産除去債務} = \frac{\text{除去に要する将来キャッシュ・アウトフロー}}{(1+\text{割引率})^{n}}$$

※　割引率は、貨幣の時間価値を反映した無リスクの税引前の利率とする。

3　決算時

(1)　除去費用の配分

有形固定資産の帳簿価額に含まれた資産除去債務は、**減価償却を通じて、当該有形固定資産の残存耐用年数にわたり、各期に費用配分する。**

(借) 減　価　償　却　費	×××	(貸) 減 価 償 却 累 計 額	×××

(2)　時の経過による資産除去債務の調整

時の経過に伴う資産除去債務の調整額は、**発生時の費用**として処理し、**資産除去債務に加算**する。

(借) 利　息　費　用	×××	(貸) 資 産 除 去 債 務	×××

※　利息費用：期首資産除去債務×割引率

4　資産除去債務履行時

資産除去債務が履行された場合には、当該支出額と資産除去債務を相殺することになる。

(借) 資 産 除 去 債 務	×××	(貸) 現　金　預　金	×××

なお、資産除去債務の履行時に認識される資産除去債務残高と資産除去債務の決済のために実際に支払われた額との差額は、**当期の損益**として処理する。

(借) 資 産 除 去 債 務	×××	(貸) 現　金　預　金	×××
履　行　差　額	×××		

5　財務諸表の表示

(1)　資産除去債務の貸借対照表の表示

資産除去債務は、貸借対照表日後１年以内にその履行が見込まれる場合を除き、**固定負債**の区分に資産除去債務等の適切な科目名で表示する。

貸借対照表日後１年以内に資産除去債務の履行が見込まれる場合には、流動負債の区分に表示する。

(2)　資産除去費用の損益計算書の表示

①　資産計上された資産除去債務に対応する除去費用に係る費用配分額の損益計算書の表示

資産計上された資産除去債務に対応する除去費用に係る費用配分額は、損益計算書上、**当該資産除去債務に関連する有形固定資産の減価償却費と同じ区分に含めて計上**する。

②　時の経過による資産除去債務の調整額の損益計算書の表示

時の経過による資産除去債務の調整額は、損益計算書上、**当該資産除去債務に関連する有形固定資産の減価償却費と同じ区分に含めて計上**する。

③　資産除去債務履行時の差額

資産除去債務の履行時に認識される資産除去債務残高と資産除去債務の決済のために実際に支払われた額との差額は、損益計算書上、原則として、**当該資産除去債務に対応する除去費用に係る費用配分額と同じ区分（上記①と同じ区分）に含めて計上**する。ただし、当初の除去予定時期よりも著しく早期に除去することとなった場合等、当該差額が異常な原因により生じたものである場合には、特別損益として処理する。

■ 例題1　資産除去債務

重要度A

以下の資料に基づき、各問に答えなさい。なお、当社の決算日は3月31日である。

(1)　当社は×4年4月1日に建物を6,000円で取得し、使用を開始した。当該建物は、耐用年数3年、残存価額ゼロ、定額法により減価償却を行う。

(2)　当社には上記建物を使用後に除去する法的義務があり、除去する際の支出額は2,000円と見積もられている。なお、資産除去債務は取得時にのみ発生し、割引率は5％とする。

(3)　×7年3月31日に建物が除去された。

(4)　計算上、端数が生じた場合は円未満を四捨五入するものとする。

問1　必要な仕訳を示しなさい。なお、実際の除去に係る支出額は2,000円であるものとする。

問2　実際の除去に係る支出額が2,500円であった場合の除去に係る仕訳を示しなさい。

■ 解答解説（単位：円）

問1

(1)　×4年4月1日（取得時・発生時）

(借)	建　物	7,728※2	(貸)	現　金　預　金	6,000
				資産除去債務	1,728※1

※1　資産除去債務：2,000（除去費用）÷ 1.05^3 ≒ 1,728

※2　建物：6,000（取得時支出額）＋1,728（資産除去債務※1）＝7,728

(2)　×5年3月31日（決算整理仕訳）

①　減価償却費の計上

(借)	減価償却費	2,576	(貸)	減価償却累計額	2,576

※　7,728（建物）÷3年（耐用年数）＝2,576

②　利息費用の計上

(借)	利息費用	86	(貸)	資産除去債務	86

※　1,728（発生時の負債計上額）×5％（割引率）≒86

(3)　×6年3月31日（決算整理仕訳）

①　減価償却費の計上

(借)	減価償却費	2,576	(貸)	減価償却累計額	2,576

②　利息費用の計上

(借)	利息費用	91	(貸)	資産除去債務	91

※　{1,728（発生時の負債計上額）＋86（X5年3月期利息費用）}×5％（割引率）≒91

⑷　×７年３月31日（除去時）

①　減価償却費の計上

(借)	減価償却費	2,576	(貸)	減価償却累計額	2,576

②　利息費用の計上

(借)	利息費用	95	(貸)	資産除去債務	95

※　2,000（除去費用）－｛1,728（発生時の負債計上額）＋86（X5年３月期利息費用）
＋91（X6年３月期利息費用）｝＝95（最終年度は差額）

③　建物の除去及び債務の履行

(借)	減価償却累計額	7,728	(貸)	建物	7,728
(借)	資産除去債務	2,000	(貸)	現金預金	2,000

問２

(借)	資産除去債務	2,000※1	(貸)	現金預金	2,500
	履行差額	500※2			

※１　資産除去債務：2,000（見積額）
※２　履行差額：2,500（実際支払額）－2,000（見積額）＝500

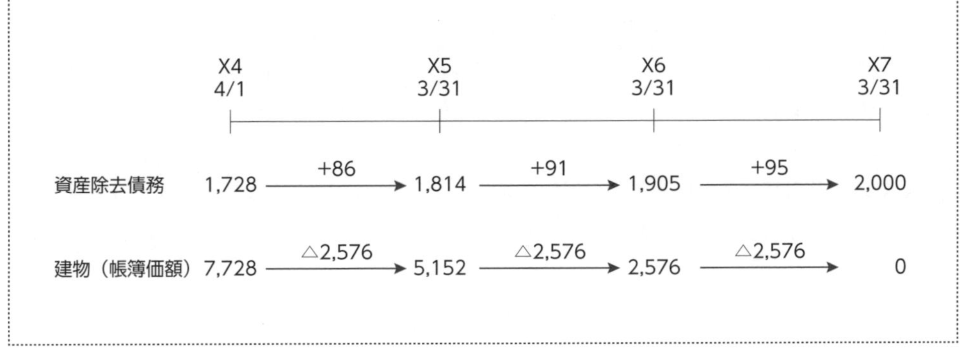

第2節　割引前将来キャッシュ・フローの見積りの変更

割引前の将来キャッシュ・フローに重要な見積りの変更が生じた場合の当該見積りの変更による調整額は、資産除去債務の帳簿価額及び関連する**有形固定資産の帳簿価額に加減して処理**する。

割引前の将来キャッシュ・フローに重要な見積りの変更が生じ、**当該キャッシュ・フローが増加する場合、新たな負債が発生したと捉えられるため、その時点の割引率を適用**する。これに対し、**当該キャッシュ・フローが減少する場合、当初計上していた負債がなくなると捉えられるため、負債計上時の割引率を適用**する。

キャッシュ・フローが増加する場合	見積り変更時の割引率
キャッシュ・フローが減少する場合	負債計上時の割引率

■ 例題２　見積りの変更①（増加する場合）　重要度Ｂ

以下の資料に基づき、各問に答えなさい。なお、当社の決算日は３月31日である。

(1)　当社は×４年４月１日に建物を6,000円で取得し、使用を開始した。当該建物は、耐用年数５年、残存価額ゼロ、定額法により減価償却を行う。

(2)　当社には上記建物を使用後に除去する法的義務があり、×４年４月１日において除去する際の支出額は2,000円と見積もられている。なお、資産除去債務は取得時にのみ発生し、取得後の増減は見積りの変更によるものである。

(3)　×５年３月31日に除去時の支出額について見積りを変更し、2,500円とした。

(4)　各時点の割引率は次のとおりである。

×４年４月１日	５％
×５年３月31日	４％
×６年３月31日	3.5％

(5)　計算上、端数が生じた場合は円未満を四捨五入するものとする。

問１　×６年３月期の貸借対照表における建物、減価償却累計額及び資産除去債務の金額を答えなさい。

問２　×６年３月期の損益計算書における費用の合計額を答えなさい。

■ 解答解説（単位：円）

(1)　×４年４月１日（取得時・発生時）

（借）建　物	7,567※2	（貸）現金預金	6,000
		資産除去債務	1,567※1

※１　資産除去債務：2,000（除去費用）÷ 1.05^5 ≒ 1,567

※２　建物：6,000（取得時支出額）＋1,567（資産除去債務※1）＝7,567

(2)　×５年３月31日（決算整理仕訳）

①　減価償却費の計上

（借）減価償却費	1,513	（貸）減価償却累計額	1,513

※　7,567（建物）÷５年（耐用年数）≒1,513

②　利息費用の計上

（借）利息費用	78	（貸）資産除去債務	78

※　1,567（発生時の負債計上額）×５％（当初割引率）≒78

③　将来ＣＦの見積額の増加による資産除去債務の調整

（借）建物	427	（貸）資産除去債務	427

※　｛2,500（変更後見積額）－2,000（変更前見積額）｝÷1.04^4（変更時割引率）≒427

(3)　×６年３月31日（決算整理仕訳）

①　減価償却費の計上

（借）減価償却費	1,620※1	（貸）減価償却累計額	1,620

※１　減価償却費：6,481（X5.3帳簿価額※２）÷４年（残存耐用年数）≒1,620
※２　X5.3帳簿価額：7,567（当初計上額）－1,513（減価償却）＋427（増加額）＝6,481

②　利息費用の計上

（借）利息費用	99	（貸）資産除去債務	99

※　｛1,567（発生時の負債計上額）＋78（X5.3月期利息費用）｝×５％（当初割引率）
＋427（増加額）×４％（変更時割引率）≒99

(4)　解答の金額

問１

建物：7,567（当初計上額）＋427（増加額）＝7,994

減価償却累計額：1,513（X5.3月期減価償却費）＋1,620（X6.3月期減価償却費）＝△3,133

資産除去債務：1,567（発生時の負債計上額）＋78（X5.3月期利息費用）＋427（増加額）
＋99（X6.3月期利息費用）＝2,171

問２

費用の合計額：1,620（X6.3月期減価償却費）＋99（X6.3月期利息費用）＝1,719

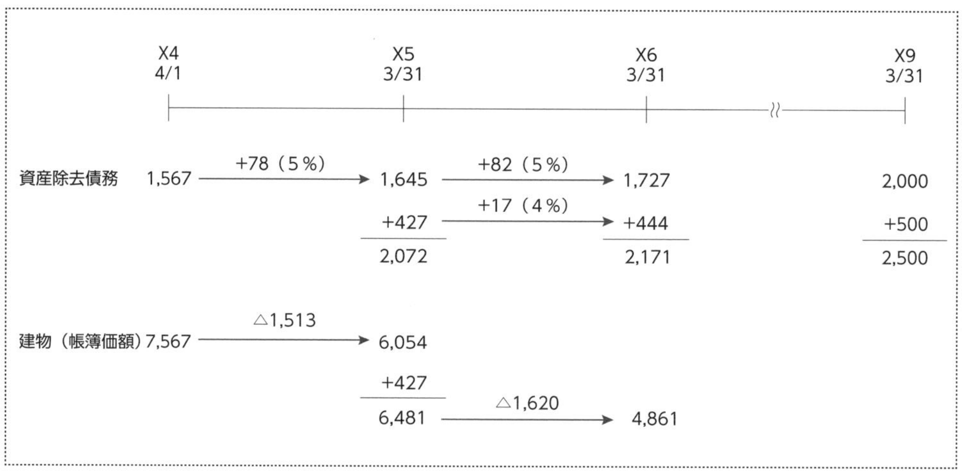

■ 例題３　見積りの変更②（減少する場合）

重要度B

以下の資料に基づき、各問に答えなさい。なお、当社の決算日は３月31日である。

⑴　当社は×４年４月１日に建物を6,000円で取得し、使用を開始した。当該建物は、耐用年数５年、残存価額ゼロ、定額法により減価償却を行う。

⑵　当社には上記建物を使用後に除去する法的義務があり、×４年４月１日において除去する際の支出額は2,000円と見積もられている。なお、資産除去債務は取得時にのみ発生し、取得後の増減は見積りの変更によるものである。

⑶　×５年３月31日に除去時の支出額について見積りを変更し、1,500円とした。

⑷　各時点の割引率は次のとおりである。

×４年４月１日	５％
×５年３月31日	４％
×６年３月31日	3.5％

⑸　計算上、端数が生じた場合は円未満を四捨五入するものとする。

問１　×６年３月期の貸借対照表における建物、減価償却累計額及び資産除去債務の金額を答えなさい。

問２　×６年３月期の損益計算書における費用の合計額を答えなさい。

■ 解答解説（単位：円）

⑴　×４年４月１日（取得時・発生時）

（借）建　　物	7,567※2	（貸）現　金　預　金	6,000
		資　産　除　去　債　務	1,567※1

※１　資産除去債務：2,000（除去費用）÷ 1.05^5 ≒ 1,567

※２　建物：6,000（取得時支出額）＋1,567（資産除去債務※１）＝7,567

(2)　×５年３月31日（決算整理仕訳）

① 減価償却費の計上

(借) 減価償却費	1,513	(貸) 減価償却累計額	1,513

※　7,567（建物）÷５年（耐用年数）≒1,513

② 利息費用の計上

(借) 利息費用	78	(貸) 資産除去債務	78

※　1,567（発生時の負債計上額）×５％（割引率）≒78

③ 将来ＣＦの見積額の減少による資産除去債務の調整

(借) 資産除去債務	411	(貸) 建物	411

※　｛1,500（変更後見積額）－2,000（変更前見積額）｝÷1.05^4（当初割引率）≒△411

(3)　×６年３月31日（決算整理仕訳）

① 減価償却費の計上

(借) 減価償却費	1,411※1	(貸) 減価償却累計額	1,411

※１　減価償却費：5,643（X5.3帳簿価額※２）÷４年（残存耐用年数）≒1,411
※２　X5.3帳簿価額：7,567（当初計上額）－1,513（減価償却）－411（減少額）＝5,643

② 利息費用の計上

(借) 利息費用	62	(貸) 資産除去債務	62

※　｛1,567（発生時の負債計上額）＋78（X5.3月期利息費用）－411（減少額）｝×５％（当初割引率）≒62

(4)　解答の金額

問１

建物：7,567（当初計上額）－411（減少額）＝7,156
減価償却累計額：1,513（X5.3月期減価償却費）＋1,411（X6.3月期減価償却費）＝△2,924
資産除去債務：1,567（発生時の負債計上額）＋78（X5.3月期利息費用）－411（減少額）
＋62（X6.3月期利息費用）＝1,296

問２

費用の合計額：1,411（X6.3月期減価償却費）＋62（X6.3月期利息費用）＝1,473

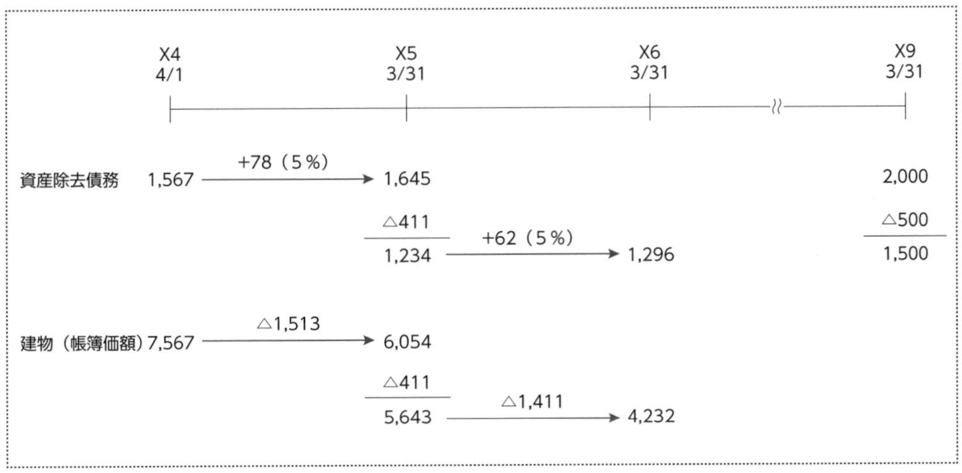

第３節　賃借契約に関連する敷金

建物等の賃借契約において、当該賃借建物等に係る有形固定資産の除去などの**原状回復が契約で要求されており、かつ、**賃借契約に関する**敷金が資産計上されている場合は、**資産除去債務の負債計上及びこれに対応する除去費用の資産計上に代えて、当該敷金の**回収が最終的に見込めないと認められる金額を合理的に見積り、そのうち当期の負担に属する金額を費用に計上する方法によることができる。**

■ 例題４　敷金　　重要度Ｃ

以下の資料に基づき、必要な仕訳を示しなさい。

(1)　当社は当期首に建物の賃貸借契約を締結し、敷金5,000円を支払った。なお、敷金のうち2,000円は、退去時の原状回復に充てられ、返還されないと認められた。

(2)　当社の同種の賃貸借建物の平均的な入居期間は５年間である。

(3)　資産除去債務を計上する方法に代えて、敷金を償却する方法を採用している。

■ 解答解説（単位：円）

(1)　敷金支払時

(借)	敷　　金（資産）	5,000	(貸)	現　金　預　金	5,000

(2)　敷金の償却（決算整理仕訳）

(借)	敷金の償却（費用）	400	(貸)	敷　　金（資産）	400

※　2,000（返還されない額）÷５年（平均的な入居期間）＝400

参考　原則的な取扱いによった場合

原則的な取扱いによった場合は、通常どおり資産除去債務を計上する（割引率：２％）。

(1)　敷金支払時

(借)	敷　　金（資産）	5,000	(貸)	現　金　預　金	5,000
(借)	有 形 固 定 資 産	1,811	(貸)	資 産 除 去 債 務	1,811※

※　2,000（返還されない額）÷ 1.02^5 ≒ 1,811

(2)　決算整理仕訳

①　減価償却費の計上

(借)	減　価　償　却　費	362	(貸)	減価償却累計額	362

※　1,811（有形固定資産計上額）÷５年（平均的な入居期間）≒ 362

②　利息費用の計上

(借)	利　息　費　用	36	(貸)	資 産 除 去 債 務	36

※　1,811（資産除去債務計上額）× 2％（割引率）≒ 36

第21章

純資産

第1節　純資産・資本会計総論

1 資本概念

資本は、本来的には利益を生み出す源泉たる価値をいうものの、この資本概念は以下のように多義的であるといえる。

① 貸借対照表の貸方全体、つまり総資本
② 負債（他人資本）に対する自己資本（貸借対照表の純資産の部の株主資本）
③ 留保利益に対する払込資本
④ 法定資本を意味する資本金

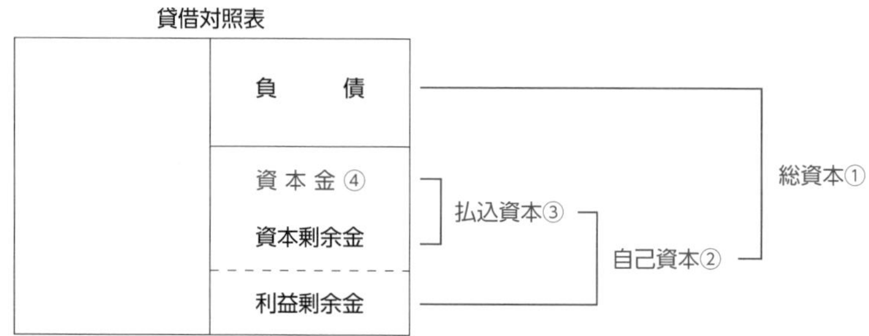

なお、会社法における資本とは、④の「資本金」を意味するものの、会計上、資本といった場合、通常は②の「自己資本」を意味する。

2 会計上の資本分類

伝統的な会計理論上、自己資本は資本金と剰余金に分類される。そして、**会計上は株主から拠出された資本とその運用によって獲得された利益を区別することが重要であるため、剰余金を「資本剰余金」と「利益剰余金」に分類する。**

資本剰余金とは資本取引から生じた元本たる資本のうち資本金以外のものであり、資本準備金である払込剰余金、評価替剰余金、贈与剰余金から構成されている。また、利益剰余金とは損益取引から生じた企業内に留保された利益であり、利益準備金、任意積立金、繰越利益剰余金（未処分利益）から構成されている。

伝統的な会計理論によれば、資本剰余金の構成要素を株主からの払込資本に限定せず、贈与された部分や評価替えに係わる部分も資本として維持拘束すべきであると主張される。

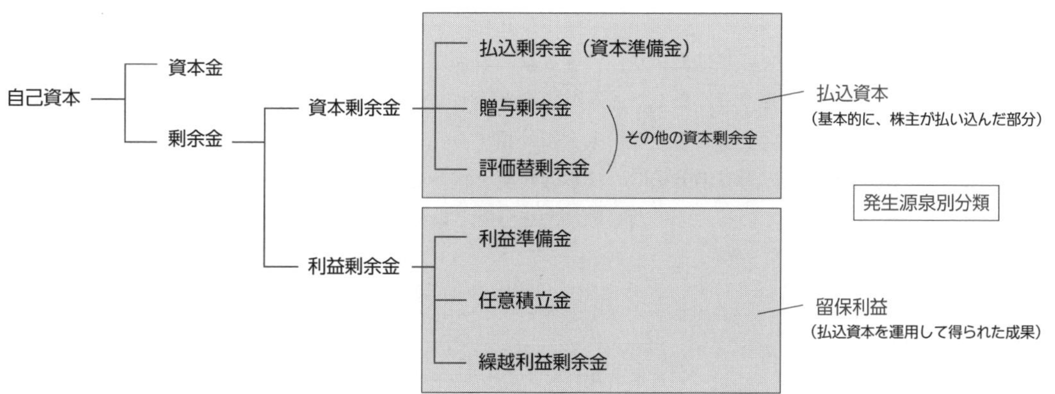

このように、剰余金を発生源泉別に分類するのは、資本剰余金と利益剰余金を区分することにより、企業が維持すべき払込資本とその運用成果としての利益とを明確にすることができるためである。

3 会社法上の資本の分類

会社法本来の考え方は会計とは異なり、資本金以外の部分（剰余金）をその発生源泉によって資本剰余金と利益剰余金に分類するのではなく、法定準備金とそうでないものとに分ける点にある。すなわち、自己資本を資本金、法定準備金、その他の剰余金に分類する。

つまり、**会社法上の自己資本の分類は、資本の充実・維持を図ることで債権者を保護する観点から、分配可能額の表示を重視している。**そのため**剰余金を分配不能資本である「法定準備金」と分配可能資本である「その他の剰余金」に分類する**のである。

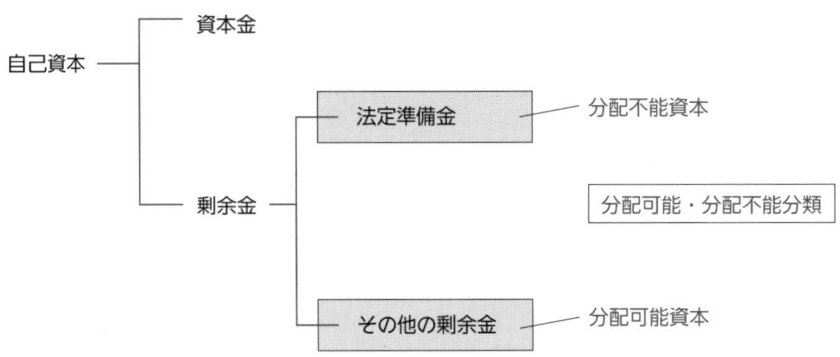

会社法本来の考えによれば、資本剰余金の構成要素を株主からの払込資本に限定し、贈与された部分や評価替えに係わる部分については利益とするべきであると主張される。

第2節　純資産の分類

1 純資産

✓ 簿記3,2級

純資産とは、**資産から負債を差し引いた残額**をいう。純資産は、**株主資本**と**株主資本以外の項目**に区分される。

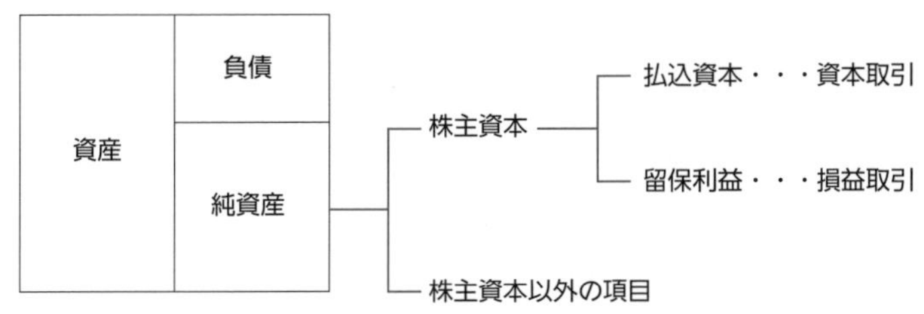

2 株主資本

✓ 簿記3,2級

株主資本とは、純資産のうち、株主に帰属する部分をいう。会計上、株主資本は、**払込資本**と**留保利益**に区分される。

(1) 資本金

資本金とは、会社法により定められる会社財産維持の基準となる計算上の一定の金額をいう。

(2) 資本剰余金

資本準備金	株主からの出資額のうち、資本金以外の額
その他資本剰余金	資本剰余金のうち、資本準備金以外の部分

(3) 利益剰余金

利益準備金		剰余金の配当時に積み立てられる剰余金
その他利益剰余金	任意積立金	株主総会の決議によって任意に積み立てられた利益剰余金
	繰越利益剰余金	処分未定の留保利益

3 株主資本以外の項目

株主資本以外の項目とは、純資産の金額のうち、株主にまだ帰属していない金額をいう。株主資本以外の項目は、**「評価・換算差額等」**、「株式引受権」及び**「新株予約権」**に区分される。

参考 株式引受権

株式引受権とは、取締役等の報酬等として株式を無償交付する取引により計上される勘定科目である。当該取引は、ストック・オプションと類似する取引であり、貸借対照表において株式引受権は新株予約権と同様の扱いがなされる。

4 表示

貸　借　対　照　表

	Ⅰ 株主資本	
	1 資本金	×××
	2 資本剰余金	
	(1) 資本準備金	×××
	(2) その他資本剰余金	×××
	3 利益剰余金	
	(1) 利益準備金	×××
	(2) その他利益剰余金	
	新築積立金※1	×××
	別途積立金※1	×××
	繰越利益剰余金※2	×××
	4 自己株式※3	△×××
	株主資本合計	×××
	Ⅱ 評価・換算差額等	
	1 その他有価証券評価差額金※4	×××
	2 繰延ヘッジ損益※4	×××
	3 土地再評価差額金※4	×××
	評価・換算差額等合計	×××
	Ⅲ 新株予約権	×××
	純資産合計	×××

※1　任意積立金は、内訳を示す名称で表示される。
※2　繰越利益剰余金がマイナスとなった場合には、マイナスの符号が付される。
※3　自己株式は、株主資本からの控除項目として、マイナスの符号が付される。
※4　評価・換算差額等は,借方残高の場合には、マイナスの符号が付される。
※5　マイナスの符号は△を用いることが一般的である。

第３節　新株の発行

1 資本金への計上額

✓ 簿記3,2級

新株を発行した場合、**原則として払込金額の全額を「資本金」勘定**に計上する。ただし、**例外として、払込金額の１／２を超えない額は「資本準備金」勘定に計上することができる。**

原則	払込金額の全額（１株の払込価額×発行株式数）
容認	払込金額×１／２

※　問題上、特に指示のない場合は、原則規定により処理を行う。

具体例 新株発行時の仕訳

・会社の設立に際し、150,000円の払込を受け、株式を発行した。

〔原則的な会計処理〕

（借）現金預金	150,000	（貸）資本金	150,000

〔資本金計上額を会社法規定の最低限度額とする場合の会計処理〕

（借）現金預金	150,000	（貸）資本金	75,000※
		資本準備金	75,000

※　150,000（払込金額）×１／２＝75,000

2 増資の流れ

✓ 簿記3,2級

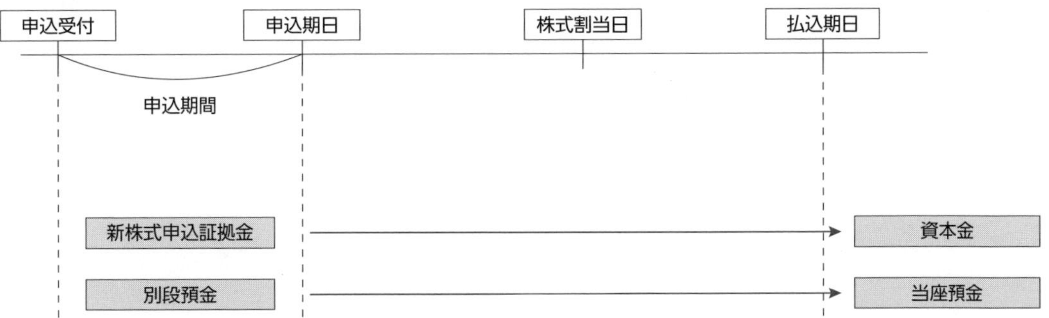

※１　申込期間中に払い込まれた金額（申込証拠金）を、「別段預金」勘定（資産）及び「新株式申込証拠金」勘定（純資産）で処理する。なお、割当日において株式を割り当てる株主を決定するが、割り当てない株主には申込証拠金を返金した場合、「別段預金」勘定と「新株式申込証拠金」勘定を取り崩す。

※２　払込期日に増資が完了するため、「新株式申込証拠金」勘定から「資本金」勘定及び「資本準備金」勘定に振り替え、「別段預金」勘定から「当座預金」勘定へ振り替える。

■ 例題1　増資の流れ　　　重要度 C

以下の資料に基づき、必要な仕訳を示しなさい。

(1) 増資を行うことになり、申込期間中に150,000円が取引銀行の別段預金に払込まれた。

(2) 割当日に払込金10,000円を返還した。

(3) 払込期日が到来した。なお、資本金計上額は、会社法規定の最低限度額とする。

■ 解答解説（単位：円）

(1) 申込日

（借）別段預金	150,000	（貸）新株式申込証拠金	150,000

(2) 割当日

（借）新株式申込証拠金	10,000	（貸）別段預金	10,000

(3) 払込期日

（借）新株式申込証拠金	140,000	（貸）資本金	70,000
		資本準備金	70,000
（借）当座預金	140,000	（貸）別段預金	140,000

3 貸借対照表の表示　　　✓ 簿記3,2級

	勘定科目・表示科目	表示区分
貸借対照表	「資本金」	株主資本
	「新株式申込証拠金」	株主資本
	「資本準備金」	株主資本

第４節　剰余金の配当

1 意義

✓ 簿記3,2級

剰余金の配当とは、株主に対して会社財産を分配することをいう。株式会社は、原則として、いつでも株主総会の決議により、剰余金の配当を行うことができる。なお、**配当財源となるのは、その他利益剰余金とその他資本剰余金**である。

2 準備金の積立

✓ 簿記3,2級

(1) 準備金の積立額

資本準備金と利益準備金の合計が、資本金の１／４に達するまで、配当金の１/10を積み立てなければならない。

〔積立額の計算方法〕

下記①②のうち、いずれか小さい額
① 資本金×１／４－（資本準備金＋利益準備金）
② 株主配当金×１/10

※　上記計算は、配当決議時の金額をもとに行う。

(2) 財源による分類

財源	準備金
その他利益剰余金	利益準備金
その他資本剰余金	資本準備金

(3) 配当決議時の仕訳

〔その他利益剰余金からの配当〕

(借)	繰越利益剰余金	×××	(貸)	未払配当金	×××
				利益準備金	×××

〔その他資本剰余金からの配当〕

(借)	その他資本剰余金	×××	(貸)	未払配当金	×××
				資本準備金	×××

第21章 純資産

■ 例題２　剰余金の配当

重要度Ａ

以下の資料に基づき、配当決議時の仕訳を示しなさい。

(1)　×４年３月31日（前期末）における株主資本項目の残高は以下のとおりである。なお、当期の定時株主総会まで、株主資本項目の変動はなかった。

資本金	3,000,000
資本準備金	500,000
利益準備金	220,000
繰越利益剰余金	1,000,000

(2)　×４年６月25日の定時株主総会において、剰余金の配当が次のとおり決議された。

配当金：500,000円（配当財源：繰越利益剰余金）

準備金の積立：会社法規定の額

■ 解答解説（単位：円）

(借)	繰越利益剰余金	530,000	(貸)	未払配当金	500,000
				利益準備金	30,000※

※　利益準備金

①　3,000,000（資本金）×１／４－｛500,000（資本準備金）＋220,000（利益準備金）｝＝30,000

②　500,000（配当額）×１/10＝50,000

①　30,000＜②　50,000　　∴　積立額 30,000

第5節　任意積立金（剰余金の処分）

1 意義　✓簿記3,2級

任意積立金とは、株主総会の決議によって任意に積み立てられた利益剰余金をいう。

2 分類　✓簿記3,2級

任意積立金は、特定の使途目的がある積立金（特定目的積立金）と使途を特定しない別途積立金に分類される。

区分	名称	内容
特定目的積立金	新築積立金	建物を新築するための積立金
	中間配当積立金	中間配当の財源を確保するための積立金
	減債積立金	社債の返済資金を確保するための積立金
	欠損填補積立金	欠損填補の目的で留保される積立金
	配当平均積立金	配当財源を確保するための積立金
別途積立金		特定の使用目的を定めず、企業の財政基盤を強固にするための積立金

3 会計処理　✓簿記3,2級

(1) 任意積立金の設定

株主総会の決議により、「繰越利益剰余金」勘定から「任意積立金」勘定に振り替える。

(借) 繰越利益剰余金	×××	(貸) ○○○積立金	×××

(2) 任意積立金の取崩

任意積立金を取崩した場合、「任意積立金」勘定から「繰越利益剰余金」勘定に振り替える。

(借) ○○○積立金	×××	(貸) 繰越利益剰余金	×××

■ 例題３　剰余金の配当及び処分

重要度Ａ

以下の資料に基づき、当期末の貸借対照表を作成しなさい。

⑴　前期末の貸借対照表（一部）

貸　借　対　照　表

×4年3月31日　（単位：円）

		資本金	250,000
		資本準備金	40,000
		利益準備金	10,000
		新築積立金	9,000
		別途積立金	6,000
		繰越利益剰余金	18,000

⑵　×4年6月25日の株主総会において、剰余金の配当及び処分が次のとおり決議された。

配当金：6,000円（配当財源：繰越利益剰余金）

準備金の積立：600円

新築積立金の積立：4,000円

別途積立金の取崩：3,000円

⑶　×4年6月30日に配当金6,000円の支払を行った。

⑷　当期純利益は22,000円であった。

■ 解答解説（単位：円）

1．仕訳

⑴　×4年6月25日（決議時）

①　繰越利益剰余金からの配当

（借）繰越利益剰余金	6,600	（貸）未払配当金	6,000
		利益準備金	600

②　新築積立金の積立

（借）繰越利益剰余金	4,000	（貸）新築積立金	4,000

③　別途積立金の取崩

（借）別途積立金	3,000	（貸）繰越利益剰余金	3,000

⑵　×4年6月30日（配当金の支払）

（借）未払配当金	6,000	（貸）現金預金	6,000

2．当期末の貸借対照表

貸　借　対　照　表

×5年3月31日　（単位：円）

	資　本　金	250,000
	資本準備金	40,000
	利益準備金	10,600※1
	新築積立金	13,000※2
	別途積立金	3,000※3
	繰越利益剰余金	32,400※4

※1　10,000（前期末B／S）＋600（配当）＝10,600

※2　9,000（前期末B／S）＋4,000（積立）＝13,000

※3　6,000（前期末B／S）－3,000（取崩）＝3,000

※4　18,000（前期末B／S）－6,600（配当）－4,000（新築積立金）＋3,000（別途積立金）＋22,000（当期純利益）＝32,400

第6節　株主資本の計数の変動等

1　株主資本の計数の変動

✓ 簿記3,2級

株主総会の決議により、株主資本の計数（資本金、準備金、剰余金等）の変動をいつでも行うことができる。なお、株主資本の計数の変動は、以下のように分類できる。

① 剰余金の資本金への振替（無償増資）※1
② 資本金の資本剰余金（資本準備金・その他資本剰余金）への振替（減資）※2
③ 準備金の剰余金への振替（準備金の取崩）※2
④ 剰余金の準備金への振替（剰余金の配当による積立）
⑤ 剰余金の内訳項目の振替（任意積立金の積立・取崩）

※1　企業会計の考え方である「資本取引・損益取引区分の原則」によれば、利益剰余金から資本金への振り替えは認められない。しかし、会社法において利益剰余金を資本金へ振り替えることが認められている。

※2　「株主総会の決議」及び「債権者保護手続」により資本金又は準備金を減少させることができる。なお、「資本準備金」は「その他資本剰余金」へ振り替え、「利益準備金」は「繰越利益剰余金」へ振り替える。

■ 例題4　株主資本の計数の変動

重要度B

以下の資料に基づき、必要な仕訳を示しなさい。

(1)　資本準備金20,000円及びその他資本剰余金30,000円を資本金に組入れることを株主総会で決議した。

(2)　資本金10,000円を減少させ、2,000円を資本準備金、8,000円をその他資本剰余金とすることを株主総会で決議し、債権者保護手続が完了し、効力が発生した。

(3)　資本準備金を1,500円、利益準備金を2,500円減少させることを株主総会で決議し、債権者保護手続が完了し、効力が発生した。

■ 解答解説（単位：円）

(1)　無償増資

(借)	資本準備金	20,000	(貸)	資本金	50,000
	その他資本剰余金	30,000			

(2)　減資

(借)	資本金	10,000	(貸)	資本準備金	2,000
				その他資本剰余金	8,000

(3)　準備金の剰余金への振替

(借)	資本準備金	1,500	(貸)	その他資本剰余金	1,500
(借)	利益準備金	2,500	(貸)	繰越利益剰余金	2,500

2 繰越利益剰余金がマイナスとなった場合（欠損填補）

✓ 簿記3,2級

繰越利益剰余金が借方残高（マイナス）となった場合、株主総会により、**「任意積立金」勘定**等を取り崩すことにより損失を補填することができる。なお、任意積立金の取崩については、損失補填を目的とした欠損填補積立金を最初に取崩し、最後に外部との契約により内部留保している減債積立金等を取崩す。

〔取り崩す順序〕

欠損填補積立金 ⇒ 別途積立金 ⇒ 配当平均積立金 ⇒ 新築積立金等 ⇒ 減債積立金

■ 例題５　欠損填補

重要度C

以下の資料に基づき、必要な仕訳を示しなさい。

別途積立金250,000円を取り崩し、借方残高となっている繰越利益剰余金300,000円を補填することを株主総会で決議した。

■ 解答解説（単位：円）

(借)	別途積立金	250,000	(貸)	繰越利益剰余金	250,000

第21章 純資産

第7節　自己株式

1　意義

自己株式とは、自社が発行した株式を自社で保有している場合の株式をいう。自己株式の本質については、資産説（自己株式を資産とする考え方）と資本控除説（自己株式を株主資本の控除項目とする考え方）があるが、**現行上、資本控除説を採用している。**

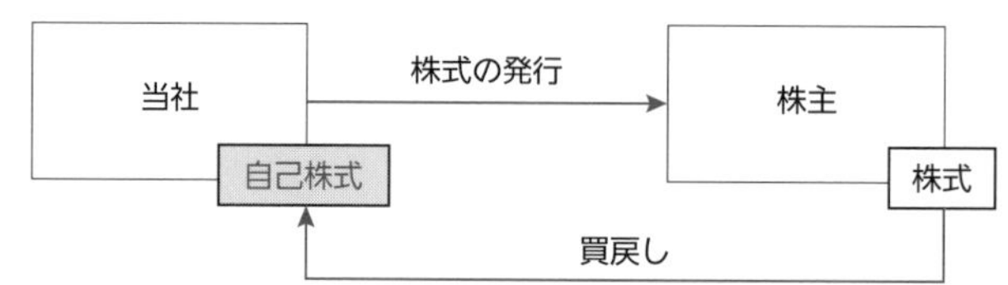

2　会計処理

(1)　自己株式の取得

①　有償取得

有償取得の場合、**取得原価により「自己株式」勘定（純資産の控除項目）**で処理する。なお、自己株式の取得は資本取引に該当するが、**取得に係る諸費用**は損益取引であるため、**「支払手数料」等の勘定**で費用計上する。よって、自己株式の取得原価には含めない。

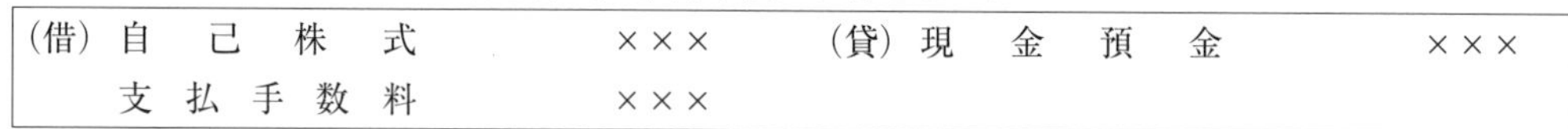

(借)			(貸)	
	自己株式	×××	現金預金	×××
	支払手数料	×××		

②　無償取得

無償取得の場合、数のみの増加であるため**自己株式の金額に変動はない**。ただし、自己株式の**取得単価は変動する。**

仕訳なし

(2)　自己株式の処分

自己株式の処分とは、保有する自己株式を再売却することをいい、新株の発行と同様の効果を有する。

自己株式の処分は資本取引に該当するため、**処分の対価**と**自己株式の帳簿価額**との差額を**「その他資本剰余金」勘定（純資産）**で処理する。

①　自己株式の帳簿価額 < 処分対価（自己株式処分差益が生じる場合）

(借)			(貸)	
	現金預金	×××	自己株式	×××※
			その他資本剰余金	×××

②　自己株式の帳簿価額 > 処分対価（自己株式処分差損が生じる場合）

(借)			(貸)	
	現金預金	×××	自己株式	×××※
	その他資本剰余金	×××		

※　処分された自己株式の帳簿価額は、**移動平均法等**に従って算定する。

(3) 自己株式の消却

自己株式の消却とは、保有する自己株式を消滅させることをいう。自己株式の消却時は「その他資本剰余金」勘定を減少させる。

(借) その他資本剰余金	×××	(貸) 自　己　株　式	×××※

※　消却された自己株式の帳簿価額は、移動平均法等に従って算定する。

(4) 自己株式の処分及び消却に係る付随費用

自己株式の処分に係る付随費用	原則	「支払手数料」勘定で営業外費用に計上
	容認	「株式交付費」勘定で繰延資産として処理
自己株式の消却に係る付随費用		「支払手数料」勘定で営業外費用に計上

(5) 決算時

自己株式は出資の払い戻しとしての性格を有するため、株主資本からの控除項目として処理する。よって、時価評価は行わず、取得原価で表示する。

3 貸借対照表の表示

自己株式は、取得原価により、純資産の部の株主資本の控除項目として表示する。

貸　借　対　照　表

	Ⅰ 株主資本	
	1 資本金	×××
	2 資本剰余金	×××
	3 利益剰余金	×××
	4 自己株式	△×××
	株主資本合計	×××

4 その他資本剰余金の財務諸表上の表示

その他資本剰余金のプラス残高	純資産の部の資本剰余金のその他資本剰余金として計上
その他資本剰余金のマイナス残高	決算時にその他資本剰余金がマイナスの場合には、繰越利益剰余金と相殺する

〔決算整理仕訳〕

(借) 繰越利益剰余金	×××	(貸) その他資本剰余金	×××

※　元手と利益を出来る限り区別するため、期中にマイナスになった都度、相殺は行わず、決算時にマイナスの場合のみ、決算整理仕訳において、相殺する点に留意すること。

■ 例題6　自己株式に係る取引

重要度A

以下の資料に基づき、当期末の貸借対照表を作成しなさい。

(1)　前期末の貸借対照表（一部）

貸　借　対　照　表

×4年3月31日　（単位：円）

	その他資本剰余金	4,000
	自己株式	△50,000

※　前期末において保有する自己株式の数は500株（帳簿価額@100円）である。

(2)　×4年10月1日に自己株式500株を@120円で取得した。なお、取得の際に500円の手数料を支払っている。

(3)　×4年11月1日に自己株式100株を無償で取得した。なお、取得時の時価は@110円であった。

(4)　×4年12月15日に保有する自己株式400株を@130円で処分した。なお、自己株式の処分時の帳簿価額は、移動平均法により算定する。また、処分の際に800円の手数料を支払っている。

■ 解答解説（単位：円）

1．仕訳

(1)　×4年10月1日（自己株式の取得）

（借）	自己株式	60,000※	（貸）現金預金	60,500
	支払手数料	500		

※　自己株式：500株×@120（取得単価）＝60,000

(2)　×4年11月1日（自己株式の無償取得）

仕　訳　な　し

※　無償取得の場合、数のみの増加とするため仕訳は行わないが、単価は変動する。
無償取得後単価：(50,000＋60,000)÷(500株＋500株＋100株)＝@100

(3)　×4年12月15日（自己株式の処分）

（借）	現金預金	52,000	（貸）自己株式	40,000※1
			その他資本剰余金	12,000※2
（借）	支払手数料	800	（貸）現金預金	800

※1　自己株式：400株×@100（無償取得後単価）＝40,000

※2　その他資本剰余金（自己株式処分差益）：400株×@130（処分価格）－40,000（自己株式※1）＝12,000

2．当期末の貸借対照表

貸　借　対　照　表

×5年3月31日　（単位：円）

	その他資本剰余金	16,000※1
	自己株式	△70,000※2

※1　4,000（前期末B／S）＋12,000（自己株式処分差益）＝16,000

※2　△50,000（前期末B／S）－60,000（取得）＋40,000（処分）＝△70,000

■ 例題７　自己株式の処分

重要度A

以下の資料に基づき、当期末の貸借対照表を作成しなさい。

(1) 前期末の貸借対照表（一部）

貸　借　対　照　表

×4年３月31日　　(単位：円)

	その他資本剰余金	4,000
	繰越利益剰余金	80,000
	自己株式	△50,000

※　前期末において保有する自己株式の数は500株（帳簿価額@100円）である。

(2) ×4年12月15日に保有する自己株式400株を@60円で処分した。

(3) 当期純利益は10,000円であった。

■ 解答解説（単位：円）

1．仕訳

(1) ×4年12月15日（自己株式の処分）

(借)		(貸)	
現金預金	24,000	自己株式	40,000※1
その他資本剰余金	16,000※2		

※1　自己株式：400株×@100（帳簿価額）＝40,000

※2　その他資本剰余金（自己株式処分差損）：｛@60（処分価格）－@100（帳簿価額）｝×400株＝△16,000

(2) ×5年3月31日（決算整理仕訳）

(借)		(貸)	
繰越利益剰余金	12,000	その他資本剰余金	12,000

※　決算においてその他資本剰余金がマイナスの残高となるため、繰越利益剰余金と相殺する。
相殺額：4,000（前期末B／S）－16,000（自己株式処分差損）＝△12,000

2．当期末の貸借対照表

貸　借　対　照　表

×5年３月31日　　(単位：円)

	その他資本剰余金	0※1
	繰越利益剰余金	78,000※2
	自己株式	△10,000※3

※1　4,000（前期末B／S）－16,000（処分）＋12,000（相殺）＝0

※2　80,000（前期末B／S）－12,000（相殺）＋10,000（当期純利益）＝78,000

※3　△50,000（前期末B／S）＋40,000（処分）＝△10,000

■ 例題８　自己株式の消却

重要度Ａ

以下の資料に基づき、当期末の貸借対照表を作成しなさい。

⑴　前期末の貸借対照表（一部）

貸　借　対　照　表

×４年３月31日　（単位：円）

	その他資本剰余金	4,000
	繰越利益剰余金	80,000
	自己株式	△50,000

※　前期末において保有する自己株式の数は500株（帳簿価額@100円）である。

⑵　×４年10月１日に自己株式200株を消却した。なお、消却の際に300円の手数料を支払っている。

⑶　当期純利益は10,000円である。

■ 解答解説（単位：円）

１．仕訳

⑴　×４年10月１日（自己株式の消却）

（借）	その他資本剰余金	20,000	（貸）	自己株式	20,000
（借）	支払手数料	300	（貸）	現金預金	300

⑵　×５年３月31日（決算整理仕訳）

（借）	繰越利益剰余金	16,000※	（貸）	その他資本剰余金	16,000

※　決算においてその他資本剰余金がマイナスの残高となるため、繰越利益剰余金と相殺を行う。
相殺額：4,000（前期末Ｂ／Ｓ）－20,000（自己株式の消却分）＝△16,000

２．当期末の貸借対照表

貸　借　対　照　表

×５年３月31日　（単位：円）

	その他資本剰余金	0※1
	繰越利益剰余金	74,000※2
	自己株式	△30,000※3

※1　4,000（前期末Ｂ／Ｓ）－20,000（処分）＋16,000（相殺）＝0
※2　80,000（前期末Ｂ／Ｓ）－16,000（相殺）＋10,000（当期純利益）＝74,000
※3　△50,000（前期末Ｂ／Ｓ）＋20,000（消却）＝△30,000

5 新株の発行と自己株式の処分を同時に行う場合

(1) 新株の払込金額と自己株式処分の対価

新株の発行と自己株式の処分を同時に行った場合は、株式の払込金額を、「新株の払込金額」と「自己株式の処分の対価」に、交付した株数の割合で按分することになる。

> 新株の払込金額 = 株式払込金額 × 新株発行割合
> 自己株式の処分の対価 = 株式払込金額 × 自己株式代用割合

(2) 新株の発行と自己株式の処分を同時に行う場合の自己株式処分差額の処理

① 自己株式処分差益が生じる場合

自己株式処分差益は、「その他資本剰余金」として計上する。

(借)			(貸)	
現金預金	×××※1		資本金	×××※2
			自己株式	×××※3
			その他資本剰余金	×××※4

※1　現金預金：払込金額合計
※2　資本金：新株の払込金額
※3　自己株式：自己株式の帳簿価額
※4　その他資本剰余金：自己株式の処分の対価－自己株式の帳簿価額

② 自己株式処分差損が生じる場合

自己株式処分差損は、資本計上額と相殺し、「その他資本剰余金」は計上しない。

(借)			(貸)	
現金預金	×××※1		資本金	×××※2
			自己株式	×××※3

※1　現金預金：払込金額合計
※2　資本金：新株の払込金額－自己株式処分差損
※3　自己株式：自己株式の帳簿価額

■ 例題9　新株の発行と自己株式の処分を同時に行う場合

重要度 B

以下の資料に基づき、必要な仕訳をしなさい。

(1) 株主総会により、以下の事項が決議された。

① 募集株式数：1,000株（新株の発行：700株、自己株式の処分：300株）

② 払込金額：1,000,000円

(2) 資本金の計上額は、会社法規定の最低限度額とする。

問1　自己株式の帳簿価額が200,000円であった場合

問2　自己株式の帳簿価額が400,000円であった場合

■ 解答解説（単位：円）

問1

（借）	現金預金	1,000,000	（貸）	資本金	350,000※1
				資本準備金	350,000※1
				自己株式	200,000
				その他資本剰余金	100,000※3

※1　資本金・資本準備金：700,000（新株発行の払込金額※2）× 1／2 = 350,000

※2　新株発行の払込金額：1,000,000 × 700株（新株発行数）／1,000株（交付株式数）= 700,000

※3　その他資本剰余金：300,000（自己株式の処分対価※4）－200,000（帳簿価額）= 100,000（自己株式処分差益）

※4　自己株式の処分対価：1,000,000 × 300株（自己株式数）／1,000株（交付株式数）= 300,000

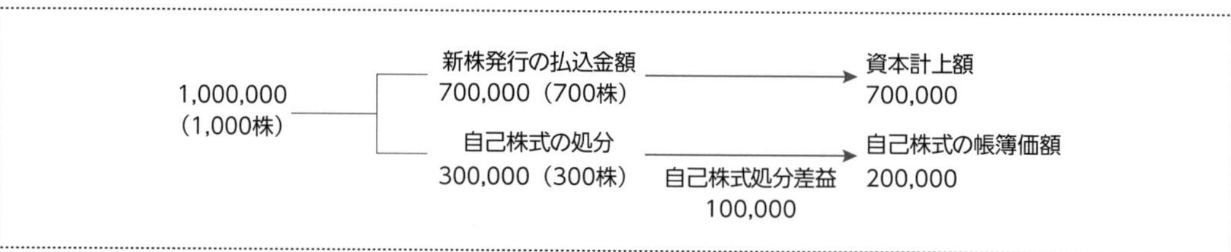

問2

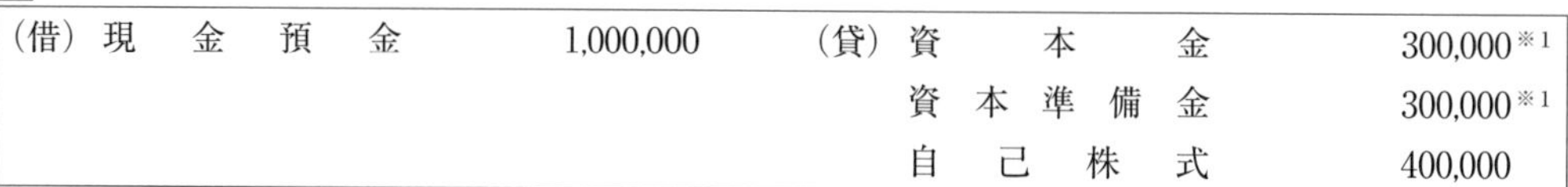

（借）	現金預金	1,000,000	（貸）	資本金	300,000※1
				資本準備金	300,000※1
				自己株式	400,000

※1　資本金・資本準備金：{700,000（新株発行の払込金額）－100,000（自己株式処分差損※2）} × 1／2 = 300,000

※2　自己株式処分差損：300,000（自己株式の処分対価）－400,000（帳簿価額）=△100,000

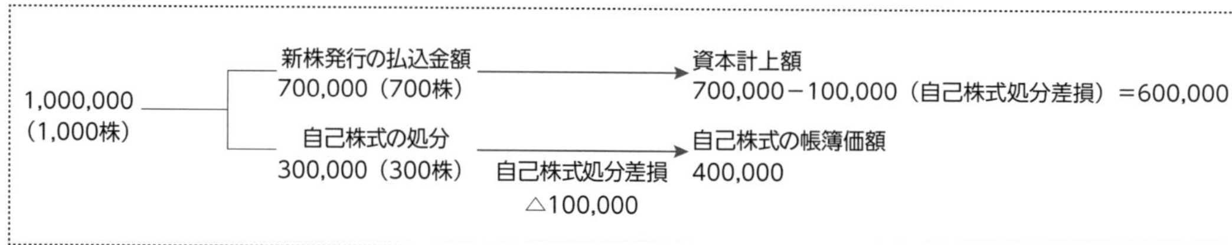

第8節　新株予約権

1 意義

新株予約権とは、発行者側にとっては、あらかじめ定めた価額（**行使価格**）で**新株を交付する義務**をいい、取得者側にとっては、あらかじめ定めた価額（**行使価格**）で**株式を取得することができる権利**をいう。

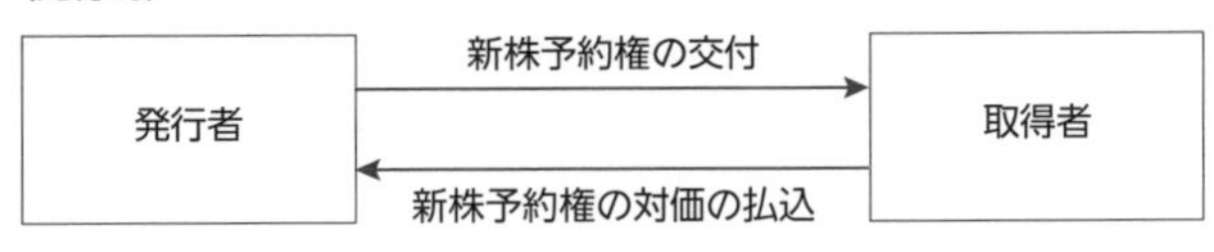

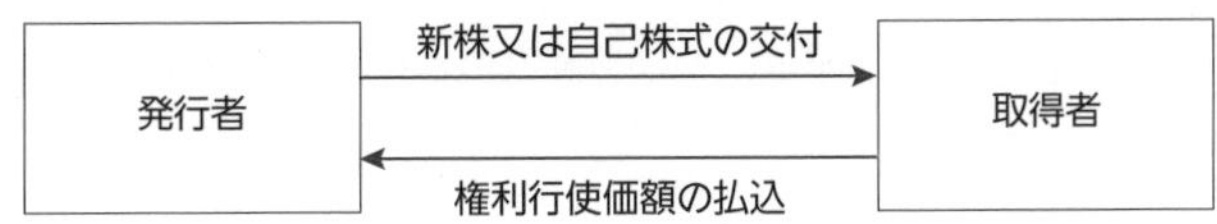

2 発行者側の処理

(1) 発行時

新株予約権の発行に伴う払込金額を**「新株予約権」勘定（純資産）に計上する**。新株予約権は**貸借対照表上、純資産の部の株主資本以外の項目として表示する。**

（借）現　金　預　金	×××	（貸）新　株　予　約　権	×××

(2) 権利行使時

権利行使が行われ新株を発行した場合は、**権利行使に伴う払込金額と新株予約権の発行時の払込金額の合計金額を株式の払込金額**とする。

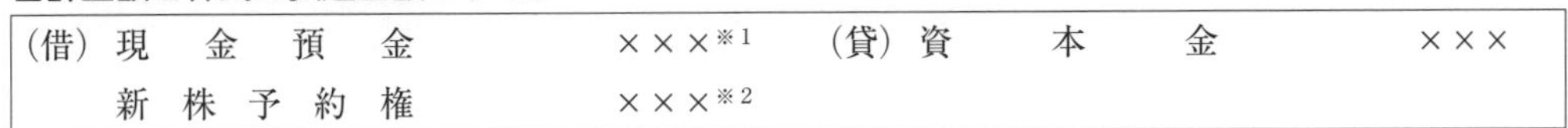

（借）現　金　預　金	×××※1	（貸）資　本　金	×××
新　株　予　約　権	×××※2		

※1　現金預金：権利行使に伴う払込金額（行使価格）
※2　新株予約権：権利行使分に係る新株予約権の払込金額

(3) 権利行使期間終了時

権利行使期間内に新株予約権が行使されなかった場合、当該新株予約権は失効し、新株予約権の払込金額を**「新株予約権戻入益」勘定（収益）**に計上する。新株予約権戻入益は損益計算書上、特別利益の区分に表示する。

（借）新　株　予　約　権	×××	（貸）新株予約権戻入益	×××

■ 例題10　新株予約権（発行者側）　重要度B

以下の資料に基づき、必要な仕訳を示しなさい。

(1)　以下の条件で新株予約権を発行した。

①　発行数：10個

②　発行価格：1個当たり200円

③　新株予約権の目的となる株式数：20株（新株予約権1個につき2株）

④　行使価格：1株当たり1,000円

(2)　新株予約権6個が権利行使され、払込が完了した。なお、資本金への計上額は、会社法規定の最低限度額とする。

(3)　新株予約権の行使期間が満了し、4個が権利未行使のまま失効した。

問1　権利行使時にすべて新株を発行した場合

問2　権利行使時にすべて自己株式（帳簿価額@800円）を代用した場合

■ 解答解説（単位：円）

問1

(1)　新株予約権発行時

(借)			(貸)		
(借)	現金預金	2,000	(貸)	新株予約権	2,000

※　10個（発行数）×@200（発行価格）＝2,000

(2)　権利行使時

(借)			(貸)		
(借)	現金預金	12,000※1	(貸)	資本金	6,600※3
	新株予約権	1,200※2		資本準備金	6,600※3

※1　現金預金：6個（権利行使数）×2株/個×@1,000（行使価格）＝12,000

※2　新株予約権：@200（発行価格）×6個（権利行使数）＝1,200

※3　資本金・資本準備金：13,200（借方合計）×1/2＝6,600

(3)　新株予約権の失効

(借)			(貸)		
(借)	新株予約権	800	(貸)	新株予約権戻入益	800

※　4個（未行使数）×@200（発行価格）＝800

問2

(2)　権利行使時

(借)			(貸)		
(借)	現金預金	12,000	(貸)	自己株式	9,600※1
	新株予約権	1,200		その他資本剰余金	3,600※2

※1　自己株式：6個（権利行使数）×2株/個×@800（自己株式の帳簿価額）＝9,600

※2　その他資本剰余金：13,200（借方合計）－9,600（自己株式※1）＝3,600（自己株式処分差益）

3 取得者側の処理

(1) 基本的な考え方

取得者側は、新株予約権を**有価証券として扱い**、保有目的の区分により、**売買目的有価証券（有価証券勘定）**又は**その他有価証券（投資有価証券勘定）**として処理する。また、付随費用は取得原価に算入する。

(借) (投資) 有価証券	×××	(貸) 現金預金	×××

(2) 権利行使時

権利行使した場合は、**新株予約権を株式に振り替える**。なお、振替時の処理は、保有目的により異なる。

売買目的有価証券	行使時の時価で株式に振り替え、評価損益を「有価証券評価損益」勘定として処理する
その他有価証券	帳簿価額により株式に振り替える

(3) 権利行使期間終了時（失効時）

新株予約権の購入価額を**「新株予約権不行使損」勘定（費用）**として特別損失に計上する。

(借) 新株予約権不行使損	×××	(貸) (投資) 有価証券	×××

■ 例題11　新株予約権（取得者側）

重要度C

以下の資料に基づき、必要な仕訳を示しなさい。

(1)　Ａ社が発行した新株予約権を1,000円で取得した。

(2)　上記の新株予約権を権利行使し、Ａ社株式50,000円を取得した。また、権利行使時の新株予約権の時価は1,200円であった。

(3)　決算日のＡ社株式の時価は52,500円であった。

(4)　税効果会計は考慮しない。

問１　新株予約権及びＡ社株式を売買目的有価証券として保有する場合

問２　新株予約権及びＡ社株式をその他有価証券として保有する場合

■ 解答解説（単位：円）

問１

(1)　取得時

(借) 有価証券（新株予約権）	1,000	(貸) 現金預金	1,000

(2)　権利行使時

(借) 有価証券（株式）	51,200	(貸) 有価証券（新株予約権）	1,000
		有価証券評価損益	200
		現金預金	50,000

上記仕訳は「権利行使直前の時価評価の仕訳」と「権利行使による株式の取得の仕訳」に分けることができる。

〔権利行使直前の時価評価〕

(借)	有価証券(新株予約権)	200	(貸)	有価証券評価損益	200

※　1,200（権利行使時の時価）－1,000（取得原価）＝200

〔権利行使による株式の取得〕

(借)	有価証券(株式)	51,200※3	(貸)	現金預金	50,000※1
				有価証券(新株予約権)	1,200※2

※1　現金預金：50,000（行使価格）
※2　有価証券（新株予約権）：1,200（権利行使時の時価）
※3　有価証券（株式）：貸方合計

(3) 時価評価

(借)	有価証券(株式)	1,300	(貸)	有価証券評価損益	1,300

※　52,500（時価）－51,200（取得原価）＝1,300

問2

(1) 取得時

(借)	投資有価証券(新株予約権)	1,000	(貸)	現金預金	1,000

(2) 権利行使時

(借)	投資有価証券(株式)	51,000※	(貸)	投資有価証券(新株予約権)	1,000
				現金預金	50,000

※　1,000（権利行使時の帳簿価額）＋50,000（行使価格）＝51,000

(3) 時価評価

(借)	投資有価証券(株式)	1,500	(貸)	その他有価証券評価差額金	1,500

※　52,500（時価）－51,000（取得原価）＝1,500

4 自己新株予約権

(1) 基本的な考え方

自己新株予約権とは、**自社が発行した新株予約権を自社で保有している場合**の新株予約権をいう。自己新株予約権の取得は損益取引であるため、自己新株予約権を取得したときの取得原価は、**取得した自己新株予約権の時価に取得時の付随費用を加算**して算定する。

(借) 自己新株予約権	×××	(貸) 現金預金	×××

(2) 自己新株予約権の処分

自己新株予約権を処分した場合には、受取対価と処分した自己新株予約権の帳簿価額との差額を**「自己新株予約権処分損益」勘定**で当期の損益として計上する。

〔自己新株予約権の帳簿価額 < 受取対価の場合〕

(借) 現金預金	×××	(貸) 自己新株予約権	×××
		自己新株予約権処分益	×××

(3) 自己新株予約権の消却

自己新株予約権を消却した場合には、消却した自己新株予約権の帳簿価額とこれに対応する新株予約権の帳簿価額との差額を**「自己新株予約権消却損益」勘定**で当期の損益として計上する。

〔自己新株予約権の帳簿価額 < 新株予約権の帳簿価額の場合〕

(借) 新株予約権	×××	(貸) 自己新株予約権	×××
		自己新株予約権消却益	×××

(4) 自己新株予約権の評価及び表示

自己新株予約権は、**取得原価による帳簿価額を、純資産の部の新株予約権から、原則として直接控除**する。例外として、新株予約権から間接控除する形式で表示することもできる。

■ 例題12　自己新株予約権　　重要度C

以下の資料に基づき、×2年3月期の貸借対照表を作成しなさい。

(1)　×1年4月1日に新株予約権を1個当たり200円で10個発行した。

(2)　×1年10月1日に発行した新株予約権5個を1個当たり144円で取得した。なお、取得の際に30円の手数料を支払っている。

(3)　×1年11月15日に自己新株予約権2個を1個当たり180円で処分した。

(4)　×2年2月28日に自己新株予約権2個を消却した。

■ 解答解説（単位：円）

1．仕訳

(1)　×1年4月1日（発行日）

(借)		(貸)	
現金預金	2,000	新株予約権	2,000

※　10個（発行数）×@200（発行価格）＝2,000

(2)　×1年10月1日（自己新株予約権の取得）

(借)		(貸)	
自己新株予約権	750	現金預金	750

※　5個×@144（取得価格）＋30（付随費用）＝750（取得原価）

(3)　×1年11月15日（自己新株予約権の処分）

(借)		(貸)	
現金預金	360※1	自己新株予約権	300※2
		自己新株予約権処分益	60

※1　現金預金：2個×@180（処分価格）＝360

※2　自己新株予約権：750（取得原価）×2個／5個＝300

(4)　×2年2月28日（自己新株予約権の消却）

(借)		(貸)	
新株予約権	400※1	自己新株予約権	300※2
		自己新株予約権消却益	100

※1　新株予約権：2個×@200（発行価格）＝400

※2　自己新株予約権：750（取得原価）×2個／5個＝300

2．決算整理前残高試算表（一部）

残高試算表　（単位：円）

自己新株予約権	150※1	新株予約権	1,600※2

※1　750（取得）－300（処分）－300（消却）＝150

※2　2,000（発行）－400（消却）＝1,600

3．貸借対照表（一部）

貸借対照表

		新株予約権	1,450※

※　1,600（前T／B新株予約権）－150（前T／B自己新株予約権）＝1,450

第９節　新株予約権付社債

1 総論

(1) 意義

新株予約権付社債とは、新株予約権が付された社債をいう。

(2) 分類

① 権利行使時における払込方法の分類

	意義	権利行使後の社債
現金払込	現金で払い込む方法	権利行使後も社債は存続する
代用払込	現金での払い込みに代えて、社債部分を払い込みに充当する方法	権利行使時に社債は消滅する

（現金払込）

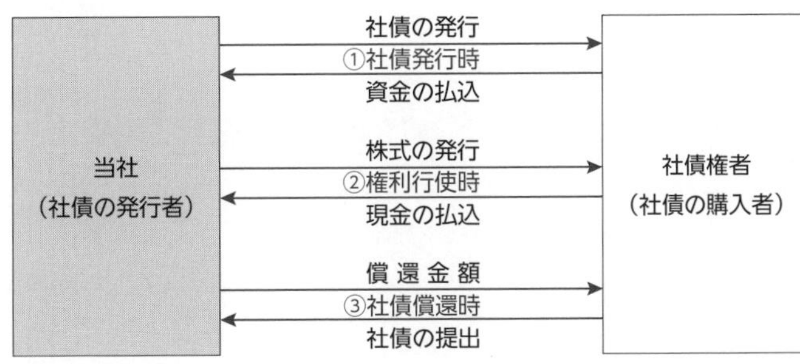

（代用払込）

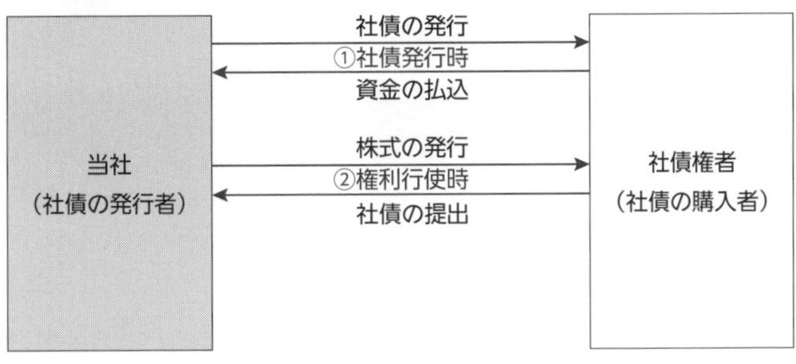

② 新株予約権付社債の分類

新株予約権付社債のうち、**社債と新株予約権がそれぞれ単独で存在し得ないこと及び権利行使時に代用払込を行うことを予め明確にしている**新株予約権付社債を**転換社債型新株予約権付社債**という。

対して、**転換社債型新株予約権付社債の要件を満たさない新株予約権付社債**を**転換社債型以外の新株予約権付社債**という。

	権利行使時の払込方法	会計処理
転換社債型新株予約権付社債	社債による代用払込のみ	区分法または一括法
転換社債型以外の新株予約権付社債	現金払込または社債による代用払込	区分法

(3) 付与割合

付与割合とは、社債の額面金額と、新株予約権による株式払込金額の総額との比率をいう。なお、問題上は通常、1：1で出題される。

付与割合 ＝ 社債の額面金額：新株予約権による株式払込金額の総額

2 転換社債型以外の新株予約権付社債（発行者側）

転換社債型以外の新株予約権付社債は、**「社債」部分と「新株予約権」部分を区別して**処理する**（区分法）**。よって、「社債」部分は普通社債に準じて、「新株予約権」部分は新株予約権に準じて会計処理を行う。

① 発行時

(借)	現金預金	×××	(貸)	社債	×××
				新株予約権	×××

② 権利行使時（現金払込による場合）

行使価格と新株予約権の払込金額の合計額を株式の払込金額又は自己株式代用の対価として扱う（**通常の新株予約権の権利行使時と同様の処理を行う**）。なお、発行する**株式数は、社債の額面金額÷行使価格**で算定できる。

〔新株を交付した場合〕

(借)	現金預金	×××	(貸)	資本金	×××
	新株予約権	×××			

〔自己株式を代用した場合〕

(借)	現金預金	×××	(貸)	自己株式	×××
	新株予約権	×××		その他資本剰余金	×××

■ 例題13　転換社債型以外の新株予約権付社債　重要度B

以下の資料に基づき、各問に答えなさい。なお、決算日は３月31日である。

(1)　×４年４月１日に転換社債型以外の新株予約権付社債を以下の条件で発行した。

①　額面金額：1,000,000円

②　発行価額

社債の発行価額：額面金額100円に対して80円

新株予約権証書の発行価額：新株予約権証書100円に対して20円

③　利率：ゼロ

④　行使価格：１株当たり5,000円

⑤　付与割合：１：１

⑥　償還期限：×９年３月31日

⑦　行使期間：×５年１月１日～×８年12月31日

(2)　上記社債について、償却原価法（定額法）を適用する。

(3)　×５年９月30日に新株予約権の30％が権利行使され、新株を交付した（現金払込）。なお、資本金計上額は、会社法規定の最低限度額とする。

問１　必要な仕訳を示しなさい。

問２　権利行使時に、すべて自己株式（帳簿価格@4,000円）を代用した場合の仕訳を示しなさい。

問３　権利行使時に、自己株式20株（帳簿価格@4,000円）を代用した場合の仕訳を示しなさい。

■ 解答解説（単位：円）

問１

１．×５年３月期

(1)　×４年４月１日（発行時）

(借)			(貸)		
(借)	現金預金	1,000,000	(貸)	社債	800,000
				新株予約権	200,000

(2)　決算整理仕訳

(借)			(貸)		
(借)	社債利息	40,000	(貸)	社債	40,000

※　1,000,000（額面金額）×４％（償却割合）＝40,000

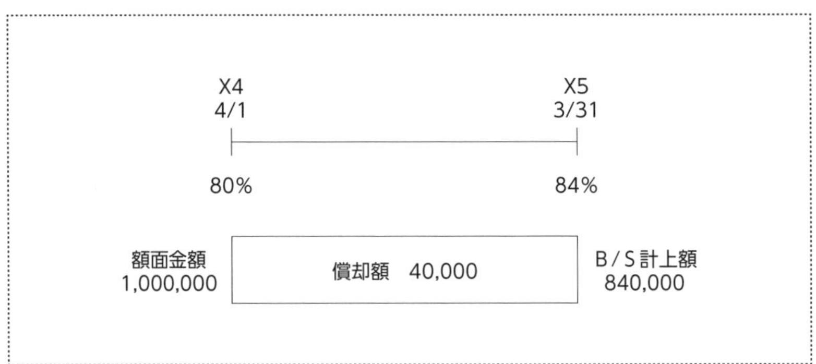

2．×6年3月期

(1)　×5年9月30日（権利行使時）

（借）現金預金	300,000※1	（貸）資本金	180,000
新株予約権	60,000※2	資本準備金	180,000

※1　現金預金：1,000,000（額面金額）×30%（権利行使割合）＝300,000

※ 付与割合が1：1であるため、社債の額面金額が払込金額となる。

※2　新株予約権：200,000（新株予約権）×30%（権利行使割合）＝60,000

(2)　決算整理仕訳

（借）社債利息	40,000	（貸）社債	40,000

※　1,000,000（額面金額）×4％（償却割合）＝40,000

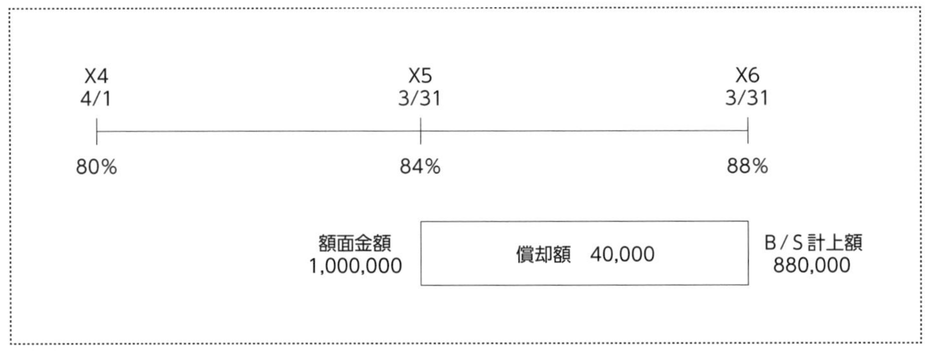

問2

（借）現金預金	300,000	（貸）自己株式	240,000※1
新株予約権	60,000	その他資本剰余金	120,000※3

※1　自己株式：@4,000（帳簿価額）×60株（交付株式数※2）＝240,000

※2　交付株式数：1,000,000（額面金額）×30%（権利行使割合）÷@5,000（行使価格）＝60株

※3　その他資本剰余金：差額

問３

(借)			(貸)		
	現金預金	300,000		資本金	120,000※1
	新株予約権	60,000		資本準備金	120,000※1
				自己株式	80,000※4
				その他資本剰余金	40,000※5

※１　資本金・資本準備金：240,000（新株発行の払込金額※2）×１／２＝120,000

※２　新株発行の払込金額：360,000（借方合計）×40株（新株発行数）／60株（交付株式数※3）＝240,000

※３　交付株式数：1,000,000（額面金額）×30％（権利行使割合）÷@5,000（行使価格）＝60株

※４　自己株式：20株（自己株式数）×@4,000（自己株式の帳簿価額）＝80,000

※５　その他資本剰余金：120,000（自己株式の処分対価※6）－80,000（自己株式※4）＝40,000

※６　自己株式の処分対価：360,000（借方合計）×20株（自己株式数）／60株（交付株式数※3）＝120,000

3 転換社債型新株予約権付社債（発行者側）

転換社債型の会計処理として、**「区分法」**と**「一括法」**が認められている。

区分法	「社債」部分と「新株予約権」部分を区分して会計処理を行う方法
一括法	「社債」部分と「新株予約権」部分を一括して会計処理を行う方法

(1) 区分法

① 発行時

(借)	現金預金	×××	(貸)	社債	×××
				新株予約権	×××

② 権利行使時

新株の払込金額又は自己株式代用の対価は、**権利行使時の社債の償却原価と新株予約権に対する払込額の合計**とする。なお、発行する**株式数は、社債の額面金額÷行使価格**で算定できる。

〔新株を発行した場合〕

(借)	社債利息	×××	(貸)	社債	×××
(借)	社債	(償却原価)	(貸)	資本金	×××
	新株予約権	×××			

〔自己株式を代用した場合〕

(借)	社債利息	×××	(貸)	社債	×××
(借)	社債	(償却原価)	(貸)	自己株式	×××
	新株予約権	×××		その他資本剰余金	×××

(2) 一括法

① 発行時

(借)	現金預金	×××	(貸)	社債	×××

② 権利行使時

新株の払込金額又は自己株式代用の対価は、**新株予約権付社債の帳簿価額**とする。なお、発行する**株式数は、社債の額面金額÷行使価格**で算定できる。

〔新株を発行した場合〕

(借)	社債	×××	(貸)	資本金	×××
				資本準備金	×××

〔自己株式を代用した場合〕

(借)	社債	×××	(貸)	自己株式	×××
				その他資本剰余金	×××

■ 例題14　転換社債型新株予約権付社債（区分法）　重要度B

以下の資料に基づき、各問に答えなさい。なお、決算日は３月31日である。

(1)　×４年４月１日に転換社債型の新株予約権付社債を以下の条件で発行した。

①　額面金額：1,000,000円

②　発行価額

社債の発行価額：額面金額100円に対して80円

新株予約権証書の発行価額：新株予約権証書100円に対して20円

③　利率：ゼロ

④　行使価格：１株当たり5,000円

⑤　付与割合：１：１

⑥　償還期限：×９年３月31日

⑦　行使期間：×５年１月１日～×８年12月31日

(2)　新株予約権付社債の会計処理は区分法を採用している。また、償却原価法（定額法）を適用する。

(3)　×５年９月30日に新株予約権の30％が権利行使され、新株を交付した。なお、資本金計上額は、会社法規定の最低限度額とする。

問１　必要な仕訳を示しなさい。

問２　権利行使時に、すべて自己株式（帳簿価格@4,000円）を代用した場合の仕訳を示しなさい。

問３　権利行使時に、自己株式20株（帳簿価格@4,000円）を代用した場合の仕訳を示しなさい。

■ 解答解説（単位：円）

問１

1．×５年３月期

(1)　×４年４月１日（発行時）

（借）	金額	（貸）	金額
現金預金	1,000,000	社債	800,000
		新株予約権	200,000

(2)　決算整理仕訳

（借）	金額	（貸）	金額
社債利息	40,000	社債	40,000

※　1,000,000（額面金額）×４％（償却割合）＝40,000

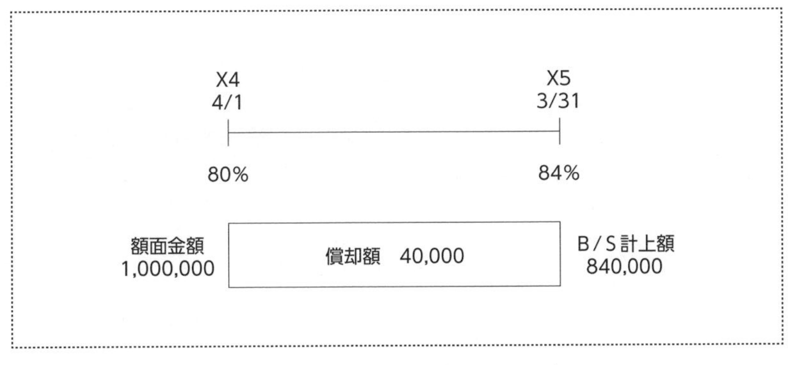

2．×6年3月期

(1)　×5年9月30日（権利行使時）

①　期首から権利行使時までの償却原価法

(借)			(貸)		
(借)	社債利息	6,000	(貸)	社債	6,000

※　1,000,000（額面金額）×30%（権利行使割合）×2%（償却割合）＝6,000

②　権利行使

(借)			(貸)		
(借)	社債	258,000※1	(貸)	資本金	159,000
	新株予約権	60,000※2		資本準備金	159,000

※1　社債：1,000,000（額面金額）×30%（権利行使割合）×86%（権利行使時償却原価割合）＝258,000

※2　新株予約権：200,000（新株予約権）×30%（権利行使割合）＝60,000

(2)　決算整理仕訳

(借)			(貸)		
(借)	社債利息	28,000	(貸)	社債	28,000

※　1,000,000（額面金額）×70%（未行使割合）×4%（償却割合）＝28,000

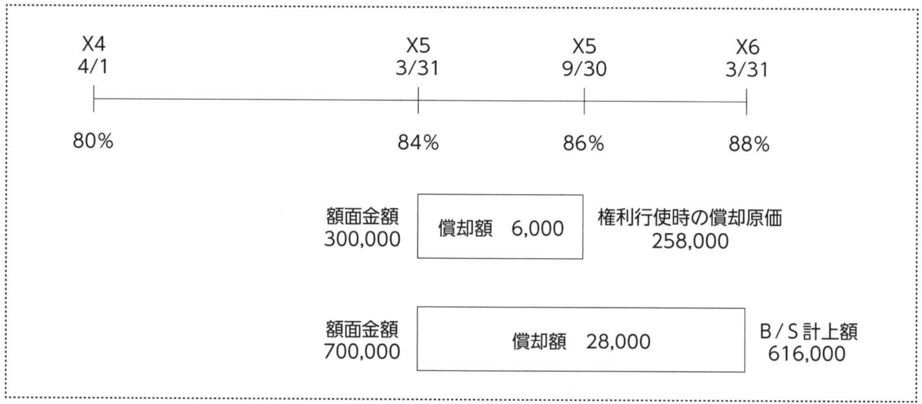

問2

(借)			(貸)		
(借)	社債	258,000	(貸)	自己株式	240,000※1
	新株予約権	60,000		その他資本剰余金	78,000※3

※1　自己株式：@4,000（帳簿価額）×60株（交付株式数※2）＝240,000

※2　交付株式数：1,000,000（額面金額）×30%（権利行使割合）÷@5,000（行使価格）＝60株

※3　その他資本剰余金：差額

問3

(借)			(貸)		
(借)	社債	258,000	(貸)	資本金	106,000※1
	新株予約権	60,000		資本準備金	106,000※1
				自己株式	80,000※4
				その他資本剰余金	26,000※5

※1　資本金・資本準備金：212,000（新株発行の払込金額※2）×1／2＝106,000

※2　新株発行の払込金額：318,000（借方合計）×40株（新株発行数）／60株（交付株式数※3）＝212,000

※3　交付株式数：1,000,000（額面金額）×30%（権利行使割合）÷@5,000（行使価格）＝60株

※4　自己株式：20株（自己株式数）×@4,000（自己株式の帳簿価額）＝80,000

※5　その他資本剰余金：106,000（自己株式の処分対価※6）－80,000（自己株式※4）＝26,000

※6　自己株式の処分対価：318,000（借方合計）×20株（自己株式数）／60株（交付株式数※3）＝106,000

■ 例題15　転換社債型新株予約権付社債（一括法）　重要度B

以下の資料に基づき、各問に答えなさい。なお、決算日は３月31日である。

⑴　×４年４月１日に転換社債型の新株予約権付社債を以下の条件で発行した。

①　額面金額：1,000,000円

②　発行価額

社債の発行価額：額面金額100円に対して80円

新株予約権証書の発行価額：新株予約権証書100円に対して20円

③　利率：ゼロ

④　行使価格：１株当たり5,000円

⑤　付与割合：１：１

⑥　償還期限：×９年３月31日

⑦　行使期間：×５年１月１日～×８年12月31日

⑵　新株予約権付社債の会計処理は一括法を採用している。また、償却原価法（定額法）を適用する。

⑶　×５年９月30日に新株予約権の30％が権利行使され、新株を交付した。なお、資本金計上額は、会社法規定の最低限度額とする。

問１　必要な仕訳を示しなさい。

問２　権利行使時に、すべて自己株式（帳簿価格@4,000円）を代用した場合の仕訳を示しなさい。

問３　権利行使時に、自己株式20株（帳簿価格@4,000円）を代用した場合の仕訳を示しなさい。

■ 解答解説（単位：円）

問１

1．×５年３月期

⑴　×４年４月１日（発行時）

（借）現金預金	1,000,000	（貸）社債	1,000,000

⑵　決算整理仕訳

仕　訳　な　し

2．×６年３月期

⑴　×５年９月30日（権利行使時）

（借）社債	300,000※1	（貸）資本金	150,000
		資本準備金	150,000

※　社債：1,000,000×30％（権利行使割合）＝300,000

⑵　決算整理仕訳

仕　訳　な　し

問2

(借) 社債	300,000	(貸)	自己株式	240,000※1
			その他資本剰余金	60,000※3

※1　自己株式：@4,000（帳簿価額）×60株（交付株式数※2）＝240,000
※2　交付株式数：1,000,000（額面金額）×30％（権利行使割合）÷@5,000（行使価格）＝60株
※3　その他資本剰余金：差額

問3

(借) 社債	300,000	(貸)	資本金	100,000※1
			資本準備金	100,000※1
			自己株式	80,000※4
			その他資本剰余金	20,000※5

※1　資本金・資本準備金：200,000（新株発行の払込金額※2）×1／2＝100,000
※2　新株発行の払込金額：300,000×40株（新株発行数）／60株（交付株式数※3）＝200,000
※3　交付株式数：1,000,000（額面金額）×30％（権利行使割合）÷@5,000（行使価格）＝60株
※4　自己株式：20株（自己株式数）×@4,000（自己株式の帳簿価額）＝80,000
※5　その他資本剰余金：100,000（自己株式の処分対価※6）－80,000（自己株式※4）＝20,000
※6　自己株式の処分対価：300,000×20株（自己株式数）／60株（交付株式数※3）＝100,000

第10節　ストック・オプション

1　意義

ストック・オプションとは、自社の株式を原資産とするコールオプションである自社株式オプション（新株予約権）を、企業が従業員等に、報酬として付与するものをいう。具体的な取引の流れは、以下のようになる。

〔取引の流れ〕

① 企業は従業員に対し、ストック・オプションを無償で付与する。
② 企業は従業員から労働サービス等の提供を受ける。
③ 株価が上昇し、「権利行使価格<株価」となった場合、従業員は権利を行使する。
④ 企業は従業員からの権利行使を受けて、株式の交付を行う。
⑤ 株式の交付を受けた従業員は、当該株式を売却し、売却益（時価－権利行使価格）を獲得する。

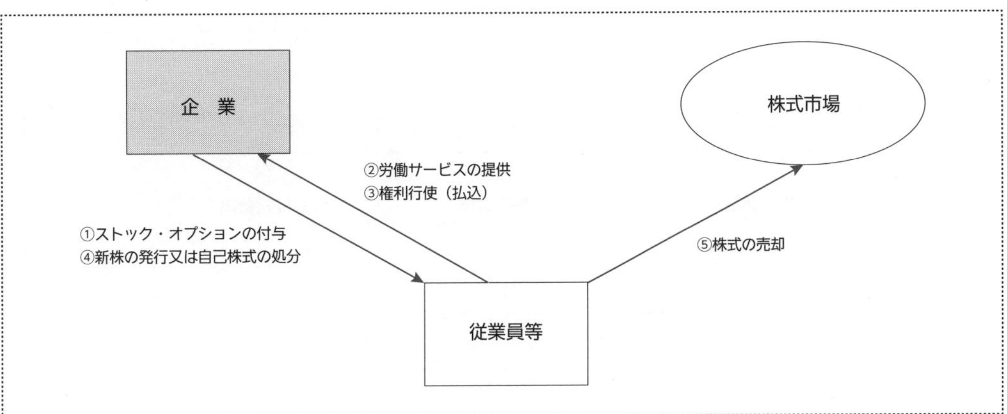

2　ストック・オプションに係る用語

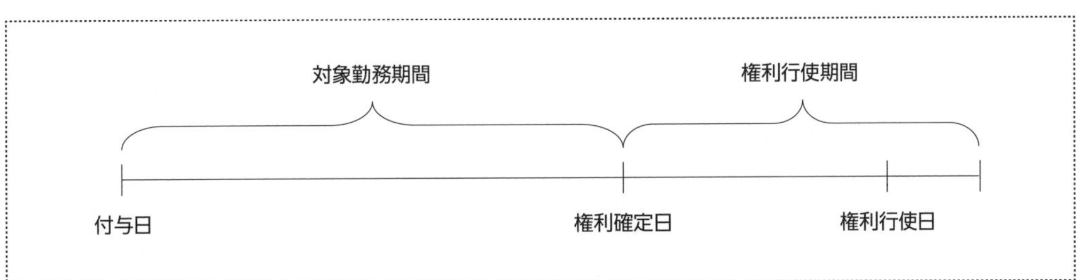

付与日	ストック・オプションが付与された日をいう。
権利確定日	ストック・オプションの権利の確定した日をいう。
対象勤務期間	付与日から権利確定日までの期間をいう。従業員はストック・オプションの権利を得るために、対象勤務期間にわたり企業に労働サービスを提供する。

3 会計処理

(1) 仕訳

ストック・オプションを付与し、これに応じて企業が従業員等から取得するサービスは、その取得に応じて「株式報酬費用」勘定を費用として計上し、対応する金額を、ストック・オプションの権利の行使又は失効が確定するまでの間、貸借対照表の純資産の部に「新株予約権」勘定として計上する。

(借) 株式報酬費用	×××	(貸) 新株予約権	×××

(2) ストック・オプションの公正な評価額の算定方法

ストック・オプションの公正な評価額は、公正な評価単価にストック・オプション数を乗じて算定する。

ストック・オプションの公正な評価額 ＝ 公正な評価単価 × ストック・オプション数

(3) 各会計期間における費用計上額

ストック・オプションの公正な評価額は、対象勤務期間にわたり各期に費用配分される。

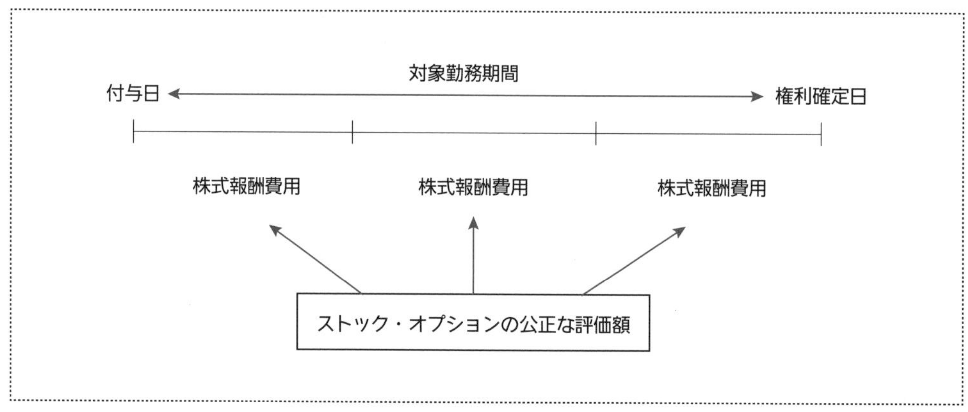

各期の費用計上額 ＝ ストック・オプションの公正な評価額 × $\frac{\text{対象勤務期間のうち当期末までの期間}}{\text{対象勤務期間}}$ － 前期までの費用計上額対象勤務期間

■ 例題16　ストック・オプションの基本的会計処理　重要度B

以下の資料に基づき、必要な仕訳を示しなさい。なお、会計期間は4月1日～3月31日の1年間である。

(1)　当社は×3年6月の株主総会において、従業員75名に対して以下の条件のストック・オプションを付与することを決議し、×3年7月1日に付与した。

①　付与数：従業員1名当たり160個（合計12,000個）

②　行使により与えられる株式の数：合計12,000株（1個につき1株）

③　行使時の払込金額：1株当たり7,500円

④　権利確定日：×5年6月末

⑤　権利行使期間：×5年7月1日から×7年6月末

⑥　付与されたストック・オプションは、他者に譲渡できない。また、ストック・オプションの一部行使はできないものとする。

(2)　付与日におけるストック・オプションの公正な評価単価は、800円/個である。

■ 解答解説（単位：円）

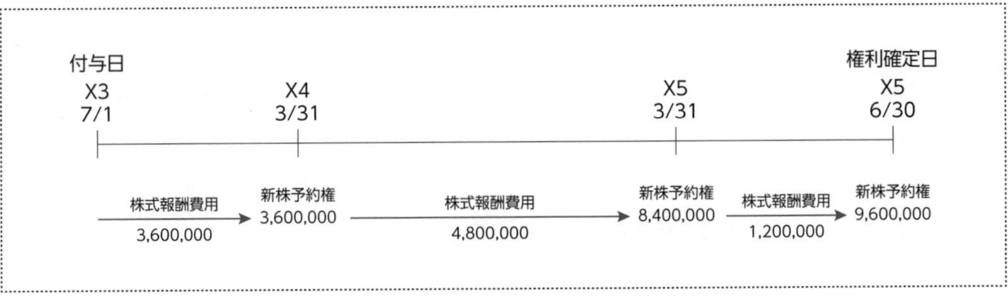

(1)　×4年3月31日（決算整理仕訳）

(借) 株式報酬費用	3,600,000	(貸) 新株予約権	3,600,000

※　75名×160個/名×@800×$\frac{9ヶ月（X3.7～X4.3）}{24ヶ月（X3.7～X5.6）}$＝3,600,000

(2)　×5年3月31日（決算整理仕訳）

(借) 株式報酬費用	4,800,000	(貸) 新株予約権	4,800,000

※　75名×160個/名×@800×$\frac{21ヶ月（X3.7～X5.3）}{24ヶ月（X3.7～X5.6）}$－$\underset{既計上額}{\underline{3,600,000}}$＝4,800,000

(3)　×5年6月30日（権利確定日）

(借) 株式報酬費用	1,200,000	(貸) 新株予約権	1,200,000

※　75名×160個/名×@800×$\frac{24ヶ月（X3.7～X5.6）}{24ヶ月（X3.7～X5.6）}$－$\underset{既計上額}{\underline{3,600,000－4,800,000}}$＝1,200,000

⑷ 権利不確定による失効

権利確定条件が達成されなかったことにより、付与されたストック・オプションが行使不能となる場合がある。

① 付与日

権利行使日以前のストック・オプション数は、付与されたストック・オプション数（**付与数**）から、**権利不確定による失効の見積数を控除して算定**する。なお、権利不確定による失効とは、ストック・オプションが付与される条件（**権利確定条件**）**を満たさなかったことによる失効**である。

ストック・オプション数 ＝ 付与数 － 権利不確定による失効の見積数

② 付与日から権利確定日の直前

権利不確定による失効の見積数に重要な変動が生じた場合には、これに応じて**ストック・オプション数を見直す**。

これによりストック・オプション数を見直した場合には、見直し後のストック・オプション数に基づくストック・オプションの公正な評価額に基づき、**その期までに費用として計上すべき額と、これまでに計上した額との差額を見直した期の損益として計上**する。

③ 権利確定日

ストック・オプション数を権利の確定したストック・オプション数（以下、**権利確定数**）**と一致させる**。

これによりストック・オプション数を修正した場合には、修正後のストック・オプション数に基づくストック・オプションの公正な評価額に基づき、**権利確定日までに費用として計上すべき額と、これまでに計上した額との差額を権利確定日の属する期の損益として計上**する。

■ 例題17　権利不確定による失効　重要度B

以下の資料に基づき、必要な仕訳を示しなさい。なお、会計期間は4月1日～3月31日の1年間である。

(1) 当社は×3年6月の株主総会において、従業員75名に対して以下の条件のストック・オプションを付与することを決議し、×3年7月1日に付与した。

① 付与数：従業員1名当たり160個（合計12,000個）

② 行使により与えられる株式の数：合計12,000株（1個につき1株）

③ 行使時の払込金額：1株当たり7,500円

④ 権利確定日：×5年6月末

⑤ 権利行使期間：×5年7月1日から×7年6月末

⑥ 付与されたストック・オプションは、他者に譲渡できない。また、ストック・オプションの一部行使はできないものとする。

(2) 付与日におけるストック・オプションの公正な評価単価は、800円/個である。

(3) 付与時点において、×5年6月末までに7名の退職による失効を見込んでいる。

(4) ×5年3月期に、×5年6月末までの退職者による失効見込みを7名から6名に修正した。

(5) ×5年6月末までに実際に退職したのは、5名であった。

■ 解答解説（単位：円）

(1) ×4年3月31日（決算整理仕訳）

(借) 株式報酬費用	3,264,000	(貸) 新株予約権	3,264,000

※ （75名－7名）×160個/名×@800×$\frac{9ヶ月（X3.7～X4.3）}{24ヶ月（X3.7～X5.6）}$＝3,264,000

(2) ×5年3月31日（決算整理仕訳）

(借) 株式報酬費用	4,464,000	(貸) 新株予約権	4,464,000

※ （75名－6名）×160個/名×@800×$\frac{21ヶ月（X3.7～X5.3）}{24ヶ月（X3.7～X5.6）}$－3,264,000（既計上額）＝4,464,000

(3) ×5年6月30日（権利確定日）

(借) 株式報酬費用	1,232,000	(貸) 新株予約権	1,232,000

※ （75名－5名）×160個/名×@800×$\frac{24ヶ月（X3.7～X5.6）}{24ヶ月（X3.7～X5.6）}$－（3,264,000－4,464,000）（既計上額）＝1,232,000

第11節　株主資本等変動計算書

1 意義

✓ 簿記3,2級

株主資本等変動計算書とは、**貸借対照表の純資産の部の一会計期間の変動（前期末の貸借対照表の金額から当期末の貸借対照表の金額への変動額）を報告するための財務諸表**である。

2 表示方法

✓ 簿記3,2級

株主資本の各項目は、当期首残高、当期変動額及び当期末残高に区分し、**当期変動額は変動事由ごとに表示する**。株主資本の各項目の変動は、その内訳（変動事由）を示し、株主資本以外の各項目は、変動額の純額を示すことになる。

株主資本の各項目	変動事由ごとの内訳を示す
株主資本以外の各項目	変動額の純額のみを示す

※　株主資本以外の各項目について、変動事由を示すことも認められる。

3 株主資本等変動計算書の形式

〔純資産の各項目を横に並べる様式〕

	株主資本								評価・換算差額等			新株予約権	純資産合計
	資本金	資本剰余金		利益剰余金			自己株式	株主資本合計	その他有価証券評価差額金	繰延ヘッジ損益	土地再評価差額金		
		資本準備金	その他資本剰余金	利益準備金	その他利益剰余金								
					××積立金	繰越利益剰余金							
当期首残高	××	××	××	××	××	××	△××	××	××	××	××	××	××
当期変動額													
新株の発行	××	××						××					××
剰余金の配当				××		△××		△××					△××
当期純利益						××		××					××
自己株式の処分							××	××					××
株主資本以外の項目の事業年度中の変動額（純額）									××	—	—	××	××
当期変動額合計	××	××	××	××	—	××	××	××	××	—	—	××	××
当期末残高	××	××	××	××	××	××	△××	××	××	××	××	××	××

〔純資産の各項目を縦に並べる様式〕

株主資本				
	資本金	当期首残高		××
		当期変動額	新株の発行	××
		当期末残高		××
	資本剰余金			
	資本準備金	当期首残高		××
		当期変動額	新株の発行	××
		当期末残高		××
	その他資本剰余金	当期首残高及び当期末残高		××
	利益剰余金			
	利益準備金	当期首残高		××
		当期変動額	剰余金の配当に伴う積立	××
		当期末残高		××
	その他利益剰余金			
	××積立金	当期首残高及び当期末残高		××
	繰越利益剰余金	当期首残高		××
		当期変動額	剰余金の配当	△××
			当期純利益	××
		当期末残高		××
	自己株式	当期首残高		△××
		当期変動額	自己株式の処分	××
		当期末残高		△××
評価・換算差額等				
	その他有価証券評価差額金	当期首残高		××
		当期変動額（純額）		××
		当期末残高		××
	繰延ヘッジ損益	当期首残高		××
		当期変動額（純額）		××
		当期末残高		××
新株予約権	当期首残高			××
		当期変動額（純額）		××
		当期末残高		××
純資産合計				××

■ 例題18　株主資本等変動計算書

重要度A

以下の資料に基づき、当期（×1年4月1日～×2年3月31日）の株主資本等変動計算書を作成しなさい。

(1)　前期末貸借対照表（一部）

貸　借　対　照　表

×1年3月31日　（単位：円）

	科目	金額
	資本金	400,000
	資本準備金	40,000
	その他資本剰余金	150,000
	利益準備金	10,000
	別途積立金	6,000
	繰越利益剰余金	300,000
	自己株式	△5,000
	その他有価証券評価差額金	20,000
	新株予約権	10,000
	純資産合計	931,000

(2)　投資有価証券（取得原価：50,000円）をその他有価証券として保有している。当該有価証券の前期末時価は70,000円、当期末時価は80,000円であった。なお、評価差額の会計処理について全部純資産直入法を採用している。

(3)　×1年6月25日の株主総会において、剰余金の配当及び処分が次のとおり決議された。

配当金：60,000円（配当財源：繰越利益剰余金）

準備金の積立：会社法規定の額

別途積立金の取崩：4,000円

(4)　×1年9月15日に自己株式を5,000円で取得した。

(5)　×1年10月30日に自己株式（帳簿価額：2,000円）を3,000円で処分した。

(6)　×1年12月10日に自己株式（帳簿価額：4,000円）を消却した。

(7)　×2年2月1日に新株予約権のうち2,000円が権利行使され、38,000円の払込を受けた。なお、資本金計上額は、会社法規定の最低限度額とする。

(8)　当期純利益は120,000円であった。

(9)　税効果会計は考慮しない。

■ 解答解説（単位：円）

(1)　×1年4月1日（再振替仕訳）

(借) その他有価証券評価差額金	20,000	(貸) 投資有価証券	20,000

※　70,000（前期末時価）－50,000（取得原価）＝20,000

(2) ×1年6月25日（配当決議時）

① 配当金

(借)		(貸)	
繰越利益剰余金	66,000	未払配当金	60,000
		利益準備金	6,000※

※　利益準備金：60,000（配当）×1/10＝6,000
① 400,000（資本金）×1/4－｛40,000（資本準備金）＋10,000（利益準備金）｝＝50,000
② 60,000（配当額）×1/10＝6,000
① 50,000＞② 6,000　∴　積立額6,000

② 別途積立金の取崩

(借)		(貸)	
別途積立金	4,000	繰越利益剰余金	4,000

(3) ×1年9月15日（自己株式の取得）

(借)		(貸)	
自己株式	5,000	現金預金	5,000

(4) ×1年10月30日（自己株式の処分）

(借)		(貸)	
現金預金	3,000	自己株式	2,000
		その他資本剰余金	1,000

(5) ×1年12月10日（自己株式の消却）

(借)		(貸)	
その他資本剰余金	4,000	自己株式	4,000

(6) ×2年2月1日（権利行使時）

(借)		(貸)	
現金預金	38,000	資本金	20,000※
新株予約権	2,000	資本準備金	20,000※

※　資本金・資本準備金：40,000（借方合計）×1/2＝20,000

(7) ×2年3月31日（時価評価）

(借)		(貸)	
投資有価証券	30,000	その他有価証券評価差額金	30,000

※　80,000（当期末時価）－50,000（取得原価）＝30,000

第21章　純資産

	株主資本						
	資本金	資本剰余金		利益剰余金			自己株式
		資本準備金	その他資本剰余金	利益準備金	別途積立金	繰越利益剰余金	
当期首残高	400,000	40,000	150,000	10,000	6,000	300,000	△5,000
当期変動額							
新株の発行	20,000	20,000					
剰余金の配当				6,000		△66,000	
別途積立金の取崩					△4,000	4,000	
当期純利益						120,000	
自己株式の取得							△5,000
自己株式の処分			1,000				2,000
自己株式の消却			△4,000				4,000
株主資本以外の項目の当期変動額（純額）							
当期変動額合計	20,000	20,000	△3,000	6,000	△4,000	58,000	1,000
当期末残高	420,000	60,000	147,000	16,000	2,000	358,000	△4,000

	株主資本合計	その他有価証券評価差額金	評価・換算差額等合計	新株予約権	純資産合計
当期首残高	901,000	20,000	20,000	10,000	931,000
当期変動額					
新株の発行	40,000				40,000
剰余金の配当	△60,000				△60,000
別途積立金の取崩	0				0
当期純利益	120,000				120,000
自己株式の取得	△5,000				△5,000
自己株式の処分	3,000				3,000
自己株式の消却	0				0
株主資本以外の項目の当期変動額（純額）		10,000	10,000	△2,000	8,000
当期変動額合計	98,000	10,000	10,000	△2,000	106,000
当期末残高	999,000	30,000	30,000	8,000	1,037,000

第22章

会計方針の開示、会計上の変更及び誤謬の訂正

第１節　総論

1　用語の意義

会計方針	財務諸表の作成に当たって採用した会計処理の原則及び手続をいう。 （例）棚卸資産の評価方法：総平均法、先入先出法、売価還元法
表示方法	財務諸表の作成に当たって採用した表示の方法（注記による開示も含む）をいい、財務諸表の科目分類、科目配列及び報告様式が含まれる。 （例）為替差損の表示方法：「その他の営業外費用」として一括表示する方法、「為替差損」として独立掲記する方法
会計上の見積り	資産及び負債や収益及び費用等の額に不確実性がある場合において、財務諸表作成時に入手可能な情報に基づいて、その合理的な金額を算出することをいう。 （例）耐用年数、引当金の金額
誤謬	原因となる行為が意図的であるか否かにかかわらず、財務諸表作成時に入手可能な情報を使用しなかったことによる、又はこれを誤用したことによる、次のような誤りをいう。 ① 財務諸表の基礎となるデータの収集又は処理上の誤り ② 事実の見落としや誤解から生じる会計上の見積りの誤り ③ 会計方針の適用の誤り又は表示方法の誤り

2　会計上の変更の意義

会計方針の変更	従来採用していた一般に公正妥当と認められた会計方針から他の一般に公正妥当と認められた会計方針に変更することをいう。 （例）棚卸資産の評価方法を「総平均法」から「先入先出法」に変更した場合
表示方法の変更	従来採用していた一般に公正妥当と認められた表示方法から他の一般に公正妥当と認められた表示方法に変更することをいう。 （例）為替差損を「その他の営業外費用として一括表示する方法」から、「為替差損として独立掲記する方法」に変更した場合
会計上の見積りの変更	新たに入手可能となった情報に基づいて、過去に財務諸表を作成する際に行った会計上の見積りを変更することをいう。 （例）耐用年数を「10年」から「６年」に変更した場合

3 基本的取扱い

会計上の変更	会計方針の変更	遡及適用
	表示方法の変更	財務諸表の組替え
	会計上の見積りの変更	遡及処理は行わない
過去の誤謬の訂正		修正再表示

遡及適用	新たな会計方針を過去の財務諸表に遡って適用していたかのように会計処理することをいう。
財務諸表の組替え	新たな表示方法を過去の財務諸表に遡って適用していたかのように表示を変更することをいう。
修正再表示	過去の財務諸表における誤謬の訂正を財務諸表に反映することをいう。

※　上記の３つの取扱いをまとめて、**遡及処理**という。

具体例 遡及適用

・当期（X3年４月１日～X4年３月31日）より、会計方針をＡからＢに変更したため遡及適用を行う。

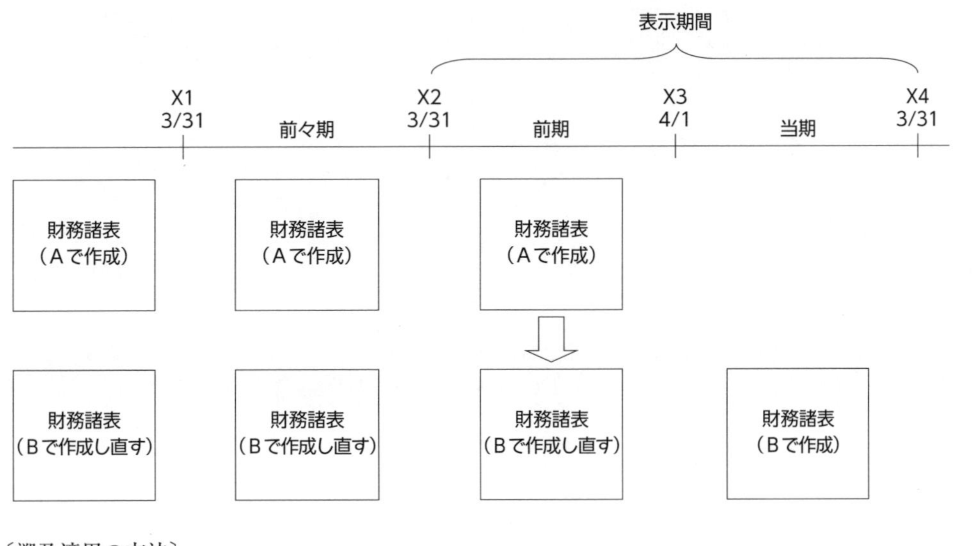

〔遡及適用の方法〕

①　表示期間（通常前期分まで）より、前の期間に関する遡及適用による累積的影響額は、表示する財務諸表のうち、最も古い期間の期首の資産、負債及び純資産の額に反映させる。

②　表示する過去の各期間の財務諸表には、当該各期間の影響額を反映させる。

第2節　会計方針の変更

会計方針は、正当な理由により変更を行う場合を除き、**毎期継続して適用しなければならない**。正当な理由がある場合とは、以下のような場合である。

1　会計基準等の改正に伴う会計方針の変更

会計基準等の改正によって特定の会計処理の原則及び手続が強制される場合など、会計基準等の改正に伴って会計方針の変更を行うことをいう。

会計基準等に特定の経過的な取扱いが定められていない場合、新たな会計方針を過去の会計期間のすべてに遡及適用する。会計基準等に特定の**経過的な取扱いが定められている場合には、その経過的な取扱いに従う**。

・当期より「××に関する会計基準」を適用する。当該新基準の適用により、会計方針をＡからＢに変更する。
・経過的な取扱い：当期より前の財務諸表に遡及適用を行わない。

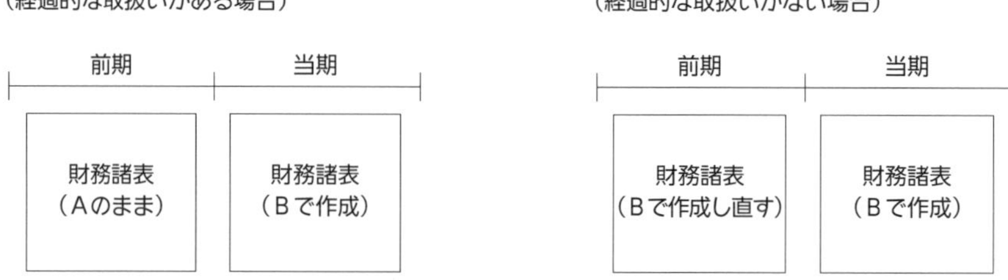

2　自発的な会計方針の変更

正当な理由に基づき、自発的に会計方針を変更することをいう。なお、自発的な変更が、正当な理由があると認められるためには、次の要件が満たされている必要がある。

・会計方針の変更が企業の事業内容又は企業内外の経営環境の変化に対応して行われるものであること
・会計方針の変更が会計事象等を財務諸表に、より適切に反映するために行われるものであること

新たな会計方針を過去の会計期間の**すべてに遡及適用する**。

当期より、正当な理由に基づき、会計方針をＡからＢに変更する。

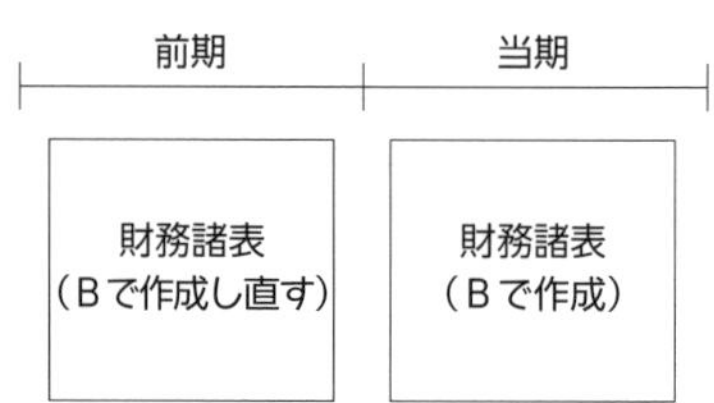

■ 例題1　会計方針の変更　　重要度B

以下の資料に基づき、遡及適用した場合の前期財務諸表を作成しなさい。なお、法定実効税率は40%とし、遡及適用に伴う税金費用の影響額も考慮すること。

(1) 当期（×3年4月1日～×4年3月31日）より、棚卸資産の評価方法を総平均法から先入先出法に変更した。

(2) 総平均法を採用した場合と先入先出法を採用した場合のデータ

	前期首残高	前期仕入高	前期売上原価	前期末残高
総平均法	140円	6,350円	6,090円	400円
先入先出法	200円	6,350円	6,050円	500円

(3) 前期の財務諸表（一部）

貸借対照表
×3年3月31日　（単位：円）

商品	400	繰越利益剰余金	1,126
繰延税金資産	500		

損益計算書
×2年4月1日～×3年3月31日　（単位：円）

Ⅰ 売上高		6,300
Ⅱ 売上原価		
1 期首商品棚卸高	140	
2 当期商品仕入高	6,350	
計	6,490	
3 期末商品棚卸高	400	6,090
税引前当期純利益		210
法人税等		84
当期純利益		126

株主資本等変動計算書
×2年4月1日～×3年3月31日　（単位：円）

	繰越利益剰余金
当期首残高	1,000
当期変動額	
当期純利益	126
当期末残高	1,126

■ 解答解説（単位：円）

貸　借　対　照　表

×3年3月31日

商　品	500	繰越利益剰余金	1,186
繰延税金資産	460		

損　益　計　算　書

×2年4月1日～×3年3月31日

Ⅰ 売上高		6,300
Ⅱ 売上原価		
1 期首商品棚卸高	200	
2 当期商品仕入高	6,350	
計	6,550	
3 期末商品棚卸高	500	6,050
税引前当期純利益		250
法人税等	84	
法人税等調整額	16	100
当期純利益		150

株主資本等変動計算書

×2年4月1日～×3年3月31日

	繰越利益剰余金
当期首残高	1,000
会計方針の変更による累積的影響額	36
遡及処理後当期首残高	1,036
当期変動額	
当期純利益	150
当期末残高	1,186

1．全体像

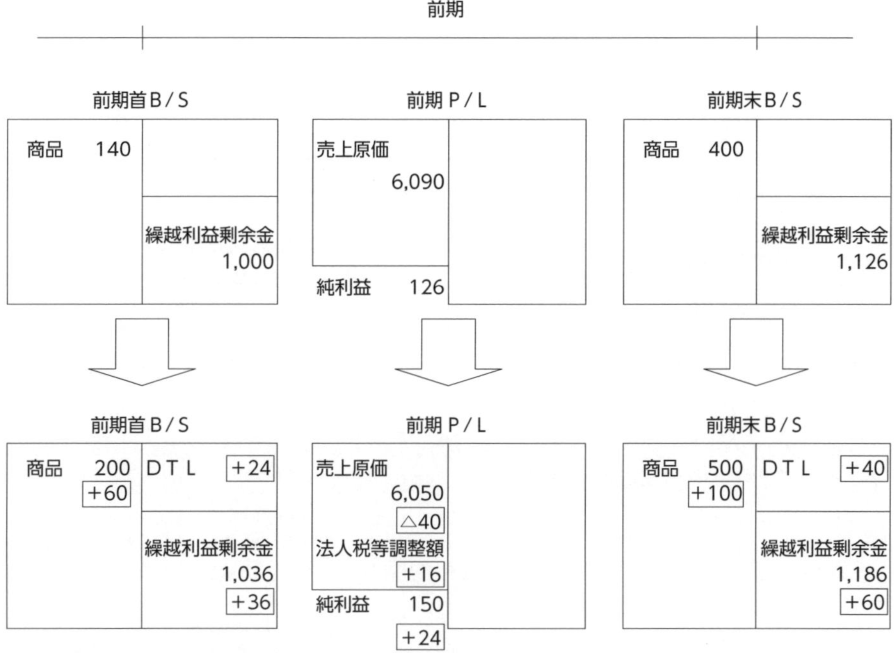

2．遡及処理に係る仕訳

(1)　商品に関する仕訳

(借)	商　　品	100※1	(貸) 利益剰余金－期首残高	60※2
			売　上　原　価	40※3

※1　商品：500（前期末・先入先出法）－400（前期末・総平均法）＝100（増加）
※2　利益剰余金：200（前期首・先入先出法）－140（前期首・総平均法）＝60（増加）
※3　売上原価：6,050（前期売上原価・先入先出法）－6,090（前期売上原価・総平均法）＝40（減少）

(2)　税金費用に関する仕訳

(借)	利益剰余金－期首残高	24※2	(貸) 繰延税金負債	40※1
	法人税等調整額	16※3		

※1　繰延税金負債：100（上記仕訳※1）×40%（税率）＝40
　上記繰延税金負債は、繰延税金資産と相殺表示される。よって、遡及処理後の貸借対照表は、繰延税金資産460（＝DTA500－DTL40）となる。
※2　利益剰余金：60（上記仕訳※2）×40%（税率）＝24
※3　法人税等調整額：40（上記仕訳※3）×40%（税率）＝16

第３節　会計上の見積りの変更

1 原則的な取扱い

会計上の見積りの変更が変更期間にのみ影響する場合には、当該変更期間に会計処理を行い、当該変更が将来の期間にも影響を及ぼす場合には、将来に渡り会計処理を行う。

変更期間のみに影響する場合	回収不能債権に対する貸倒見積額の見積りの変更は、当期の損益や資産の額に影響を与える。よって、当該影響は当期においてのみ認識される。
将来の期間にも影響する場合	有形固定資産の耐用年数の見積りの変更は、当期及びその資産の残存耐用年数にわたる将来の各期間の減価償却費に影響を与える。よって、当期のみならず将来において認識される。

※　会計上の見積りの変更は新しい情報によってもたらされたと考えられるため、過去に遡って修正は行わず（**遡及処理は適用しない**）、その影響を当期以降の財務諸表において認識する。

会計上の見積りの変更に該当	見積り時点で入手可能な情報に基づき、最善な見積りを行ったにもかかわらず、当期中における状況の変化（新しい情報）に伴い、会計上の見積りを変更する場合
誤謬の訂正に該当	見積り時点で、見積りの誤りが生じており、誤りに起因して会計上の見積りを変更する場合

※　誤謬に該当する場合の取扱いは、第４節を参照すること。

2 会計上の見積りの変更の例

(1) 具体例

有形固定資産の耐用年数の変更
市場販売目的のソフトウェアの見込販売収益又は見込販売数量の変更
自社利用のソフトウェアの見込利用可能期間の変更
貸倒引当金の見積りの変更
賞与引当金の見積りの変更
修繕引当金の見積りの変更

(2) 償却性資産の耐用年数の変更

有形固定資産等の償却性資産について、耐用年数が変更された場合の会計処理方法としては、以下の２つの方法が考えられる。本会計基準においては、**プロスペクティブ方式が採用**され、従来の臨時償却は、認められなくなった。

キャッチ・アップ方式	臨時償却する方法で、耐用年数の変更等に関する影響額を、その変更期間で一時に認識する。「連続意見書」においては当該方法が前提とされていた。
プロスペクティブ方式	補正する方法で、耐用年数の変更等を、当期以降の費用配分に影響させる。

キャッチ・アップ方式は、耐用年数を変更したことによる当期までの影響をすべて認識する以上、実質的に過去の期間への遡及適用と同様の効果をもたらす処理となる。

ここで、耐用年数の見積りの変更は、新たな事実の発生に伴う会計上の見積りの変更に該当する以上、将来に渡り影響額を配分すべきであり、さらに国際的な会計基準とのコンバージェンスの観点も踏まえ、本会計基準では「プロスペクティブ方式」のみを採用している。

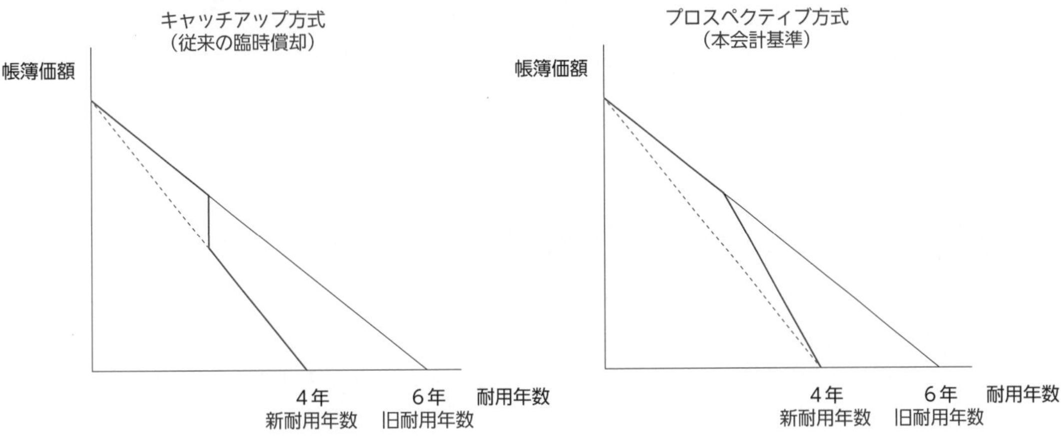

■ 例題２　耐用年数の変更

重要度A

以下の資料に基づき、当期（×5年4月1日～×6年3月31日）の減価償却に関する仕訳を答えなさい。

(1) 当社は、×1年4月1日に機械（取得原価1,000,000円、期首減価償却累計額360,000円）を取得し、耐用年数10年、定額法、残存価額10％で減価償却を行っている。

(2) 当期首に、機能的減価を原因として耐用年数を6年（残存耐用年数2年）に変更した。

■ 解答解説（単位：円）

（借）減価償却費	270,000	（貸）減価償却累計額	270,000

※ ｛1,000,000（取得原価）×0.9－360,000（期首減価償却累計額）｝÷2年（残存耐用年数）＝270,000

⑶ 引当金の見積りの変更

各種引当金について、当期に見積りの変更が生じた場合、従来は、「過年度○○引当金設定不足額」または「○○引当金戻入」等の特別損益項目として処理してきた。

しかし、本会計基準においては、過去の財務諸表作成時において入手可能な情報に基づき最善の見積りを行った場合には、当期中における状況の変化により会計上の見積りの変更を行った時の差額、又は実績が確定したときの見積り金額との差額は、**その変更のあった期又は実績が確定した期に、その性質により、営業損益又は営業外損益として認識する**ことになる。

■ 例題３ 引当金の見積りの変更 重要度A

以下の資料に基づき、貸倒時の仕訳を示しなさい。

⑴ 前期に貸倒引当金を100,000円設定した。当該金額は、前期末において入手可能な情報に基づき最善の見積りを行った結果算定されたものである。

⑵ 当期になり、前期売掛金120,000円が貸し倒れた。

■ 解答解説（単位：円）

（借）	貸倒引当金	100,000	（貸）売掛金	120,000
	貸倒損失	20,000		

3 会計方針の変更を会計上の見積りの変更と区別することが困難な場合の取扱い

会計方針の変更を会計上の見積りの変更と区別することが困難な場合には、会計上の見積りの変更と同様に取り扱い、**遡及適用は行わない**。具体的には、減価償却方法の変更が該当する。

有形固定資産等の減価償却方法及び無形固定資産の償却方法は、会計方針に該当するが、その変更については「会計上の見積りの変更が行われた場合」と同様に取扱う（**遡及適用は行わない**）。

■ 例題４ 減価償却方法の変更 重要度B

以下の資料に基づき、当期の減価償却に関する仕訳を答えなさい。なお、計算の結果、端数が生じた場合は円未満を四捨五入する。

⑴ 当社は、建物（取得原価20,000,000円、期首減価償却累計額6,382,890円）を保有している。

⑵ 建物については耐用年数30年、定率法（償却率0.074）、残存価額10％により償却してきたが、当期より定額法に変更する。なお、建物の取得から当期首における残存耐用年数は25年である。

■ 解答解説（単位：円）

（借）	減価償却費	464,684	（貸）減価償却累計額	464,684

※ ｛20,000,000（取得原価）×0.9－6,382,890（変更時減価償却累計額）｝÷25年（残存耐用年数）≒464,684

第４節　過去の誤謬の訂正・表示方法の変更

1　過去の誤謬の訂正

過去の財務諸表における誤謬が発見された場合には、次の方法により**修正再表示**する。

① 表示期間より前の期間に関する修正再表示による累積的影響額は、表示する財務諸表のうち、最も古い期間の期首の資産、負債及び純資産の額に反映する。
② 表示する過去の各期間の財務諸表には、当該各期間の影響額を反映する。

■ 例題５　過去の誤謬の訂正　　重要度B

以下の資料に基づき、修正再表示した場合の前期財務諸表を作成しなさい。なお、税金等については考慮しない。

(1) 当社は、×１年４月１日（期首）に建物を購入し、耐用年数10年、残存価額ゼロ、定額法により減価償却を実施していた。

(2) ×４年度（当期）になり、誤謬が発見され、前期まで耐用年数８年で減価償却費を計上していることが判明した。

(3) 前期の財務諸表（一部）

貸借対照表
×４年３月31日　　（単位：円）

建物	1,000	繰越利益剰余金	1,500
減価償却累計額	△375		

損益計算書
×３年４月１日～×４年３月31日　　（単位：円）

Ⅲ 販売費及び一般管理費	
減価償却費	125
⋮	
当期純利益	500

株主資本等変動計算書
×３年４月１日～×４年３月31日　（単位：円）

	繰越利益剰余金
当期首残高	1,000
当期変動額	
当期純利益	500
当期末残高	1,500

■ 解答解説（単位：円）

貸借対照表

×4年3月31日　（単位：円）

建物	1,000	繰越利益剰余金	1,575
減価償却累計額	△300		

損益計算書

×3年4月1日～×4年3月31日　（単位：円）

Ⅲ 販売費及び一般管理費	
減価償却費	100
⋮	
当期純利益	525

株主資本等変動計算書

×3年4月1日～×4年3月31日　（単位：円）

	繰越利益剰余金
当期首残高	1,000
誤謬による累積的影響額	50
遡及処理後当期首残高	1,050
当期変動額	
当期純利益	525
当期末残高	1,575

1．全体像

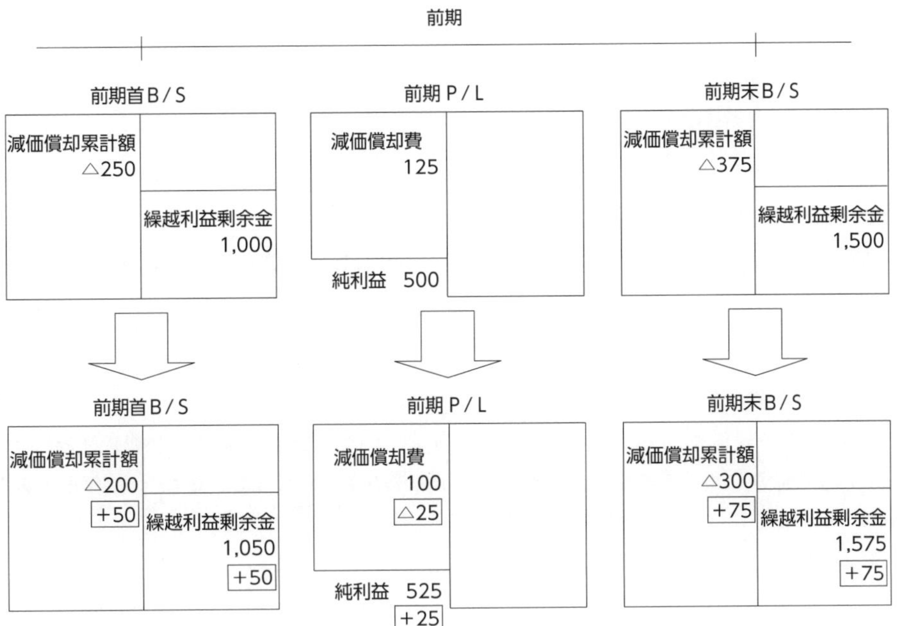

2．遡及処理に係る仕訳

(借) 減価償却累計額	75	(貸) 利益剰余金－期首残高	50※1
		減価償却費	25※2

※1　利益剰余金：25（減価償却の差額※2）× 2年（前期首までの経過年数）＝50

※2　減価償却費の差額：125（耐用年数8年の減価償却費）－100（耐用年数10年の減価償却費）＝25

参考　会計上の見積りの変更との関係

会計上の見積りの変更に該当	見積り時点で入手可能な情報に基づき、最善な見積りを行ったにもかかわらず、当期中における状況の変化（新しい情報）に伴い、会計上の見積りを変更する場合
誤謬の訂正に該当	見積り時点で、見積りの誤りが生じており、誤りに起因して会計上の見積りを変更する場合

2 表示方法の変更

表示方法は、以下の場合を除き、毎期継続して適用しなければならない。

① 表示方法を定めた会計基準又は法令等の改正により表示方法の変更を行う場合
② 会計事象等を財務諸表により適切に反映するために表示方法の変更を行う場合

財務諸表の表示方法を変更した場合には、原則として表示する過去の財務諸表について、**新たな表示方法に従い、財務諸表の組替えを行う**。

表示方法の変更の取扱いについては、会計基準等の改正に伴う変更であっても、自発的な変更であっても取扱いに差異は生じない。

具体例 表示方法の変更

(1) ×3年度より、従来、「投資その他の資産」の「その他」に含めていた「長期貸付金」の金額的重要性が増したため、これを独立掲記する表示方法の変更を行った。なお、×2年度の貸借対照表の「その他」には「長期貸付金」4,500円が含まれていた。

(2) ×2年度において開示された貸借対照表

	×1年度	×2年度
固定資産		
投資その他の資産		
・・・	×××	×××
その他	×××	5,000
投資その他の資産合計	×××	25,000

〔×3年度において開示される貸借対照表〕

	×2年度	×3年度
固定資産		
投資その他の資産		
・・・	×××	×××
長期貸付金	4,500	×××
その他	500	×××
投資その他の資産合計	25,000	×××

第23章

四半期財務諸表

第1節　概要

1 意義

四半期とは、1年間の4分の1（3ヶ月間）を意味する。ここで、**「四半期財務諸表」**とは、3ヶ月ごとに作成する財務諸表をいい、上場会社等の特定の会社は、四半期財務諸表の作成及び開示が求められている。

なお、四半期財務諸表の性格に対する考え方には「実績主義」と「予測主義」という異なる2つの考え方があるが、現在の我が国においては、基本的に実績主義を採用している。

・実績主義：年度の財務諸表と同じ会計方針を適用して四半期財務諸表を作成する考え方

・予測主義：年度の財務諸表が予測しやすくなるよう、部分的に年度の財務諸表と異なる会計方針を適用して四半期財務諸表を作成する考え方

2 四半期財務諸表の範囲

四半期財務諸表には四半期個別財務諸表と四半期連結財務諸表とがあり、以下のように分類される。なお、四半期損益及び包括利益計算書の開示対象期間は原則として**期首からの累計期間**となるが、例外として期首からの累計期間に加えて四半期会計期間を開示対象期間とすることができる。

	個別財務諸表	連結財務諸表
四半期	四半期貸借対照表 四半期損益計算書 四半期キャッシュ・フロー計算書	四半期連結貸借対照表 四半期連結損益及び包括利益計算書 四半期連結キャッシュ・フロー計算書

3 四半期財務諸表の開示対象期間

四半期貸借対照表	① 四半期会計期間の末日の四半期貸借対照表 ② 前年度の末日の要約貸借対照表
四半期損益計算書 （四半期連結財務諸表の場合には、包括利益計算書も含む）	① 期首からの累計期間の四半期損益計算書（原則） ② 前年度における対応する期間の四半期損益計算書※
四半期キャッシュ・フロー計算書	① 期首からの累計期間の四半期キャッシュ・フロー計算書 ② 前年度における対応する期間の四半期キャッシュ・フロー計算書

※　四半期損益計算書（包括利益計算書を含む）の開示対象期間は、「期首からの累計期間及び四半期会計期間」並びに「前年度における対応する期間」とすることが認められている。このような開示を行う場合、第1四半期より行う。

〈前提〉 当会計期間　　　　：X2年4月1日～X3年3月31日
　　　　当四半期会計期間　：X2年10月1日～X2年12月31日（第3Q）

開示される貸借対照表

前期首 X1/4/1　6/30　9/30　12/31　前期末 X2/3/31　6/30　9/30　当四半期　12/31　当期末 X3/3/31

X2/3/31時点の要約B/S

X2/12/31時点の要約B/S

開示される損益計算書及び包括利益計算書（損益及び包括利益計算書）

前期首 X1/4/1　6/30　9/30　12/31　前期末 X2/3/31　6/30　9/30　当四半期　12/31　当期末 X3/3/31

第1～第3累計　X1/4/1～X1/12/31のP/L

期首からの累計期間情報のみ開示

第1～第3累計　X2/4/1～X2/12/31のP/L

〈例外〉
・期首からの累計期間情報のみならず、四半期会計期間情報を開示することができる（前期情報も同様）。
・この場合、第1四半期より行う。
※例えば1Q、2Qにおいて、四半期会計情報を開示したのであれば、その後3Qにおいても四半期会計期間情報を開示する（「1Q、2Q→非開示　3Q→開示」「1Q、2Q→開示3Q→非開示」ということは認められない）。

開示されるキャッシュ・フロー計算書

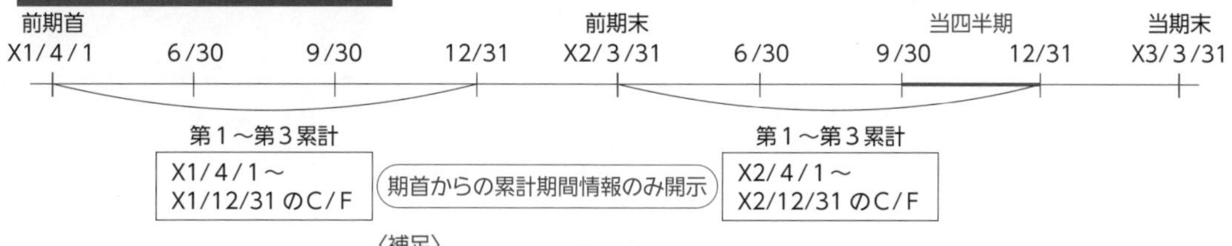

〈補足〉
現時点：1Q→1Q情報を開示
現時点：2Q→1Q～2Q情報を開示　※2Qのみ、3QのみのC/F計算書の
現時点：3Q→1Q～3Q情報を開示　開示は求められていない。

〈例外〉
・1Q、3Qにおいてキャッシュ・フロー計算書の開示を省略できる（前期情報も同様）。
・この場合、第1四半期より行う。
・また、期首からの累計期間に係る有形固定資産、無形固定資産、のれんの償却額を注記する。
※例えば1Qにおいて、C/F計算書を開示したのであれば、その後3QにおいてもC/F計算書を開示する（「1Q→非開示　3Q→開示」「1Q→開示　3Q→非開示」ということは認められない）。

第２節　四半期特有の会計処理

四半期連結財務諸表及び四半期個別財務諸表の作成については、原則として年度の連結財務諸表及び個別財務諸表の作成に当たって採用する会計処理の原則及び手続に準拠しなければならないが、経済的実態をより適切に示すため、特例として以下の**四半期特有の会計処理**を認めている。

① 税金費用の計算
② 原価差異の繰延処理

1 税金費用の計算

税金費用について、四半期会計期間を含む年度の税引前当期純利益に対する税効果会計適用後の実効税率を合理的に見積り、税引前四半期純利益に当該見積実効税率を乗じて計算することができる。

2 原価差異の繰延処理

標準原価計算等を採用している場合において、原価差異が操業度等の季節的な変動に起因して発生したものであり、かつ、原価計算期間末までにほぼ解消が見込まれるときには、継続適用を条件として、**当該原価差異を「繰延原価差額」等の勘定科目により流動資産又は流動負債として繰り延べることができる。**

■ 例題1　税金費用の計算　重要度C

以下の資料に基づき、第1四半期の税金費用の金額を答えなさい。

(1)　税金費用は、年度の税引前当期純利益に対する、税効果会計適用後の実効税率を合理的に見積り、税引前四半期当期純利益に当該見積実効税率を乗じて計算する。

(2)　見積実効税率算定のための資料は次のとおりである。

予想年間税引前当期純利益	180,000円
交際費損金不算入額（年間予想）	4,500円
減価償却の償却超過額（年間予想）	21,000円
法定実効税率	40%

(3)　第1四半期会計期間の税引前四半期純利益は47,600円である。

(4)　計算上端数が生じる場合には円未満を四捨五入する。

■ 解答解説（単位：円）

1．税金費用の算定に係る仕訳

（借）法　人　税　等	19,516※	（貸）未払法人税等	19,516

※　法人税等は以下の手順により算定する。

①　年間の税金費用の予想額

予想年間税引前当期純利益	180,000
減価償却の償却超過額	21,000
交際費損金不算入額	4,500
調整後税引前当期純利益	205,500
法定実効税率	× 40%
税金費用（年間予想）	82,200

②　年間の損益計算書（予想）

税引前当期純利益		180,000	
法人税等	82,200		
法人税等調整額	△ 8,400	73,800	（予想年間税金費用）
当期純利益		106,200	

③　見積実効税率：73,800（予想年間税金費用）÷ 180,000（予想年間税引前当期純利益）＝ 41%

④　第1四半期の税金費用：47,600（1Q税引前利益）× 41%（見積実効税率）＝ 19,516

2．解答の金額

第1四半期の税金費用：19,516

■ 例題２　原価差異の繰延処理

重要度C

以下の資料に基づき、各問に答えなさい。

(1)　当社は事業の性質上、売上高が第３四半期及び第４四半期に多く計上されることから、各四半期の操業度には変動があり原価差異が生じるが、当該差異は事業年度末には解消が見込まれるため、原価差異の繰延処理を行う。

(2)　各四半期会計期間の売上高、標準原価及び原価の実際発生額は次のとおりである。なお、差額はすべて操業度等の季節的な変動に起因する差異である。

	売上高	標準原価	実際発生額
第１四半期会計期間	260,000円	200,000円	250,000円
第２四半期会計期間	253,000円	190,000円	235,000円
第３四半期会計期間	520,000円	380,000円	340,000円
第４四半期会計期間	500,000円	370,000円	316,000円

問１　第１四半期累計期間、第２四半期累計期間及び第３四半期累計期間の損益計算書を作成しなさい。

問２　第３四半期末の繰延原価差額の金額を答えなさい。

■ 解答解説（単位：円）

問１　損益計算書

	売上高	売上原価	利益
第１四半期累計期間	260,000	※1　200,000	60,000
第２四半期累計期間	513,000	※2　390,000	123,000
第３四半期累計期間	1,033,000	※3　770,000	263,000
第４四半期累計期間（当年度）	1,533,000	※4　1,141,000	392,000

※１　１Ｑ売上原価：250,000（１Ｑ実際発生額）－50,000（繰延原価差額）＝200,000（標準原価）

※２　２Ｑ売上原価：250,000（１Ｑ実際発生額）＋235,000（２Ｑ実際発生額）
－95,000（繰延原価差額）＝390,000（標準原価）

※３　３Ｑ売上原価：250,000（１Ｑ実際発生額）＋235,000（２Ｑ実際発生額）
＋340,000（３Ｑ実際発生額）－55,000（繰延原価差額）＝770,000（標準原価）

※４　年度売上原価：250,000（１Ｑ実際発生額）＋235,000（２Ｑ実際発生額）
＋340,000（３Ｑ実際発生額）＋316,000（４Ｑ実際発生額）＝1,141,000（実際発生額）

問２　第３四半期末の繰延原価差額

１．原価差異の金額

	標準原価	実際発生額	原価差異の発生額	原価差異の累計額
第１四半期会計期間	200,000	250,000	50,000（不利）	50,000（不利）
第２四半期会計期間	190,000	235,000	45,000（不利）	95,000（不利）
第３四半期会計期間	380,000	340,000	40,000（有利）	55,000（不利）
第４四半期会計期間	370,000	316,000	54,000（有利）	1,000（不利）

2．原価差異の繰延処理に係る仕訳

(1)　第1四半期末の決算整理仕訳

(借) 繰延原価差額	50,000	(貸) 売上原価（原価差異）	50,000

※　原則的には、原価差異は売上原価に賦課するが、そのように処理してしまうと、第1四半期及び第2四半期では、収益に対して費用が過大となってしまい、収益と費用の適切な対応が図れない。このため、売上原価に賦課されている原価差異を取り消して、同額を貸借対照表に繰り延べる処理を行う。

(2)　第2四半期末の決算整理仕訳

(借) 繰延原価差額	45,000	(貸) 売上原価（原価差異）	45,000

(3)　第3四半期末の決算整理仕訳

(借) 売上原価（原価差異）	40,000	(貸) 繰延原価差額	40,000

※　第3四半期では原価差異が解消している（有利差異が発生している）ため、繰り延べていた原価差異を取り崩す。

(4)　第4四半期末の決算整理仕訳

(借) 売上原価（原価差異）	55,000	(貸) 繰延原価差額	55,000

※　年度の財務諸表では原価差異の繰延処理は認められないため、第4四半期では、繰り延べていた原価差異の全額を取り崩し、年度の売上原価を実際発生額とする。

3．解答の金額

第3四半期末の繰延原価差額：55,000（資産）

〔参考〕原価差異の繰延処理を行わなかった場合の損益計算書

	売上高	売上原価	利益
第1四半期累計期間	260,000	※1　250,000	10,000
第2四半期累計期間	513,000	※2　485,000	28,000
第3四半期累計期間	1,033,000	※3　825,000	208,000
第4四半期累計期間(当年度)	1,533,000	※4　1,141,000	392,000

※1　1Q売上原価：250,000（1Q実際発生額）

※2　2Q売上原価：250,000（1Q実際発生額）＋235,000（2Q実際発生額）＝485,000（実際発生額）

※3　3Q売上原価：250,000（1Q実際発生額）＋235,000（2Q実際発生額）
＋340,000（3Q実際発生額）＝825,000（実際発生額）

※4　年度売上原価：250,000（1Q実際発生額）＋235,000（2Q実際発生額）
＋340,000（3Q実際発生額）＋316,000（4Q実際発生額）＝1,141,000（実際発生額）

第３節　簡便的な処理

四半期連結財務諸表及び四半期個別財務諸表の作成のために採用する会計処理の原則及び手続は、**四半期特有の会計処理を除き、原則として年度の連結財務諸表及び個別財務諸表の作成にあたって採用する会計処理の原則及び手続に準拠しなければならない。**

四半期財務諸表は、年度の財務諸表よりも**開示の迅速性**が求められていることから、財務諸表利用者の判断を誤らせない限り、**簡便的な会計処理によることができる。**

簡便的な処理	具体的な内容
棚卸資産の実地棚卸の省略	四半期決算において実地棚卸を行わず、前期末の実地棚卸高に期中の棚卸資産の増減を加味して期末在庫有高を算定する
定率法を採用している場合の減価償却費の期間按分計算	四半期決算において、率を再計算することなく、年間の率により算定された減価償却費に１／４を乗じて減価償却費を算定する
固定資産の減価償却費の算定方法	期中取得、売却の予定がある場合、当該固定資産に係る年度の減価償却費予想額に１／４を乗じて減価償却費を算定する
連結会社相互間の債権債務の相殺における差異調整の省略	未達事項等により連結会社相互間の債権額と債務額との間に差異がある場合であっても差異調整を行わずに債権債務の相殺を行う
未実現損益の消去における見積り計算	内部取引による棚卸資産の金額や損益率を見積もって未実現損益の消去を行う
一般債権の貸倒見積高の算定方法	前年度の貸倒実績率により貸倒見積高を算定する
原価差異の配賦方法	年度決算と比較して、より簡便な方法により原価差異を配賦する
退職給付費用の期間按分計算	四半期決算において、割引率等を再計算することなく、年間の率により算定された退職給付費用に１／４を乗じて退職給付費用を算定する
経過勘定項目の処理方法	概算額で計上する
税金費用の算定方法	繰延税金資産の回収可能性を判断する際、前期末に検討した事項を利用する等

第24章

収益認識

第1節　概要

1　収益認識基準公表の経緯

我が国では、収益認識等に関して、これまでに包括的な会計基準は定められておらず、「工事契約に関する会計基準」や「ソフトウェア取引の収益の会計処理に関する実務上の取扱い」等、一部の会計基準で収益認識等に関して定めているに過ぎなかった。

また、**企業会計原則では、「売上高は、実現主義の原則に従い、商品等の販売又は役務の給付によって実現したものに限る」と実現主義の考え方**が示されているものの、この定めのみでは事業内容が多様化、複雑化した現在においては、収益をいつ認識するべきかを判断することは容易ではない。この状況下においては、同じ業界で類似の取引を行っている場合でも、企業間で一貫した収益の認識、収益の表示がなされない可能性があり、企業間の比較可能性が必ずしも確保されているとはいえなかった。

さらに、国際会計基準審議会(IASB)と米国財務会計基準審議会(FASB)が共同で収益認識に関する包括的な会計基準の開発を行い、「顧客との契約から生じる収益(IASBにおいてはIFRS第15号、FASBにおいてはTopic606)」という新たな会計基準を公表したこととの調和を図るという観点からも、我が国において収益認識に関する包括的な会計基準が必要とされたのである。

上記の点に対応するために、企業会計基準委員会(ASBJ)は、2018年３月30日に企業会計基準第29号**「収益認識に関する会計基準」**を公表したのである。

2　基本原則

顧客との契約から生じる収益の基本となる原則は、**約束した財又はサービスの顧客への移転を当該財又はサービスと交換に企業が権利を得ると見込む対価の額で描写するように、収益を認識すること**である。

上記の原則に従って収益を認識するために、次の５つのステップを適用する。なお、リースの貸手における収益認識については、収益認識基準は適用されない。

ステップ１：顧客との契約を識別する
ステップ２：契約における履行義務を識別する
ステップ３：取引価格を算定する
ステップ４：契約における履行義務に取引価格を配分する
ステップ５：履行義務を充足した時に又は充足するにつれて収益を認識する

具体例 5ステップ

(1)　当期首にA社はB社（顧客）と、商品Xの販売と2年間の保守サービスを提供する1つの契約を締結した。

(2)　A社は、当期首に商品XをB社に引き渡し、当期首から翌期末まで保守サービスを行う。

(3)　契約書に記載された対価の額は12,000円である。なお、商品Xの独立販売価格は10,000円、保守サービスの独立販売価格は2,000円とする。

ステップ1	顧客との契約を識別する。
ステップ2	商品Xを顧客に引き渡す義務と2年間にわたり保守サービスを顧客に提供する義務を履行義務として識別し、それぞれを収益認識の単位とする。
ステップ3	「商品Xの販売」及び「保守サービスの提供」に対する取引価格を12,000円と算定する。
ステップ4	商品X及び保守サービスの独立販売価格に基づき、取引価格12,000円を各履行義務に配分し、商品Xの取引価格は10,000円、保守サービスの取引価格は2,000円とする。
ステップ5	「商品Xの販売」は販売した時点（一時点）で履行義務を充足するため、商品Xの販売時に収益を認識する。また、「保守サービスの提供」は一定の期間にわたり履行義務を充足するため、当期及び翌期の2年間にわたり1,000円（＝2,000円÷2年）ずつ収益を認識する。

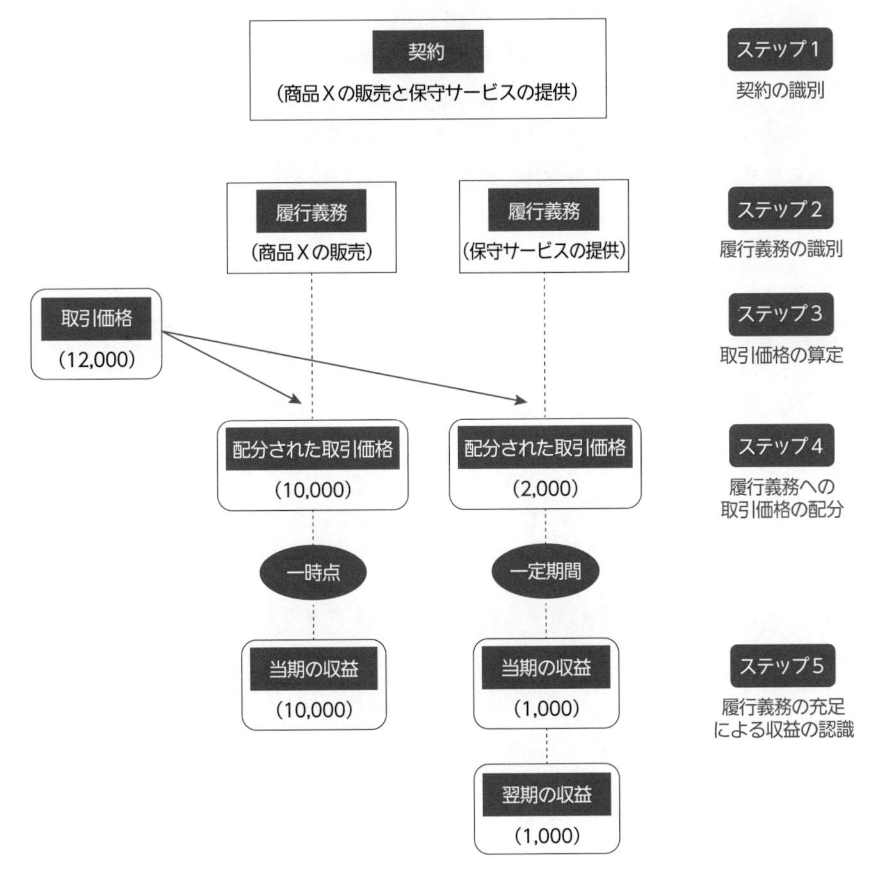

第2節　開示

1　契約資産及び顧客との契約から生じた債権

収益は認識したものの、対価の受け取りが済んでいない場合には、**「契約資産」**又は**「顧客との契約から生じた債権」**を計上する。

契約資産	企業が顧客に移転した財又はサービスと交換に**受け取る対価に対する企業の権利**（顧客との契約から生じた債権を除く）。
顧客との契約から生じた債権	企業が顧客に移転した財又はサービスと交換に**受け取る対価に対する企業の無条件の権利**

ここで、「無条件の権利」とは、対価の受取について、受け取る期限が到来する前に**時の経過以外の条件が存在しない場合**をいい、この場合は**「顧客との契約から生じた債権」**が計上される。

一方、充足した履行義務の対価を顧客に請求する無条件の権利を得る前に、企業が充足しなければならない**別個の履行義務が存在する場合**には**「契約資産」**が計上される。

■ 例題1　契約資産と顧客との契約から生じた債権　重要度A

以下の資料に基づき、必要な仕訳を示しなさい。

⑴　当社は、×1年2月10日に顧客に対して、製品Aと製品Bをそれぞれ400円、800円で販売する契約を締結し、×1年2月28日に製品Aを引渡し、その後、4月22日に製品Bを引渡した。

⑵　製品Aの対価の支払いは製品Bの引渡しが完了するまで留保され、製品Aと製品Bの両方が顧客に引き渡されるまで、対価に対する無条件の権利を有さない。

⑶　製品Aと製品Bは別個の独立した履行義務であり、それぞれ顧客に引き渡された時点で履行義務が充足する。

■ 解答解説（単位：円）

1．×1年2月28日（製品Aの引渡）

製品Aの対価の支払いは、製品Bの引渡が完了するまで留保されるため、契約資産を認識する。

（借）	契　約　資　産	400	（貸）売　　　上	400

2．×1年4月22日（製品Bの引渡）

製品Bの引渡の完了によって、対価に対する無条件の権利を得るので、顧客との契約から生じた債権として売掛金を認識する。

（借）	売　掛　金	1,200	（貸）売　　　上	800
			契　約　資　産	400

2 契約負債

財又はサービスを顧客に移転する前に顧客から対価を受け取る場合、顧客から対価を受け取った時又は対価を受け取る期限が到来した時のいずれか早い時点で、顧客から受け取る対価について「契約負債」勘定（負債）を貸借対照表に計上する。

■ 例題2　契約負債

重要度A

以下の資料に基づき、必要な仕訳を示しなさい。

(1)　×1年1月1日に当社は顧客に対して製品を1,000円で販売する契約を締結した。

(2)　×1年3月1日に顧客から1,000円の対価を受け取り、当社は×1年3月31日に製品を引き渡した。

■ 解答解説（単位：円）

1．×1年3月1日（対価の受取）

(借) 現金預金	1,000	(貸) 契約負債	1,000

2．×1年3月31日（製品の引渡）

(借) 契約負債	1,000	(貸) 売上	1,000

具体例 商品券に関する会計処理

自社発行の商品券	商品券を発行し対価を受け取った場合、「契約負債」勘定を計上する。また、当該商品券と引き換えに商品を引き渡した場合、契約負債を取り崩し、売上を計上する。
他社発行の共通商品券	商品を引き渡し、対価として他社発行の共通商品券を受け取った場合、顧客との契約から生じた債権に該当するため「受取商品券」勘定（資産）を計上する。

3 貸借対照表の表示

契約資産、契約負債又は顧客との契約から生じた債権を適切な科目をもって貸借対照表に表示する。契約資産と顧客との契約から生じた債権を貸借対照表に区分して表示しない場合は、それぞれの残高を注記する。

第３節　ステップ１：契約の識別

「契約」とは、法的な強制力のある権利及び義務を生じさせる複数の当事者間における取決めをいう。

本会計基準を適用するにあたっては、次の①から⑤の要件のすべてを満たす顧客との契約を識別する。

① 当事者が、書面、口頭、取引慣行等により契約を承認し、それぞれの義務の履行を約束していること
② 移転される財又はサービスに関する各当事者の権利を識別できること
③ 移転される財又はサービスの支払条件を識別できること
④ 契約に経済的実質があること（すなわち、契約の結果として、企業の将来キャッシュ・フローのリスク、時期又は金額が変動すると見込まれること）
⑤ 顧客に移転する財又はサービスと交換に企業が権利を得ることとなる対価を回収する可能性が高いこと

第4節　ステップ2：履行義務の識別

1 履行義務の識別

契約における取引開始日に、顧客との契約において約束した財又はサービスを評価し、次の①又は②のいずれかを顧客に移転する約束のそれぞれについて履行義務として識別する。

① **別個の財又はサービス**（あるいは別個の財又はサービスの束）
② **一連の別個の財又はサービス**（特性が実質的に同じであり、顧客への移転のパターンが同じである複数の財又はサービス）

2 別個の財又はサービス

顧客に約束した財又はサービスは、次の①及び②の要件のいずれも満たす場合には、別個のものとする。

① 当該財又はサービスから単独で顧客が便益を享受することができること、あるいは、当該財又はサービスと顧客が容易に利用できる他の資源を組み合わせて顧客が便益を享受することができること（すなわち、当該財又はサービスが別個のものとなる可能性があること）
② 当該財又はサービスを顧客に移転する約束が、契約に含まれる他の約束と区分して識別できること（すなわち、当該財又はサービスを顧客に移転する約束が契約の観点において別個のものとなること）

3 財又はサービスに対する保証

本会計基準では、顧客に提供する財又はサービスに対する保証を2つに分類し、それぞれの会計上の取扱いを定めている。

(1) 合意された仕様に従った保証

約束した財又はサービスに対する保証が、**当該財又はサービスが合意された仕様に従っているという保証のみである場合、**当該保証について**引当金を計上する。**

ex） 合意された仕様に従い、意図した通りに機能する（潜在的な欠陥がない）という品質を保証しているに過ぎない場合（当該保証は追加のサービスを提供するものではない）

(2) 保証サービス

約束した財又はサービスに対する保証又はその一部が、当該財又はサービスが合意された仕様に従っているという保証に加えて、**顧客にサービスを提供する保証**（保証サービス）**を含む場合には、保証サービスは履行義務であり、取引価格を財又はサービス及び当該保証サービスに配分し、「契約負債」勘定に計上する。**そして、**保証サービスの履行に伴い、収益を認識する。**

ex） 購入後、3年間はいかなる欠陥についても修理または交換が行われる保証を行った場合

■ 例題３　財又はサービスに対する保証　重要度A

以下の資料に基づき、必要な仕訳を示しなさい。なお、決算日は３月31日である。

(1)　×１年４月１日に、当社は製品Ａの販売とともに、製品保証を提供する契約を顧客と締結した。取引価格は180,000円であり、現金を受け取った。

(2)　製品保証には、購入日から２年間にわたり製品Ａが合意された仕様に従って機能するという保証(基本保証）と、４年間はあらゆる欠陥について修理または交換が行われる保証（追加保証）が含まれる。

(3)　当社は通常、追加保証を付けずに製品Ａを独立して販売しており、追加保証も別個販売している。

(4)　追加保証による保証サービスは、保証期間にわたり継続的に提供される。

(5)　製品Ａの独立販売価格は170,000円、追加保証による保証サービスの独立販売価格は30,000円である。

(6)　決算にあたり、当社は過去の経験に基づき、基本保証に見込まれる費用は5,000円と見積った。

■ 解答解説（単位：円）

１．販売時

取引価格180,000を製品Ａと追加保証に配分する。追加保証は履行義務を充足していないため、販売時に収益は認識しない。

(借)	現金預金	180,000	(貸)	売上	153,000※1
				契約負債	27,000※2

※１　売上：180,000×170,000（製品Ａ独立販売価格）÷｛170,000（製品Ａ独立販売価格）＋30,000（保証独立販売価格）｝＝153,000

※２　契約負債：180,000×30,000（保証独立販売価格）÷｛170,000（製品Ａ独立販売価格）＋30,000（保証独立販売価格）｝＝27,000

２．決算時

基本保証に係る費用の見積額は、引当金として処理する。追加保証は４年にわたり継続的に提供されるため、４年間にわたり収益を認識する。

(借)	製品保証引当金繰入額	5,000	(貸)	製品保証引当金	5,000
(借)	契約負債	6,750	(貸)	売上	6,750※

※　売上：27,000（追加保証）÷４年＝6,750

4 カスタマー・ロイヤリティー・プログラム

顧客との契約において、既存の契約に加えて**追加の財又はサービスを取得するオプションを顧客に付与する場合**には、当該オプションが当該契約を締結しなければ顧客が受け取れない重要な権利を顧客に提供するときにのみ、**当該オプションから履行義務が生じるため、「契約負債」**を計上する。

この場合、**将来の財又はサービスが移転する時、あるいは当該オプションが消滅する時に収益を認識**する。

■ 例題４　カスタマー・ロイヤリティー・プログラム　重要度A

以下の資料に基づき、各年度の収益の金額を答えなさい。

(1)　当社は、商品を10円分購入するごとに１ポイントを顧客に付与している。当社の商品を将来購入する際、顧客はポイントを使用して１ポイント当たり１円の値引を受けることができる。

(2)　×１年度に、当社の商品50,000円（独立販売価格と同額）を現金で販売し、将来の当社の商品購入に利用できるポイント（5,000ポイント）を顧客に付与した。

(3)　当社は商品の販売時点において、将来4,000ポイントが使用されると見込み、ポイントの独立販売価格を4,000円と見積った。

(4)　各年度において使用されたポイント、決算日までに使用されたポイント累計及び使用されると見込むポイント総数は次のとおりである。

	×１年度	×２年度	×３年度
各年度に使用されたポイント	2,000ポイント	1,500ポイント	1,000ポイント
決算日までに使用されたポイント累計	2,000ポイント	3,500ポイント	4,500ポイント
使用されると見込むポイント総数	4,000ポイント	4,500ポイント	4,500ポイント

(5)　計算上、端数が生じる場合は、円未満を四捨五入する。

■ 解答解説（単位：円）

1．販売時

取引価格50,000を商品とポイントに配分する。ポイントは履行義務を充足していないため、販売時に収益は認識しない。

(借)		(貸)	
現金預金	50,000	売上	46,296※1
		契約負債	3,704※2

※１　売上：50,000×50,000（商品独立販売価格）／｛50,000（商品独立販売価格）+4,000（ポイント独立販売価格）｝≒46,296

※２　契約負債：50,000×4,000（ポイント独立販売価格）／｛50,000（商品独立販売価格）+4,000（ポイント独立販売価格）｝≒3,704

2．×１年度末

(借)		(貸)	
契約負債	1,852	売上	1,852

※　売上：3,704（契約負債計上額）×2,000ポイント（X1年度末までに使用されたポイント）÷4,000ポイント（使用されると見込むポイント総数）＝1,852

第24章　収益認識

3．×2年度末

(借) 契　約　負　債	1,029	(貸) 売　　　　上	1,029

※　売上：3,704（契約負債計上額）×3,500ポイント（X2年度末までに使用されたポイント）
÷4,500ポイント（使用されると見込むポイント総数）－1,852（X1年度収益）≒1,029

4．×3年度末

(借) 契　約　負　債	823	(貸) 売　　　　上	823

※　売上：3,704（契約負債計上額）－1,852（X1年度収益）－1,029（X2年度収益）＝823（最終年度は差額）

5．解答の金額

×1年度：46,296＋1,852＝48,148

×2年度：1,029

×3年度：823

5　本人と代理人

(1)　本人と代理人の区別

企業が本人に該当する場合とは、**財又はサービスが顧客に提供される前に当該財又はサービスを支配している場合**である。この場合の本人の履行義務は、**当該財又はサービスを自ら顧客に提供すること**にある。

企業が代理人に該当する場合とは、**他の当事者が提供する財又はサービスが顧客に提供される前に当該財又はサービスを支配していない場合**である。この場合の代理人の履行義務は、**当該財又はサービスが他の当事者によって提供されるように企業が手配すること**にある。

(2)　本人と代理人の収益の額

企業が本人に該当するか、代理人に該当するかによって、認識する収益の額が異なる。

①　本人の場合

顧客への財又はサービスの提供に他の当事者が関与している場合において、顧客との約束が当該財又はサービスを企業が自ら提供する履行義務であると判断され、企業が本人に該当するときには、当該財又はサービスの提供と交換に**企業が権利を得ると見込む対価の総額を収益として認識**する。

②　代理人の場合

顧客への財又はサービスの提供に他の当事者が関与している場合において、顧客との約束が当該財又はサービスを当該他の当事者によって提供されるように企業が手配する履行義務であると判断され、企業が代理人に該当するときには、他の当事者により提供されるように手配することと交換に**企業が権利を得ると見込む報酬又は手数料の金額**（あるいは他の当事者が提供する財又はサービスと交換に受け取る額から当該他の当事者に支払う額を控除した**純額**）**を「手数料収入」（収益）として認識**する。

⑶　本人と代理人の判定

企業が本人に該当することの評価に際して、企業が財又はサービスを顧客に提供する前に支配しているかどうかを判定するにあたっては、例えば、**次の①から③の指標を考慮する**。

> ①　**企業が**当該財又はサービスを提供するという**約束の履行に対して主たる責任を有していること**
> ②　当該財又はサービスが顧客に提供される前、あるいは当該財又はサービスに対する支配が顧客に移転した後（例えば、顧客が返品権を有している場合）において、**企業が在庫リスクを有していること**
> ③　当該財又はサービスの**価格の設定において企業が裁量権を有していること**

上記の①～③のような状況下にある場合には、企業が本人に該当すると判断し、①～③のような状況下にない場合には、企業は代理人に該当すると判断する。

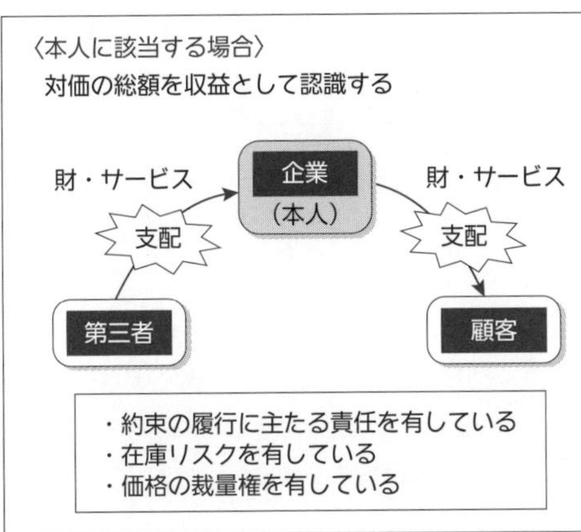

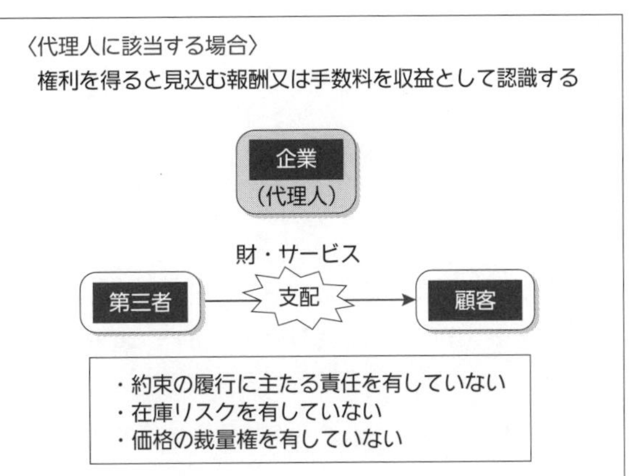

■ 例題５　代理人に該当する場合①　重要度Ａ

以下の資料に基づき、商品販売時の仕訳を示しなさい。

⑴　当社はウェブサイトを運営しており、当該ウェブサイトを通じて、Ａ社の商品を販売している。

⑵　ウェブサイトを通じてＡ社の商品が販売された場合、当社は販売価格の５％に相当する手数料を獲得することができる。

⑶　顧客に商品を提供する主たる責任はＡ社が有しており、また、当社には在庫リスクや販売価格の裁量権もない。

⑷　顧客は、当社のウェブサイトを通じてＡ社の商品を100,000円分購入し、Ａ社に代金を支払った。

■ 解答解説（単位：円）

(借)		(貸)	
売掛金	5,000	手数料収入	5,000

※　100,000 × 5 % = 5,000

⑷　消化仕入

我が国に特有な取引の一つとして、小売業における「消化仕入」が挙げられる。消化仕入とは、百貨店等がテナントと商品売買契約を締結し、顧客へ商品を販売すると同時にテナントから商品を仕入れる取引である。

消化仕入を実施する当社が代理人に該当する場合には、**純額を「手数料収入」（収益）に計上**する。

■ 例題６　代理人に該当する場合②（消化仕入）　重要度Ｂ

以下の資料に基づき、必要な仕訳を示しなさい。

⑴　小売業を営む当社は、仕入先より商品を仕入れ、店舗に陳列し、顧客に対し販売を行っている。仕入先との契約は、いわゆる「消化仕入契約」であり、当社は代理人に該当する。

⑵　当社は仕入先から仕入れた商品を顧客に1,500円で現金販売し、同時に仕入先との消化仕入契約に基づき、買掛金1,200円を計上する。

■ 解答解説（単位：円）

(借)		(貸)	
現金預金	1,500	買掛金	1,200
		手数料収入	300

第５節　ステップ３：取引価格の算定

1　取引価格

(1)　意義

取引価格とは、財又はサービスの顧客への移転と交換に**企業が権利を得ると見込む対価の額**（ただし、**第三者のために回収する額を除く**）をいう。第三者のために回収する額は、例えば消費税が該当する。消費税は取引価格に含まれないため、会計処理は税抜方式により行う。

(2)　取引価格の算定に当たり考慮する影響

取引価格を算定する際は、次の①から④のすべての影響を考慮する。

①　変動対価 ②　契約における重要な金融要素 ③　現金以外の対価 ④　顧客に支払われる対価

2　変動対価

(1)　意義

顧客と約束した対価のうち変動する可能性のある部分を「変動対価」という。

契約において、顧客と約束した対価に変動対価が含まれる場合、財又はサービスの顧客への移転と交換に**企業が権利を得ることとなる対価の額を見積る。**

変動対価には以下のようなものが含まれる。

値引き、リベート、返金、インセンティブ、業績に基づく割増金、ペナルティー、**返品権付の販売**

(2)　リベート

将来リベートを支払うと予想される部分については、**収益を認識せず、「返金負債」（負債）を計上**する。

■ 例題7　変動対価①（リベート）　重要度A

以下の資料に基づき、商品販売時の仕訳を示しなさい。

(1)　当社は製品Aを小売業者（X社）へ販売している。なお、販売に関する契約内容は次のとおりである。

①　製品Aの1個当たりの販売価格は5,000円である。

②　X社への製品Aの年間販売個数が、3,000個に達した場合は1個当たり500円、10,000個に達した場合は1個当たり1,000円のリベートを当社がX社に支払う。

(2)　当期における製品AのX社への年間販売個数は6,000個と予測している。

(3)　当期の第一四半期において、X社へ製品Aを1,400個販売した。

(4)　当社は、変動対価に関する不確実性が事後的に解消される時点までに、計上される収益の額の著しい減額が発生しない可能性が極めて高いと判断した。

■ 解答解説（単位：円）

（借）		（貸）	
現金預金	7,000,000	売上	6,300,000※1
		返金負債	700,000※2

※1　売上：{@5,000（売価）－@500（リベート見込）}×1,400個＝6,300,000

※2　返金負債：@500（リベート見込）×1,400個＝700,000

(3)　返品権付き販売

我が国においては、出版社や通信販売を行う企業など、一定期間の返品を認める制度を設けている取引が存在する。例えば、出版社では書店へ販売した出版物を、その後当初の販売価格で返品することを受け入れる慣行がある。

返品権付きの商品又は製品を販売した場合は、次の①から③のすべてについて処理する。

①　**企業が権利を得ると見込む対価の額**（②返品されると見込まれる商品又は製品の対価を除く）**で収益を認識する。**

②　返品されると見込まれる商品又は製品については収益を認識せず、**当該商品又は製品について受け取った又は受け取る対価の額で「返金負債」**（負債）**を認識する。**

③　返金負債の決済時に**顧客から商品又は製品を回収する権利について「返品資産」**（資産）**を認識する。**

■ 例題8　変動対価②（返品権付き販売）

重要度A

以下の資料に基づき、商品販売時の仕訳を示しなさい。なお、会計処理は売上原価対立法によること。

(1)　当社は製品400個（原価@30円）を20,000円（売価@50円）で顧客に販売した。

(2)　契約により、顧客が未使用の製品を1ヶ月以内に返品した場合、全額の返金が行われる。

(3)　契約により、顧客が製品を返品することが認められているため、当社が顧客から受け取る対価は変動対価である。

(4)　販売時点において、製品20個が返品されると合理的に予想した。なお、回収費用は考慮しないものとし、返品された商品は原価以上の価格で販売できるものと見込まれている。

(5)　当社は、変動対価に関する不確実性が事後的に解消される時点までに、計上される収益の額の著しい減額が発生しない可能性が極めて高いと判断した。

■ 解答解説（単位：円）

(借)	現金預金	20,000	(貸)	売上	19,000※1
				返金負債	1,000※2
(借)	売上原価	11,400※4	(貸)	棚卸資産	12,000※3
	返品資産	600※5			

※1　売上高：{400個（販売個数）－20個（返品見込）}×@50（売価）＝19,000
※2　返金負債：20個（返品見込）×@50（売価）＝1,000
※3　棚卸資産：400個（販売個数）×@30（原価）＝12,000
※4　売上原価：{400個（販売個数）－20個（返品見込）}×@30（原価）＝11,400
※5　返品資産：20個（返品見込）×@30（原価）＝600

〔参考〕16個返品され、4個は返品されなかった場合の処理

(借)	返金負債	800※1	(貸)	現金預金	800
(借)	棚卸資産	480	(貸)	返品資産	480※2
(借)	返金負債	200※3	(貸)	売上	200
(借)	売上原価	120	(貸)	返品資産	120※4

※1　返金負債：16個（返品数量）×@50（売価）＝800
※2　返品資産：16個（返品数量）×@30（原価）＝480
※3　返金負債：4個（未返品数量）×@50（売価）＝200
※4　返品資産：4個（未返品数量）×@30（原価）＝120

3 契約における重要な金融要素

顧客との契約に重要な金融要素が含まれる場合、取引価格の算定にあたって、**約束した対価の額に含まれる金利相当分の影響を調整する**。収益は、約束した財又はサービスが顧客に移転した時点で（又は移転するにつれて）、当該財又はサービスに対して顧客が支払うと見込まれる現金販売価格を反映する金額で認識する（**＝現金販売価格は一時点で収益を認識し、金利相当分は一定期間にわたって収益を認識する**）。

■ 例題９　契約における重要な金融要素　　重要度A

以下の資料に基づき、各年度の収益の金額を答えなさい。なお、決算日は３月31日である。

(1)　当社は、×１年４月１日に、顧客に対して商品Ｘ12,000円を販売し、同日に引き渡しを行っている。なお、代金については、毎年３月31日に4,000円ずつ３年にわたって回収する。

(2)　当社における商品Ｘの現金販売価格は11,100円であり、契約に重要な金融要素（金利相当分：900円）が含まれているため、取引価格の算定に当たって約束した対価の額に含まれる金利相当分の影響を調整する。

(3)　金利相当分の計算に当たって使用する利率は年４％とする。

(4)　計算上、端数が生じる場合には、円未満を四捨五入する。

■ 解答解説（単位：円）

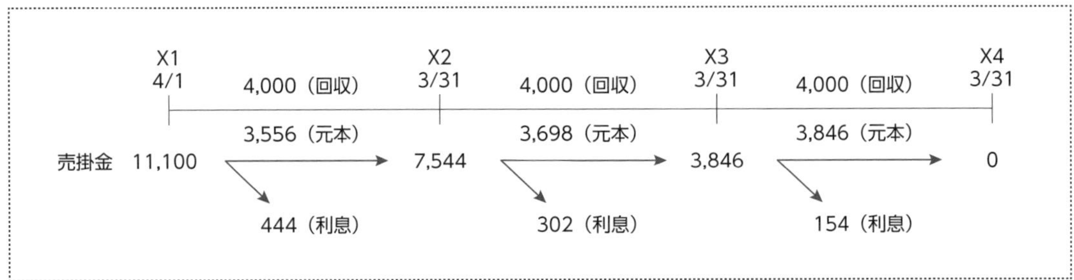

１．仕訳

(1)　×１年４月１日（販売時）

(借)		(貸)	
売　掛　金	11,100	売　　上	11,100

(2)　×２年３月31日（代金回収時）

(借)		(貸)	
現　金　預　金	4,000	売　掛　金	3,556※1
		受　取　利　息	444※2

※１　売掛金：4,000（回収額）÷ 1.04^3 ≒ 3,556

※２　受取利息：444（差額）

(3)　×３年３月31日（代金回収時）

(借)		(貸)	
現　金　預　金	4,000	売　掛　金	3,698※1
		受　取　利　息	302※2

※１　売掛金：4,000（回収額）÷ 1.04^2 ≒ 3,698

※２　受取利息：302（差額）

⑷　×4年3月31日（代金回収時）

（借）現　金　預　金	4,000	（貸）売　　掛　　金	3,846※1
		受　取　利　息	154※2

※1　売掛金：4,000（回収額）÷1.04≒3,846
※2　受取利息：154（差額）

2．解答の金額

×1年度の収益：11,100（売上高）＋444（X1年度受取利息）＝11,544

×2年度の収益：302（X2年度受取利息）

×3年度の収益：154（X3年度受取利息）

4　現金以外の対価

契約における対価が現金以外の場合、取引価格は当該対価を**時価**により算定する。なお、現金以外の対価の時価を合理的に見積もることができない場合には、当該対価と交換に顧客に約束した財又はサービスの独立販売価格を基礎として当該対価を算定する。

5　顧客に支払われる対価

⑴　意義

顧客に支払われる対価とは、**企業が顧客**（あるいは顧客から企業の財又はサービスを購入する他の当事者）**に対して支払う又は支払うと見込まれる現金の額**や、**顧客が企業**（あるいは顧客から企業の財又はサービスを購入する他の当事者）**に対する債務額に充当できるものの額**をいう。

⑵　会計処理

顧客に支払われる対価は、**取引価格から減額**され、以下のいずれか遅い方が発生した時点で（または、発生するにつれて）、**収益から減額**される。

①　関連する財またはサービスの移転に対する収益を認識するとき

②　企業が支払うかまたは支払いを約束するとき

■ 例題10　顧客に支払われる対価　重要度B

以下の資料に基づき、必要な仕訳を示しなさい。

(1) 製品Xを製造している当社は、×2年4月1日にA社（顧客）に製品Xを1年間販売する契約を締結した。契約では、A社が1年間に少なくとも15,000円分の製品Xを購入すること及び当社が契約における取引開始日にA社に対して返金が不要な1,500円の支払を行うことが定められている。この1,500円の支払は、A社が当社の製品Xを収容するために棚に変更（レイアウトの変更）を加えることについての補償である。

(2) 当社は、この1,500円の支払は取引価格から減額するべきと判断したため、A社に支払われる対価1,500円は、当社が製品Xの販売に対する収益を認識する時に、取引価格の減額をして処理する。

(3) 当社は、×2年4月30日に製品Xを2,000円で掛販売した。

■ 解答解説（単位：円）

A社に支払われた1,500は販売するにつれて一部ずつ請求額（取引価格）から減額する。減額する時点は、企業が対価を支払った取引開始日と製品を販売して収益を認識するときのいずれか遅いときとなるため、本例題では収益を認識する時点で減額する。

1．取引開始日

(借)	前払金	1,500	(貸) 現金預金	1,500

2．販売時

(借)	売掛金	2,000	(貸) 前払金	200※1
			売上	1,800※3

※1　前払金：2,000（請求額）× 10%（前払金比率※2）＝200

※2　1年間の売上総額に対する前払金の比率：1,500 ÷ 15,000 × 100% ＝ 10%

※3　売上高：2,000（請求額）－200（A社に支払われた対価※1）＝1,800

第6節　ステップ4：履行義務への取引価格の配分

1 独立販売価格に基づく配分

独立販売価格とは、財又はサービスを独立して企業が顧客に販売する場合の価格をいう。財又はサービスの**独立販売価格の比率に基づき**、契約において識別したそれぞれの履行義務に取引価格を配分する。この独立販売価格は、**取引開始日**におけるものを算定する。

2 値引きの配分

契約における約束した財又はサービスの**独立販売価格の合計額が当該契約の取引価格を超える場合**には、契約における財又はサービスの束について**顧客に値引きを行っている**ものとして、当該値引きについて、**収益から減額する**とともに、契約における**すべての履行義務に対して比例的に配分する**。

■ 例題11　値引きの配分　重要度A

以下の資料に基づき、売上高を製品別に区分したうえで、販売時の仕訳を示しなさい。

(1)　当社は通常、製品X、Y及びZを独立して販売しており、次の独立販売価格を設定している。
　製品X：50円　製品Y：40円　製品Z：30円（合計120円）

(2)　当社は顧客に製品X、Y及びZをセットにして96円で掛け販売した。契約には、取引全体に対する24円（＝120円－96円）の値引きが含まれている。

■ 解答解説（単位：円）

1．仕訳

(借)		(貸)	
売掛金	96	売上（製品X）	40
		売上（製品Y）	32
		売上（製品Z）	24

※　値引きについては、収益から減額し、契約におけるすべての履行義務に対して比例的に配分する。

製品	配分された値引額	取引価格
X	24（値引額）×50÷120＝10	50－10＝40
Y	24（値引額）×40÷120＝8	40－8＝32
Z	24（値引額）×30÷120＝6	30－6＝24
合計	24	96

3 取引価格の変更

取引価格の事後的な変動については、契約における取引開始日後の独立販売価格の変動を考慮せず、契約における**取引開始日と同じ基礎により契約における履行義務に配分する**。

つまり、取引価格に事後的な変動が生じた場合であっても、取引開始日の独立販売価格により算定した独立販売価格の比率は、変更することなく利用することになる。

また、取引価格の事後的な変動のうち、**既に充足した履行義務に配分された額については、取引価格が変動した期の収益の額を修正する**。

■ 例題12　取引価格の事後的な変動

重要度B

以下の資料に基づき、必要な仕訳を示しなさい。

⑴　当社は、製品Aを１個当たり100円で販売する契約を×１年４月１日に顧客と締結した。この契約における対価には変動性があり、顧客が×２年３月31日までに製品Aを1,000個よりも多く購入する場合には、１個当たりの価格を遡及的に90円に減額すると定めている。

⑵　×１年６月30日（１Ｑ末）に、当社は製品A 75個を顧客に掛販売した。当社は、×２年３月31日までの顧客の購入数量は1,000個を超えないと判断した。

⑶　×１年７月に顧客が他の企業を買収し企業規模が拡大したため、顧客より製品Aの追加注文を受け、当社は×１年９月30日（２Ｑ末）に、追加的に製品A 500個を顧客に掛販売した。当社は、新たな事実を考慮して、顧客の購入数量は×２年３月31日までに1,000個を超えるであろうと見積り、１個当たりの価格を90円に遡及的に減額することが必要になると判断した。

■ 解答解説（単位：円）

1．×1年6月30日

(借)	売　掛　金	7,500	(貸)	売　　上	7,500

※　100 × 75個 = 7,500

2．×1年9月30日

１Ｑに販売した製品75個に対する売上高の減額（取引価格の変動）については、取引価格が変動した期の収益の額を修正する。

(借)	売　掛　金	50,000	(貸)	売　　上	44,250※1
				返金負債	5,750※3

※1　90（減額後単価）× 500個（２Ｑ販売分）－ 750（75個に対する売上高の減額※2）＝ 44,250

※2　｛100（減額前単価）－ 90（減額後単価）｝× 75個（１Ｑ販売分）＝ 750

※3　｛100（減額前単価）－ 90（減額後単価）｝×｛75個（１Ｑ販売分）＋ 500個（２Ｑ販売分）｝＝ 5,750

第7節　ステップ5：履行義務の充足による収益の認識

1 履行義務の充足

企業は約束した財又はサービスを顧客に移転することにより**履行義務を充足した時に又は充足するにつれて、収益を認識する。**

このため、契約における取引開始日に、識別された履行義務のそれぞれが、**一定の期間にわたり充足されるものか又は一時点で充足されるものかを判定する必要がある。**

2 一定期間にわたり充足される履行義務

一定の期間にわたり充足される履行義務については、履行義務の充足に係る**進捗度を見積り、当該進捗度に基づき収益を一定の期間にわたり認識する。**

つまり、履行義務の充足に係る**進捗度を合理的に見積ることができる場合にのみ、一定の期間にわたり充足される履行義務について収益を認識する。**

3 一時点で充足される履行義務

履行義務が一定の期間にわたり充足されるものではない場合には、**一時点で充足される履行義務**として、資産に対する支配を顧客に移転することにより当該**履行義務が充足される時に、収益を認識する。**

4 工事契約

(1) 意義

工事契約とは、仕事の完成に対して対価が支払われる請負契約のうち、土木、建築、造船や一定の機械装置の製造等、基本的な仕様や作業内容を顧客の指図に基づいて行うものをいう。具体的には、土木工事や建築工事（**建設業**）や**受注制作のソフトウェア**について適用される。

(2) 収益認識

工事契約は収益認識に関する会計基準に従い処理する。よって、その工事契約が、一定の期間にわたり充足される単一の履行義務に該当する場合は一定期間にわたって収益を認識する。

ここで、履行義務の充足に係る**進捗度を合理的に見積ることができないが**、当該履行義務を充足する際に発生する**費用を回収することが見込まれる場合**には、履行義務の充足に係る**進捗度を合理的に見積ることができる時まで**、一定の期間にわたり充足される履行義務について**原価回収基準（発生した費用と同額の収益を計上する方法）により処理する**。

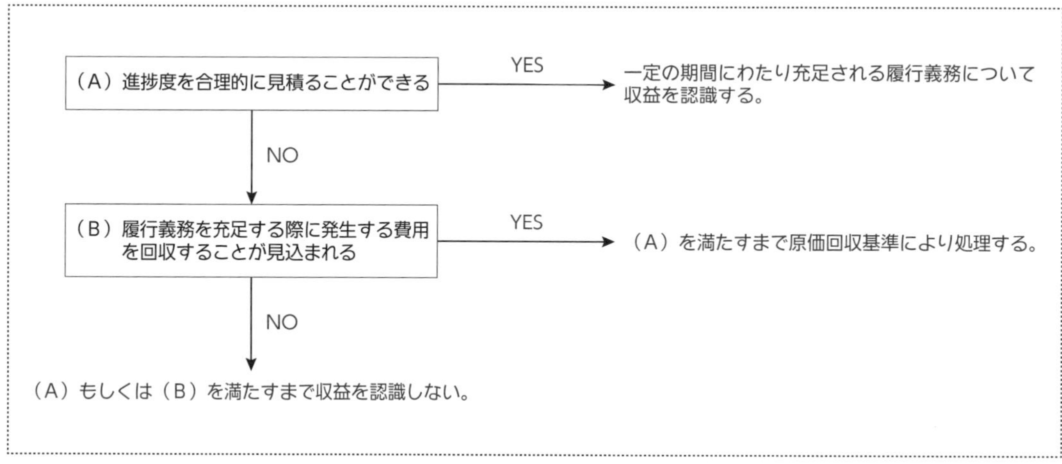

(3) 用語

工事収益※1	工事により得られる収益
工事原価※2	工事により発生する費用
工事利益※3	工事収益と工事原価の差額

※1　工事収益は、「売上高」又は「完成工事高」と表現される場合がある。
※2　工事原価は、「売上原価」又は「完成工事原価」と表現される場合がある。
※3　工事利益は、「売上総利益」又は「完成工事総利益」と表現される場合がある。

⑷　一定の期間にわたり履行義務が充足される場合の工事収益の計算

①　初年度

１）工事進捗度の計算

$$初年度末までの工事進捗度 = \frac{当期の実際工事原価}{見積工事原価}$$

２）工事収益の計算

工事収益 ＝ 請負金額 × 初年度末までの工事進捗度

②　途中年度

１）進捗度の計算

$$当期末までの進捗度 = \frac{(前期までの実際工事原価 + 当期の実際工事原価)}{見積工事原価}$$

２）工事収益の計算

当期の工事収益 ＝ 請負金額 × 当期末までの工事進捗度 － 前期までに計上した工事収益

※　途中年度の場合には、当期末までの工事進捗度に基づき、当期末までの工事収益の合計から、前期までに計上した工事収益を控除して、当期の工事収益を算定する。

③　完成年度

当期の工事収益 ＝ 請負金額 － 前期までに計上した工事収益

※　最終年度は、請負金額と前期までに計上した完成工事高との差額を工事収益として認識する。

■ 例題13　工事契約①（一定の期間にわたり履行義務が充足される場合）　重要度A

以下の資料に基づき、各期の工事利益の金額を答えなさい。

(1)　建設業を営む当社は、第１期にＡ社と本社ビル建設の契約を結んだ。

(2)　当該工事契約は一定期間にわたり充足される単一の履行義務に該当する。履行義務の充足に係る進捗度は、コストに基づくインプット法（原価比例法）による。

(3)　工事契約の内容は次のとおりである。

①　工事期間：３年間

②　請負金額：80,000円

③　見積工事原価：50,000円

(4)　各期の実際工事原価は次のとおりである。

第１期	9,600円
第２期	30,400円
第３期	10,140円

(5)　第３期に建物が完成し、Ａ社へ引渡した。

■ 解答解説（単位：円）

	第１期	第２期	第３期
工事収益	15,360	48,640	16,000
工事原価	9,600	30,400	10,140
工事利益	5,760	18,240	5,860

1．第１期工事収益

工事進捗度：9,600（第１期工事原価）÷50,000（見積工事原価）＝0.192

工事収益：80,000（請負金額）×0.192（工事進捗度）＝15,360

2．第２期工事収益

工事進捗度：｛9,600（第１期工事原価）＋30,400（第２期工事原価）｝÷50,000（見積工事原価）＝0.8

工事収益：80,000（請負金額）×0.8（工事進捗度）－15,360（第１期工事収益）＝48,640

3．第３期工事収益

80,000（請負金額）－15,360（第１期工事収益）－48,640（第２期工事収益）＝16,000

■ 例題14　工事契約②（原価回収基準）

重要度B

以下の資料に基づき、各期の工事利益の金額を答えなさい。

(1) 建設業を営む当社は、第1期にA社と本社ビル建設の請負契約を結んだ。

(2) 履行義務の充足に係る進捗度を見積るために、コストに基づくインプット法を使用する。

(3) 工事契約の内容は次のとおりである。

① 工事期間：3年間

② 請負金額：120,000円

③ 工事原価総額：90,000円～100,000円の幅の範囲内と予想している。契約時点においては細部が未定であるため、信頼性のある工事原価総額の見積りが行われていない。

④ A社が契約を解除した場合は、当社に生じた費用をA社が補償する。

(4) 各期の実際工事原価は次のとおりである。

第1期	20,000円
第2期	47,200円

(5) 第2期において工事原価総額は96,000円であると見積られた。当該金額は信頼性があるものとする。

■ 解答解説（単位：円）

	第1期	第2期
工事収益	20,000	64,000
工事原価	20,000	47,200
工事利益	0	16,800

1．第1期工事収益

信頼性のある工事原価総額が見積られていないため、履行義務の充足に係る進捗度を合理的に見積ることができないが、当社に生じた費用は回収できることが見込まれる。よって、原価回収基準により処理する。

工事進捗度：不明

工事収益：20,000（第1期工事原価）

2．第2期工事収益

信頼性のある工事原価総額が見積られたため、履行義務の充足に係る進捗度により収益を計上する。

工事進捗度：｛20,000（第1期工事原価）＋47,200（第2期工事原価）｝÷96,000（見積工事原価）＝0.7

工事収益：120,000（請負金額）×70％（工事進捗度）－20,000（第1期工事収益）＝64,000

(5) 請負契約価額及び見積工事原価の変更

工事契約が一定の期間にわたり充足される履行義務に該当する場合において、契約変更により請負契約価額（取引価格）が変更となった場合及び見積工事原価が変更になった場合には、**過年度に計上された工事収益の修正は行わず、当期の工事収益により調整を行う。**

具体的には、請負契約価額または工事原価を変更した年度においては、**変更後の請負契約価額及び見積工事原価に基づき、当期末までの工事収益を算定し、前期までに計上している工事収益を控除して、当期の工事収益を算定**する。

$$工事収益 = 変更後請負契約価額 \times \frac{当期までの実際工事原価合計}{変更後見積工事原価} - 前期までの工事収益$$

■ 例題15　工事契約③（請負契約価額及び見積工事原価の変更）　重要度B

以下の資料に基づき、各期の工事利益の金額を算定しなさい。

(1) 建設業を営む当社は、第１期にＡ社と本社ビル建設の契約を結んだ。

(2) 当該工事契約は一定期間にわたり充足される単一の履行義務に該当する。履行義務の充足に係る進捗度は、コストに基づくインプット法（原価比例法）による。

(3) 工事契約の内容は次のとおりである。

① 工事期間：３年間

② 当初請負金額：120,000円

③ 当初見積工事原価：72,000円

(4) 各期の実際工事原価は次のとおりである。

第１期	24,000円
第２期	52,800円
第３期	20,000円

(5) 第２期において、内装の一部を変更するため、契約を変更することについて顧客と合意した。その結果、請負金額が150,000円に、見積工事原価が96,000円に変更された。

(6) 第３期に建物が完成し、Ａ社へ引渡した。

■ 解答解説（単位：円）

	第１期	第２期	第３期
工事収益	40,000	80,000	30,000
工事原価	24,000	52,800	20,000
工事利益	16,000	27,200	10,000

1．第１期工事収益

工事進捗度：24,000（第１期工事原価）÷72,000（見積工事原価）＝１／３

工事収益：120,000（請負金額）×１／３（工事進捗度）＝40,000

２．第２期工事収益

工事進捗度：｛24,000（第１期工事原価）＋52,800（第２期工事原価）｝÷96,000（変更後見積工事原価）＝0.8

工事収益：150,000（変更後請負金額）×0.8（工事進捗度）－40,000（第１期工事収益）＝80,000

３．第３期工事収益

150,000（変更後請負金額）－40,000（第１期工事収益）－80,000（第２期工事収益）＝30,000

(6) 工事損失引当金

工事契約について、工事原価総額が工事収益総額を超過する可能性が高く、かつ、その金額を合理的に見積もれる場合には、その超過すると認められる**工事損失のうち、当該工事契約に関して既に計上された損益の額を控除した残額（将来に見込まれる工事損失の金額）を、工事損失が見込まれた期の損失として処理し、工事損失引当金を計上**する。

① 当初設定額

将来見込まれる工事損失の金額を工事損失引当金として設定する。

工事損失引当金設定額 ＝ 工事原価総額 － 工事収益総額 － 既に計上された損益

(借) 売　上　原　価	×××	(貸) 工 事 損 失 引 当 金	×××

② 翌期以降の取崩額

工事損失引当金は、工事の進捗や完成・引渡しにより、**工事損失が確定した場合**又は工事損失の今後の発生見込額が減少した場合には、**それに対応する額を取り崩す**。

(借) 工 事 損 失 引 当 金	×××	(貸) 売　上　原　価	×××

③ 財務諸表の表示

1) 損益計算書

工事損失引当金繰入額	工事損失引当金繰入額は、工事原価に加算する。
工事損失引当金戻入	工事損失引当金戻入は、工事原価から控除する。

2) 貸借対照表

工事損失引当金	正常営業循環基準により**流動負債**に計上される。

■ 例題16　工事契約④（工事損失引当金）　重要度B

以下の資料に基づき、各期の財務諸表に計上される工事利益（又は工事損失）及び工事損失引当金の金額を答えなさい。

(1) 建設業を営む当社は、第１期にＡ社と本社ビル建設の契約を結んだ。

(2) 当該工事契約は一定期間にわたり充足される単一の履行義務に該当する。履行義務の充足に係る進捗度は、コストに基づくインプット法（原価比例法）による。

(3) 工事契約の内容は次のとおりである。

① 工事期間：３年間

② 請負金額：10,000円

③ 当初見積工事原価：9,600円

(4) 各期の実際工事原価は次のとおりである。

第１期	2,520円
第２期	4,830円
第３期	3,150円

(5) 第１期において、見積工事原価が10,500円に変更された。

(6) 第３期に建物が完成し、Ａ社へ引渡した。

■ 解答解説（単位：円）

	第１期	第２期	第３期
工事収益	2,400	4,600	3,000
工事原価	2,900	4,600	3,000
工事利益（損失）	△500	0	0

工事損失引当金	380	150	0

1．第１期

(1) 工事損失（引当金設定前）

工事進捗度：2,520（第１期実際工事原価）÷ 10,500（変更後見積工事原価）＝ 0.24

工事収益：10,000（請負金額）× 0.24 ＝ 2,400

工事損失（引当金設定前）：2,400（第１期工事収益）－ 2,520（第１期工事原価）＝△120

(2) 工事損失引当金の設定

（借）売上原価	380	（貸）工事損失引当金	380

※　10,500（変更後見積工事原価）－ 10,000（請負金額）－ 120（引当金設定前工事損失）＝ 380

(3) 工事原価（引当金設定後）

2,520（第1期実際工事原価）＋ 380（設定額）＝ 2,900

第24章　収益認識

(4) 工事損失（引当金計上後）

△120（引当金設定前工事損失）－380（設定額）＝△500

2．第2期

(1) 工事損失（引当金取崩前）

工事進捗度：｛2,520（第1期実際工事原価）＋4,830（第2期実際工事原価）｝

÷10,500（変更後見積工事原価）＝0.7

工事収益：10,000（請負金額）×0.7－2,400（第1期工事収益）＝4,600

工事損失（引当金取崩前）：4,600（第2期工事収益）－4,830（第2期工事原価）＝△230

(2) 工事損失引当金の取崩

(借) 工事損失引当金	230	(貸) 売上原価	230

(3) 工事原価（引当金取崩後）

4,830（第2期工事収益）－230（工事損失引当金）＝4,600

(4) 工事損失（引当金取崩後）

△230（引当金取崩前）＋230（取崩額）＝0

(5) 工事損失引当金の残高

380（第1期末設定額）－230（取崩額）＝150

3．第3期

(1) 工事損失（引当金取崩前）

工事収益:10,000(請負金額)－2,400(第1期工事収益)－4,600(第2期工事収益)＝3,000(最終年度は差額)

工事損失（引当金取崩前）：3,000（第3期工事収益）－3,150（第3期工事原価）＝△150

(2) 工事損失引当金の取崩

(借) 工事損失引当金	150	(貸) 売上原価	150

※　工事損失引当金は最終年度に全額取り崩す。

(3) 工事原価（引当金取崩後）

3,150（第3期実際工事原価）－150（第2期末引当金残高）＝3,000

(4) 工事損失（引当金取崩後）

△150（引当金取崩前）＋150（取崩額）＝0

(5) 工事損失引当金の残高

150（第2期末残高）－150（取崩額）＝0

第25章

本支店会計

第1節　本支店会計の概要

1　本支店会計とは

✓ 簿記3,2級

企業規模が拡大すると、支店を開設する場合がある。その結果、本支店間の取引が発生し、それらの取引の処理を行い、**本店・支店独自の業績評価**を行う必要が生じる。また、それらを合算し、**株式会社としての経営成績及び財政状態を明らかにする**必要がある。これらの目的を達成する会計制度を**本支店会計（支店独立会計制度）**という。

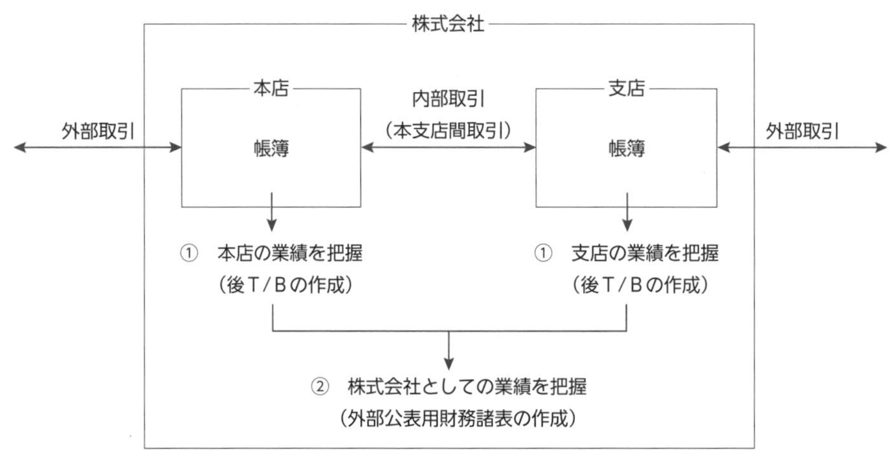

参考　本店集中会計制度

支店を有していても、支店に会計帳簿を設置せず、すべての取引を本店の会計帳簿に記録することもある。この制度を本店集中会計制度という。この場合、本店・支店の業績把握ができなくなるため、本支店会計の枠外となる。

2　外部公表用財務諸表

✓ 簿記3,2級

制度会計上（会社法・税法・金融商品取引法等）は、法的単位である株式会社等を会計単位として記録された財務諸表の公表が要請されている。

本支店会計を採用している場合には、本店・支店といった会計単位で会計帳簿が作成されているため、法的単位である株式会社を会計単位とした会計帳簿は作成されていない。

そのため、外部公表用の財務諸表を作成するためには、**本支店各々の決算整理後残高試算表を合算**し、**①本支店間取引の相殺**、**②内部利益の消去**、**③法人税等の計上等**といった**合併整理仕訳**を行うことになる。

〔本支店会計の全体像〕

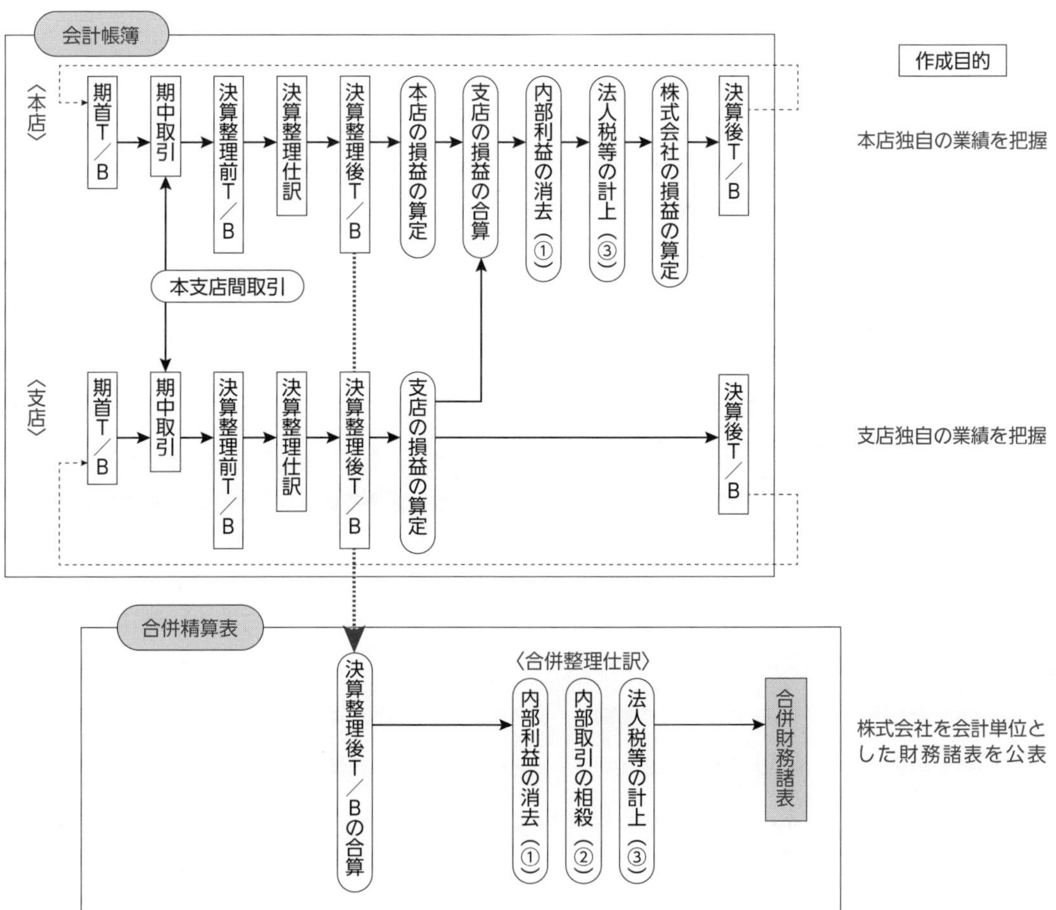
会計帳簿
〈本店〉
期首T／B
期中取引
決算整理前T／B
決算整理仕訳
決算整理後T／B
本店の損益の算定
支店の損益の合算
内部利益の消去（①）
法人税等の計上（③）
株式会社の損益の算定
決算後T／B
本支店間取引
〈支店〉
期首T／B
期中取引
決算整理前T／B
決算整理仕訳
決算整理後T／B
支店の損益の算定
決算後T／B
合併精算表
決算整理後T／Bの合算
〈合併整理仕訳〉
内部利益の消去（①）
内部取引の相殺（②）
法人税等の計上（③）
合併財務諸表
作成目的
本店独自の業績を把握
支店独自の業績を把握
株式会社を会計単位とした財務諸表を公表

第２節　本支店間取引

1 概要

✓ 簿記3,2級

支店独立会計制度による本支店会計では、本店と支店を別の会計単位とし、本店支店それぞれに会計帳簿を設け、本店支店それぞれの業績の把握をできるようにしている。つまり、**本店支店を別個の会社のように捉え会計帳簿に記録を行う**ことになる。そのため、本支店間で行われる取引である本支店間取引についても記録を行う必要がある。本支店会計においては、本店支店それぞれに会計帳簿を設けているため、**本支店間取引はそれぞれの会計帳簿に記録される**。

2 「本店」勘定・「支店」勘定

✓ 簿記3,2級

本支店会計において、本支店間で生じる取引（本支店間取引）は、企業内部における債権・債務の関係とみなされ、当該企業内部における債権・債務は、**本店の会計帳簿では「支店」勘定、支店の会計帳簿では「本店」勘定**を設けて処理をする。

本店の会計帳簿の「支店」勘定・支店の会計帳簿の「本店」勘定は、本店の会計帳簿と支店の会計帳簿を結びつける役割をもっており、**照合勘定**と呼ばれている。また、**照合勘定である「本店」勘定と「支店」勘定の残高は必ず一致する。**

本店の会計帳簿	「支店」勘定（借方残高）	支店に対する内部的債権を示している
支店の会計帳簿	「本店」勘定（貸方残高）	本店に対する内部的債務を示している

※ 「支店」勘定が貸方残高、「本店」勘定が借方残高となることもある。

3 商品売買以外の本支店間取引

✓ 簿記3,2級

(1) 送金

本店から支店へ現金4,000を送付した。

〔本店の仕訳〕

（借）	支　　店	4,000	（貸）	現　　金	4,000

※ 本店は現金が減少し、支店に対する債権が増加したため支店勘定を借方に計上する。

〔支店の仕訳〕

（借）	現　　金	4,000	（貸）	本　　店	4,000

※ 支店は現金が増加し、本店に対する債務が増加したため本店勘定を貸方に計上する。

(2) 債権の回収

支店は本店の売掛金1,500を現金で回収し、その旨を本店に連絡した。

〔本店の仕訳〕

(借) 支　　店	1,500	(貸) 売　掛　金	1,500

※　本店は売掛金が減少し、支店に対する債権が増加したため支店勘定を借方に計上する。

〔支店の仕訳〕

(借) 現　　金	1,500	(貸) 本　　店	1,500

※　支店は現金が増加し、本店に対する債務が増加したため本店勘定を貸方に計上する。

(3) 債務の支払い

支店は本店の買掛金1,000を現金で支払い、その旨を本店に連絡した。

〔本店の仕訳〕

(借) 買　掛　金	1,000	(貸) 支　　店	1,000

※　本店は買掛金が減少し、支店に対する債権が減少したため支店勘定を貸方に計上する。

〔支店の仕訳〕

(借) 本　　店	1,000	(貸) 現　　金	1,000

※　支店は現金が減少し、本店に対する債務が減少したため本店勘定を借方に計上する。

(4) 費用の支払い

本店は支店の営業費500を現金で支払い、その旨を支店に連絡した。

〔本店の仕訳〕

(借) 支　　店	500	(貸) 現　　金	500

※　本店は現金が減少し、支店に対する債権が増加したため支店勘定を借方に計上する。

〔支店の仕訳〕

(借) 営　業　費	500	(貸) 本　　店	500

※　支店は営業費を計上し、本店に対する債務が増加したため本店勘定を貸方に計上する。

⑸ 収益の受け取り

本店は支店の受取地代2,000を現金で回収し、その旨を支店に連絡した。

〔本店の仕訳〕

(借) 現 金	2,000	(貸) 支 店	2,000

※ 本店は現金が増加し、支店に対する債権が減少したため支店勘定を貸方に計上する。

〔支店の仕訳〕

(借) 本 店	2,000	(貸) 受 取 地 代	2,000

※ 支店は受取地代を計上し、本店に対する債務が減少したため本店勘定を借方に計上する。

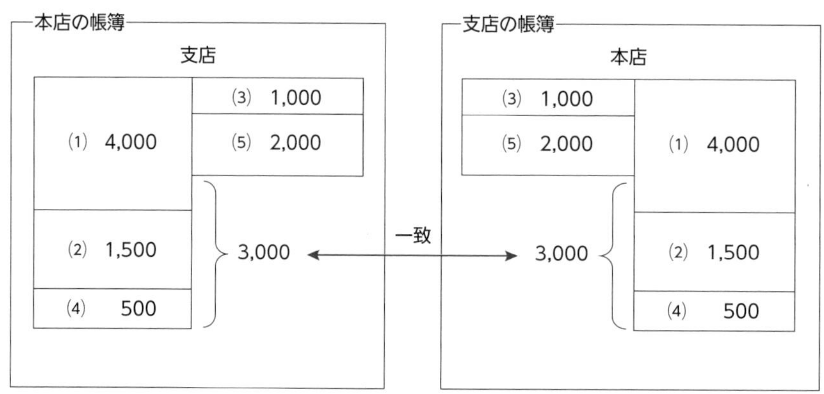

4 本支店間の商品売買取引

本支店間で商品を発送する場合は、本店又は支店の業績を把握するために、仕入原価に一定の利益を加算した価格を発送価格とする。また、次のような照合勘定を用いる。

	本店の会計帳簿	支店の会計帳簿
発送側の収益	「支店売上」勘定	「本店売上」勘定
購入側の費用	「支店仕入」勘定	「本店仕入」勘定

※ 「支店売上」勘定、「本店仕入」勘定等の照合勘定の残高は、必ず一致する。
※ 内部取引高を「仕入」勘定及び「売上」勘定に含めて処理することもある。

具体例 本店支店間の商品売買取引

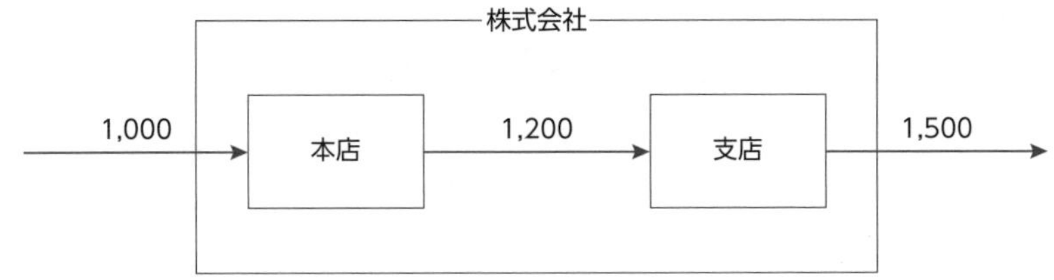

(1) 本店は仕入先から商品1,000を掛で仕入れた。
(2) 本店は支店へ仕入原価1,000の商品に200円の利益を加算して1,200で発送した。
(3) 支店は本店から仕入れた商品を得意先へ1,500で販売し、代金は掛とした。

〔本店の仕訳〕

(1)	(借)	仕入	1,000	(貸)	買掛金	1,000
(2)	(借)	支店	1,200	(貸)	支店売上	1,200
(3)		仕訳なし				

〔支店の仕訳〕

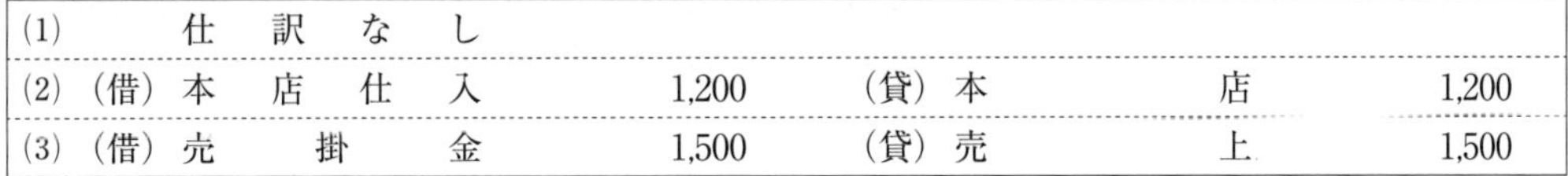

(1)		仕訳なし				
(2)	(借)	本店仕入	1,200	(貸)	本店	1,200
(3)	(借)	売掛金	1,500	(貸)	売上	1,500

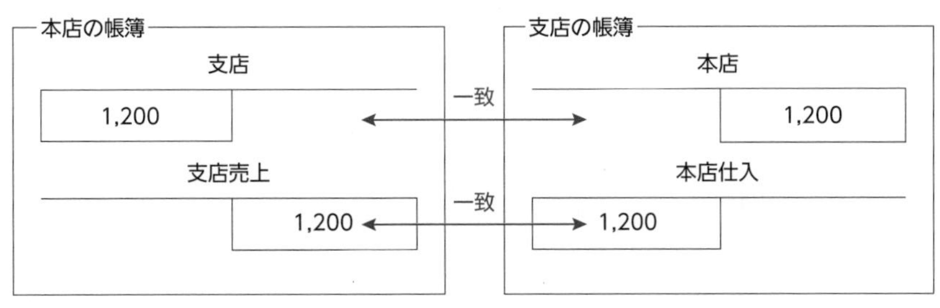

5 未達事項

本支店間取引は、取引を行った側は取引時に仕訳を行い、相手側はその旨を知った時点で仕訳を行うため、「支店」勘定・「本店」勘定といった**照合勘定の残高に一時的なズレ**が生じる。

ここで、決算時において本支店間取引を本店（又は支店）では既に記帳が完了しているが、支店（又は本店）では未記帳の取引を**未達事項**という。

未達事項は、企業内部の問題であり、**外部公表用の財務諸表においてはすべて整理される**必要がある。そのため、未達側の決算整理仕訳において、未達事項解消の仕訳を行うことになる。

■ 例題１　未達取引

重要度A

以下の資料に基づき、未達事項の決算整理仕訳及び照合勘定（支店勘定・本店勘定・支店売上勘定・本店仕入勘定）の残高を答えなさい。

⑴　決算整理前残高試算表（一部）　（単位：円）

借方科目	本店	支店	貸方科目	本店	支店
支店	61,000	―	本店	―	65,000
本店仕入	―	88,000	支店売上	90,000	―

⑵　未達事項

①　本店は、支店に商品2,000円を送付したが、支店では未達である。

②　支店は、本店の得意先より売掛代金5,000円を回収したが、本店では未達である。

③　本店は、支店の営業費3,000円を立て替えたが、支店では未達である。

④　支店は、本店の貸付金の利息4,000円を受け入れたが、本店では未達である。

■ 解答解説（単位：円）

1．決算整理仕訳

〔本店の仕訳〕

②	（借）支店	5,000	（貸）売掛金	5,000
④	（借）支店	4,000	（貸）受取利息	4,000

〔支店の仕訳〕

①	（借）本店仕入	2,000	（貸）本店	2,000
③	（借）営業費	3,000	（貸）本店	3,000

2．照合勘定の金額

本店勘定・支店勘定：70,000

支店売上勘定・本店仕入勘定：90,000

参考　実際到達日基準

未達事項の整理は、会計帳簿において決算整理仕訳により整理する方法（本テキストの方法）の他に、合併精算表で整理する方法（会計帳簿においては実際到達日に処理する方法）もある。どちらの方法によったとしても、外部公表用財務諸表は同一になる。

第3節　合併精算表

1 意義

合併精算表は、外部公表用の財務諸表を作成するために会計帳簿の枠外で作成される一覧表である。具体的には、合併精算表において、本支店各々の決算整理後残高試算表を合算し、合併整理仕訳を行うことにより、外部公表用の財務諸表を作成する。

2 具体的処理

合併精算表では、本支店各々の決算整理後残高試算表を合算し、以下の３つの合併整理仕訳を行うことにより、公表用財務諸表が作成される。

合併整理仕訳	① 内部取引の相殺
	② 内部利益の消去
	③ 法人税等の計上

3 合併精算表の様式

合　併　精　算　表

勘定科目	本店決算整理後残高試算表		支店決算整理後残高試算表		単純合算		合併整理仕訳		合併損益計算書		合併貸借対照表	
	借方	貸方	借方	貸方	借方	貸方	借方	貸方	借方	貸方	借方	貸方

※　決算整理後残高試算表の合算に、合併整理仕訳を加減することにより、合併財務諸表を作成している。

4 内部取引の相殺

本支店間取引は企業内部の取引であるため、外部公表用の合併財務諸表に表示する必要はない。よって、合併精算表上において相殺消去しなければならない。

(1) 「支店」勘定と「本店」勘定の相殺（貸借対照表における相殺） ✓簿記3,2級

合併精算表上で相殺される金額は、**未達事項整理後の金額**である。

(借) 本　　店	×××	(貸) 支　　店	×××

(2) 「支店売上」と「本店仕入」の相殺（損益計算書における相殺）

内部取引は、合併精算表上で相殺され、**合併損益計算書に計上される売上高・仕入高は、外部取引に基づく売上高・仕入高のみ**である。

(借) 支 店 売 上	×××	(貸) 本 店 仕 入	×××

具体例 内部取引の相殺

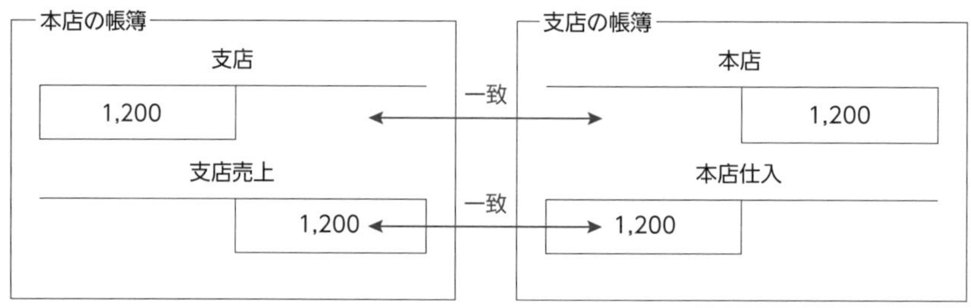

※　在庫はないものとする。

〔合併整理仕訳〕

(借) 本　　店	1,200	(貸) 支　　店	1,200
(借) 支 店 売 上	1,200	(貸) 本 店 仕 入	1,200

〔本支店合併財務諸表〕

合併財務諸表には、外部取引のみが計上されるため、本支店合併損益計算書には、支店売上勘定及び本店仕入勘定は計上されない。また、本支店合併貸借対照表には、支店勘定及び本店勘定は計上されない。

本支店合併損益計算書

Ⅰ 売　上　高		1,500（外部売上高）
Ⅱ 売 上 原 価		
1 期首商品棚卸高	×××	
2 当期商品仕入高	1,000（外部仕入高）	
計	×××	
3 期末商品棚卸高	×××	×××
売 上 総 利 益		×××

5 内部利益の消去

(1) 概要

商品売買に伴う利益は、商品を企業外部に販売した時点で計上するべきものである。しかし、本支店間の商品売買取引について一定の利益を加算している場合には、企業内部の取引において利益を計上していることになる。

その場合に、その商品が企業外部に売却されていれば、内部利益は実現している。しかし、**企業外部に売却されていない場合には実現しておらず、期末商品に内部利益が含まれてしまう。**

このような利益を**未実現の内部利益**という。**合併財務諸表を作成する場合、商品に含まれている未実現の内部利益は、控除しなければならない。**

	必要な調整	合併損益計算書の利益に与える影響
期首未実現内部利益	損益計算書の期首商品棚卸高から控除する	当期の利益のプラス
期末未実現内部利益	損益計算書の期末商品棚卸高から控除する 貸借対照表の商品から控除する	当期の利益のマイナス

※　内部利益を控除する結果、合併財務諸表の計上額は**外部購入価額**となる。

具体例 ①　内部利益が生じないケース（在庫がない場合）

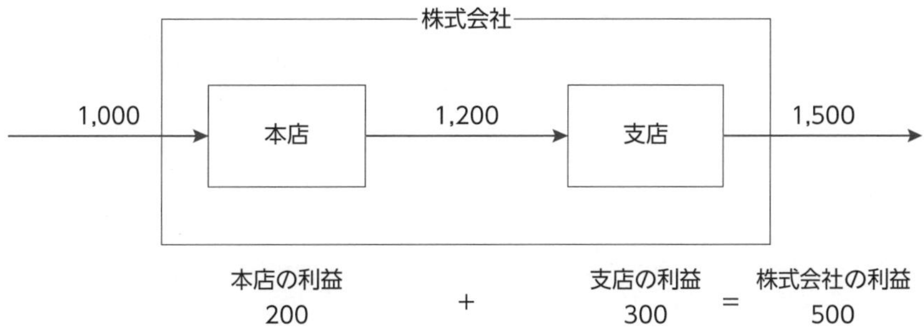

本店の利益 200 ＋ 支店の利益 300 ＝ 株式会社の利益 500

※上記ケースでは、内部利益は生じてないため、利益の調整は行わない。よって、本店の利益と支店の利益の合計が、株式会社全体の利益となる。

具体例 ② 期末在庫がある場合

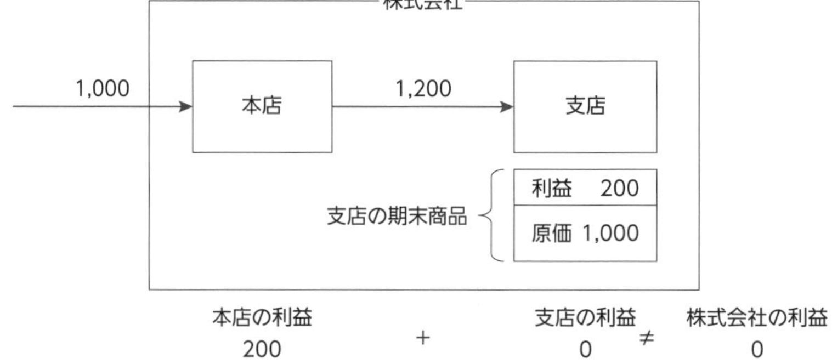

本店の利益 200 + 支店の利益 0 ≠ 株式会社の利益 0

売上原価 ↑ = 期首商品棚卸高 + 当期商品仕入高 − 期末商品棚卸高 ↓

※期末商品に内部利益200が含まれているため、期末商品を200減額する。これに伴い、売上原価（費用）が増加し、売上原価（費用）の増加により利益が200減少する。つまり、期末商品を調整することで内部利益の修正が達成できる。

具体例 ③ 期首在庫がある場合

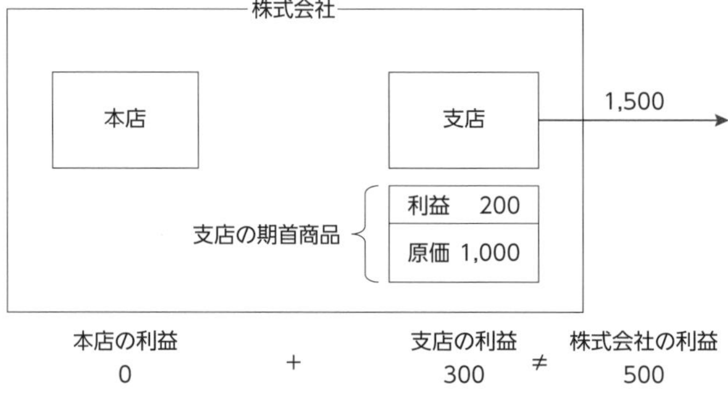

本店の利益 0 + 支店の利益 300 ≠ 株式会社の利益 500

売上原価 ↓ = 期首商品棚卸高 ↓ + 当期商品仕入高 − 期末商品棚卸高

※期首商品に内部利益200が含まれているため、期首商品を200減額する。これに伴い、売上原価（費用）が減少し、売上原価（費用）の減少により利益が200増加する。つまり、期首商品を調整することで内部利益の修正が達成できる。

(2) 合併整理仕訳

① 期末在庫に係る仕訳

期末に未実現の内部利益が生じている場合には、**期末在庫に含まれている未実現の内部利益を控除しなければならない。**具体的には、**損益計算書の期末商品棚卸高から控除することで利益をマイナスする。また、貸借対照表の商品からも内部利益を控除する。**

〔期末商品に含まれている内部利益の消去の仕訳〕

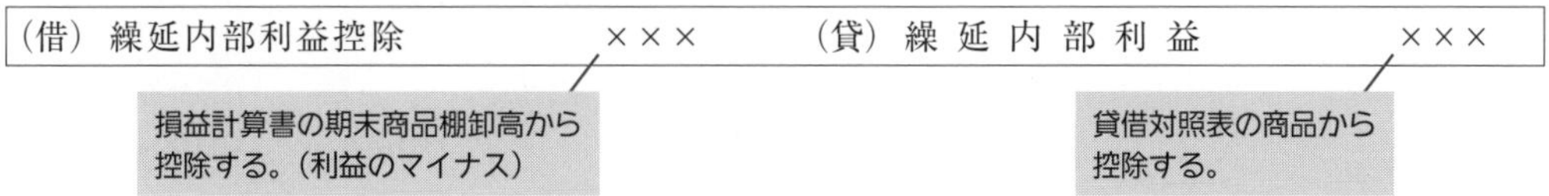

(借) 繰延内部利益控除	×××	(貸) 繰延内部利益	×××

② 期首在庫に係る仕訳

期首に未実現の内部利益が生じている場合には,**期首在庫に含まれている未実現の内部利益を実現**させなければならない。具体的には、**損益計算書の期首商品棚卸高から控除することで利益をプラスする。**

〔期首商品に含まれている内部利益の実現の仕訳〕

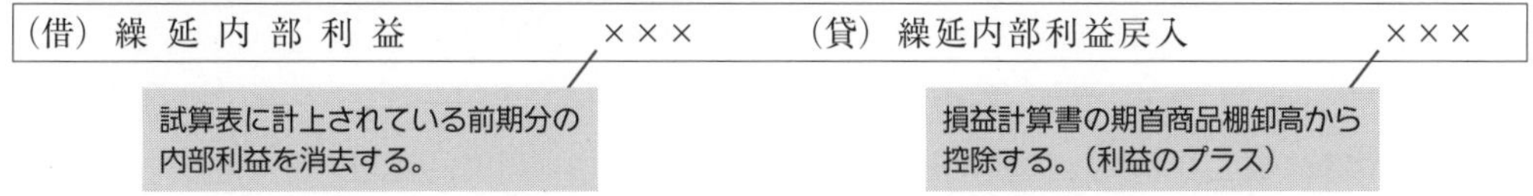

(借) 繰延内部利益	×××	(貸) 繰延内部利益戻入	×××

「繰延内部利益」勘定	期末商品に含まれている内部利益であり、合併貸借対照表の商品から控除される
「繰延内部利益控除」勘定 (当期の利益のマイナス)	期末商品に含まれている内部利益であり、合併損益計算書の期末商品棚卸高から控除される
「繰延内部利益戻入」勘定 (当期の利益のプラス)	期首商品に含まれている内部利益であり、合併損益計算書の期首商品棚卸高から控除される

6 法人税、住民税及び事業税の計上

合併精算表において、株式会社の当期純利益を算定した場合には、当該株式会社の当期純利益に基づき法人税、住民税及び事業税を計上する。

〔法人税、住民税及び事業税を計上する合併精算表上の仕訳〕

(借) 法人税、住民税及び事業税	×××	(貸) 未払法人税等	×××

■ 例題２　内部取引の相殺・内部利益の消去

重要度A

以下の資料に基づき、合併損益計算書（売上総利益まで）を作成しなさい。

(1)　決算整理前残高試算表（一部）

残　高　試　算　表　（単位：円）

勘定科目	本店	支店	勘定科目	本店	支店
繰越商品	30,000	20,000	繰延内部利益	600	―
支店	27,000	―	本店	―	25,000
仕入	120,000	50,000	売上	130,000	150,000
本店仕入	―	48,000	支店売上	50,000	―

(2)　本店は支店へ商品2,000円を送付したが、支店では未達である。未達事項は決算整理で処理する。

(3)　期末商品棚卸高（未達を含まない）

本 店：帳簿棚卸高　34,000円　　支 店：帳簿棚卸高　21,000円（内、本店仕入分3,000円）

(4)　本店は支店へ商品を送付する際、仕入原価に25％の利益を付加している。

■ 解答解説（単位：円）

〔損益計算書〕

合　併　損　益　計　算　書

Ⅰ売上高		280,000※1
Ⅱ売上原価		
1 期首商品棚卸高	49,400※2	
2 当期商品仕入高	170,000※3	
計	219,400	
3 期末商品棚卸高	56,000※4	163,400
売上総利益		116,600

※1　売上高：130,000（本店前T／B売上）＋150,000（支店前T／B売上）＝280,000

※2　期首商品棚卸高：30,000（本店）＋20,000（支店）－600（前T／B繰延内部利益）＝49,400

※3　当期商品仕入高：120,000（本店前T／B仕入）＋50,000（支店前T／B仕入）＝170,000

※4　期末商品棚卸高：34,000（本店帳簿棚卸高）＋21,000（支店帳簿棚卸高）＋2,000（未達）－1,000（期末内部利益※5）＝56,000

※5　期末内部利益：｛3,000（支店の帳簿棚卸高のうち本店仕入分）＋2,000（未達）｝×0.25（利益加算率）／1.25（原価＋内部利益）＝1,000

参考　**利益加算率・利益率**

⑴　**利益加算率**

利益加算率とは、**原価を１（＝100%）とした場合に、その原価に対する利益の加算割合**をいう。利益加算率は本問のように「**原価に××%の利益を付加（加算）している**」という表現で出題されることが多い。

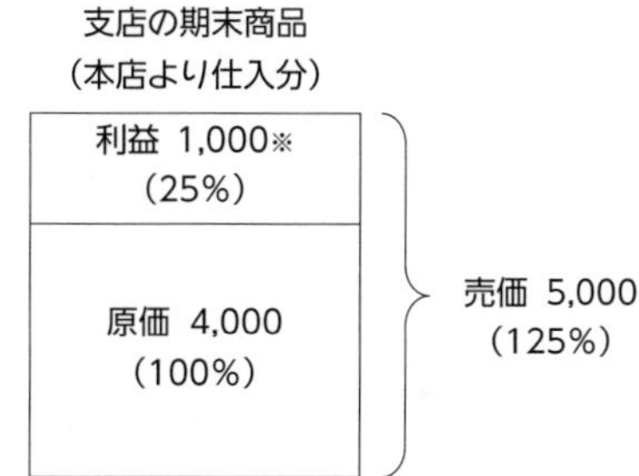

※　期末内部利益：{3,000（支店の帳簿棚卸高のうち本店仕入分）＋2,000（未達）}
×0.25（利益加算率）／1.25（原価＋内部利益）＝1,000

⑵　**利益率**

利益率とは、**売価を１（＝100%）とした場合に、その売価に対して利益が占める割合**をいう。利益率は「利益率は××%である」という表現で出題されることが多い。

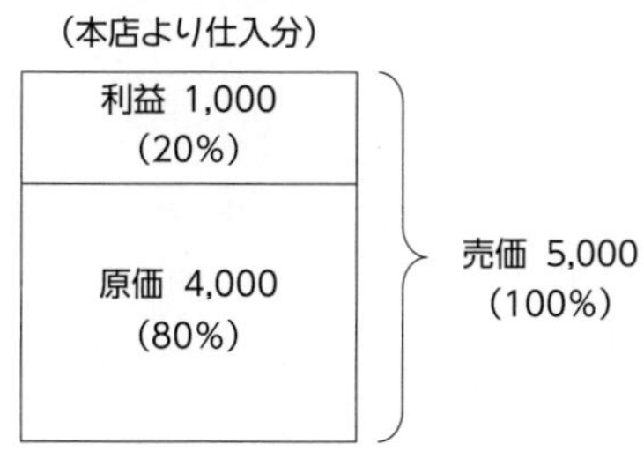

※　仮に例題２の（4）の指示が下記であった場合は、利益率を用いて内部利益を算定することとなる。

⑷　本店が支店に商品を送付する際の利益率は20%である。

期末内部利益：{3,000（支店の帳簿棚卸高のうち本店仕入分）＋2,000（未達）}×0.2（利益率）＝1,000

〔合併財務諸表作成の一連の流れ〕

1．決算整理仕訳

⑴　未達事項の整理

(借) 本店仕入	2,000	(貸) 本店	2,000

※　未達事項の整理後は、各照合勘定の金額が一致する。
支店・本店：27,000
支店売上・本店仕入：50,000

⑵　売上原価の算定

〔本店の仕訳〕

(借) 仕入	30,000	(貸) 繰越商品	30,000
(借) 繰越商品	34,000	(貸) 仕入	34,000

〔支店の仕訳〕

(借) 仕入	20,000	(貸) 繰越商品	20,000
(借) 繰越商品	23,000※	(貸) 仕入	23,000

※　期末在庫：21,000（帳簿棚卸高）＋2,000（未達）＝23,000

2．決算整理後残高試算表の作成

残　高　試　算　表

勘定科目	本店	支店	勘定科目	本店	支店
繰越商品	34,000	23,000	繰延内部利益	600	—
支店	27,000	—	本店	—	27,000
仕入	116,000	47,000	売上	130,000	150,000
本店仕入	—	50,000	支店売上	50,000	—

※　本店の当期純利益：130,000（売上）＋50,000（支店売上）－116,000（売上原価）＝64,000
※　支店の当期純利益：150,000（売上）－47,000（売上原価）－50,000（本店仕入）＝53,000

3．決算整理後残高試算表の合算

繰越商品	57,000	繰延内部利益	600
支店	27,000	本店	27,000
仕入	163,000	売上	280,000
本店仕入	50,000	支店売上	50,000

4．合併整理仕訳

⑴　内部取引の相殺

(借) 本　　　　店	27,000	(貸) 支　　　　店	27,000
(借) 支　店　売　上	50,000	(貸) 本　店　仕　入	50,000

⑵　内部利益の修正

(借) 繰 延 内 部 利 益	600	(貸) 繰延内部利益戻入	600
(借) 繰延内部利益控除	1,000※	(貸) 繰 延 内 部 利 益	1,000

※　期末内部利益：{3,000（支店の帳簿棚卸高のうち本店仕入分）＋2,000（未達）}×0.25（利益加算率）／1.25（原価＋内部利益）＝1,000

5．合併財務諸表

⑴　合併損益計算書

合 併 損 益 計 算 書

Ⅰ 売　上　高		280,000
Ⅱ 売 上 原 価		
1 期首商品棚卸高	49,400	
2 当期商品仕入高	170,000	
計	219,400	
3 期末商品棚卸高	56,000	163,400
売 上 総 利 益		116,600

⑵　合併貸借対照表

合 併 貸 借 対 照 表

商　　　品	56,000	

第4節　商品の評価

本支店間で商品売買を行っている場合には、購入側の簿価は内部利益を含んでいることになる。しかし、外部公表用の財務諸表においては、内部利益を控除した金額をもとに棚卸減耗費及び商品評価損を算定する。

■ 例題3　商品の評価

重要度C

以下の資料に基づき、合併損益計算書（売上総利益まで）を作成しなさい。

(1)　決算整理前残高試算表（一部）

残　高　試　算　表　　(単位：円)

勘定科目	本店	支店	勘定科目	本店	支店
繰越商品	21,000	9,600	繰延内部利益	1,600	—
仕入	276,000	—	売上	260,000	150,000
本店仕入	—	128,400	支店売上	128,400	—

(2)　期末商品棚卸高

本店			支店		
帳簿棚卸高	350個	原価@50円	帳簿棚卸高	200個	原価@60円
実地棚卸高	350個	正味売却価額@49円	実地棚卸高	180個	正味売却価額@49円

(3)　本店は支店に商品を送付する際、仕入原価に20%の利益を付加している。また、支店は本店以外からは商品の購入は行っていない。

(4)　棚卸減耗費及び商品評価損はいずれも売上原価の区分に表示する。

■ 解答解説 (単位：円)

損　益　計　算　書

Ⅰ 売上高		410,000 ※1
Ⅱ 売上原価		
1 期首商品棚卸高	29,000 ※2	
2 当期商品仕入高	276,000 ※3	
計	305,000	
3 期末商品棚卸高	27,500 ※4	
差引	277,500	
4 棚卸減耗費	1,000 ※5	
5 商品評価損	530 ※6	279,030
売上総利益		130,970

※1　売上高：260,000（本店）＋150,000（支店）＝410,000

※2　期首商品棚卸高：21,000（本店前T／B繰越商品）＋9,600（支店前T／B繰越商品）
－1,600（前T／B繰延内部利益）＝29,000

※3　当期商品仕入高：276,000（本店前T／B仕入）

※4　期末商品棚卸高：@50（原価）×｛350個（本店）＋200個（支店）｝＝27,500

※5　棚卸減耗費：@50（原価）×｛200個（支店帳簿）－180（支店実地）｝＝1,000

※6　商品評価損：｛@50（原価）－@49（正味売却価額）｝×｛350個（本店）＋180個（支店実地）｝＝530

第５節　支店が複数ある場合

1 概要

✓ 簿記3,2級

支店が複数存在している場合には、支店間の取引が生じることになる。この場合において、支店間取引の会計処理方法として、「本店集中計算制度」と「支店分散計算制度」がある。

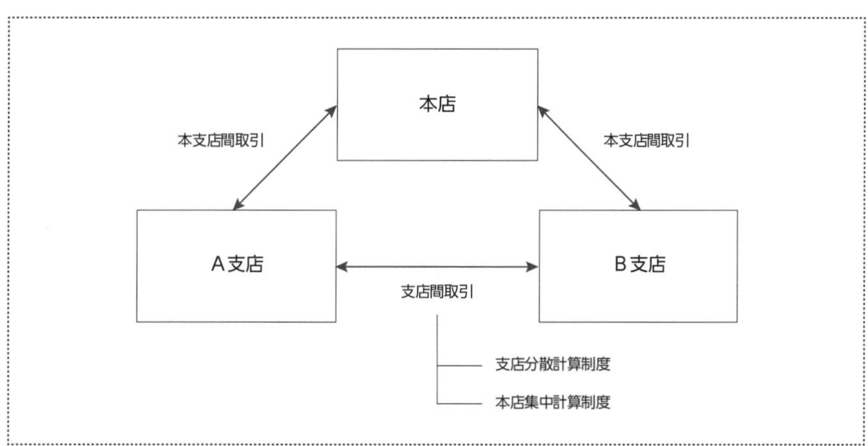

2 本支店間取引

✓ 簿記3,2級

本支店間取引は、通常の本支店間取引と同様に処理する。

3 支店間取引

✓ 簿記3,2級

(1) 支店分散計算制度

支店間の取引について、**通常の本支店間取引と同様に処理**する。つまり、支店間取引を取引事実に基づいて仕訳を行う。

支店分散計算制度の場合には、**各支店の会計帳簿には、他の支店勘定が照合勘定として設定**される。

(2) 本店集中計算制度

支店間の取引について、**本店を経由した取引に擬制して処理**を行う。すなわち、**支店間取引を本支店間取引と捉え、各支店が本店と取引を行ったと考えて処理を行う**ことになる。

本店集中計算制度の場合には、各支店の会計帳簿には、他の支店勘定が照合勘定として設定されることはない。

■ 例題4　支店が複数存在する場合①（支店間取引）　重要度C

以下の取引について、各問に答えなさい。なお、当社は本店以外にA支店及びB支店を有している。
A支店は、B支店へ商品1,000円を送付した。

問1　支店分散計算制度によった場合の仕訳を示しなさい。
問2　本店集中計算制度によった場合の仕訳を示しなさい。

■ 解答解説（単位：円）

問1　支店分散計算制度

〔本店の仕訳〕

仕　訳　な　し

〔A支店の仕訳〕

（借）	B　支　店	1,000	（貸）	B 支 店 売 上	1,000

〔B支店の仕訳〕

（借）	A 支 店 仕 入	1,000	（貸）	A　支　店	1,000

問2　本店集中計算制度

本店集中計算制度の場合、A支店から本店に販売し、本店からB支店に販売したと擬制する。

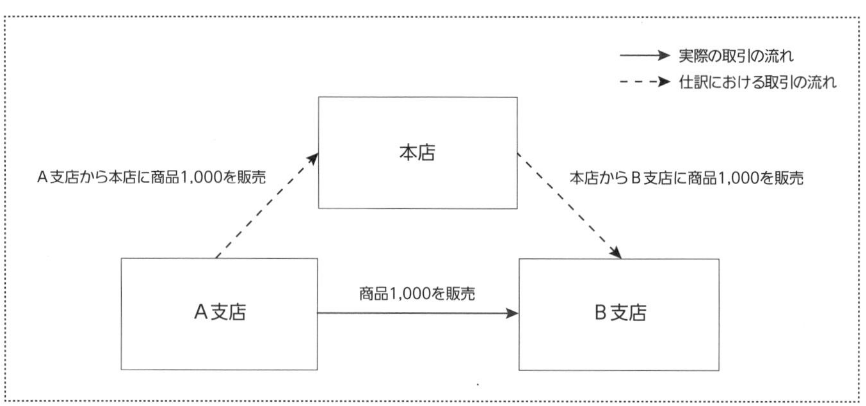

〔本店の仕訳〕

（借）	A 支 店 仕 入	1,000	（貸）	A　支　店	1,000
（借）	B　支　店	1,000	（貸）	B 支 店 売 上	1,000

〔A支店の仕訳〕

（借）	本　店	1,000	（貸）	本 店 売 上	1,000

〔B支店の仕訳〕

（借）	本 店 仕 入	1,000	（貸）	本　店	1,000

■ 例題５　支店が複数存在する場合②（支店分散計算制度）　重要度Ｃ

以下の資料に基づき、合併損益計算書（売上総利益まで）を作成しなさい。

(1)　当社は本店の他にＡ支店とＢ支店を有している。

(2)　当社の商品売買取引の概要

本店　：外部より商品Ｘを仕入れ、外部に販売するとともに、一部について仕入原価に20％の利益を加算してＢ支店に送付している。

Ａ支店：外部より商品Ｙを仕入れ、外部に販売するとともに、一部について仕入原価に10％の利益を加算して本店及びＢ支店に送付している。

Ｂ支店：本店より商品Ｘ、Ａ支店より商品Ｙを仕入れ、外部に販売している。なお、Ｂ支店は本店及びＡ支店以外からの商品仕入は行っていない。

(3)　決算整理前残高試算表（一部）　（単位：円）

勘定科目	本店	Ａ支店	Ｂ支店	勘定科目	本店	Ａ支店	Ｂ支店
繰越商品	1,000	800	450	繰延内部利益	100	―	―
本店	―	500	―	本店	―	―	800
Ｂ支店	800	600	―	Ａ支店	500	―	490
仕入	3,000	4,000	―	売上	5,000	3,000	2,000
本店仕入	―	―	500	本店売上	―	1,100	―
Ａ支店仕入	1,100	―	990	Ｂ支店売上	500	1,100	―

(4)　Ａ支店からＢ支店に発送した商品Ｙ 110円がＢ支店に未達である。未達事項は決算整理で処理する。

(5)　期末帳簿棚卸高（未達を含まない）　（単位：円）

	本店	Ａ支店	Ｂ支店
商品Ｘ	500	―	360
商品Ｙ	440	400	110

■ 解答解説（単位：円）

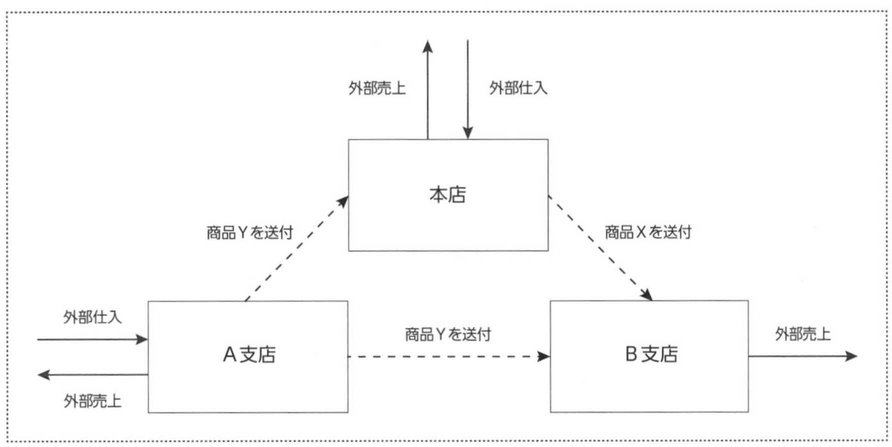

1．未達事項の整理

（借）A支店仕入	110	（貸）A支店	110

2．損益計算書

合併損益計算書

Ⅰ売上高		10,000 ※1
Ⅱ売上原価		
1 期首商品棚卸高	2,150 ※2	
2 当期商品仕入高	7,000 ※3	
計	9,150	
3 期末商品棚卸高	1,800 ※4	7,350
売上総利益		2,650

※1　売上高：5,000（本店前T／B売上）＋3,000（A支店前T／B売上）＋2,000（B支店前T／B売上）＝10,000

※2　期首商品棚卸高：1,000（本店前T／B繰越商品）＋800（A支店前T／B繰越商品）
＋450（B支店前T／B繰越商品）－100（期首内部利益）＝2,150

※3　当期商品仕入高：3,000（本店前T／B仕入）＋4,000（A支店前T／B仕入）＝7,000

※4　期末商品棚卸高：1,810（期末帳簿棚卸高合計）＋110（未達）－120（内部利益※5）＝1,800

※5　内部利益

①　商品X：360（B支店）×0.2（利益加算率）／1.2（原価＋内部利益）＝60

②　商品Y：｛440（本店）＋110（B支店）＋110（未達）｝×0.1（利益加算率）／1.1（原価＋内部利益）＝60

③　合計：60＋60＝120

■ 例題６　支店が複数存在する場合③（本店集中計算制度）　重要度Ｃ

以下の資料に基づき、合併損益計算書（売上総利益まで）を作成しなさい。

(1)　当社は本店の他にＡ支店とＢ支店を有している。

(2)　当社の商品売買取引の概要

本店　：本店では商品の売買は行われていない。

Ａ支店：外部より商品を仕入れ、外部に販売するとともに、一部について仕入原価に10％の利益を加算してＢ支店に送付している。

Ｂ支店：Ａ支店より商品を仕入れ、外部に販売している。なお、Ａ支店以外からの商品仕入は行っていない。

(3)　各拠点の決算整理前残高試算表（一部）　（単位：円）

勘定科目	本　店	Ａ支店	Ｂ支店	勘定科目	本　店	Ａ支店	Ｂ支店
繰越商品	―	500	440	繰延内部利益	40	―	―
本　店	―	1,100	―	本　店	―	―	990
Ｂ支店	990	―	―	Ａ支店	990	―	―
仕　入	―	5,000	―	売　上	―	4,000	3,000
本店仕入	―	―	990	本店売上	―	1,100	―
Ａ支店仕入	990	―	―	Ｂ支店売上	990	―	―

(4)　Ａ支店からＢ支店へ発送した商品110円が、本店とＢ支店において未達である。

(5)　期末商品棚卸高は次のとおりである。なお、未達取引分は含まない。

（単位：円）

	外部仕入分	内部仕入分
Ａ支店	300	―
Ｂ支店	―	220

■ 解答解説（単位：円）

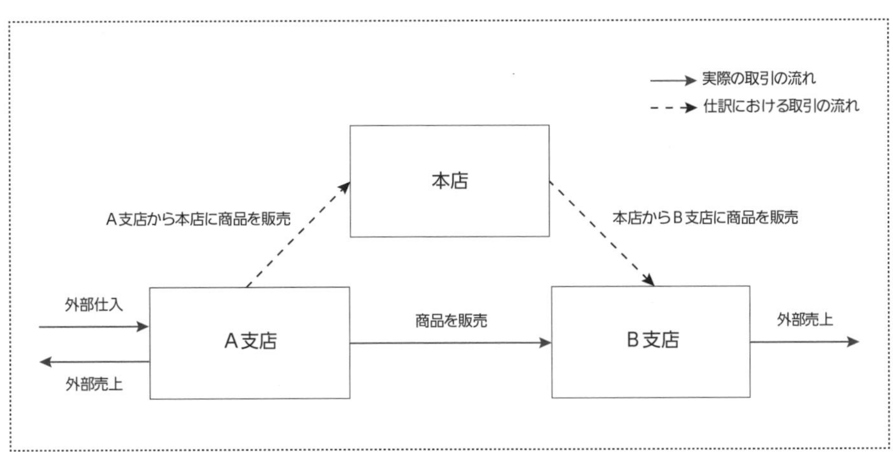

1．未達事項の整理

〔本店の仕訳〕

（借）A 支 店 仕 入	110	（貸）A 支 店	110
（借）B 支 店	110	（貸）B 支 店 売 上	110

〔B支店の仕訳〕

（借）本 店 仕 入	110	（貸）本 店	110

2．損益計算書

損 益 計 算 書

Ⅰ売 上 高		7,000※1
Ⅱ売 上 原 価		
1 期首商品棚卸高	900※2	
2 当期商品仕入高	5,000※3	
計	5,900	
3 期末商品棚卸高	600※4	5,300
売 上 総 利 益		1,700

※1　売上高：4,000（A支店前T／B売上）＋3,000（B支店前T／B売上）＝7,000

※2　期首商品棚卸高：500（A支店前T／B繰越商品）＋440（B支店前T／B繰越商品）－40（期首内部利益）＝900

※3　当期商品仕入高：5,000（A支店前T／B仕入）

※4　期末商品棚卸高：520（期末帳簿棚卸高合計）＋110（未達）－30（内部利益※5）＝600

※5　内部利益：｛220（B支店内部仕入分）＋110（未達）｝×0.1（利益付加率）／1.1（原価＋内部利益）＝30

第6節　決算振替（帳簿の締切り）

1　支店の当期純利益を本店の会計帳簿で受け入れる処理　✓簿記3,2級

(1)　本店及び支店の当期純利益の算定

本店及び支店の会計帳簿において、決算整理仕訳及び決算振替仕訳を通じて、本店及び支店独自の当期純利益を算定する。

(2)　支店の当期純利益を受け入れる処理

<支店の会計帳簿>

支店の会計帳簿では、支店の当期純利益を「損益」勘定から「本店」勘定へ振り替える。

(借) 損　益	×××	(貸) 本　店	×××

<本店の会計帳簿>

本店の会計帳簿では、本店の当期純利益を「損益」勘定から「総合損益」勘定へ振り替える。また、支店の当期純利益を「総合損益」勘定に受入、同時に「支店」勘定に計上する。これに伴い、本店の「総合損益」勘定において、本店の当期純利益と支店の当期純利益を合算することができる。

〔本店の純利益の振替〕

(借) 損　益	×××	(貸) 総合損益	×××

〔支店の純利益の受入〕

(借) 支　店	×××	(貸) 総合損益	×××

2　内部利益の調整及び法人税等の計上

合併精算表で行われる合併整理仕訳の内、利益に変動を与えるものは、本店の会計帳簿においても再度仕訳を行うことになる。つまり、内部利益の消去及び法人税等の計上の仕訳を会計帳簿で行うことになる（その後、総合損益勘定への振替も行う）。

<本店の会計帳簿>

〔内部利益の調整及び法人税等の計上〕

(借) 繰延内部利益	×××	(貸) 繰延内部利益戻入	×××
(借) 繰延内部利益控除	×××	(貸) 繰延内部利益	×××
(借) 法人税、住民税及び事業税	×××	(貸) 未払法人税等	×××

〔総合損益への振替〕

(借) 繰延内部利益戻入	×××	(貸) 総合損益	×××
(借) 総合損益	×××	(貸) 繰延内部利益控除	×××
(借) 総合損益	×××	(貸) 法人税、住民税及び事業税	×××

〔繰越利益剰余金への振替〕

(借) 総合損益	×××	(貸) 繰越利益剰余金	×××

■ 例題7　総合問題

重要度B

次の資料に基づいて、下記の設問に答えなさい。

1．決算整理前残高試算表

残　高　試　算　表　　（単位：円）

勘定科目	本店	支店	勘定科目	本店	支店
現金預金	132,000	344,000	繰延内部利益	6,000	—
繰越商品	100,000	60,000	本店	—	300,000
支店	300,000	—	資本金	200,000	—
仕入	400,000	200,000	繰越利益剰余金	150,000	—
本店仕入	—	216,000	売上	360,000	520,000
			支店売上	216,000	—
	932,000	820,000		932,000	820,000

2．決算整理事項

(1) 期末商品棚卸高

本 店　　帳簿棚卸高　80,000円　　　支 店　　帳簿棚卸高　80,000円

※　本店仕入分43,200円が含まれている。

(2) 本店は支店へ商品を送付する場合、原価に20％の利益を付加している。

(3) 売上原価の集計場所は仕入勘定とする。

(4) 法人税等は税引前当期純利益の40％を計上する。

問1　本店及び支店の決算整理仕訳を示しなさい。

問2　本店及び支店の決算整理後残高試算表を作成しなさい。

問3　合併精算表で行うべき必要な仕訳を示しなさい。

問4　合併損益計算書及び合併貸借対照表を作成しなさい。

問5　会計帳簿における合併整理仕訳を示しなさい。

問6　総合損益勘定を用いた場合における、本店の会計帳簿における合併振替仕訳を示しなさい。

問7　総合損益勘定を作成しなさい。

問8　会計帳簿上で次期に繰り越される繰延内部利益、本店勘定及び支店勘定の金額を算定しなさい。

■ 解答解説（単位：円）

問1

<本店の決算整理仕訳>

（借）仕入	100,000	（貸）繰越商品	100,000
（借）繰越商品	80,000	（貸）仕入	80,000

<支店の決算整理仕訳>

（借）仕入	60,000	（貸）繰越商品	60,000
（借）繰越商品	80,000	（貸）仕入	80,000

問２

＜本店の決算整理後残高試算表＞

後Ｔ／Ｂ

借方	金額	貸方	金額
現金預金	132,000	繰延内部利益	6,000
繰越商品	80,000	資本金	200,000
支店	300,000	繰越利益剰余金	150,000
仕入	420,000	売上	360,000
		支店売上	216,000
	932,000		932,000

※　本店の決算整理後残高試算表には、期首の繰延内部利益6,000が計上される。

＜支店の決算整理後残高試算表＞

後Ｔ／Ｂ

借方	金額	貸方	金額
現金預金	344,000	本店	300,000
繰越商品	80,000	売上	520,000
仕入	180,000		
本店仕入	216,000		
	820,000		820,000

※　仕入180,000円と本店仕入216,000の合計396,000が支店の売上原価である。

問３

（借）	本店	300,000	（貸）	支店	300,000
（借）	支店売上	216,000	（貸）	本店仕入	216,000
（借）	繰延内部利益	6,000	（貸）	繰延内部利益戻入	6,000
（借）	繰延内部利益控除	7,200	（貸）	繰延内部利益	7,200
（借）	法人税、住民税及び事業税	111,520	（貸）	未払法人税等	111,520

※　照合勘定の相殺・内部利益の調整・法人税、住民税及び事業税の計上を行う。

※　繰延内部利益控除：43,200 × 0.2 ／ 1.2 = 7,200

※　法人税等：｛156,000（本店の利益）＋124,000（支店の利益）＋6,000（戻入）－7,200（控除）｝×40％＝111,520

※　本店の利益：360,000（売上）＋216,000（支店売上）－420,000（売上原価）＝156,000

※　支店の利益：520,000（売上）－396,000（売上原価）＝124,000

問4

合併損益計算書

期首商品棚卸高	154,000	売上高	880,000
当期商品仕入高	600,000	期末商品棚卸高	152,800
法人税、住民税及び事業税	111,520		
当期純利益	167,280		
	1,032,800		1,032,800

※　期首商品棚卸高：100,000（本店）＋60,000（支店）－6,000（戻入）＝154,000

※　期末商品棚卸高：80,000（本店）＋80,000（支店）－7,200（控除）＝152,800

合併貸借対照表

現金預金	476,000	未払法人税等	111,520
商品	152,800	資本金	200,000
		繰越利益剰余金	317,280
	628,800		628,800

問5

（借）繰延内部利益	6,000	（貸）繰延内部利益戻入	6,000
（借）繰延内部利益控除	7,200	（貸）繰延内部利益	7,200
（借）法人税、住民税及び事業税	111,520	（貸）未払法人税等	111,520

問6

（借）損益	156,000	（貸）総合損益	156,000
（借）支店	124,000	（貸）総合損益	124,000
（借）繰延内部利益戻入	6,000	（貸）総合損益	6,000
（借）総合損益	7,200	（貸）繰延内部利益控除	7,200
（借）総合損益	111,520	（貸）法人税、住民税及び事業税	111,520
（借）総合損益	167,280	（貸）繰越利益剰余金	167,280

問7

総合損益

繰延内部利益控除	7,200	損益	156,000
法人税、住民税及び事業税	111,520	支店	124,000
繰越利益剰余金	167,280	繰延内部利益戻入	6,000
	286,000		286,000

問8

繰延内部利益：7,200　　　本店・支店勘定：424,000

※　繰延内部利益は、期末商品に含まれている内部利益が次期に繰り越される。

※　本店・支店勘定は、決算整理後残高試算表の300,000円に支店の利益124,000円を加えた金額が次期に繰り越される。

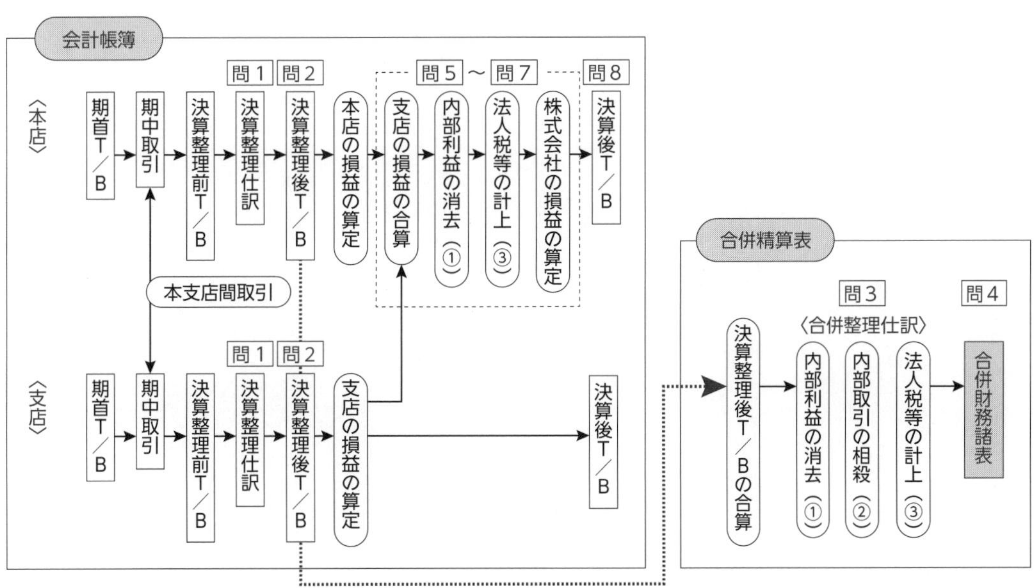

第26章

連結会計Ⅰ
（連結会計の基礎）

第１節　連結会計の概要

1 連結財務諸表の意義

✓ 簿記3,2級

連結財務諸表とは、支配従属関係のある２社以上の会社からなる**企業集団を単一の組織体とみなして、親会社が当該企業集団の財政状態、経営成績及びキャッシュ・フローの状況を総合的に報告するために作成する**ものである。

一方、これまでの章で学習した個々の会社を対象として作成する財務諸表を「**個別財務諸表**」という。

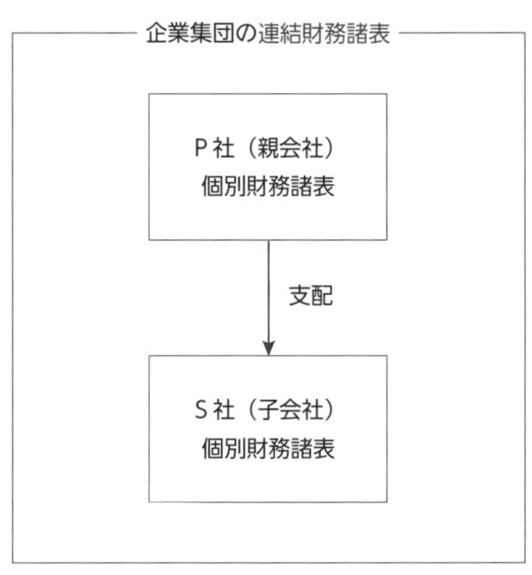

2 親会社と子会社

親会社とは、他の企業の財務及び営業又は事業の方針を決定する機関を支配している企業をいう。**子会社とは、当該他の企業**をいう。具体的に、他の企業を支配しているとは以下の場合をいう。

	議決権の保有比率	その他の条件
右記に該当する場合には当該他の企業は子会社となる	50%超	－
	40%以上50%以下	緊密者又は同意者の議決権と合わせて50%超を保有
	40%未満	緊密者又は同意者の議決権と合わせて50%超を保有し、かつ、その他の事象により支配していると認められる

※　子会社の判定基準には、持株基準と支配力基準の２つがあるが、現行制度上、支配力基準を採用している。
持株基準：所有している議決権が過半数を超えている場合に子会社とする基準
支配力基準：議決権の過半数を所有していなくても子会社の意思決定期間を実質的に支配している場合に子会社とする基準

3 作成方法

✓ 簿記3,2級

連結財務諸表は、**連結精算表において、当期末の個別財務諸表（貸借対照表、損益計算書、株主資本等変動計算書）を合算し、連結修正仕訳を行うことにより作成**する。なお、連結精算表は、会計帳簿の枠外で作成されるため、連結修正仕訳は**会計帳簿に一切反映されない。**

親会社個別F／S※		子会社個別F／S※				連結F／S
個別B／S 個別P／L 個別S／S	＋	個別B／S 個別P／L 個別S／S	±	連結 修正仕訳	＝	連結B／S 連結P／L 連結S／S

※　個別財務諸表については、組替・修正後の個別財務諸表を用いる。

連結精算表

×年×月×日

（単位：円）

勘定科目	P社	S社	合計	連結修正仕訳		連結財務諸表
				借方	貸方	
諸資産	×××	×××	×××			×××
子会社株式	×××		×××		×××	
のれん				×××		×××
資産合計	×××	×××	×××			×××
諸負債	(×××)	(×××)	(×××)			(×××)
資本金	(×××)	(×××)	(×××)	×××		(×××)
資本剰余金	(×××)	(×××)	(×××)	×××		(×××)
利益剰余金	(×××)	(×××)	(×××)	×××		(×××)
非支配株主持分					×××	(×××)
負債及び純資産合計	(×××)	(×××)	(×××)	×××	×××	(×××)

4 連結財務諸表の表示

(1) 連結損益計算書

連結損益計算書

P社　　×年×月×日～×年×月×日

Ⅰ 売上高		×××
Ⅱ 売上原価		×××
売上総利益		×××
Ⅲ 販売費及び一般管理費		
1 販売費	×××	
2 のれん償却額	×××	
3 一般管理費	×××	×××
営業利益		×××
Ⅳ 営業外収益		
1 受取利息配当金	×××	
2 有価証券利息	×××	
3 償却債権取立益	×××	
4 持分法による投資利益	×××	×××
Ⅴ 営業外費用		
1 支払利息	×××	
2 社債利息	×××	
3 手形売却損	×××	×××
経常利益		×××
Ⅵ 特別利益		
1 負ののれん発生益	×××	
2 段階取得に係る差益	×××	
3 固定資産売却益	×××	×××
Ⅶ 特別損失		
1 固定資産売却損	×××	
2 投資有価証券売却損	×××	×××
税金等調整前当期純利益		×××
法人税、住民税及び事業税	×××	
法人税等調整額	×××	×××
当期純利益		×××
非支配株主に帰属する当期純利益		×××
親会社株主に帰属する当期純利益		×××

※　連結損益計算書では、売上原価の内訳は示さない。

※　連結損益計算書の末尾は「親会社株主に帰属する当期純利益」となる。

⑵　連結包括利益計算書

連結包括利益計算書

P社	×年×月×日～×年×月×日
当期純利益	×××
その他の包括利益：	
その他有価証券評価差額金	×××
繰延ヘッジ損益	×××
退職給付に係る調整額	×××
持分法適用会社に対する持分相当額	×××
その他の包括利益合計	×××
包括利益	×××
(内訳)	
親会社株主に係る包括利益	×××
非支配株主に係る包括利益	×××

⑶　連結貸借対照表

連結貸借対照表

P社　×年×月×日現在

資産の部			負債の部	
Ⅰ 流動資産			Ⅰ 流動負債	
現金預金		×××	支払手形及び買掛金	×××
受取手形及び売掛金	×××		短期借入金	×××
貸倒引当金	△×××	×××	未払法人税等	×××
有価証券		×××	未払費用	×××
商品		×××	賞与引当金	×××
前払費用		×××	前受収益	×××
短期貸付金		×××	Ⅱ 固定負債	
未収入金		×××	社債	×××
未収収益		×××	退職給付に係る負債	×××
Ⅱ 固定資産			繰延税金負債	×××
1 有形固定資産			純資産の部	
建物	×××		Ⅰ 株主資本	
減価償却累計額	△×××	×××	1 資本金	×××
備品	×××		2 資本剰余金	×××
減価償却累計額	△×××	×××	3 利益剰余金	×××
土地		×××	4 自己株式	△×××
2 無形固定資産			Ⅱ その他の包括利益累計額	
のれん		×××	1 その他有価証券評価差額金	×××
3 投資その他の資産			2 繰延ヘッジ損益	×××
投資有価証券		×××	3 為替換算調整勘定	×××
繰延税金資産		×××	4 退職給付に係る調整累計額	×××
Ⅲ 繰延資産			Ⅲ 新株予約権	×××
開発費		×××	Ⅳ 非支配株主持分	×××
		×××		×××

※　個別財務諸表上の資本準備金、その他資本剰余金は「資本剰余金」として一括表示する。また、個別財務諸表上の利益準備金、その他利益剰余金は「利益剰余金」として一括表示する。

⑷ 連結株主資本等変動計算書

連結株主資本等変動計算書

P社　×年×月×日～×年×月×日

	株主資本					その他の包括利益累計額			新株予約権	非支配株主持分	純資産合計
	資本金	資本剰余金	利益剰余金	自己株式	株主資本合計	その他有価証券評価差額金	繰延ヘッジ損益	為替換算調整勘定			
当期首残高	××	××	××	△××	××	××	××	××	××	××	××
当期変動額											
新株の発行	××	××			××						××
追加取得による資本剰余金減少額		△××			△××						△××
一部売却による資本剰余金増加額		××			××						××
剰余金の配当			△××		△××						△××
親会社株主に帰属する当期純利益			××		××						××
自己株式の処分				××	××						××
株主資本以外の項目の事業年度中の変動額（純額）						××	××	××	××	××	××
当期変動額合計	××	××	××	××	××	××	××	××	××	××	××
当期末残高	××	××	××	△××	××	××	××	××	××	××	××

第2節　資本連結の基礎

1 投資と資本の相殺消去

✓ 簿記3,2級

親会社の子会社に対する投資（子会社株式）とこれに対応する子会社の資本は相殺消去する。これを「投資と資本の相殺消去」という。

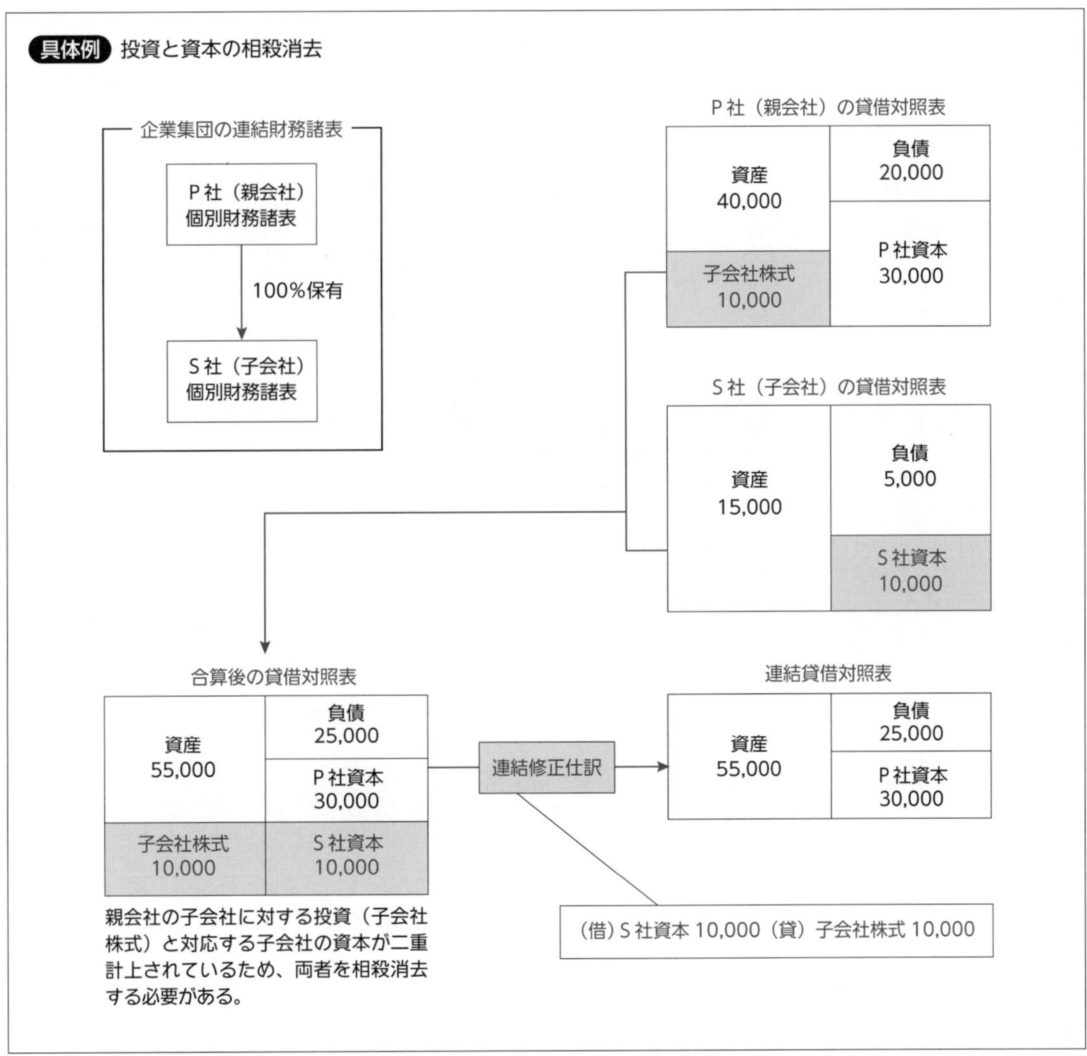

2 支配獲得後の基本的考え方 ✓ 簿記3,2級

(1) 連結損益計算書

支配獲得後は企業集団として経済活動を営むことになるため、**企業集団としての業績**を示す必要がでてくる。よって、企業集団としての損益計算書である**連結損益計算書を作成する**ことになる。

具体例 連結損益計算書

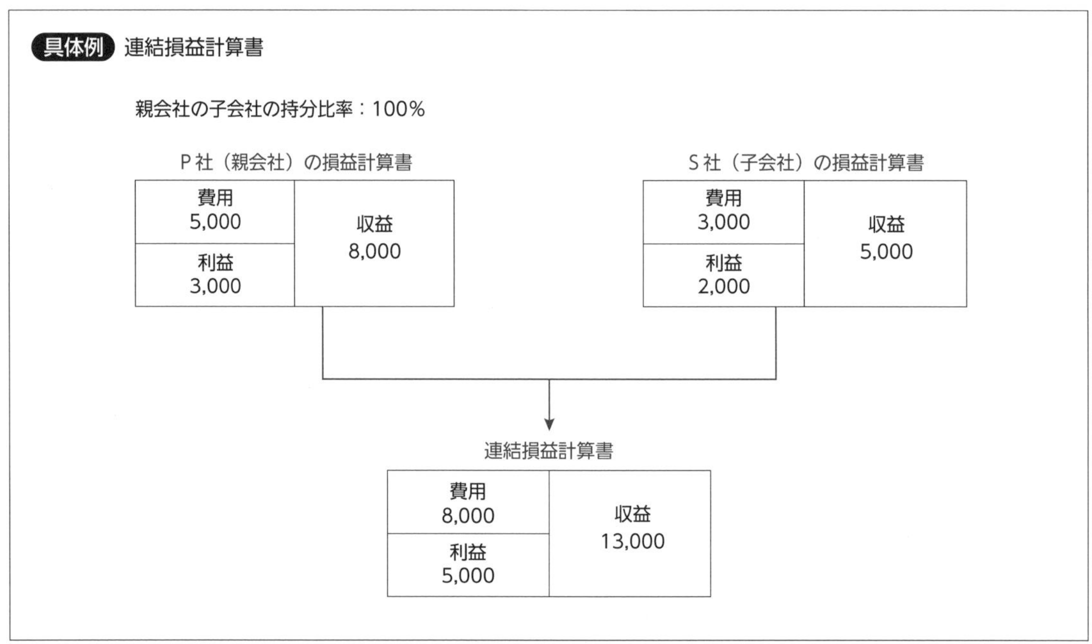

(2) 利益剰余金

連結上の利益剰余金には親会社の利益剰余金のみならず、子会社の利益剰余金も含まれる。ここで、連結上、子会社の利益剰余金は以下の２つに分けて処理する。

① **支配獲得時における子会社の利益剰余金**

支配獲得時における子会社の利益剰余金は、親会社が取得した子会社株式に対応する資本であるため、投資と資本の相殺消去により消去される。したがって、**連結上の利益剰余金とはならない。**

② **支配獲得後に増減した子会社の利益剰余金（子会社の当期純利益）**

支配獲得後に増減した子会社の利益剰余金（子会社の当期純利益）は企業集団としての投資の成果であるため、連結上の利益剰余金となる。なお、当該利益剰余金は個別財務諸表の合算により計上されるため、連結修正仕訳は不要である。

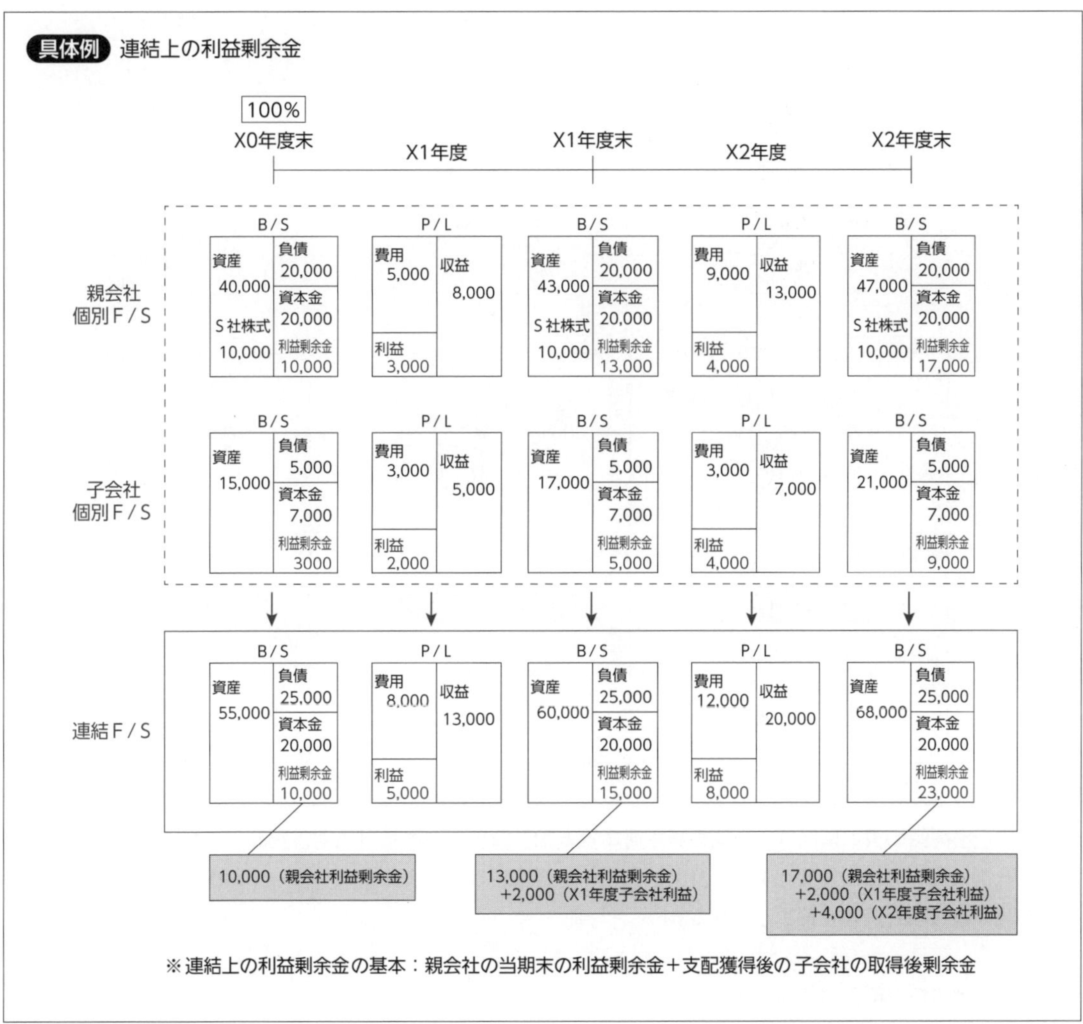

(3) 開始仕訳

開始仕訳とは、**前期以前に行った連結修正仕訳の累積仕訳**をいう。

連結財務諸表は、個別財務諸表を合算し連結修正仕訳を行うことで作成されるが、**合算する個別財務諸表は当期の個別財務諸表**である。また、連結修正仕訳は、会計帳簿の枠外である連結精算表上でのみ行われ、会計帳簿上には記録されていないため、**当期の個別財務諸表には過去の連結修正仕訳は一切反映されていない**。よって、連結年度ごとに、過年度の連結修正仕訳からすべて行う必要がある。

具体例 開始仕訳

・P社はX0年度末にS社株式のすべてを10,000で取得し子会社とした。
・支配獲得後、P社・S社ともに何ら取引を行っていないものとする。

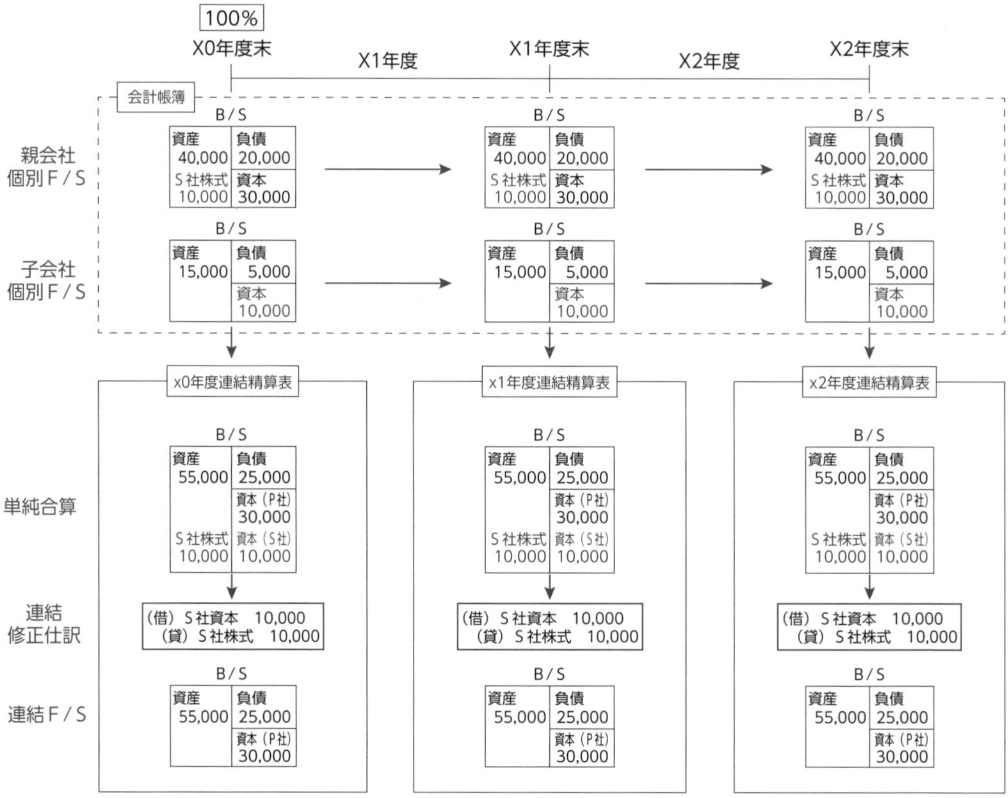

100%

	X0年度末	(X1年度) →	X1年度末	(X2年度) →	X2年度末
会計帳簿					
親会社個別F/S	B/S 資産 40,000 / S社株式 10,000 ｜ 負債 20,000 / 資本 30,000	→	B/S 資産 40,000 / S社株式 10,000 ｜ 負債 20,000 / 資本 30,000	→	B/S 資産 40,000 / S社株式 10,000 ｜ 負債 20,000 / 資本 30,000
子会社個別F/S	B/S 資産 15,000 ｜ 負債 5,000 / 資本 10,000	→	B/S 資産 15,000 ｜ 負債 5,000 / 資本 10,000	→	B/S 資産 15,000 ｜ 負債 5,000 / 資本 10,000
	x0年度連結精算表		x1年度連結精算表		x2年度連結精算表
単純合算	B/S 資産 55,000 / S社株式 10,000 ｜ 負債 25,000 / 資本(P社) 30,000 / 資本(S社) 10,000		B/S 資産 55,000 / S社株式 10,000 ｜ 負債 25,000 / 資本(P社) 30,000 / 資本(S社) 10,000		B/S 資産 55,000 / S社株式 10,000 ｜ 負債 25,000 / 資本(P社) 30,000 / 資本(S社) 10,000
連結修正仕訳	(借) S社資本 10,000 (貸) S社株式 10,000		(借) S社資本 10,000 (貸) S社株式 10,000		(借) S社資本 10,000 (貸) S社株式 10,000
連結F/S	B/S 資産 55,000 ｜ 負債 25,000 / 資本(P社) 30,000		B/S 資産 55,000 ｜ 負債 25,000 / 資本(P社) 30,000		B/S 資産 55,000 ｜ 負債 25,000 / 資本(P社) 30,000

支配獲得時の資本項目は、翌期の株主資本等変動計算書における「当期首残高」となる。そのため、開始仕訳においては、貸借対照表に計上されている資本項目を消去するのではなく、**株主資本等変動計算書の当期首残高を消去する**ことになる。

〔投資と資本の相殺消去の開始仕訳〕

(借)	資　本　金－当期首残高	×××	(貸) 子　会　社　株　式	×××
	資本剰余金－当期首残高	×××		
	利益剰余金－当期首残高	×××		

3 のれん

✓ 簿記3,2級

(1) 概要

子会社株式は、市場から時価等で取得するため、子会社株式とこれに対応する子会社の資本に差額が生じる場合がある。**当該差額は「のれん」として処理**する。

なお、子会社株式の金額が子会社の資本の額を上回る場合には「のれん」（無形固定資産）を計上するが、子会社株式の金額が子会社の資本を下回る場合には「負ののれん発生益」（特別利益）を計上する。

具体例 のれん

親会社における子会社株式の取得原価：12,000円（持分比率100％）

支配獲得時の子会社の資本：資本金3,000円　資本剰余金2,000円　利益剰余金5,000円

(借)			(貸)		
	資本金	3,000		子会社株式	12,000
	資本剰余金	2,000			
	利益剰余金	5,000			
	のれん	2,000※			

※　のれん：12,000（子会社株式）－10,000（資本合計）＝2,000

(2) のれんの償却

連結修正仕訳により計上された**のれんは計上後、償却しなければならない**。なお、のれんが年度末に計上された場合、**特段の指示がない限り、翌年度から償却を開始する**。また、のれんの金額に重要性が乏しい場合には、発生年度に一括費用処理することができる。

〔当期ののれんの償却に係る連結修正仕訳〕

(借)			(貸)		
	のれん償却額	×××		のれん	×××

〔前期以前ののれんの償却に係る連結修正仕訳〕

(借)			(貸)		
	利益剰余金－当期首残高	×××		のれん	×××

※　**前期以前ののれん償却額は前期以前の純利益の減少要因**であるため、当期の連結財務諸表作成のための開始仕訳において、**「利益剰余金－当期首残高」の減少**として処理する。

第26章　連結会計Ⅰ（連結会計の基礎）

4 非支配株主持分　✓ 簿記3,2級

(1) 概要

親会社の子会社に対する持分比率が100%でない場合には、親会社以外の非支配株主が存在する。連結上、子会社の資本のうち、**親会社に帰属する部分を親会社持分、非支配株主に帰属する部分を非支配株主持分といい、非支配株主持分は連結貸借対照表の純資産の部に「非支配株主持分」として表示する。**

具体例 非支配株主持分

親会社における子会社株式の取得原価：7,200円（持分比率60%）

支配獲得時の子会社の資本：資本金3,000円　資本剰余金2,000円　利益剰余金5,000円

（借）	資本金	3,000	（貸）	子会社株式	7,200
	資本剰余金	2,000		非支配株主持分	4,000※2
	利益剰余金	5,000			
	のれん	1,200※1			

※1　のれん：7,200（子会社株式）－10,000（資本合計）×60%＝1,200

※2　非支配株主持分：10,000（資本合計）×40%＝4,000

(2) 支配獲得後の処理

支配獲得後の子会社の当期純利益のうち、親会社持分は親会社株主に帰属する一方、非支配株主持分は非支配株主に帰属する。よって、**連結上、当期純利益（及び利益剰余金）は親会社株主に帰属する金額と非支配株主に帰属する金額とに区分して表示する。**

	連結損益計算書	連結貸借対照表
親会社株主に帰属	「親会社株主に帰属する当期純利益」	「利益剰余金」
非支配株主に帰属	「非支配株主に帰属する当期純利益」	「非支配株主持分」

具体例 利益の按分

・Ｐ社はＳ社株式の60％を保有しており、Ｓ社を子会社としている。
・Ｐ社の当期純利益は3,000円、Ｓ社の当期純利益は2,000円であった。

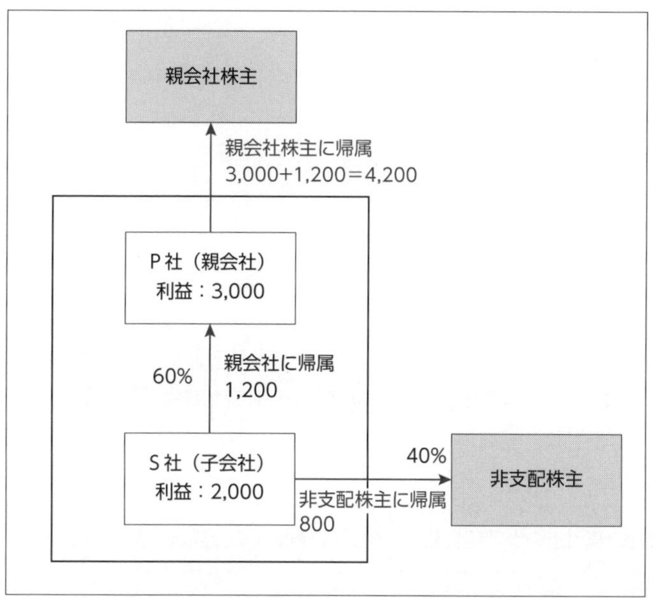

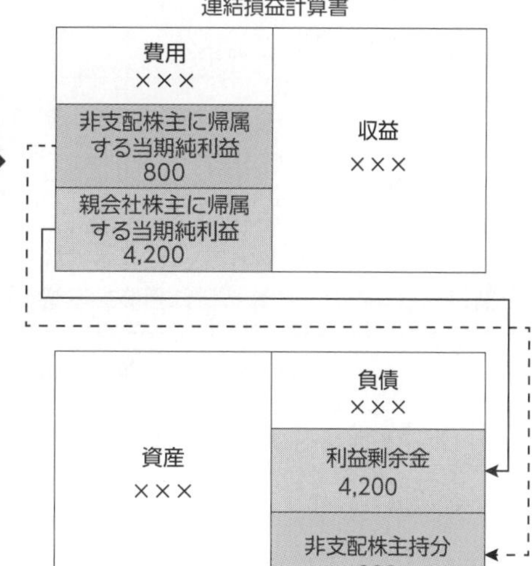

⑶　連結修正仕訳（子会社純利益の振替）

子会社の当期純利益のうち、**非支配株主に帰属する部分について「非支配株主に帰属する当期純損益」（利益の加減項目）を計上し、同額「非支配株主持分」を増減させる。**なお、下記仕訳は子会社が当期純利益を計上している場合であり、当期純損失の場合には貸借が逆になる。

〔当期に子会社が計上した純損益の按分〕

（借）	非支配株主に帰属する当期純損益	×××	（貸）	非支配株主持分－当期変動額	×××

〔前期以前に子会社が計上した純損益の按分〕

（借）	利益剰余金－当期首残高	×××	（貸）	非支配株主持分－当期首残高	×××

⑷　連結財務諸表計上額

①　連結損益計算書

〔非支配株主に帰属する当期純利益〕

非支配株主に帰属する当期純利益 ＝ 子会社の個別上の当期純利益 × 非支配株主持分比率

〔親会社株主に帰属する当期純利益〕

親会社株主に帰属する当期純利益 ＝ 親会社の個別上の当期純利益 ＋ 子会社の個別上の当期純利益 × 親会社持分比率

※　なお、のれん償却額等、連結上の損益が生じる場合には当該金額についても加減する。

②　連結貸借対照表

〔非支配株主持分〕

非支配株主持分 ＝ 子会社の資本合計 × 非支配株主持分比率

〔利益剰余金〕

連結貸借対照表の利益剰余金は、親会社の個別上の利益剰余金に対して取得後剰余金の金額を加減した額となる。なお、のれん償却額等、連結上の損益が生じる場合には当該金額についても加減する。

利益剰余金 ＝ 親会社の個別上の利益剰余金 ＋ 取得後剰余金

※　取得後剰余金とは、支配獲得後の子会社利益（利益剰余金の増加額）のうち、親会社持分をいう。

5 剰余金の配当

✓ 簿記3,2級

(1) 概要

親会社の剰余金の配当	連結上の剰余金の配当として扱う	
子会社の剰余金の配当	親会社の持分	親会社が計上している受取配当金と相殺する
	非支配株主の持分	非支配株主持分に振り替える

(2) 連結修正仕訳

子会社が行った配当金のうち、親会社持分については親会社が受取配当金として損益計算書に計上している。これは**企業集団内での内部取引であるため、子会社が行った配当と親会社が計上している受取配当金を相殺消去**する。

また、非支配株主に対して行った配当は、非支配株主持分に帰属する剰余金から支払われたものであるため、**非支配株主持分の減少として処理**することになる。よって、利益剰余金を非支配株主持分の減少に振り替える。

結果として、**親会社が行った配当金のみが、連結上の支払配当金として認識され、連結株主資本等変動計算書に計上される。**

〔子会社が当期に実施した配当金の連結修正仕訳〕

(借)	受取配当金	×××	(貸)	利益剰余金－剰余金の配当 (利益剰余金－当期変動額)	×××
	非支配株主持分－当期変動額	×××			

〔子会社が前期以前に実施した配当金の連結修正仕訳〕

(借)	非支配株主持分－当期首残高	×××	(貸)	利益剰余金－当期首残高	×××

具体例 剰余金の配当

P社はS社を子会社として支配している（持分比率：60%）。S社は剰余金の配当を500行った。

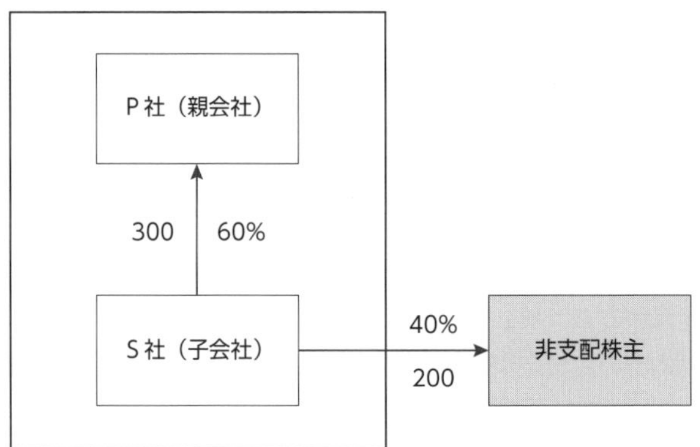

親会社持分

⑴ 個別上の仕訳

① P社

（借）現金預金	300	（貸）受取配当金	300

② S社

（借）利益剰余金	300	（貸）現金預金	300

⑵ 連結上あるべき仕訳

仕訳なし

⑶ 連結修正仕訳

（借）受取配当金	300	（貸）利益剰余金	300

※ 連結上、子会社の親会社に対する配当は、内部取引と捉えられるため、子会社の配当金と親会社の受取配当金を相殺消去する。

非支配株主持分

⑴ 個別上の仕訳

① P社

仕訳なし

② S社

（借）利益剰余金	200	（貸）現金預金	200

⑵ 連結上あるべき仕訳

（借）非支配株主持分	200	（貸）現金預金	200

⑶ 連結修正仕訳

（借）非支配株主持分	200	（貸）利益剰余金	200

※ 連結上、子会社の非支配株主に対する配当は利益剰余金の減少ではなく、非支配株主持分の減少として扱うため、利益剰余金を非支配株主持分に振り替える。

■ 例題1　資本連結

重要度A

以下の資料に基づき、×6年3月期の連結財務諸表を示しなさい。なお、税効果会計は考慮しない。

(1)　P社は×4年3月31日にS社株式の70％を78,500円で取得し、S社を子会社とした。支配獲得時のS社の資本勘定は次のとおりである。なお、S社の資産・負債の帳簿価額と時価に乖離はなかった。

資本金	利益剰余金
66,000円	44,000円

(2)　S社は×4年6月20日に利益剰余金から2,000円の配当を行っている。また、×5年3月期におけるS社の当期純利益は14,000円である。

(3)　のれんは発生年度の翌期から10年間にわたり定額法による償却を行う。

(4)　×6年3月期におけるP社及びS社の個別財務諸表は次のとおりである。

損　益　計　算　書

×5年4月1日～×6年3月31日　（単位：円）

科　目	P　社	S　社	科　目	P　社	S　社
諸費用	1,455,900	229,000	諸収益	1,500,000	235,000
当期純利益	48,000	7,800	受取配当金	3,900	1,800
	1,503,900	236,800		1,503,900	236,800

株主資本等変動計算書

×5年4月1日～×6年3月31日　（単位：円）

	P　社			S　社		
	資本金	利益剰余金	株主資本合計	資本金	利益剰余金	株主資本合計
当期首残高	300,000	236,000	536,000	66,000	56,000	122,000
当期変動額						
剰余金の配当		△18,000	△18,000		△3,600	△3,600
当期純利益		48,000	48,000		7,800	7,800
当期末残高	300,000	266,000	566,000	66,000	60,200	126,200

貸　借　対　照　表

×6年3月31日現在　（単位：円）

科　目	P　社	S　社	科　目	P　社	S　社
諸資産	1,060,500	252,700	諸負債	573,000	126,500
子会社株式	78,500	―	資本金	300,000	66,000
			利益剰余金	266,000	60,200
	1,139,000	252,700		1,139,000	252,700

■ 解答　解説（単位：円）

1．タイム・テーブル

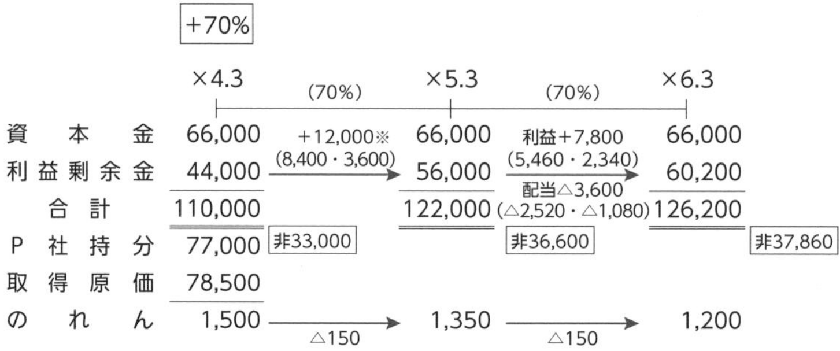

※　前期以前の利益と配当は、両者をまとめてしまって、利益剰余金の増加額として扱えばよい。

2．連結修正仕訳

(1)　開始仕訳

①　投資と資本の相殺消去

（借）	資本金－当期首残高	66,000	（貸）	子会社株式	78,500
	利益剰余金－当期首残高	44,000		非支配株主持分－当期首残高	33,000※2
	のれん	1,500※1			

※１　のれん：78,500（子会社株式）－110,000（X4.3資本合計）×70％（P社比率）＝1,500
※２　非支配株主持分：110,000（X4.3資本合計）×30％（非持比率）＝33,000

②　前期利益の按分

（借）	利益剰余金－当期首残高	3,600	（貸）	非支配株主持分－当期首残高	3,600

※　12,000（S社前期利益剰余金増加額）×30％（非持比率）＝3,600

③　前期のれんの償却

（借）	利益剰余金－当期首残高	150	（貸）	のれん	150

※　1,500（のれん計上額）÷10年（償却年数）＝150

④　開始仕訳（上記仕訳の合算）

（借）	資本金－当期首残高	66,000	（貸）	子会社株式	78,500
	利益剰余金－当期首残高	47,750※1		非支配株主持分－当期首残高	36,600※3
	のれん	1,350※2			

※１　利益剰余金：44,000（相殺）＋3,600（利益の按分）＋150（のれん償却額）＝47,750
※２　のれん：1,500（のれん計上額）×９年（未償却年数）／10年（償却年数）＝1,350
※３　非支配株主持分：122,000（X5.3資本合計）×30％（非持比率）＝36,600

⑵ 当期の連結修正仕訳

① 当期利益の按分

(借) 非支配株主に帰属する当期純損益	2,340	(貸) 非支配株主持分－当期変動額	2,340

※　7,800（S社当期利益）×30%（非持比率）＝2,340

② 当期剰余金の配当

(借) 受取配当金	2,520※1	(貸) 利益剰余金－剰余金の配当	3,600
非支配株主持分－当期変動額	1,080※2		

※1　受取配当金：3,600（S社当期配当）×70%（P社比率）＝2,520

※2　非支配株主持分：3,600（S社当期配当）×30%（非持比率）＝1,080

③ 当期のれんの償却

(借) のれん償却額	150	(貸) の れ ん	150

3．連結財務諸表

連結損益計算書

×5年4月1日～×6年3月31日

諸費用	1,684,900	諸収益	1,735,000
のれん償却額	150	受取配当金	3,180※1
非支配株主に帰属する当期純利益	2,340		
親会社株主に帰属する当期純利益	50,790※2		
	1,738,180		1,738,180

※1　3,900（P社）＋1,800（S社）－2,520（受取配当金）＝3,180

※2　48,000（P社）＋2,940（当期取得後剰余金）－150（当期のれん償却額）＝50,790

連結株主資本等変動計算書

×5年4月1日～×6年3月31日

	資本金	利益剰余金	株主資本合計	非支配株主持分
当期首残高	300,000	244,250※3	544,250	36,600※6
当期変動額				
剰余金の配当		△18,000※4	△18,000	
親会社株主に帰属する当期純利益		50,790※2	50,790	
株主資本以外の項目の当期変動額（純額）				1,260
当期末残高	300,000	277,040※5	577,040	37,860※7

※3　236,000（P社）＋8,400（前期取得後剰余金）－150（前期のれん償却額）＝244,250

※4　18,000（P社）＋3,600（S社）－3,600（修正）＝18,000

※5　266,000（P社）＋8,400（前期取得後剰余金）＋2,940（当期取得後剰余金）－150（のれん償却額）×2年＝277,040

※6　122,000（X5.3資本合計）×30%（非持比率）＝36,600

※7　126,200（X6.3資本合計）×30%（非持比率）＝37,860

連結貸借対照表

×6年3月31日現在

諸資産	1,313,200	諸負債	699,500
のれん	1,200※8	資本金	300,000
		利益剰余金	277,040※5
		非支配株主持分	37,860※7
	1,314,400		1,314,400

※8　1,500（のれん計上額）×8年（未償却年数）／10年（償却年数）＝1,200

第3節　評価差額

連結財務諸表の作成にあたっては、**支配獲得日において、子会社の資産及び負債のすべてを、支配獲得時の時価により評価する（全面時価評価法）**。また、子会社の資産及び負債の、時価評価額と個別貸借対照表計上額との差額（**評価差額**）は、子会社の資本とする。

なお、子会社の資産及び負債を毎期末に時価評価するわけではない点に留意すること。

〔評価差額の計上〕

(借)	諸　資　産	×××	(貸) 評　価　差　額	×××

※　評価差額：支配獲得時の時価－支配獲得時の子会社の個別貸借対照表計上額

〔投資と資本の相殺消去〕

(借)	資　本　金	×××	(貸) 子　会　社　株　式	×××
	資本剰余金	×××		
	利益剰余金	×××		
	評　価　差　額	×××※		
	の　れ　ん	×××		

※　評価差額は投資と資本の相殺消去により全額消去されるため、連結財務諸表には計上されない。

■ 例題2　評価差額がある場合の投資と資本の相殺消去

重要度A

以下の資料に基づき、×6年3月31日の連結貸借対照表を作成しなさい。

(1)　P社は、×6年3月31日にS社株式の100％を20,000円で取得し、S社を子会社とした。

(2)　×6年3月31日におけるS社の土地の時価は6,500円である。

(3)　税効果会計は考慮しない。

(4)　×6年3月31日現在のP社及びS社の個別貸借対照表は次のとおりである。

貸　借　対　照　表

×6年3月31日現在　　　　(単位：円)

科　目	P　社	S　社	科　目	P　社	S　社
諸　資　産	100,000	30,000	諸　負　債	86,000	19,000
土　地	54,000	6,000	資　本　金	55,000	10,000
子会社株式	20,000	—	資本剰余金	10,000	2,000
			利益剰余金	23,000	5,000
	174,000	36,000		174,000	36,000

■ 解答解説（単位：円）

1．タイム・テーブル

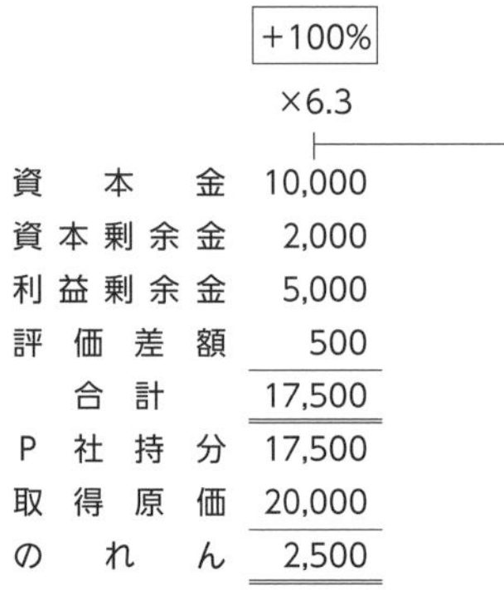

	+100% ×6.3
資本金	10,000
資本剰余金	2,000
利益剰余金	5,000
評価差額	500
合計	17,500
P社持分	17,500
取得原価	20,000
のれん	2,500

2．評価差額の計上

（借）	土地	500	（貸）評価差額	500

※　6,500（時価）－6,000（簿価）＝500

3．修正後S社貸借対照表

修正後S社貸借対照表

×6年3月31日現在

科目	S社	科目	S社
諸資産	30,000	諸負債	19,000
土地	**6,500**	資本金	10,000
子会社株式	—	資本剰余金	2,000
		利益剰余金	5,000
		評価差額	**500**
	36,500		36,500

4．連結修正仕訳

（借）	資本金	10,000	（貸）子会社株式	20,000
	資本剰余金	2,000		
	利益剰余金	5,000		
	評価差額	500		
	のれん	2,500※		

※　のれん：20,000（子会社株式）－17,500（X6.3資本合計）＝2,500

5．連結貸借対照表

連結貸借対照表

×6年3月31日現在

諸資産	130,000	諸負債	105,000
土地	60,500※	資本金	55,000
のれん	2,500	資本剰余金	10,000
		利益剰余金	23,000
	193,000		193,000

※　54,000（P社）＋6,000（S社）＋500（評価差額）＝60,500

■ 例題３　評価差額がある場合の資本連結

重要度Ａ

以下の資料に基づき、×８年３月期の連結財務諸表を作成しなさい。

(1)　Ｐ社は×６年３月31日にＳ社株式の60％を12,000円で取得し、Ｓ社を子会社とした。支配獲得時のＳ社の資本勘定は次のとおりである。

資本金	資本剰余金	利益剰余金
10,000円	2,000円	5,000円

(2)　×６年３月31日におけるＳ社の土地（帳簿価額6,000円）の時価は6,500円である。

(3)　のれんは発生年度の翌期から20年間にわたり定額法により償却する。

(4)　税効果会計は考慮しない。

(5)　当期（×７年４月１日～×８年３月31日）のＰ社及びＳ社の個別財務諸表は次のとおりである。

損　益　計　算　書

×７年４月１日～×８年３月31日　　（単位：円）

科　　目	Ｐ　社	Ｓ　社	科　　目	Ｐ　社	Ｓ　社
諸　費　用	600,000	145,000	諸　収　益	640,000	160,000
当期純利益	40,000	15,000			
	640,000	160,000		640,000	160,000

株主資本等変動計算書

×７年４月１日～×８年３月31日　　（単位：円）

	Ｐ　社			Ｓ　社		
	資本金	資本剰余金	利益剰余金	資本金	資本剰余金	利益剰余金
当期首残高	55,000	10,000	53,000	10,000	2,000	17,000
当期変動額（当期純利益）	―	―	40,000	―	―	15,000
当期末残高	55,000	10,000	93,000	10,000	2,000	32,000

貸　借　対　照　表

×８年３月31日現在　　（単位：円）

科　　目	Ｐ　社	Ｓ　社	科　　目	Ｐ　社	Ｓ　社
諸　資　産	178,000	57,000	諸　負　債	86,000	19,000
土　　地	54,000	6,000	資　本　金	55,000	10,000
子会社株式	12,000	―	資本剰余金	10,000	2,000
			利益剰余金	93,000	32,000
	244,000	63,000		244,000	63,000

■ 解答解説（単位：円）

1．タイム・テーブル

	+60% ×6.3	(70%)	×7.3	(70%)	×8.3	
資本金	10,000		10,000		10,000	
資本剰余金	2,000	利益+12,000	2,000	利益+15,000	2,000	
利益剰余金	5,000	(7,200・4,800) →	17,000	(9,000・6,000) →	32,000	
評価差額	500		500		500	
合計	17,500	非7,000	29,500	非11,800	44,500	非17,800
P社持分	10,500					
取得原価	12,000					
のれん	1,500	△75 →	1,425	△75 →	1,350	

2．評価差額の計上

(借) 土地	500	(貸) 評価差額	500

※　6,500（時価）－6,000（簿価）＝500

3．連結修正仕訳

(1) 開始仕訳

① 投資と資本の相殺消去

(借) 資本金－当期首残高	10,000	(貸) 子会社株式	12,000
資本剰余金－当期首残高	2,000	非支配株主持分－当期首残高	7,000※2
利益剰余金－当期首残高	5,000		
評価差額	500		
のれん	1,500※1		

※1　のれん：12,000（子会社株式）－17,500（X6.3資本合計）×60%（P社比率）＝1,500
※2　非支配株主持分：17,500（X6.3資本合計）×40%（非持比率）＝7,000

② 前期利益の按分

(借) 利益剰余金－当期首残高	4,800	(貸) 非支配株主持分－当期首残高	4,800

※　12,000（S社前期利益）×40%（非持比率）＝4,800

③ 前期のれんの償却

(借) 利益剰余金－当期首残高	75	(貸) のれん	75

※　1,500（のれん計上額）÷20年（償却年数）＝75

④ 開始仕訳（上記仕訳の合算）

(借) 資本金－当期首残高	10,000	(貸) 子会社株式	12,000
資本剰余金－当期首残高	2,000	非支配株主持分－当期首残高	11,800※3
利益剰余金－当期首残高	9,875※1		
評価差額	500		
のれん	1,425※2		

※1　利益剰余金：5,000（相殺）＋4,800（利益の按分）＋75（のれん償却額）＝9,875
※2　のれん：1,500（のれん計上額）×19年（未償却年数）／20年（償却年数）＝1,425
※3　非支配株主持分：29,500（X7.3資本合計）×40%（非持比率）＝11,800

(2) 当期の連結修正仕訳

① 当期利益の按分

(借) 非支配株主に帰属する当期純損益	6,000	(貸) 非支配株主持分－当期変動額	6,000

※　15,000（S社当期利益）×40％（非持比率）＝6,000

② 当期のれんの償却

(借) のれん償却額	75	(貸) のれん	75

※　1,500（のれん計上額）÷20年（償却年数）＝75

4．連結財務諸表

連結損益計算書

×7年4月1日～×8年3月31日

諸費用	745,000	諸収益	800,000
のれん償却額	75		
非支配株主に帰属する当期純利益	6,000		
親会社株主に帰属する当期純利益	48,925※1		
	800,000		800,000

※1　40,000（P社）＋9,000（当期取得後剰余金）－75（のれん償却額）＝48,925

連結株主資本等変動計算書

×7年4月1日～×8年3月31日

	資本金	資本剰余金	利益剰余金	非支配株主持分
当期首残高	55,000	10,000	60,125※2	11,800※4
当期変動額	—	—	48,925※1	6,000
当期末残高	55,000	10,000	109,050※3	17,800※5

※2　53,000（P社）＋7,200（前期取得後剰余金）－75（前期のれん償却額）＝60,125

※3　93,000（P社）＋7,200（前期取得後剰余金）＋9,000（当期取得後剰余金）－75（のれん償却額）×2年＝109,050

※4　29,500（X7.3資本合計）×40％（非持比率）＝11,800

※5　44,500（X8.3資本合計）×40％（非持比率）＝17,800

連結貸借対照表

×8年3月31日現在

諸資産	235,000	諸負債	105,000
土地	60,500※6	資本金	55,000
のれん	1,350※7	資本剰余金	10,000
		利益剰余金	109,050※3
		非支配株主持分	17,800※5
	296,850		296,850

※6　54,000（P社）＋6,000（S社）＋500（評価差額）＝60,500

※7　1,500（のれん計上額）×18年（未償却年数）／20年（償却年数）＝1,350

5．連結精算表（参考）

連　結　精　算　表

×7年4月1日～×8年3月31日　　　　（単位：円）

勘定科目	個別財務諸表			連結修正仕訳		連結財務諸表
	P社	S社	合計	借方	貸方	
損益計算書						
諸収益	(640,000)	(160,000)	(800,000)			(800,000)
諸費用	600,000	145,000	745,000			745,000
のれん償却額				75		75
非支配株主に帰属する当期純利益				6,000		6,000
親会社株主に帰属する当期純利益	(40,000)	(15,000)	(55,000)	6,075		(48,925)
株主資本等変動計算書						
資本金当期首残高	(55,000)	(10,000)	(65,000)	10,000		(55,000)
資本金当期末残高	(55,000)	(10,000)	(65,000)	10,000		(55,000)
利益剰余金当期首残高	(53,000)	(17,000)	(70,000)	9,875		(60,125)
親会社株主に帰属する当期純利益	(40,000)	(15,000)	(55,000)	6,075		(48,925)
利益剰余金当期末残高	(93,000)	(32,000)	(125,000)	15,950		(109,050)
貸借対照表						
諸資産	178,000	57,000	235,000			235,000
土地	54,000	6,500	60,500			60,500
子会社株式	12,000		12,000		12,000	0
のれん				1,500	150	1,350
資産合計	244,000	63,500	307,500	1,500	12,150	296,850
諸負債	(86,000)	(19,000)	(105,000)			(105,000)
資本金	(55,000)	(10,000)	(65,000)	10,000		(55,000)
資本剰余金	(10,000)	(2,000)	(12,000)	2,000		(10,000)
利益剰余金	(93,000)	(32,000)	(125,000)	15,950		(109,050)
評価差額		(500)	(500)	500		0
非支配株主持分					17,800	(17,800)
負債及び純資産合計	(244,000)	(63,500)	(307,500)	28,450	17,800	(296,850)

※　貸方の項目については（　）を付している。

①　損益計算書欄

損益計算書欄は、「親会社株主に帰属する当期純利益」以外の項目は、連結修正仕訳に応じて記入することになる。

収益項目は借方が減少、貸方が増加を意味し、費用項目は借方が増加、貸方が減少を意味している。

②　株主資本等変動計算書欄

株主資本等変動計算書欄は、「親会社株主に帰属する当期純利益」と利益剰余金期末残高以外の項目は、連結修正仕訳に応じて記入することになる。

利益剰余金期首残高は借方が減少、貸方が増加を意味し、剰余金の配当項目は借方が増加、貸方が減少を意味している。

③　貸借対照表欄

貸借対照表欄は、利益剰余金以外の項目は、連結修正仕訳に応じて記入することになる。

資産項目は借方が増加、貸方が減少を意味し、負債・純資産項目は、借方が減少、貸方が増加を意味している。

④　親会社株主に帰属する当期純利益及び利益剰余金の流れ

「親会社株主に帰属する当期純利益」はまず、損益計算書の連結修正仕訳欄の合計額を損益計算書の「親会社株主に帰属する当期純利益」に記入する。

その金額を株主資本等変動計算書の「親会社株主に帰属する当期純利益」に記入する。その結果、株主資本等変動計算書の利益剰余金期末残高の金額が記入される。

その金額が貸借対照表の利益剰余金の欄に記入される。

参考 親会社説と経済的単一体説（連結基礎概念）

連結財務諸表の作成に当たっての基本的な考え方には「**親会社説**」と「**経済的単一体説**」の２つがある。

親会社説	連結財務諸表を親会社の個別財務諸表の延長線上に位置付け、**連結財務諸表は主として親会社の株主の立場から作成されるものと捉える考え方**
経済的単一体説	連結財務諸表を親会社とは区別される企業集団全体の財務諸表と位置付け、**連結財務諸表を非支配株主も含めた企業集団全体の株主の立場から作成されるものと捉える考え方**

両説とも、企業集団全体の資産・負債と収益・費用を連結財務諸表に表示する点では同じであるが、主に**株主資本に関する考え方が大きく異なる。**

親会社説	子会社の資本のうち、**親会社の株主持分のみを連結貸借対照表の株主資本の区分に反映**させる（非支配株主持分は株主資本の区分には記載されない）。
経済的単一体説	子会社の資本のうち、**企業集団を構成する全ての会社の株主持分を連結貸借対照表の株主資本の区分に反映**させる（非支配株主持分は株主資本の区分に記載される）。

従来の連結会計基準では、**基本的に「親会社説」の考え方を採用していた。**これは、連結財務諸表が提供する情報は主として親会社の株主を対象とするものであるとともに、親会社が中心となって企業集団を運営しているという現実的な感覚をより適切に反映できるからである。

一方、国際財務報告基準（ＩＦＲＳ）では、経済的単一体説の考え方に基づき連結財務諸表を作成している。そのため、近年の我が国における連結基礎概念は、国際的調和化を図り、諸外国の財務諸表との比較可能性を向上させることを目的として、**経済的単一体説の考え方により近づいてきている。**

この結果、現在の我が国の現在の連結財務諸表は、従来からの親会社説による考え方と経済的単一体説の考え方が混在しており、理論的な一貫性が失われている。

（親会社説と経済的単一体説の比較）

	親会社説	経済的単一体説
子会社の資産及び負債の評価	部分時価評価法	全面時価評価法
のれんの計上範囲	購入のれん（親会社株主に帰属するもののみ計上）	全部のれん（非支配株主に帰属するのれんも計上）
非支配株主持分の表示	株主資本以外の区分に表示	株主資本の区分に表示
支配獲得後の持分変動（追加取得、一部売却等）	損益取引	資本取引
未実現損益の消去	アップストリーム、ダウンストリームを問わず、部分消去・親会社負担方式	アップストリームの場合は全額消去・持分按分負担方式、ダウンストリームの場合は全額消去・親会社負担方式
当期純利益の構成要素	親会社株主に帰属する当期純利益のみ	親会社株主及び非支配株主に帰属する当期純利益

※ 色塗り部分は我が国の連結会計基準において適用されている方法

第27章

連結会計Ⅱ（資本連結）

第１節　段階取得

1 意義

段階取得とは、支配獲得までに２回以上にわたり子会社株式を取得することをいう。

<table>
<tr><td>一括取得</td><td colspan="2">株式の取得が１回の場合</td></tr>
<tr><td rowspan="2">段階取得</td><td rowspan="2">株式の取得が２回以上の場合</td><td>持分法の適用を行わない場合</td></tr>
<tr><td>持分法の適用を行う場合</td></tr>
</table>

2 会計処理

(1) 段階取得に係る損益

連結上、支配獲得までに段階取得した株式を支配獲得日に、支配獲得日の時価により、一括して取得したものとして処理する。

また、支配獲得日の時価（連結上の取得原価）と支配獲得するに至った個々の取引ごとの原価の合計額（個別上の取得原価）との差額を「段階取得に係る差益（または差損）」（特別損益）として処理する。

> 支配獲得日の時価 ＝ 支配獲得日の取得価額 ÷ 支配獲得時の取得比率 × 合計の取得比率
> 段階取得に係る損益 ＝ 支配獲得日の時価 − 個々の取引ごとの原価の合計額

〔段階取得に係る損益の連結修正仕訳〕

(借) 子会社株式	×××	(貸) 段階取得に係る差益	×××

(2) のれん計上額

支配獲得日の時価と支配獲得時の子会社の資本のうち親会社持分の金額との差額を、「のれん」又は「負ののれん発生益」として処理する。

> のれん ＝ 支配獲得日の時価 −　支配獲得日における子会社の資本×親会社比率合計

■ 例題1　段階取得

重要度A

以下の資料に基づき、各問に答えなさい。

(1)　P社は×5年3月31日にS社株式の10%を9,900円で取得した。

(2)　P社は×6年3月31日にS社株式の50%を52,000円で取得し、S社を子会社とした。

(3)　S社の資本勘定の推移は次のとおりである。

	資本金	資本剰余金	利益剰余金
×5年3月31日	50,000円	10,000円	25,000円
×6年3月31日	50,000円	10,000円	32,000円
×7年3月31日	50,000円	10,000円	40,000円

(4)　S社の諸資産には土地（帳簿価額20,000円）が含まれており、当該土地の時価は次のとおりである。

×5年3月31日：25,000円　　×6年3月31日：26,000円

(5)　のれんは発生年度の翌期から10年間にわたり定額法により償却する。

(6)　税効果会計は考慮しない。

(7)　剰余金の配当は行われていない。

(8)　×6年3月期におけるP社及びS社の個別財務諸表は次のとおりである。

損　益　計　算　書

×5年4月1日～×6年3月31日　（単位：円）

科　目	P　社	S　社	科　目	P　社	S　社
諸費用	170,000	61,000	諸収益	250,000	68,000
当期純利益	80,000	7,000			
	250,000	68,000		250,000	68,000

貸　借　対　照　表

×6年3月31日現在　（単位：円）

科　目	P　社	S　社	科　目	P　社	S　社
諸資産	1,252,100	162,000	諸負債	500,000	70,000
子会社株式	61,900	—	資本金	500,000	50,000
			資本剰余金	50,000	10,000
			利益剰余金	264,000	32,000
	1,314,000	162,000		1,314,000	162,000

(9)　×7年3月期におけるP社及びS社の個別財務諸表は次のとおりである。

損益計算書

×6年4月1日～×7年3月31日　（単位：円）

科目	P社	S社	科目	P社	S社
諸費用	200,000	70,000	諸収益	300,000	78,000
当期純利益	100,000	8,000			
	300,000	78,000		300,000	78,000

貸借対照表

×7年3月31日現在　（単位：円）

科目	P社	S社	科目	P社	S社
諸資産	1,652,100	200,000	諸負債	800,000	100,000
子会社株式	61,900	—	資本金	500,000	50,000
			資本剰余金	50,000	10,000
			利益剰余金	364,000	40,000
	1,714,000	200,000		1,714,000	200,000

問1　×6年3月期の連結財務諸表を作成しなさい。

問2　×7年3月期の連結財務諸表を作成しなさい。

■ 解答解説（単位：円）

〔タイム・テーブル〕

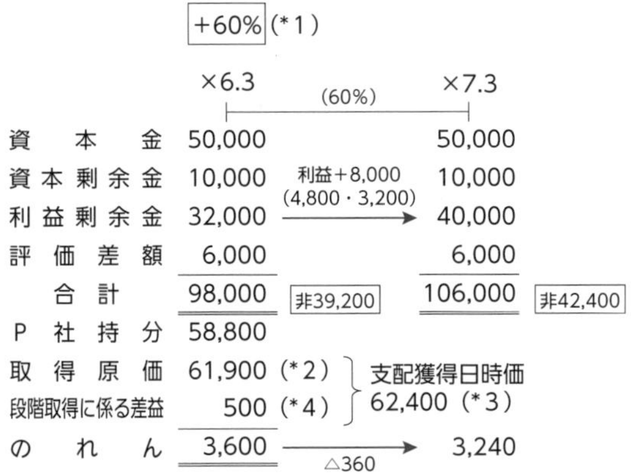

(*1) 取得割合：10%（×5.3取得）+50%（×6.3取得）=60%

(*2) 取得原価合計：9,900（10%分取得原価）+52,000（50%分取得原価）=61,900

(*3) 支配獲得日時価：52,000（50%分取得原価）÷50%（×6.3取得）×60%（×6.3P社持分）=62,400

(*4) 段階取得に係る差益：62,400（支配獲得日時価*3）−61,900（取得原価合計*2）=500

又は

52,000（50%分取得原価）÷50%（×6.3取得）×10%（×5.3取得）

−9,900（10%分取得原価）=500

問1　×6年3月期

1．評価差額の計上

(借) 諸資産	6,000	(貸) 評価差額	6,000

※　26,000（X6.3時価）－20,000（帳簿価額）＝6,000

2．連結修正仕訳

(1)　段階取得に係る差益の計上

(借) 子会社株式	500	(貸) 段階取得に係る差益	500

※　52,000（50%分取得原価）÷50%（X6.3取得）×60%（X6.3 P社持分）－61,900（取得原価合計）＝500
又は
52,000（50%分取得原価）÷50%（X6.3取得）×10%（X5.3取得）－9,900（10%分取得原価）＝500

(2)　投資と資本の相殺消去

(借) 資本金	50,000	(貸) 子会社株式	62,400※1
資本剰余金	10,000	非支配株主持分	39,200※3
利益剰余金	32,000		
評価差額	6,000		
のれん	3,600※2		

※1　子会社株式：61,900（取得原価合計）＋500（段階差益）＝62,400（支配獲得日時価）
又は
52,000（50%分取得原価）÷50%（X6.3取得）×60%（X6.3P社持分）＝62,400
※2　のれん：62,400（支配獲得日時価）－98,000（X6.3資本合計）×60%（P社比率）＝3,600
※3　非支配株主持分：98,000（X6.3資本合計）×40%（非持比率）＝39,200

3．連結財務諸表

×6年3月31日に支配を獲得しているため、S社の損益計算書については合算しない。

連結損益計算書
×5年4月1日～×6年3月31日

諸費用	170,000	諸収益	250,000
親会社株主に帰属する当期純利益	80,500※1	段階取得に係る差益	500
	250,500		250,500

※1　80,000（P社）＋500（段階差益）＝80,500

連結貸借対照表
×6年3月31日現在

諸資産	1,420,100※2	諸負債	570,000
のれん	3,600	資本金	500,000
		資本剰余金	50,000
		利益剰余金	264,500※3
		非支配株主持分	39,200※4
	1,423,700		1,423,700

※2　1,252,100（P社）＋162,000（S社）＋6,000（評価差額）＝1,420,100
※3　264,000（P社）＋500（段階差益）＝264,500
※4　98,000（X6.3資本合計）×40%（非持比率）＝39,200

問2 ×7年3月期

1．評価差額の計上

(借) 諸資産	6,000	(貸) 評価差額	6,000

※ 26,000（X6.3時価）－20,000（帳簿価額）＝6,000

2．連結修正仕訳

(1) 開始仕訳

① 段階取得に係る差益の計上

(借) 子会社株式	500	(貸) 利益剰余金－当期首残高	500

② 投資と資本の相殺消去

(借) 資本金－当期首残高	50,000	(貸) 子会社株式	62,400
資本剰余金－当期首残高	10,000	非支配株主持分－当期首残高	39,200
利益剰余金－当期首残高	32,000		
評価差額	6,000		
のれん	3,600		

③ 開始仕訳（上記仕訳の合算）

(借) 資本金－当期首残高	50,000	(貸) 子会社株式	61,900※1
資本剰余金－当期首残高	10,000	非支配株主持分－当期首残高	39,200
利益剰余金－当期首残高	31,500※2		
評価差額	6,000		
のれん	3,600		

※1 子会社株式：62,400（支配獲得日時価）－500（段階差益）＝61,900

※2 利益剰余金：32,000（相殺）－500（段階差益）＝31,500

(2) 当期の連結修正仕訳

① 当期利益の按分

(借) 非支配株主に帰属する当期純損益	3,200	(貸) 非支配株主持分－当期変動額	3,200

※ 8,000（S社利益）×40%（非持比率）＝3,200

② 当期のれんの償却

(借) のれん償却額	360	(貸) のれん	360

※ 3,600（のれん計上額）÷10年（償却年数）＝360

3．連結財務諸表

連結損益計算書
×6年4月1日～×7年3月31日

借方	金額	貸方	金額
諸費用	270,000	諸収益	378,000
のれん償却額	360		
非支配株主に帰属する当期純利益	3,200		
親会社株主に帰属する当期純利益	104,440※1		
	378,000		378,000

※1　100,000（P社）＋4,800（当期取得後剰余金）－360（当期のれん償却額）＝104,440

連結貸借対照表
×7年3月31日現在

借方	金額	貸方	金額
諸資産	1,858,100※2	諸負債	900,000
のれん	3,240※3	資本金	500,000
		資本剰余金	50,000
		利益剰余金	368,940※4
		非支配株主持分	42,400※5
	1,861,340		1,861,340

※2　1,652,100（P社）＋200,000（S社）＋6,000（評価差額）＝1,858,100
※3　3,600（のれん計上額）×9年（未償却年数）／10年（償却年数）＝3,240
※4　364,000（P社）＋500（段階差益）＋4,800（当期取得後剰余金）－360（のれん償却額）＝368,940
※5　106,000（X7.3資本合計）×40％（非持比率）＝42,400

第２節　追加取得

1　意義

追加取得とは、支配獲得後に子会社株式を追加で取得することをいう。

2　会計処理

(1)　追加取得時

追加取得した場合には、追加取得した株式に対応する持分を「非支配株主持分」から減額し、追加取得により増加した親会社持分（追加取得持分＝非支配株主持分の減少額）を追加投資額と相殺消去する。

なお、追加取得は資本取引となるため、追加取得持分と追加投資額との間に生じた差額は、「資本剰余金」として処理される。

〔追加取得の連結修正仕訳〕

（借）	非支配株主持分－当期変動額	×××※1	（貸）子　会　社　株　式	×××
	資本剰余金－当期変動額	×××※2		

※１　非支配株主持分：追加取得時の子会社資本合計×追加取得割合
※２　資本剰余金：追加取得額－追加取得時の子会社資本合計×追加取得割合

(2)　追加取得後

追加取得後の子会社利益は、追加取得後の持分比率に基づき按分する。

■例題2　追加取得

重要度B

以下の資料に基づき、各問に答えなさい。

(1)　P社は×4年3月31日にS社株式の60%を164,000円で取得し、S社を子会社とした。

(2)　P社は×5年3月31日にS社株式の10%を27,000円で取得した。

(3)　S社の資本勘定の推移は次のとおりである。

	資本金	資本剰余金	利益剰余金
×4年3月31日	150,000円	50,000円	65,000円
×5年3月31日	150,000円	50,000円	80,000円
×6年3月31日	150,000円	50,000円	98,000円

(4)　S社の土地（帳簿価額175,000円）の時価は次のとおりである。

×4年3月31日：181,000円　　×5年3月31日：185,000円

(5)　のれんは発生年度の翌期から5年間にわたり定額法により償却する。

(6)　税効果会計は考慮しない。

(7)　剰余金の配当は行われていない。

(8)　×5年3月期におけるP社及びS社の個別財務諸表は次のとおりである。

損益計算書

×4年4月1日～×5年3月31日　（単位：円）

科目	P社	S社	科目	P社	S社
諸費用	1,000,000	400,000	諸収益	1,040,000	415,000
当期純利益	40,000	15,000			
	1,040,000	415,000		1,040,000	415,000

貸借対照表

×5年3月31日現在　（単位：円）

科目	P社	S社	科目	P社	S社
諸資産	1,172,000	325,000	諸負債	908,000	220,000
土地	437,000	175,000	資本金	600,000	150,000
子会社株式	191,000	—	資本剰余金	100,000	50,000
			利益剰余金	192,000	80,000
	1,800,000	500,000		1,800,000	500,000

(9) ×6年3月期におけるP社及びS社の個別財務諸表は次のとおりである。

損　益　計　算　書

×5年4月1日～×6年3月31日　(単位：円)

科　目	P　社	S　社	科　目	P　社	S　社
諸　費　用	1,096,000	432,000	諸　収　益	1,150,000	450,000
当期純利益	54,000	18,000			
	1,150,000	450,000		1,150,000	450,000

貸　借　対　照　表

×6年3月31日現在　(単位：円)

科　目	P　社	S　社	科　目	P　社	S　社
諸　資　産	1,271,000	394,000	諸　負　債	953,000	271,000
土　地	437,000	175,000	資　本　金	600,000	150,000
子会社株式	191,000	—	資本剰余金	100,000	50,000
			利益剰余金	246,000	98,000
	1,899,000	569,000		1,899,000	569,000

問1　×5年3月期の連結財務諸表を作成しなさい。

問2　×6年3月期の連結財務諸表を作成しなさい。

■ 解答解説 (単位：円)

〔タイム・テーブル〕

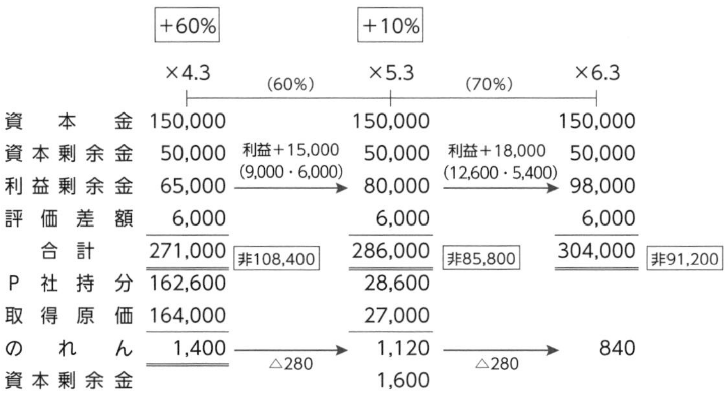

問1　×5年3月期

1．評価差額の計上

(借) 諸　資　産	6,000	(貸) 評　価　差　額	6,000

※　181,000（X4.3時価）－175,000（簿価）＝6,000

2．連結修正仕訳

(1)　開始仕訳（投資と資本の相殺消去）

(借) 資　本　金－当期首残高	150,000	(貸) 子　会　社　株　式	164,000
資本剰余金－当期首残高	50,000	非支配株主持分－当期首残高	108,400※2
利益剰余金－当期首残高	65,000		
評　価　差　額	6,000		
の　れ　ん	1,400※1		

※1　のれん：164,000（子会社株式）－271,000（X4.3資本合計）×60%（P社比率）＝1,400
※2　非支配株主持分：271,000（X4.3資本合計）×40%（非持比率）＝108,400

(2)　当期の連結修正仕訳

①　当期利益の按分

(借) 非支配株主に帰属する当期純損益	6,000	(貸) 非支配株主持分－当期変動額	6,000

※　15,000（S社当期利益）×40%（非持比率）＝6,000

②　当期のれんの償却

(借) のれん償却額	280	(貸) の　れ　ん	280

※　1,400（のれん計上額）÷5年（償却年数）＝280

③　追加取得

(借) 非支配株主持分－当期変動額	28,600※1	(貸) 子　会　社　株　式	27,000
		資本剰余金－当期変動額	1,600※2

※1　非支配株主持分：286,000（X5.3資本合計）×10%（追加取得割合）＝28,600
※2　資本剰余金：1,600（差額）

3．連結財務諸表

連結損益計算書

×4年4月1日～×5年3月31日

諸費用	1,400,000	諸収益	1,455,000
のれん償却額	280		
非支配株主に帰属する当期純利益	6,000		
親会社株主に帰属する当期純利益	48,720※1		
	1,455,000		1,455,000

※1　40,000（P社）＋9,000（当期取得後剰余金）－280（当期のれん償却額）＝48,720

連結貸借対照表

×5年3月31日現在

諸資産	1,497,000	諸負債	1,128,000
土地	618,000※2	資本金	600,000
のれん	1,120※3	資本剰余金	101,600※4
		利益剰余金	200,720※5
		非支配株主持分	85,800※6
	2,116,120		2,116,120

※2　437,000（P社）＋175,000（S社）＋6,000（評価差額）＝618,000

※3　1,400（のれん計上額）×4年（未償却年数）／5年（償却年数）＝1,120

※4　100,000（P社）＋1,600（追加取得）＝101,600

※5　192,000（P社）＋9,000（当期取得後剰余金）－280（のれん償却額）＝200,720

※6　286,000（X5.3資本合計）×30%（非持比率）＝85,800

問2　×6年3月期

1．評価差額の計上

（借）諸　資　産	6,000	（貸）評　価　差　額	6,000

※　181,000（X4.3時価）－175,000（簿価）＝6,000

2．連結修正仕訳

(1)　開始仕訳（問1仕訳の合算）

（借）資　本　金－当期首残高	150,000	（貸）子　会　社　株　式	191,000※4
資本剰余金－当期首残高	48,400※1	非支配株主持分－当期首残高	85,800※5
利益剰余金－当期首残高	71,280※2		
評　価　差　額	6,000		
の　れ　ん	1,120※3		

※1　資本剰余金：50,000（相殺）－1,600（追加取得）＝48,400
※2　利益剰余金：65,000（相殺）＋6,000（利益の按分）＋280（のれん償却額）＝71,280
※3　のれん：1,400（のれん計上額）×4年（未償却年数）／5年（償却年数）＝1,120
※4　子会社株式：164,000（60％分取得原価）＋27,000（10％分取得原価）＝191,000
※5　非支配株主持分：286,000（X5.3資本合計）×30％（非持比率）＝85,800

(2)　当期の連結修正仕訳

①　当期利益の按分

（借）非支配株主に帰属する当期純損益	5,400	（貸）非支配株主持分－当期変動額	5,400

※　18,000（S社当期利益）×30％（追加取得後非持比率）＝5,400

②　当期のれんの償却

（借）の れ ん 償 却 額	280	（貸）の　れ　ん	280

第27章　連結会計Ⅱ（資本連結）

3．連結財務諸表

連結損益計算書
×5年4月1日～×6年3月31日

借方	金額	貸方	金額
諸費用	1,528,000	諸収益	1,600,000
のれん償却額	280		
非支配株主に帰属する当期純利益	5,400		
親会社株主に帰属する当期純利益	66,320※1		
	1,600,000		1,600,000

※1　54,000（P社）＋12,600（当期取得後剰余金）－280（当期のれん償却額）＝66,320

連結貸借対照表
×6年3月31日現在

借方	金額	貸方	金額
諸資産	1,665,000	諸負債	1,224,000
土地	618,000※2	資本金	600,000
のれん	840※3	資本剰余金	101,600
		利益剰余金	267,040※4
		非支配株主持分	91,200※5
	2,283,840		2,283,840

※2　437,000（P社）＋175,000（S社）＋6,000（評価差額）＝618,000
※3　1,400（のれん計上額）×3年（未償却年数）／5年（償却年数）＝840
※4　246,000（P社）＋9,000（前期取得後剰余金）＋12,600（当期取得後剰余金）－280（のれん償却額）×2年＝267,040
※5　304,000（X6.3資本合計）×30％（非持比率）＝91,200

第3節　一部売却

1 意義

一部売却とは、支配獲得後に子会社株式を売却することをいう。

2 会計処理

(1) 一部売却時

一部売却を行った場合、個別上は、子会社株式の取得原価に基づき売却原価を算定し、売却の処理を行う。

〔個別上の仕訳〕

(借) 現金預金	×××※1	(貸) 子会社株式	×××※2
		子会社株式売却益	×××※3

※1　売却価額
※2　取得原価÷売却前持分比率×売却割合
※3　差額

一方、連結上は、**売却した株式に対応する持分（売却持分）について、親会社の持分から減額し、「非支配株主持分」を増加**させる。また、一部売却は資本取引に該当するため、**売却持分と売却価額の差額は資本剰余金として処理**する。

〔連結上あるべき仕訳〕

(借) 現金預金	×××※1	(貸) 非支配株主持分－当期変動額	×××※2
		資本剰余金－当期変動額	×××※3

※1　売却価額
※2　売却時資本合計×売却割合
※3　差額

よって、個別上と連結上の差について、連結修正仕訳を行う。

(借) 子会社株式	×××	(貸) 非支配株主持分－当期変動額	×××
子会社株式売却益	×××	資本剰余金－当期変動額	×××

(2) 一部売却後

一部売却後の子会社利益は、**一部売却後における持分比率に基づき按分する。**

■例題3　一部売却

重要度B

以下の資料に基づき、×6年3月期の連結財務諸表を示しなさい。

(1) P社は×4年3月31日にS社株式の80%を45,000円で取得し、S社を子会社とした。

(2) P社は×6年3月31日にS社株式の20%を15,000円で売却した。

(3) S社の資本勘定の推移は次のとおりである。

	資本金	利益剰余金
×4年3月31日	30,000円	20,000円
×5年3月31日	30,000円	25,000円
×6年3月31日	30,000円	33,000円

(4) ×4年3月31日におけるS社の諸資産に含まれる土地(帳簿価額55,000円)の時価は60,000円である。

(5) のれんは発生年度の翌期から20年間にわたり定額法により償却する。

(6) 法人税等の税金及び税効果会計は考慮しない。

(7) 剰余金の配当は行われていない。

(8) ×6年3月期におけるP社及びS社の個別財務諸表は次のとおりである。

損益計算書

×5年4月1日～×6年3月31日　　(単位：円)

科目	P社	S社	科目	P社	S社
諸費用	80,000	32,000	諸収益	126,250	40,000
当期純利益	50,000	8,000	子会社株式売却益	3,750	—
	130,000	40,000		130,000	40,000

貸借対照表

×6年3月31日現在　　(単位：円)

科目	P社	S社	科目	P社	S社
諸資産	200,000	113,000	諸負債	120,000	50,000
子会社株式	33,750	—	資本金	60,000	30,000
			利益剰余金	53,750	33,000
	233,750	113,000		233,750	113,000

■ 解答解説（単位：円）

1．タイム・テーブル

売却額 15,000
個別益　3,750（*1）

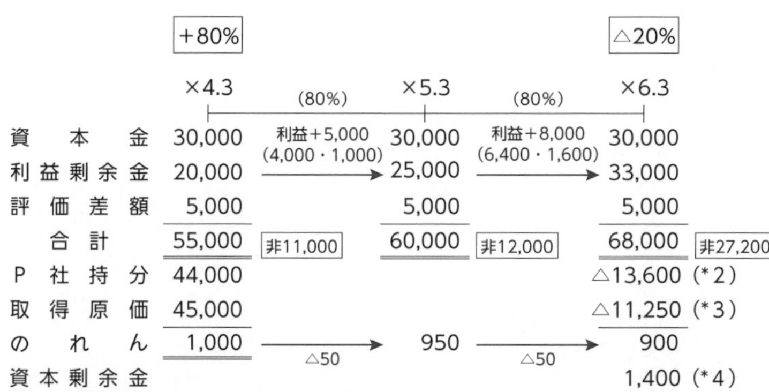

（*1）S社株式売却益：15,000（売却価額）－11,250（売却原価*3）=3,750
（*2）売却持分：68,000（X6.3資本合計）×20%（売却割合）=13,600
（*3）売却原価：45,000（80%分取得原価）÷80%（×4.3取得）×20%（売却割合）=11,250
（*4）資本剰余金増加額：15,000（売却価額）－13,600（売却持分*2）=1,400

2．評価差額の計上

(借)	諸資産	5,000	(貸)	評価差額	5,000

※　60,000（時価）－55,000（簿価）=5,000

3．連結修正仕訳

(1)　開始仕訳

①　投資と資本の相殺消去

(借)	資本金－当期首残高	30,000	(貸)	子会社株式	45,000
	利益剰余金－当期首残高	20,000		非支配株主持分－当期首残高	11,000※2
	評価差額	5,000			
	のれん	1,000※1			

※1　のれん：45,000（取得原価）－55,000（X4.3資本合計）×80%（P社比率）=1,000
※2　非支配株主持分：55,000（X4.3資本合計）×20%（非持比率）=11,000

②　前期利益の按分

(借)	利益剰余金－当期首残高	1,000	(貸)	非支配株主持分－当期首残高	1,000

※　5,000（S社前期利益）×20%（非持比率）=1,000

③　前期のれんの償却

(借)	利益剰余金－当期首残高	50	(貸)	のれん	50

※　1,000（のれん計上額）÷20年（償却年数）=50

④ 開始仕訳（上記仕訳の合算）

(借)		(貸)	
資本金－当期首残高	30,000	子会社株式	45,000
利益剰余金－当期首残高	21,050※1	非支配株主持分－当期首残高	12,000※3
評価差額	5,000		
のれん	950※2		

※1 利益剰余金：20,000（相殺）＋1,000（利益の按分）＋50（のれん償却額）＝21,050
※2 のれん：1,000（のれん計上額）×19年（未償却年数）／20年（償却年数）＝950
※3 非支配株主持分：60,000（X5.3資本合計）×20％（非持比率）＝12,000

(2) 当期の連結修正仕訳

① 当期利益の按分

(借)		(貸)	
非支配株主に帰属する当期純損益	1,600	非支配株主持分－当期変動額	1,600

※ 8,000（S社当期利益）×20％（一部売却前非持比率）＝1,600
※ 当期末に一部売却しているため、当期利益の按分は、売却前の非持比率20％を使用する。

② 当期のれんの償却

(借)		(貸)	
のれん償却額	50	のれん	50

③ 一部売却

〔個別上の仕訳〕

(借)		(貸)	
現金預金	15,000※1	子会社株式	11,250※2
		子会社株式売却益	3,750※3

※1 現金預金：15,000（売却価額）
※2 子会社株式：45,000（80％分取得原価）÷80％（X4.3取得）×20％（売却割合）＝11,250
※3 子会社株式売却益：3,750（差額）

〔連結上あるべき仕訳〕

(借)		(貸)	
現金預金	15,000※1	非支配株主持分－当期変動額	13,600※2
		資本剰余金－当期変動額	1,400※3

※1 現金預金：15,000（売却価額）
※2 非支配株主持分：68,000（X6.3資本合計）×20％（売却割合）＝13,600
※3 資本剰余金：1,400（差額）

〔連結修正仕訳〕

下記の仕訳の結果、**連結損益計算書には子会社株式売却損益は計上されない。**

(借)		(貸)	
子会社株式	11,250	非支配株主持分－当期変動額	13,600
子会社株式売却益	3,750	資本剰余金－当期変動額	1,400

4．連結財務諸表

連結損益計算書
×5年4月1日～×6年3月31日

借方	金額	貸方	金額
諸費用	112,000	諸収益	166,250
のれん償却額	50		
非支配株主に帰属する当期純利益	1,600		
親会社株主に帰属する当期純利益	52,600※1		
	166,250		166,250

※1　50,000（P社）＋6,400（当期取得後剰余金）－3,750（子会社株式売却益）－50（当期のれん償却額）＝52,600

連結貸借対照表
×6年3月31日現在

借方	金額	貸方	金額
諸資産	318,000※2	諸負債	170,000
のれん	900※3	資本金	60,000
		資本剰余金	1,400※4
		利益剰余金	60,300※5
		非支配株主持分	27,200※6
	318,900		318,900

※2　200,000（P社）＋113,000（S社）＋5,000（評価差額）＝318,000
※3　1,000（のれん計上額）×18年（未償却年数）／20年（償却年数）＝900
※4　1,400（一部売却）
※5　53,750（P社）＋4,000（前期取得後剰余金）＋6,400（当期取得後剰余金）
－3,750（子会社株式売却益）－50（のれん償却額）×2年＝60,300
※6　68,000（X6.3資本合計）×40%（一部売却後非持比率）＝27,200

第４節　子会社のその他有価証券評価差額金

1 取扱い

子会社において計上されているその他有価証券評価差額金は、**利益剰余金と同様に扱う**。なお、繰延ヘッジ損益等の他のその他の包括利益累計額についても利益剰余金と同様に扱う。

2 会計処理

(1) 支配獲得時及び支配獲得後の処理

支配獲得時計上分	親会社持分	投資勘定と相殺消去
	非支配株主持分	非支配株主持分へ振り替え
支配獲得後計上分	親会社持分	その他有価証券評価差額金として連結貸借対照表に計上
	非支配株主持分	非支配株主持分へ振り替え

〔支配獲得時の連結修正仕訳〕

(借)	資本金	×××	(貸)	子会社株式	×××
	利益剰余金	×××		非支配株主持分	×××※2
	その他有価証券評価差額金	×××※1			
	評価差額	×××			
	のれん	×××			

※１　支配獲得時のその他有価証券評価差額金は全額取り消す。

※２　非支配株主持分は、その他有価証券評価差額金を含めた資本合計に対して計上する。

〔支配獲得後の連結修正仕訳〕

(借)	その他有価証券評価差額金－当期変動額	×××	(貸)	非支配株主持分－当期変動額	×××

※　支配獲得後に計上したその他有価証券評価差額金は、非支配株主持分に按分する。

※　非支配株主持分：その他有価証券評価差額金の当期増減額×非持比率

■ 例題４　その他有価証券評価差額金①　重要度Ａ

以下の資料に基づき、×６年３月期の連結財務諸表を示しなさい。

(1)　Ｐ社は×４年３月31日にＳ社株式の60％を164,000円で取得し、Ｓ社を子会社とした。

(2)　Ｓ社の資本勘定の推移は次のとおりである。

	資本金	利益剰余金	その他有価証券評価差額金
×４年３月31日	200,000円	63,500円	1,500円
×５年３月31日	200,000円	78,000円	2,000円
×６年３月31日	200,000円	95,200円	2,800円

(3)　×４年３月31日におけるＳ社の土地（帳簿価額175,000円）の時価は181,000円である。

(4)　のれんは発生年度の翌期から５年間にわたり定額法により償却する。

(5)　税効果会計は考慮しない。

(6)　剰余金の配当は行われていない。

(7)　×６年３月期におけるＰ社及びＳ社の個別財務諸表は次のとおりである。

損益計算書

×５年４月１日～×６年３月31日　（単位：円）

科目	Ｐ社	Ｓ社	科目	Ｐ社	Ｓ社
諸費用	1,096,000	432,800	諸収益	1,150,000	450,000
当期純利益	54,000	17,200			
	1,150,000	450,000		1,150,000	450,000

貸借対照表

×６年３月31日現在　（単位：円）

科目	Ｐ社	Ｓ社	科目	Ｐ社	Ｓ社
諸資産	1,298,000	394,000	諸負債	953,000	271,000
土地	437,000	175,000	資本金	700,000	200,000
子会社株式	164,000	―	利益剰余金	238,000	95,200
			その他有価証券評価差額金	8,000	2,800
	1,899,000	569,000		1,899,000	569,000

■ 解答解説（単位：円）

1．タイム・テーブル

	×4.3 +60%		×5.3		×6.3	
		(60%)		(60%)		
資本金	200,000		200,000		200,000	
利益剰余金	63,500	利益+14,500 (8,700・5,800) →	78,000	利益+17,200 (10,320・6,880) →	95,200	
その他有価証券評価差額金	1,500	差額金+500 (300・200) →	2,000	差額金+800 (480・320) →	2,800	
評価差額	6,000		6,000		6,000	
合計	271,000	非108,400	286,000	非114,400	304,000	非121,600
P社持分	162,600					
取得原価	164,000					
のれん	1,400	△280 →	1,120	△280 →	840	

2．評価差額の計上

(借) 土地	6,000	(貸) 評価差額	6,000

※ 181,000（時価）－175,000（簿価）＝6,000

3．連結修正仕訳

(1) 開始仕訳

① 投資と資本の相殺消去

(借)		(貸)	
資本金－当期首残高	200,000	子会社株式	164,000
利益剰余金－当期首残高	63,500	非支配株主持分－当期首残高	108,400※2
その他有価証券評価差額金－当期首残高	1,500		
評価差額	6,000		
のれん	1,400※1		

※1　のれん：164,000（子会社株式）－271,000（X4.3資本合計）×60%（P社比率）＝1,400

※2　非支配株主持分：271,000（X4.3資本合計）×40%（非持比率）＝108,400

② 前期利益の按分

(借) 利益剰余金－当期首残高	5,800	(貸) 非支配株主持分－当期首残高	5,800

※ 14,500（S社前期利益）×40%（非持比率）＝5,800

③ 前期その他有価証券評価差額金の増加額の按分

(借) その他有価証券評価差額金－当期首残高	200	(貸) 非支配株主持分－当期首残高	200

※ 500（差額金前期増加額）×40%（非持比率）＝200

④ 前期のれんの償却

(借) 利益剰余金－当期首残高	280	(貸) のれん	280

※ 1,400（のれん計上額）÷5年（償却年数）＝280

⑤　開始仕訳（上記仕訳の合算）

（借）	資本金－当期首残高	200,000	（貸）	子会社株式	164,000
	利益剰余金－当期首残高	69,580※1		非支配株主持分－当期首残高	114,400※4
	その他有価証券評価差額金－当期首残高	1,700※2			
	評価差額	6,000			
	のれん	1,120※3			

※１　利益剰余金：63,500（相殺）＋5,800（利益の按分）＋280（のれん償却額）＝69,580
※２　その他有価証券評価差額金：1,500（相殺）＋200（増加額の按分）＝1,700
※３　のれん：1,400（のれん計上額）×４年（未償却年数）／５年（償却年数）＝1,120
※４　非支配株主持分：286,000（X5.3資本合計）×40％（非持比率）＝114,400

(2)　当期の連結修正仕訳

①　当期利益の按分

（借）	非支配株主に帰属する当期純損益	6,880	（貸）	非支配株主持分－当期変動額	6,880

※　17,200（Ｓ社当期利益）×40％（非持比率）＝6,880

②　当期その他有価証券評価差額金の増加額の按分

（借）	その他有価証券評価差額金－当期変動額	320	（貸）	非支配株主持分－当期変動額	320

※　800（差額金当期増加額）×40％（非持比率）＝320

③　当期のれんの償却

（借）	のれん償却額	280	（貸）	のれん	280

4．連結財務諸表

連結損益計算書

×5年4月1日～×6年3月31日

借方	金額	貸方	金額
諸費用	1,528,800	諸収益	1,600,000
のれん償却額	280		
非支配株主に帰属する当期純利益	6,880		
親会社株主に帰属する当期純利益	64,040※1		
	1,600,000		1,600,000

※1　54,000（P社）＋10,320（当期取得後剰余金）－280（当期のれん償却額）＝64,040

連結貸借対照表

×6年3月31日現在

借方	金額	貸方	金額
諸資産	1,692,000	諸負債	1,224,000
土地	618,000※2	資本金	700,000
のれん	840※3	利益剰余金	256,460※4
		その他有価証券評価差額金	8,780※5
		非支配株主持分	121,600※6
	2,310,840		2,310,840

※2　437,000（P社）＋175,000（S社）＋6,000（評価差額）＝618,000
※3　1,400（のれん計上額）×3年（未償却年数）／5年（償却年数）＝840
※4　238,000（P社）＋8,700（前期取得後剰余金）＋10,320（当期取得後剰余金）－280（のれん償却額）×2年＝256,460
※5　8,000（P社）＋300（前期S社増加額のP社持分）＋480（当期S社増加額のP社持分）＝8,780
※6　304,000（X6.3資本合計）×40％（非持比率）＝121,600

⑵　**追加取得時の処理**

追加取得時は、**その他有価証券評価差額金を含んだ子会社資本合計に基づき**、追加取得持分を算定する。

■ 例題５　その他有価証券評価差額金②（追加取得）

重要度Ｃ

以下の資料に基づき、×６年３月期の連結財務諸表を示しなさい。

⑴　Ｐ社は×４年３月31日にＳ社株式の60％を164,000円で取得し、Ｓ社を子会社とした。

⑵　Ｐ社は×５年３月31日にＳ社株式の10％を27,000円で取得した。

⑶　Ｓ社の資本勘定の推移は次のとおりである。

	資本金	利益剰余金	その他有価証券評価差額金
×４年３月31日	200,000円	63,500円	1,500円
×５年３月31日	200,000円	78,000円	2,000円
×６年３月31日	200,000円	95,200円	2,800円

⑷　×４年３月31日におけるＳ社の土地（帳簿価額175,000円）の時価は181,000円である。

⑸　のれんは発生年度の翌期から５年間にわたり定額法により償却する。

⑹　税効果会計は考慮しない。

⑺　剰余金の配当は行われていない。

⑻　×６年３月期におけるＰ社及びＳ社の個別財務諸表は次のとおりである。

損　益　計　算　書

×５年４月１日～×６年３月31日　　　（単位：円）

科目	Ｐ社	Ｓ社	科目	Ｐ社	Ｓ社
諸費用	1,096,000	432,800	諸収益	1,150,000	450,000
当期純利益	54,000	17,200			
	1,150,000	450,000		1,150,000	450,000

貸　借　対　照　表

×６年３月31日現在　　　（単位：円）

科目	Ｐ社	Ｓ社	科目	Ｐ社	Ｓ社
諸資産	1,271,000	394,000	諸負債	953,000	271,000
土地	437,000	175,000	資本金	700,000	200,000
子会社株式	191,000	―	利益剰余金	238,000	95,200
			その他有価証券評価差額金	8,000	2,800
	1,899,000	569,000		1,899,000	569,000

■ 解答解説（単位：円）

1．タイム・テーブル

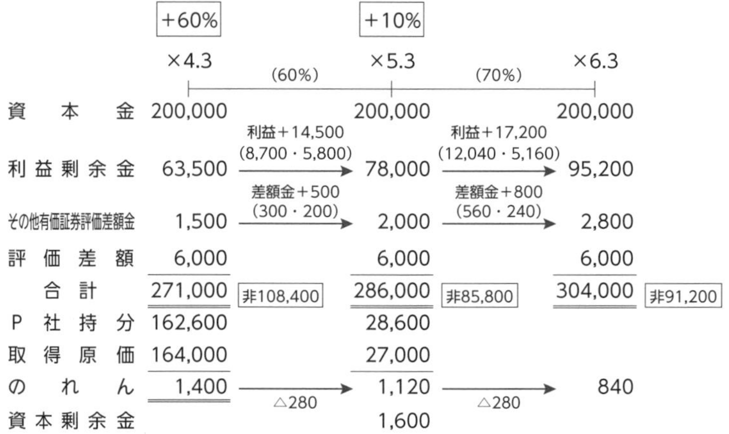

2．評価差額の計上

（借）		（貸）	
土　地	6,000	評価差額	6,000

※　181,000（時価）－175,000（簿価）＝6,000

3．連結修正仕訳

(1)　開始仕訳

①　投資と資本の相殺消去

（借）		（貸）	
資本金－当期首残高	200,000	子会社株式	164,000
利益剰余金－当期首残高	63,500	非支配株主持分－当期首残高	108,400※2
その他有価証券評価差額金－当期首残高	1,500		
評価差額	6,000		
の　れ　ん	1,400※1		

※1　のれん：164,000（子会社株式）－271,000（X4.3資本合計）×60%（P社比率）＝1,400

※2　非支配株主持分：271,000（X4.3資本合計）×40%（非持比率）＝108,400

②　前期利益の按分

（借）		（貸）	
利益剰余金－当期首残高	5,800	非支配株主持分－当期首残高	5,800

※　14,500（S社前期利益）×40%（非持比率）＝5,800

③　前期その他有価証券評価差額金の増加額の按分

（借）		（貸）	
その他有価証券評価差額金－当期首残高	200	非支配株主持分－当期首残高	200

※　500（差額金前期増加額）×40%（非持比率）＝200

④　前期のれんの償却

（借）		（貸）	
利益剰余金－当期首残高	280	の　れ　ん	280

※　1,400（のれん計上額）÷5年（償却年数）＝280

⑤　追加取得

(借)	非支配株主持分－当期首残高	28,600※1	(貸)	子会社株式	27,000
				資本剰余金－当期首残高	1,600※2

※1　非支配株主持分：286,000（X5.3資本合計）×10%（追加取得割合）＝28,600
※2　資本剰余金：1,600（差額）

⑥　開始仕訳（上記仕訳の合算）

(借)	資本金－当期首残高	200,000	(貸)	子会社株式	191,000※4
	利益剰余金－当期首残高	69,580※1		非支配株主持分－当期首残高	85,800※5
	その他有価証券評価差額金－当期首残高	1,700※2		資本剰余金－当期首残高	1,600
	評価差額	6,000			
	のれん	1,120※3			

※1　利益剰余金：63,500（相殺）＋5,800（利益の按分）＋280（のれん償却額）＝69,580
※2　その他有価証券評価差額金：1,500（相殺）＋200（増加額の按分）＝1,700
※3　のれん：1,400（のれん計上額）×4年（未償却年数）／5年（償却年数）＝1,120
※4　子会社株式：164,000（60%分取得原価）＋27,000（10%分取得原価）＝191,000
※5　非支配株主持分：286,000（X5.3資本合計）×30%（追加取得後非持比率）＝85,800

(2)　当期の連結修正仕訳

①　当期利益の按分

(借)	非支配株主に帰属する当期純損益	5,160	(貸)	非支配株主持分－当期変動額	5,160

※　17,200（S社当期利益）×30%（追加取得後非持比率）＝5,160

②　当期その他有価証券評価差額金の増加額の按分

(借)	その他有価証券評価差額金－当期変動額	240	(貸)	非支配株主持分－当期変動額	240

※　800（差額金当期増加額）×30%（追加取得後非持比率）＝240

③　当期のれんの償却

(借)	のれん償却額	280	(貸)	のれん	280

4．連結財務諸表

連結損益計算書

×5年4月1日～×6年3月31日

諸費用	1,528,800	諸収益	1,600,000
のれん償却額	280		
非支配株主に帰属する当期純利益	5,160		
親会社株主に帰属する当期純利益	65,760※1		
	1,600,000		1,600,000

※1　54,000（P社）＋12,040（当期取得後剰余金）－280（当期のれん償却額）＝65,760

連結貸借対照表

×6年3月31日現在

諸資産	1,665,000	諸負債	1,224,000
土地	618,000※2	資本金	700,000
のれん	840※3	資本剰余金	1,600※4
		利益剰余金	258,180※5
		その他有価証券評価差額金	8,860※6
		非支配株主持分	91,200※7
	2,283,840		2,283,840

※2　437,000（P社）＋175,000（S社）＋6,000（評価差額）＝618,000
※3　1,400（のれん計上額）×3年（未償却年数）／5年（償却年数）＝840
※4　1,600（追加取得）
※5　238,000（P社）＋8,700（前期取得後剰余金）＋12,040（当期取得後剰余金）－280（のれん償却額）×2年＝258,180
※6　8,000（P社）＋300（前期S社増加額のP社持分）＋560（当期S社増加額のP社持分）＝8,860
※7　304,000（X6.3資本合計）×30％（非持比率）＝91,200

(3)　**一部売却時の処理**

一部売却を行った場合、売却部分に係るその他有価証券評価差額金（支配獲得後計上分）を非支配株主持分に振り替えるが、売却持分には含めない。なお、繰延ヘッジ損益等の他のその他の包括利益累計額についてもその他有価証券評価差額金と同様に処理する。

■ 例題6　その他有価証券評価差額金③（一部売却）　重要度C

以下の資料に基づき、×6年3月期の連結財務諸表に計上される資本剰余金、その他有価証券評価差額金、及び非支配株主持分の金額を答えなさい。

(1)　P社は×4年3月31日にS社株式の80%を57,000円で取得し、S社を子会社とした。

(2)　P社は×6年3月31日にS社株式の20%を18,000円で売却した。

(3)　S社資本勘定の推移は次のとおりである。

	資本金	利益剰余金	その他有価証券評価差額金
×4年3月31日	50,000円	18,000円	1,500円
×5年3月31日	50,000円	24,000円	2,000円
×6年3月31日	50,000円	32,000円	2,800円

(4)　その他有価証券の売買は行われていないものとする。

(5)　のれんは発生年度の翌期から10年間にわたり定額法により償却する。

(6)　法人税等の税金及び税効果会計は考慮しない。

(7)　剰余金の配当は行われていない。

(8)　P社の×6年3月期の個別貸借対照表に計上された資本剰余金は100,000円、その他有価証券評価差額金10,000円であった。

■ 解答解説（単位：円）

1．タイム・テーブル

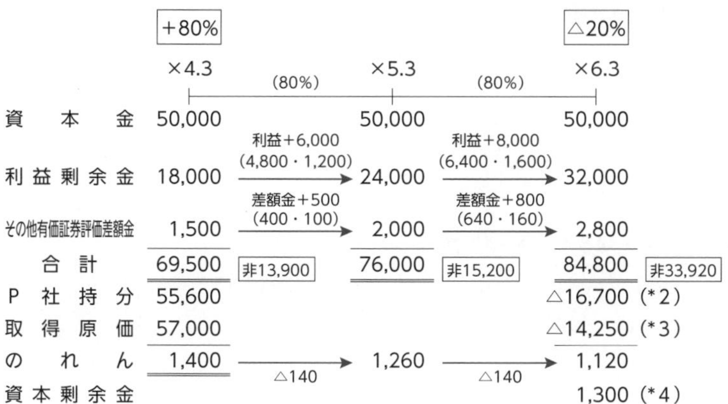

(*1）S社株式売却益：18,000（売却価額）－14,250（売却原価*3）＝3,750

(*2）売却時分：{84,800（X6.3資本合計）－1,300（差額金増加額）}×20%（売却割合）＝16,700

(*3）売却原価：57,000（80%分取得原価）÷80%（×4.3取得）×20%（売却割合）＝14,250

(*4）資本剰余金増加額：18,000（売却価額）－16,700（売却持分*2）＝1,300

2．連結修正仕訳

(1) 開始仕訳

① 投資と資本の相殺消去

（借）	資本金－当期首残高	50,000	（貸）子会社株式	57,000
	利益剰余金－当期首残高	18,000	非支配株主持分－当期首残高	13,900※2
	その他有価証券評価差額金－当期首残高	1,500		
	のれん	1,400※1		

※1　のれん：57,000（子会社株式）－69,500（X4.3資本合計）×80%（P社比率）＝1,400
※2　非支配株主持分：69,500（X4.3資本合計）×20%（非持比率）＝13,900

② 前期利益の按分

（借）	利益剰余金－当期首残高	1,200	（貸）非支配株主持分－当期首残高	1,200

※　6,000（S社前期利益）×20%（非持比率）＝1,200

③ 前期その他有価証券評価差額金の増加額の按分

（借）	その他有価証券評価差額金－当期首残高	100	（貸）非支配株主持分－当期首残高	100

※　500（差額金前期増加額）×20%（非持比率）＝100

④ 前期のれんの償却

（借）	利益剰余金－当期首残高	140	（貸）のれん	140

※　1,400（のれん計上額）÷10年（償却年数）＝140

⑤ 開始仕訳（上記仕訳の合算）

（借）	資本金－当期首残高	50,000	（貸）子会社株式	57,000
	利益剰余金－当期首残高	19,340※1	非支配株主持分－当期首残高	15,200※4
	その他有価証券評価差額金－当期首残高	1,600※2		
	のれん	1,260※3		

※1　利益剰余金：18,000（相殺）＋1,200（利益の按分）＋140（のれん償却額）＝19,340
※2　その他有価証券評価差額金：1,500（相殺）＋100（前期按分）＝1,600
※3　のれん：1,400（のれん計上額）×9年（未償却年数）／10年（償却年数）＝1,260
※4　非支配株主持分：76,000（X5.3資本合計）×20%（非持比率）＝15,200

(2) 当期の連結修正仕訳

① 当期利益の按分

（借）	非支配株主に帰属する当期純損益	1,600	（貸）非支配株主持分－当期変動額	1,600

※　8,000（S社当期利益）×20%（非持比率）＝1,600

② 当期その他有価証券評価差額金の増加額の按分

（借）	その他有価証券評価差額金－当期変動額	160	（貸）非支配株主持分－当期変動額	160

※　800（差額金当期増加額）×20%（非持比率）＝160

③ 当期のれんの償却

（借）	のれん償却額	140	（貸）のれん	140

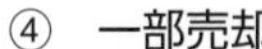

④　一部売却

〔個別上の仕訳〕

(借)		(貸)	
現　金　預　金	18,000※1	子　会　社　株　式	14,250※2
		子会社株式売却益	3,750※3

※１　現金預金：18,000（売却価額）
※２　子会社株式：57,000（80％分取得原価）÷80％（X4.3取得）×20％（売却割合）＝14,250
※３　子会社株式売却益：3,750（差額）

〔連結上あるべき仕訳〕

(借)		(貸)	
現　金　預　金	18,000※1	非支配株主持分－当期変動額	16,960※2
その他有価証券評価差額金－当期変動額	260※2	資本剰余金－当期変動額	1,300※4

※１　現金預金：18,000（売却価額）
※２　その他有価証券評価差額金：｛2,800（X6.3差額金）－1,500（X4.3差額金）｝×80％（Ｐ社比率）
÷80％（Ｐ社比率）×20％（売却割合）＝260
※３　非支配株主持分：84,800（X6.3資本合計）×20％（売却割合）＝16,960
※４　資本剰余金：1,300（差額）

〔連結修正仕訳〕

(借)		(貸)	
その他有価証券評価差額金－当期変動額	260	非支配株主持分－当期変動額	16,960
子　会　社　株　式	14,250	資本剰余金－当期変動額	1,300
子会社株式売却益	3,750		

３．連結財務諸表計上額

資本剰余金：100,000（Ｐ社）＋1,300（一部売却）＝101,300

その他有価証券評価差額金：10,000（Ｐ社）＋400（前期Ｓ社増加額のＰ社持分）
＋640（当期Ｓ社増加額のＰ社持分）－260（一部売却）＝10,780

又は

10,000（Ｐ社）＋｛2,800（X6.3差額金）－1,500（X4.3差額金）｝
×60％（Ｐ社比率）＝10,780

非支配株主持分：84,800（X6.3資本合計）×40％（一部売却後非持比率）＝33,920

第５節　評価差額が実現した場合の取扱い

1　総論

評価差額は、当該資産等が売却された場合や減価償却によって帳簿価額が減額した場合に実現する（＝評価差額が損益に反映される）。

評価差額が実現した場合、個別損益計算書上は個別貸借対照表上に計上された簿価に基づいて、減価償却費や売却損益が計上されているが、連結損益計算書上は、連結貸借対照表に計上されている評価差額計上後の簿価に基づき減価償却費や売却損益が計上されるべきである。よって、評価差額が実現した場合には、連結上、評価差額の実現額に相当する損益を修正する必要がある。

2　非償却性資産（土地）の取扱い

⑴　評価差額の実現時期及び修正する損益項目

非償却性資産の時価評価に伴う評価差額は、対象資産を企業外部に売却した場合に実現する。

なお、評価差額が実現した場合には、固定資産売却損益（特別損益）を修正する。

⑵　売却損益の修正額

個別上・・・売却価額 － 非償却性資産の購入時の取得原価 ＝ 売却損益
連結上・・・売却価額 － 支配獲得時の時価 ＝ 売却損益
売却損益の修正額・・・支配獲得時の時価 － 非償却性資産の購入時の取得原価

⑶　子会社利益の按分への影響

評価差額の実現に伴い、子会社の当期純利益が修正されるため、当該利益の按分は、評価差額の実現を加味した、子会社の修正後当期純利益に基づいて算定される。

■ 例題７　非償却性資産の評価差額の実現　重要度B

以下の資料に基づき、×６年３月期の連結財務諸表における下記項目の金額を答えなさい。

連結損益計算書：土地売却益、非支配株主に帰属する当期純利益、親会社株主に帰属する当期純利益

連結貸借対照表：土地、非支配株主持分

(1)　Ｐ社は×４年３月31日にＳ社株式の80％を264,000円で取得し、Ｓ社を子会社とした。

(2)　Ｓ社の資本勘定の推移は次のとおりである。

	資本金	利益剰余金
×４年３月31日	200,000円	124,000円
×５年３月31日	200,000円	142,000円
×６年３月31日	200,000円	166,000円

(3)　×４年３月31日のＳ社の土地（簿価91,000円）の時価は95,000円である。

(4)　のれんは発生年度の翌期から10年間にわたり定額法により償却する。

(5)　税効果会計は考慮しない。

(6)　剰余金の配当は行われていない。

(7)　Ｓ社は×６年１月20日に保有する土地（簿価91,000円）を企業集団外部に98,000円で売却した。

(8)　Ｐ社の×６年３月期の損益計算書に計上された土地売却益は5,000円、当期純利益は200,000円、貸借対照表に計上された土地は100,000円である。

(9)　Ｓ社の×６年３月期の損益計算書に計上された土地売却益は7,000円、当期純利益は24,000円、貸借対照表に計上された土地はゼロである。

■ 解答解説（単位：円）

1．タイム・テーブル

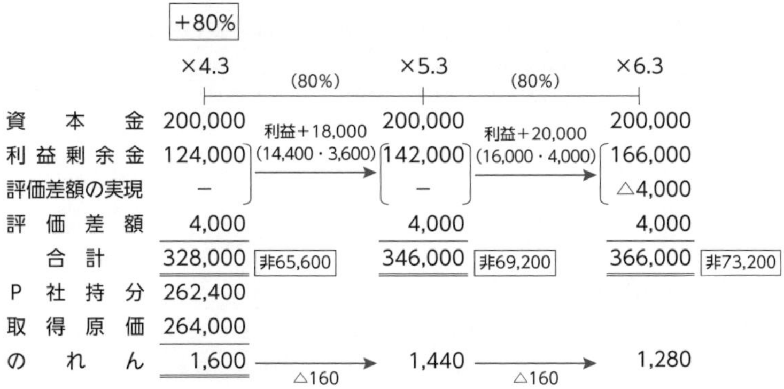

2．評価差額の計上及び実現

(1) 評価差額の計上

(借)	土地	4,000	(貸)	評価差額	4,000

(2) 評価差額の実現

〔子会社の個別上の仕訳〕

(借)	現金預金	98,000	(貸)	土地	91,000
				土地売却益	7,000

〔連結上のあるべき仕訳〕

(借)	現金預金	98,000	(貸)	土地	95,000
				土地売却益	3,000

〔評価差額の実現〕

(借)	土地売却益	4,000	(貸)	土地	4,000

※　評価差額の実現により、修正後Ｓ社当期利益は20,000（＝Ｓ社当期利益24,000－評価差額の実現4,000）となる。

3．連結修正仕訳

(1) 開始仕訳

① 投資と資本の相殺消去

(借)	資本金－当期首残高	200,000	(貸)	子会社株式	264,000
	利益剰余金－当期首残高	124,000		非支配株主持分－当期首残高	65,600※1
	評価差額	4,000			
	のれん	1,600※2			

※１　非支配株主持分：328,000（X4.3資本合計）×20%（非持比率）＝65,600

※２　のれん：264,000（子会社株式）－328,000（X4.3資本合計）×80%（Ｐ社比率）＝1,600

② 前期利益の按分

(借)	利益剰余金－当期首残高	3,600	(貸)	非支配株主持分－当期首残高	3,600

※　18,000（Ｓ社前期利益）×20%（非持比率）＝3,600

③ 前期のれんの償却

(借)	利益剰余金－当期首残高	160	(貸)	のれん	160

※　1,600（のれん計上額）÷10年（償却年数）＝160

④ 開始仕訳（上記仕訳の合算）

(借)	資本金－当期首残高	200,000	(貸)	子会社株式	264,000
	利益剰余金－当期首残高	127,760※1		非支配株主持分－当期首残高	69,200※3
	評価差額	4,000			
	のれん	1,440※2			

※１　利益剰余金：124,000（相殺）＋3,600（利益の按分）＋160（のれん償却額）＝127,760

※２　のれん：1,600（のれん計上額）×９年（未償却年数）／10年（償却年数）＝1,440

※３　非支配株主持分：346,000（X5.3資本合計）×20%（非持比率）＝69,200

⑵　当期の連結修正仕訳

①　当期利益の按分

評価差額の実現を加味した、修正後Ｓ社当期利益20,000に基づいて按分する。

(借) 非支配株主に帰属する当期純損益	4,000	(貸) 非支配株主持分－当期変動額	4,000

※　20,000（修正後Ｓ社当期利益）×20％（非持比率）＝4,000

②　当期のれんの償却

(借) の れ ん 償 却 額	160	(貸) の れ ん	160

４．連結財務諸表計上額

土地売却益：5,000（Ｐ社）＋7,000（Ｓ社）－4,000（評価差額の実現）＝8,000

非支配株主に帰属する当期純利益：4,000

親会社株主に帰属する当期純利益：200,000（Ｐ社）＋16,000（当期取得後剰余金）

－160（のれん償却額）＝215,840

土地：100,000（Ｐ社）

非支配株主持分：366,000（X6.3資本合計）×20％（非持比率）＝73,200

3 償却性資産（有形固定資産・無形固定資産等）の取扱い

⑴ 評価差額の実現時期及び修正する損益項目

償却性資産の時価評価に伴う評価差額は、**対象資産の残存耐用年数にわたり、減価償却手続に伴い、実現する**。また、対象資産を**企業外部に売却した場合には、残額がすべて実現する**。

なお、評価差額が実現した場合には、**減価償却費**又は**固定資産売却損益（特別損益）**を修正する。

⑵ 減価償却費の修正額

個別上・・・購入時の取得原価に基づいて減価償却費を計上
連結上・・・個別上の減価償却費 ＋ 評価差額に対する減価償却費を計上
減価償却費の修正額・・・評価差額に対する減価償却費について修正

⑶ 売却損益の修正額

個別上・・・売却価額 － 償却性資産の個別上の帳簿価額 ＝ 売却損益
連結上・・・売却価額 － 償却性資産の連結上の帳簿価額 ＝ 売却損益
売却損益の修正額・・・連結上の帳簿価額 － 個別上の帳簿価額

■ 例題８　償却性資産の評価差額の実現　重要度Ｂ

以下の資料に基づき、各問に答えなさい。

(1)　Ｐ社は×４年３月31日にＳ社株式の60％を100,200円で取得し、Ｓ社を子会社とした。

(2)　Ｓ社の資本勘定の推移は次のとおりである。

	資本金	利益剰余金
×４年３月31日	100,000円	58,500円
×５年３月31日	100,000円	70,500円
×６年３月31日	100,000円	85,500円

(3)　×４年３月31日のＳ社の建物（取得原価60,000円、減価償却累計額30,000円）の時価は34,500円である。なお、子会社は当該建物について、耐用年数40年、残存価額ゼロ、定額法により減価償却を行っており、×４年３月31日における残存耐用年数は20年である。

(4)　のれんは発生年度の翌期から10年間にわたり定額法により償却する。

(5)　税効果会計は考慮しない。

(6)　剰余金の配当は行われていない。

(7)　Ｐ社の×６年３月期の損益計算書に計上された減価償却費は5,000円、当期純利益は200,000円、貸借対照表に計上された建物は100,000円、減価償却累計額は40,000円である。

(8)　Ｓ社の×６年３月期の損益計算書に計上された減価償却費は1,500円、当期純利益は15,000円、貸借対照表に計上された建物は60,000円、減価償却累計額は33,000円である。

問１　×６年３月期の連結財務諸表における下記項目の金額を答えなさい。
連結損益計算書：減価償却費、非支配株主に帰属する当期純利益、親会社株主に帰属する当期純利益
連結貸借対照表：建物、減価償却累計額、非支配株主持分

問２　仮に、Ｓ社が×６年３月31日にすべての建物（取得原価60,000円、減価償却累計額33,000円）を企業集団外部に33,000円で売却している場合における上記項目の金額及び建物売却益の金額を答えなさい。なお、Ｐ社の建物売却益はゼロであるものとする。また、(8)の指示については、「減価償却費1,500円、建物売却益6,000円、当期純利益15,000円、建物及び減価償却累計額ゼロ」とする。

■ 解答解説（単位：円）

問1

1．タイム・テーブル

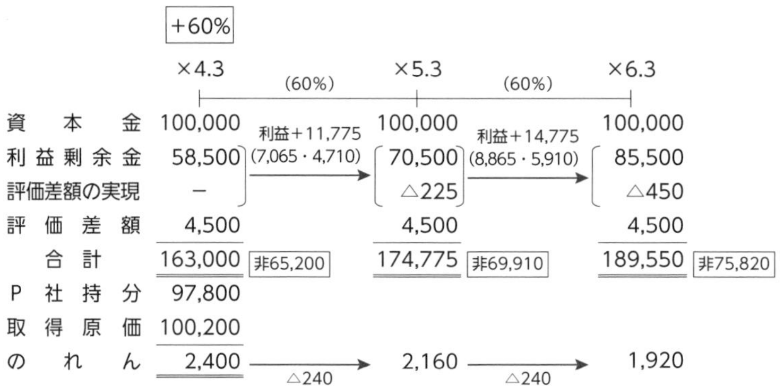

2．評価差額の計上及び実現

(1) 評価差額の計上

（借）建　　　　物	4,500	（貸）評　価　差　額	4,500

※ 34,500（時価）－｛60,000（取得原価）－30,000（減価償却累計額）｝＝4,500

(2) 評価差額の実現

個別上の減価償却費1,500（＝60,000÷40年）に対し、連結上のあるべき減価償却費は1,725（＝支配獲得日時価34,500÷残存耐用年数20年）である。よって、評価差額の実現として、減価償却費225を計上する。なお、評価差額の実現額225は次のように直接計算できる。

4,500（評価差額）÷20年（残存耐用年数）＝225

① 前期分

（借）利益剰余金－当期首残高	225	（貸）減価償却累計額	225

② 当期分

（借）減　価　償　却　費	225	（貸）減価償却累計額	225

※ 評価差額の実現により、修正後S社当期利益は14,775（＝S社当期利益15,000－評価差額の実現225）となる。

３．連結修正仕訳

⑴　開始仕訳

①　投資と資本の相殺消去

（借）	資本金－当期首残高	100,000	（貸）	子会社株式	100,200
	利益剰余金－当期首残高	58,500		非支配株主持分－当期首残高	65,200
	評価差額	4,500			
	のれん	2,400			

②　前期利益の按分

（借）	利益剰余金－当期首残高	4,710	（貸）	非支配株主持分－当期首残高	4,710

※　11,775（修正後Ｓ社前期利益）×40%（非持比率）＝4,710

③　前期のれんの償却

（借）	利益剰余金－当期首残高	240	（貸）	のれん	240

④　開始仕訳（上記仕訳の合算）

（借）	資本金－当期首残高	100,000	（貸）	子会社株式	100,200
	利益剰余金－当期首残高	63,450※1		非支配株主持分－当期首残高	69,910※3
	評価差額	4,500			
	のれん	2,160※2			

※１　利益剰余金：58,500（相殺）＋4,710（利益の按分）＋240（のれん償却額）＝63,450
※２　のれん：2,400（のれん計上額）×９年（未償却年数）／10年（償却年数）＝2,160
※３　非支配株主持分：174,775（X5.3資本合計）×40%（非持比率）＝69,910

⑵　当期の連結修正仕訳

①　当期利益の按分

（借）	非支配株主に帰属する当期純損益	5,910	（貸）	非支配株主持分－当期変動額	5,910

※　14,775（修正後Ｓ社当期利益）×40%（非持比率）＝5,910

②　当期のれんの償却

（借）	のれん償却額	240	（貸）	のれん	240

４．連結財務諸表計上額

減価償却費：5,000（Ｐ社）＋1,500（Ｓ社）＋225（評価差額の実現）＝6,725
非支配株主に帰属する当期純利益：5,910
親会社株主に帰属する当期純利益：200,000（Ｐ社）＋8,865（当期取得後剰余金）－240（のれん償却額）＝208,625
建物：100,000（Ｐ社）＋60,000（Ｓ社）＋4,500（評価差額）＝164,500
減価償却累計額：40,000（Ｐ社）＋33,000（Ｓ社）＋225（評価差額の実現）×２年＝△73,450
非支配株主持分：189,550（X6.3資本合計）×40%（非持比率）＝75,820

問2

1．タイム・テーブル

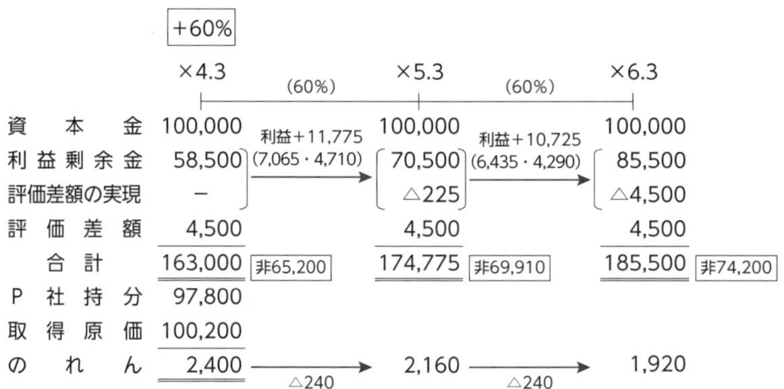

2．評価差額の計上及び実現

(1) 評価差額の計上

(借)	建物	4,500	(貸)	評価差額	4,500

(2) 評価差額の実現

① 前期分

(借)	利益剰余金－当期首残高	225	(貸)	減価償却累計額	225

② 当期分

a) 減価償却による実現

(借)	減価償却費	225	(貸)	減価償却累計額	225

b) 売却による実現

売却により評価差額は全て実現するため、残りの4,050（評価差額4,500－減価償却225×２年）について利益を修正する。具体的には、評価差額に係る建物と減価償却累計額を取り消し、建物売却益を4,050減少させる。

(借)	減価償却累計額	450	(貸)	建物	4,500
	建物売却益	4,050※			

※ 評価差額の実現により、修正後Ｓ社当期利益は10,725（＝Ｓ社当期利益15,000－減価償却による評価差額の実現225－売却による評価差額の実現4,050）となる。

3．連結修正仕訳

⑴　開始仕訳（問１と同様）

（借）	資本金－当期首残高	100,000	（貸）子会社株式	100,200
	利益剰余金－当期首残高	63,450	非支配株主持分－当期首残高	69,910
	評価差額	4,500		
	のれん	2,160		

⑵　当期の連結修正仕訳

①　当期利益の按分

（借）	非支配株主に帰属する当期純損益	4,290	（貸）非支配株主持分－当期変動額	4,290

※　10,725（修正後Ｓ社当期利益）×40％（非持比率）＝4,290

②　当期のれんの償却

（借）	のれん償却額	240	（貸）のれん	240

4．連結財務諸表計上額

減価償却費：5,000（Ｐ社）＋1,500（Ｓ社）＋225（評価差額の実現）＝6,725

建物売却益：6,000（Ｓ社）－4,050（評価差額の実現）＝1,950

非支配株主に帰属する当期純利益：4,290

親会社株主に帰属する当期純利益：200,000（Ｐ社）＋6,435（当期取得後剰余金）
－240（のれん償却額）＝206,195

建物：100,000（Ｐ社）

減価償却累計額：△40,000（Ｐ社）

非支配株主持分：185,500（X6.3資本合計）×40％（非持比率）＝74,200

4 棚卸資産の取扱い

(1) 評価差額の実現時期及び修正する損益項目

棚卸資産の時価評価に伴う評価差額は、対象資産を**企業外部に売却した場合（通常翌期）に実現**する。なお、評価差額が実現した場合には、**売上原価**を修正する。

(2) 売却損益の修正額

個別上・・・売却価額 － 棚卸資産の購入時の取得原価 ＝ 売上総利益
連結上・・・売却価額 － 支配獲得時の時価 ＝ 売上総利益
売上総利益の修正額・・・支配獲得時の時価 － 棚卸資産の購入時の取得原価

■ 例題９　棚卸資産の評価差額の実現　重要度Ｃ

以下の資料に基づき、×５年３月期の連結財務諸表における下記項目の金額を答えなさい。

連結損益計算書：売上原価、非支配株主に帰属する当期純利益、親会社株主に帰属する当期純利益

連結貸借対照表：商品、非支配株主持分

(1)　Ｐ社は×４年３月31日にＳ社株式の80％を264,000円で取得し、Ｓ社を子会社とした。

(2)　Ｓ社の資本勘定の推移は次のとおりである。

	資本金	利益剰余金
×４年３月31日	200,000円	124,000円
×５年３月31日	200,000円	142,000円

(3)　×４年３月31日のＳ社の商品（簿価10,000円）の時価は11,000円である。

(4)　のれんは発生年度の翌期から10年間にわたり定額法により償却を行う。

(5)　税効果会計は考慮しない。

(6)　Ｓ社は剰余金の配当を行っていないものとする。

(7)　×５年１月20日にＳ社は保有する商品（簿価10,000円）を企業集団外部に15,000円で売却した。

(8)　Ｐ社の×５年３月期の損益計算書に計上された売上原価は500,000円、当期純利益は50,000円、貸借対照表に計上された商品は100,000円である。

(9)　Ｓ社の×５年３月期の損益計算書に計上された売上原価は200,000円、当期純利益は18,000円、貸借対照表に計上された商品は50,000円である。

■ 解答解説（単位：円）

１．タイム・テーブル

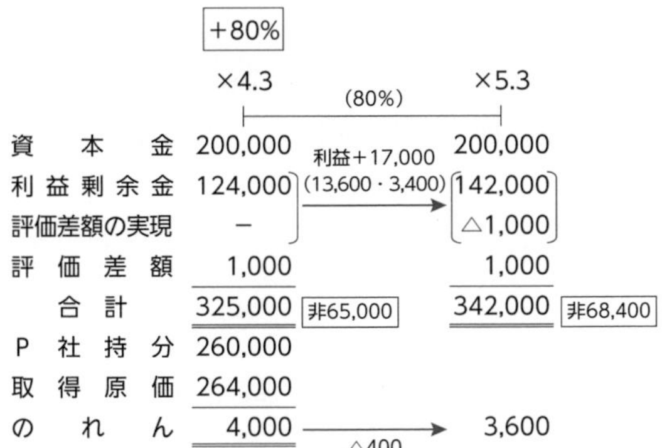

2．評価差額の計上及び実現

⑴　評価差額の計上

（借）商　品	1,000	（貸）評価差額	1,000

※　11,000（時価）－10,000（簿価）＝1,000

⑵　評価差額の実現

（借）売上原価	1,000	（貸）商　品	1,000

※　評価差額の実現により、修正後Ｓ社当期利益は17,000（＝Ｓ社当期利益18,000－評価差額の実現1,000）となる。

3．連結修正仕訳

⑴　開始仕訳（投資と資本の相殺消去）

（借）資本金－当期首残高	200,000	（貸）子会社株式	264,000
利益剰余金－当期首残高	124,000	非支配株主持分－当期首残高	65,000※1
評価差額	1,000		
のれん	4,000※2		

※１　非支配株主持分：325,000（X4.3資本合計）×20％（非持比率）＝65,000
※２　のれん：264,000（子会社株式）－325,000（X4.3資本合計）×80％（Ｐ社比率）＝4,000

⑵　利益の按分

（借）非支配株主に帰属する当期純損益	3,400	（貸）非支配株主持分－当期変動額	3,400

※　17,000（修正後Ｓ社当期利益）×20％（非持比率）＝3,400

⑶　のれんの償却

（借）のれん償却額	400	（貸）のれん	400

※　4,000（のれん計上額）÷10年（償却年数）＝400

4．連結財務諸表計上額

売上原価：500,000（Ｐ社）＋200,000（Ｓ社）＋1,000（評価差額の実現）＝701,000
非支配株主に帰属する当期純利益：3,400
親会社株主に帰属する当期純利益：50,000（Ｐ社）＋13,600（当期取得後剰余金）
－400（のれん償却額）＝63,200
商品：100,000（Ｐ社）＋50,000（Ｓ社）＝150,000
非支配株主持分：342,000（X5.3資本合計）×20％（非持比率）＝68,400

5 評価差額の実現と追加取得

追加取得をした場合、**評価差額の実現を加味した子会社の資本合計に基づき追加取得持分を算定**する。

■ 例題10　評価差額の実現と追加取得　重要度C

以下の資料に基づき、×６年３月期の連結財務諸表における下記項目の金額を答えなさい。

連結損益計算書：非支配株主に帰属する当期純利益、親会社株主に帰属する当期純利益

連結貸借対照表：資本剰余金、非支配株主持分

(1)　Ｐ社は×４年３月31日にＳ社株式の60％を78,000円で取得し、Ｓ社を子会社とした。

(2)　Ｐ社は×６年３月31日にＳ社株式の10％を15,000円で取得した。

(3)　Ｓ社の資本勘定の推移は次のとおりである。

	資本金	利益剰余金
×４年３月31日	80,000円	24,000円
×５年３月31日	80,000円	39,000円
×６年３月31日	80,000円	58,000円

(4)　×４年３月31日のＳ社の土地（簿価100,000円）の時価は120,000円である。

(5)　のれんは発生年度の翌期から10年間にわたり定額法により償却する。

(6)　税効果会計は考慮しない。

(7)　剰余金の配当は行われていない。

(8)　Ｓ社は×５年３月期に上記土地の半分を企業集団外部に対して、75,000円で売却している。

(9)　Ｐ社の×６年３月期の損益計算書に計上された当期純利益は200,000円、貸借対照表に計上された資本剰余金は500,000円である。

■ 解答解説（単位：円）

1．タイム・テーブル

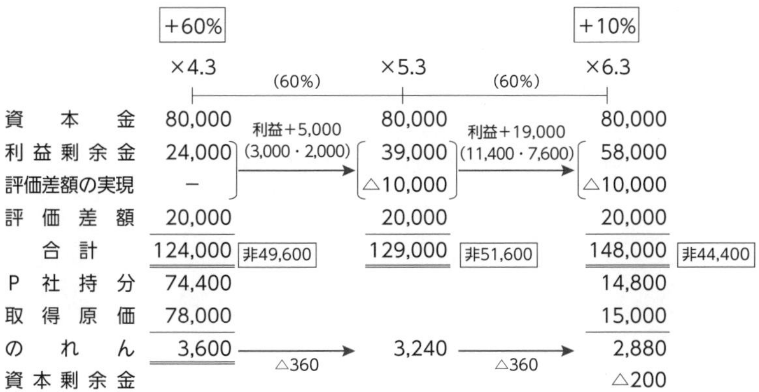

2．評価差額の計上及び実現

(1) 評価差額の計上

(借)	土　　　　地	20,000	(貸) 評　価　差　額	20,000

※　120,000（時価）－100,000（簿価）＝20,000

(2) 評価差額の実現

(借)	利益剰余金－当期首残高	10,000	(貸) 土　　　　地	10,000

※　20,000（評価差額）×1／2（実現割合）＝10,000

※　評価差額の実現により、修正後Ｓ社前期利益は5,000（＝Ｓ社前期利益15,000－評価差額の実現10,000）となる。

3．連結修正仕訳

(1) 開始仕訳

① 投資と資本の相殺消去

(借)	資　本　金－当期首残高	80,000	(貸) 子　会　社　株　式	78,000
	利益剰余金－当期首残高	24,000	非支配株主持分－当期首残高	49,600※2
	評　価　差　額	20,000		
	の　れ　ん	3,600※1		

※１　のれん：78,000（子会社株式）－124,000（X4.3資本合計）×60％（Ｐ社比率）＝3,600

※２　非支配株主持分：124,000（X4.3資本合計）×40％（非持比率）＝49,600

② 前期利益の按分

(借)	利益剰余金－当期首残高	2,000	(貸) 非支配株主持分－当期首残高	2,000

※　5,000（修正後Ｓ社前期利益）×40％（非持比率）＝2,000

③ 前期のれんの償却

(借)	利益剰余金－当期首残高	360	(貸) の　れ　ん	360

※　3,600（のれん計上額）÷10年（償却年数）＝360

④ 開始仕訳（上記仕訳の合算）

(借)	資　本　金－当期首残高	80,000	(貸) 子　会　社　株　式	78,000
	利益剰余金－当期首残高	26,360※1	非支配株主持分－当期首残高	51,600※3
	評　価　差　額	20,000		
	の　れ　ん	3,240※2		

※１　利益剰余金：24,000（相殺）＋2,000（利益の按分）＋360（のれん償却額）＝26,360

※２　のれん：3,600（のれん計上額）×９年（未償却年数）／10年（償却年数）＝3,240

※３　非支配株主持分：129,000（X5.3資本合計）×40％（非持比率）＝51,600

⑵　当期の連結修正仕訳

①　当期利益の按分

（借）	非支配株主に帰属する当期純損益	7,600	（貸）	非支配株主持分－当期変動額	7,600

※　19,000（Ｓ社当期利益）×40％（非持比率）＝7,600

②　当期のれんの償却

（借）	の れ ん 償 却 額	360	（貸）	の れ ん	360

③　追加取得

（借）	非支配株主持分－当期変動額	14,800※1	（貸）	子 会 社 株 式	15,000
	資本剰余金－当期変動額	200※2			

※１　非支配株主持分：148,000（X6.3資本合計）×10％（追加取得割合）＝14,800
※２　資本剰余金：△200（差額）

４．連結財務諸表計上額

非支配株主に帰属する当期純利益：7,600

親会社株主に帰属する当期純利益：200,000（Ｐ社）＋11,400（当期取得後剰余金）
－360（のれん償却額）＝211,040

資本剰余金：500,000（Ｐ社）－200（追加取得）＝499,800

非支配株主持分：148,000（X6.3資本合計）×30％（追加取得後非持比率）＝44,400

第６節　取得関連費用（付随費用）の取扱い

1　基本的考え方

個別財務諸表上の取扱い	付随費用は、子会社株式の取得原価に含めて処理する
連結財務諸表上の取扱い	取得関連費用は、発生した連結会計年度の費用として処理する

※　金融商品会計基準において、支払手数料等の諸費用は「付随費用」と表現されている。そのため、上記個別財務諸表上の取扱いにおいては「付随費用」として表現している。一方、連結会計基準においては、子会社株式の取得により生じる諸費用は「取得関連費用」と表現されている。そのため、上記連結財務諸表上の取扱いにおいては「取得関連費用」と表現している。

2　一括取得

子会社株式を一括取得して支配を獲得した場合、個別財務諸表上の子会社株式の取得原価に含まれている付随費用は発生した連結会計年度の費用として処理し、付随費用控除後の取得原価をもって投資と資本の相殺消去を行う。

■ 例題11　取得関連費用①（一括取得）　重要度A

以下の資料に基づき×6年3月31日の連結貸借対照表を作成しなさい。

(1)　P社は×6年3月31日にS社株式の60％を12,000円で取得し、S社を子会社とした。なお、取得に際して手数料500円を別途支払っている。

(2)　×6年3月31日におけるS社の土地の時価は6,500円である。

(3)　税効果会計は考慮しない。

(4)　×6年3月31日現在のP社及びS社の個別貸借対照表は次のとおりである。

貸借対照表

×6年3月31日現在　（単位：円）

科目	P社	S社	科目	P社	S社
諸資産	107,500	30,000	諸負債	86,000	19,000
土地	54,000	6,000	資本金	55,000	10,000
子会社株式	12,500	—	資本剰余金	10,000	2,000
			利益剰余金	23,000	5,000
	174,000	36,000		174,000	36,000

■ 解答解説（単位：円）

1．タイム・テーブル

+60%

×6.3

資本金	10,000
資本剰余金	2,000
利益剰余金	5,000
評価差額	500
合計	17,500　非7,000
P社持分	10,500
取得原価	12,500
取得関連費用	△500
のれん	1,500

取得原価と取得関連費用：連結上の取得原価 12,000

2．評価差額の計上

(借) 土地	500	(貸) 評価差額	500

※　6,500（時価）－6,000（簿価）＝500

3．連結修正仕訳

(1)　取得関連費用

(借) 支払手数料	500	(貸) 子会社株式	500

(2)　投資と資本の相殺消去

(借) 資本金	10,000	(貸) 子会社株式	12,000※1
資本剰余金	2,000	非支配株主持分	7,000※3
利益剰余金	5,000		
評価差額	500		
のれん	1,500※2		

※1　子会社株式：12,500（個別上の取得原価）－500（取得関連費用）＝12,000（連結上の取得原価）
※2　のれん：12,000（連結上の取得原価）－17,500（X6.3資本合計）×60%（P社比率）＝1,500
※3　非支配株主持分：17,500（X6.3資本合計）×40%（非持比率）＝7,000

4．連結貸借対照表

連結貸借対照表
×6年3月31日現在

諸資産	137,500	諸負債	105,000
土地	60,500	資本金	55,000
のれん	1,500	資本剰余金	10,000
		利益剰余金	22,500※
		非支配株主持分	7,000
	199,500		199,500

※　23,000（P社）－500（取得関連費用）＝22,500

3 段階取得

段階取得により子会社の支配を獲得する場合、**支配獲得前に保有していた株式の取得原価に含まれている付随費用は段階取得に係る損益として処理する。**

なお、**支配獲得日の時価は、付随費用を除いた金額をベースに算定**し、**支配獲得時に取得した株式の取得原価に含まれている付随費用は、発生した連結会計年度の費用として処理**する。

■例題12　取得関連費用②（段階取得）　重要度A

以下の資料に基づき、×7年3月期の連結財務諸表を作成しなさい。

(1)　P社は×5年3月31日にS社株式の10%を9,900円で取得した。なお、取得に際して手数料を別途100円支払っている。

(2)　P社は×6年3月31日にS社の発行済株式の50%を52,000円で取得し、S社を子会社とした。なお、取得に際して手数料を別途600円支払っている。また、×6年3月31日のS社の資本勘定は次のとおりである。

資本金	資本剰余金	利益剰余金
50,000円	10,000円	32,000円

(3)　×6年3月31日のS社の諸資産（帳簿価額10,000円）の時価は16,000円である。

(4)　のれんは発生年度の翌期から10年間にわたり定額法により償却する。

(5)　税効果会計は考慮しない。

(6)　剰余金の配当は行われていない。

(7)　×7年3月期のP社及びS社の個別財務諸表は次のとおりである。

損益計算書

×6年4月1日～×7年3月31日　(単位：円)

科目	P社	S社	科目	P社	S社
諸費用	200,000	70,000	諸収益	300,000	78,000
当期純利益	100,000	8,000			
	300,000	78,000		300,000	78,000

貸借対照表

×7年3月31日現在　(単位：円)

科目	P社	S社	科目	P社	S社
諸資産	1,651,400	200,000	諸負債	800,000	100,000
子会社株式	62,600	—	資本金	500,000	50,000
			資本剰余金	50,000	10,000
			利益剰余金	364,000	40,000
	1,714,000	200,000		1,714,000	200,000

■ 解答解説（単位：円）

1．タイム・テーブル

+60%（*1）

	×6.3	(60%)	×7.3	
資本金	50,000		50,000	
資本剰余金	10,000	利益+8,000 (4,800・3,200) →	10,000	
利益剰余金	32,000		40,000	
評価差額	6,000		6,000	
合計	98,000	非39,200	106,000	非42,400
P社持分	58,800			
取得原価	62,600（*2）	支配獲得日時価 62,400（*4）		
取得関連費用	△600			
段階取得に係る差益	400（*3）			
のれん	3,600	△360 →	3,240	

（*1）取得割合：10%（×5.3取得）+50%（×6.3取得）=60%

（*2）取得原価合計：10,000（10%分取得原価）+52,600（50%分取得原価）=62,600

（*3）段階取得に係る差益：62,400（支配獲得日時価*4）
－{62,600（取得原価合計*2）－600（取得関連費用）}=400
又は
{52,600（50%分取得原価）－600（取得関連費用）}
÷50%（×6.3取得）×10%（×5.3取得）－10,000（10%分取得原価）=400

（*4）支配獲得日時価：{52,600（50%分取得原価）－600（取得関連費用）}
÷50%（×6.3取得）×60%（×6.3持分）=62,400

2．評価差額の計上

(借)	金額	(貸)	金額
諸資産	6,000	評価差額	6,000

※　16,000（時価）－10,000（簿価）＝6,000

3．連結修正仕訳

(1)　開始仕訳

①　取得関連費用

(借)	金額	(貸)	金額
利益剰余金－当期首残高	600	子会社株式	600

②　段階取得に係る差益

(借)	金額	(貸)	金額
子会社株式	400	利益剰余金－当期首残高	400

※　{52,600（50%分取得原価）－600（取得関連費用）}÷50%（X6.3取得）×10%（X5.3取得）
－10,000（10%分取得原価）＝400

③　投資と資本の相殺消去

(借)	金額	(貸)	金額
資本金－当期首残高	50,000	子会社株式	62,400※1
資本剰余金－当期首残高	10,000	非支配株主持分－当期首残高	39,200※3
利益剰余金－当期首残高	32,000		
評価差額	6,000		
のれん	3,600※2		

※1　子会社株式：62,600（取得原価合計）－600（取得関連費用）＋400（段階差益）＝62,400
又は
{52,600（50%分取得原価）－600（取得関連費用）}÷50%（X6.3取得）×60%（X6.3持分）＝62,400

※2　のれん：62,400（子会社株式※1）－98,000（X6.3資本合計）×60%（P社比率）＝3,600

※3　非支配株主持分：98,000（X6.3資本合計）×40%（非持比率）＝39,200

④　開始仕訳（上記仕訳の合算）

（借）	資本金－当期首残高	50,000	（貸）子会社株式	62,600※1
	資本剰余金－当期首残高	10,000	非支配株主持分－当期首残高	39,200※3
	利益剰余金－当期首残高	32,200※2		
	評価差額	6,000		
	のれん	3,600		

※1　子会社株式：62,600（取得原価合計）
※2　利益剰余金：600（取得関連費用）－400（段階差益）＋32,000（相殺）＝32,200
※3　非支配株主持分：98,000（X6.3資本合計）×40％（非持比率）＝39,200

(2)　当期の連結修正仕訳

①　当期利益の按分

（借）	非支配株主に帰属する当期純損益	3,200	（貸）非支配株主持分－当期変動額	3,200

※　8,000（Ｓ社当期利益）×40％（非持比率）＝3,200

②　当期のれんの償却

（借）	のれん償却額	360	（貸）のれん	360

※　3,600（のれん計上額）÷10年（償却年数）＝360

4．連結財務諸表

連結損益計算書
×6年4月1日～×7年3月31日

諸費用	270,000	諸収益	378,000
のれん償却額	360		
非支配株主に帰属する当期純利益	3,200		
親会社株主に帰属する当期純利益	104,440※1		
	378,000		378,000

※1　100,000（Ｐ社）＋4,800（取得後剰余金）－360（のれん償却額）＝104,440

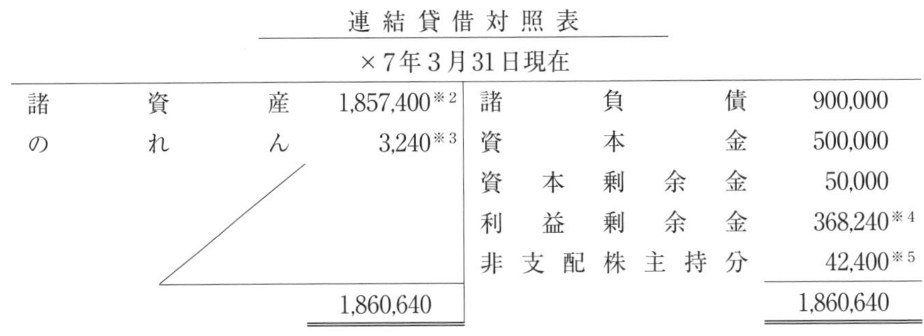

連結貸借対照表
×7年3月31日現在

諸資産	1,857,400※2	諸負債	900,000
のれん	3,240※3	資本金	500,000
		資本剰余金	50,000
		利益剰余金	368,240※4
		非支配株主持分	42,400※5
	1,860,640		1,860,640

※2　1,651,400（Ｐ社）＋200,000（Ｓ社）＋6,000（評価差額）＝1,857,400
※3　3,600（のれん計上額）×9年（未償却年数）／10年（償却年数）＝3,240
※4　364,000（Ｐ社）＋4,800（取得後剰余金）－600（取得関連費用）＋400（段階差益）－360（のれん償却額）＝368,240
※5　106,000（X7.3資本合計）×40％（非持比率）＝42,400

4 追加取得

子会社株式を追加取得する場合、**追加取得した際に発生した付随費用は発生した連結会計年度の費用として処理する。**

■ 例題13　取得関連費用③（追加取得）　重要度B

以下の資料に基づき、×5年3月期の連結財務諸表を作成しなさい。

(1)　P社は×4年3月31日にS社株式の60％を164,000円で取得し、S社を子会社とした。なお、取得に際して手数料を別途500円支払っている。また、支配獲得時のS社の資本勘定は次のとおりである。

資本金	資本剰余金	利益剰余金
150,000円	50,000円	65,000円

(2)　P社は×5年3月31日にS社株式の10％を27,000円で取得した。なお、取得に際して手数料を別途200円支払っている。

(3)　×4年3月31日のS社の土地（帳簿価額175,000円）の時価は181,000円である。

(4)　のれんは発生年度の翌期から5年間にわたり定額法により償却する。

(5)　税効果会計は考慮しない。

(6)　剰余金の配当は行われていない。

(7)　×5年3月期におけるP社及びS社の個別財務諸表は次のとおりである。

損　益　計　算　書

×4年4月1日～×5年3月31日　（単位：円）

科　目	P　社	S　社	科　目	P　社	S　社
諸費用	1,000,000	400,000	諸収益	1,040,000	415,000
当期純利益	40,000	15,000			
	1,040,000	415,000		1,040,000	415,000

貸　借　対　照　表

×5年3月31日現在　（単位：円）

科　目	P　社	S　社	科　目	P　社	S　社
諸資産	1,171,300	325,000	諸負債	908,000	220,000
土地	437,000	175,000	資本金	600,000	150,000
子会社株式	191,700	—	資本剰余金	100,000	50,000
			利益剰余金	192,000	80,000
	1,800,000	500,000		1,800,000	500,000

■ 解答解説（単位：円）

1．タイム・テーブル

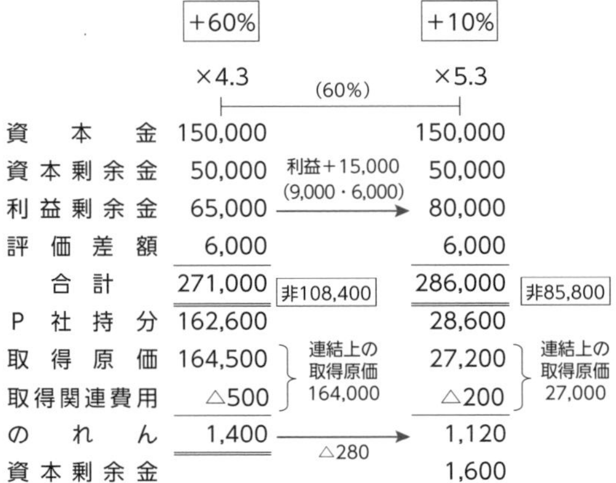

2．評価差額の計上

(借) 土　　地	6,000	(貸) 評　価　差　額	6,000

※　181,000（時価）－175,000（簿価）＝6,000

3．連結修正仕訳

(1) 開始仕訳

① 取得関連費用

(借) 利益剰余金－当期首残高	500	(貸) 子　会　社　株　式	500

② 投資と資本の相殺消去

(借)		(貸)	
資　本　金－当期首残高	150,000	子　会　社　株　式	164,000※1
資本剰余金－当期首残高	50,000	非支配株主持分－当期首残高	108,400※3
利益剰余金－当期首残高	65,000		
評　価　差　額	6,000		
の　れ　ん	1,400※2		

※1　子会社株式：164,500（60％分取得原価）－500（60％分取得関連費用）＝164,000（連結上の取得原価）
※2　のれん：164,000（連結上の取得原価）－271,000（X4.3資本合計）×60％（P社比率）＝1,400
※3　非支配株主持分：271,000（X4.3資本合計）×40％（非持比率）＝108,400

(2) 当期の連結修正仕訳

① 当期利益の按分

(借) 非支配株主に帰属する当期純損益	6,000	(貸) 非支配株主持分－当期変動額	6,000

※　15,000（S社当期利益）×40％（非持比率）＝6,000

② 当期のれんの償却

(借) の れ ん 償 却 額	280	(貸) の　れ　ん	280

※　1,400（のれん計上額）÷5年（償却年数）＝280

③　取得関連費用

（借）諸費用（支払手数料）	200	（貸）子会社株式	200

④　追加取得

（借）非支配株主持分－当期変動額	28,600※2	（貸）子会社株式	27,000※1
		資本剰余金－当期変動額	1,600※3

※１　子会社株式：27,200（10％分取得原価）－200（10％分取得関連費用）＝27,000（連結上の取得原価）

※２　非支配株主持分：286,000（X5.3資本合計）×10％（追加取得割合）＝28,600

※３　資本剰余金：1,600（差額）

４．連結財務諸表

連結損益計算書

×４年４月１日～×５年３月31日

諸費用	1,400,200※1	諸収益	1,455,000
のれん償却額	280		
非支配株主に帰属する当期純利益	6,000		
親会社株主に帰属する当期純利益	48,520※2		
	1,455,000		1,455,000

※１　1,000,000（Ｐ社）＋400,000（Ｓ社）＋200（10％分取得関連費用）＝1,400,200

※２　40,000（Ｐ社）＋9,000（取得後剰余金）－280（のれん償却額）－200（10％分取得関連費用）＝48,520

連結貸借対照表

×５年３月31日現在

諸資産	1,496,300	諸負債	1,128,000
土地	618,000※3	資本金	600,000
のれん	1,120※4	資本剰余金	101,600※5
		利益剰余金	200,020※6
		非支配株主持分	85,800※7
	2,115,420		2,115,420

※３　437,000（Ｐ社）＋175,000（Ｓ社）＋6,000（評価差額）＝618,000

※４　1,400（のれん計上額）×４年（未償却年数）／５年（償却年数）＝1,120

※５　100,000（Ｐ社）＋1,600（追加取得）＝101,600

※６　192,000（Ｐ社）＋9,000（取得後剰余金）－280（のれん償却額）
－500（60％分取得関連費用）－200（10％分取得関連費用）＝200,020

※７　286,000（X5.3資本合計）×30％（非持比率）＝85,800

5 表示

連結財務諸表上、支配獲得時に生じる取得関連費用は販売費及び一般管理費に、追加取得時に生じる取得関連費用は営業外費用に表示する。

	個別財務諸表	連結財務諸表
支配獲得時	付随費用は 取得原価に算入	販売費及び一般管理費
追加取得時		営業外費用

6 一部売却

(1) 個別財務諸表上の取得原価に含められた付随費用の取扱い

子会社株式を一部売却した場合、付随費用は個別財務諸表上の売却原価に含まれるが、連結財務諸表上は、発生した連結会計年度の費用として処理されていることから、売却持分には含まれないことになる。

そのため、付随費用を含んだ個別上の売却原価と売却時の資本に基づく連結上の売却原価との差額について子会社株式売却益を修正する。

(2) 売却に係る支払手数料等の取扱い

売却に係る支払手数料等については個別財務諸表上、売却時の費用として処理しているため、連結上、特に修正は必要ない。

■ 例題14　取得関連費用④（一部売却）

重要度C

以下の資料に基づき、×６年３月期の連結財務諸表を作成しなさい。

(1)　Ｐ社は×４年３月31日にＳ社株式の80％を45,000円で取得し、子会社とした。なお、取得に際して手数料を別途400円支払っている。

(2)　Ｐ社は×６年３月31日にＳ社株式の20％を15,000円で売却した。なお、売却に際して手数料を100円支払っている。

(3)　Ｓ社の資本勘定の推移は次のとおりである。

	資本金	利益剰余金
×４年３月31日	30,000円	20,000円
×５年３月31日	30,000円	25,000円
×６年３月31日	30,000円	33,000円

(4)　×４年３月31日のＳ社の諸資産（簿価155,000円）の時価は160,000円である。

(5)　のれんは発生年度の翌期から20年間にわたり定額法で償却する。

(6)　法人税等の税金及び税効果会計は考慮しない。

(7)　剰余金の配当は行われていない。

(8)　×６年３月31日のＰ社及びＳ社の個別財務諸表

損　益　計　算　書

×５年４月１日～×６年３月31日　（単位：円）

科目	Ｐ社	Ｓ社	科目	Ｐ社	Ｓ社
諸費用	80,000	32,000	諸収益	126,350	40,000
当期純利益	50,000	8,000	子会社株式売却益	3,650	―
	130,000	40,000		130,000	40,000

貸　借　対　照　表

×６年３月31日現在　（単位：円）

科目	Ｐ社	Ｓ社	科目	Ｐ社	Ｓ社
諸資産	199,700	113,000	諸負債	120,000	50,000
子会社株式	34,050	―	資本金	60,000	30,000
			利益剰余金	53,750	33,000
	233,750	113,000		233,750	113,000

■ 解答解説（単位：円）

1．タイム・テーブル

売却額 15,000
個別益　3,650（*2）

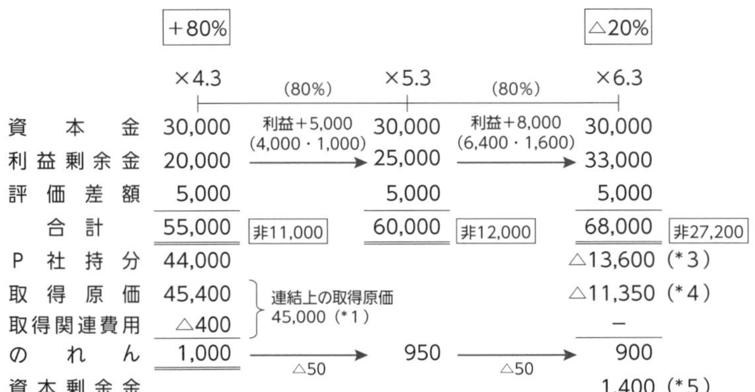

（*1）連結上の取得原価：45,400（個別上の取得原価）－400（取得関連費用）＝45,000
（*2）S社株式売却益：15,000（売却価額）－11,350（売却原価*4）＝3,650
（*3）売却持分：68,000（×6.3資本合計）×20%（売却割合）＝13,600
（*4）売却原価：45,400（80%分取得原価）÷80%（×4.3取得）×20%（売却割合）＝11,350
（*5）資本剰余金増加額：15,000（売却価額）－13,600（売却持分*3）＝1,400

2．評価差額の計上

（借）	諸資産	5,000	（貸）	評価差額	5,000

※　160,000（時価）－155,000（簿価）＝5,000

3．連結修正仕訳

(1)　開始仕訳

① 取得関連費用

（借）	利益剰余金－当期首残高	400	（貸）	子会社株式	400

② 投資と資本の相殺消去

（借）	資本金－当期首残高	30,000	（貸）	子会社株式	45,000※1
	利益剰余金－当期首残高	20,000		非支配株主持分－当期首残高	11,000※2
	評価差額	5,000			
	のれん	1,000※3			

※1　子会社株式：45,400（個別上の取得原価）－400（取得関連費用）＝45,000（連結上の取得原価）
※2　非支配株主持分：55,000（X4.3資本合計）×20%（非持比率）＝11,000
※3　のれん：45,000（連結上の取得原価）－55,000（X4.3資本合計）×80%（P社比率）＝1,000

③ 前期利益の按分

（借）	利益剰余金－当期首残高	1,000	（貸）	非支配株主持分－当期首残高	1,000

※　5,000（S社前期利益）×20%（非持比率）＝1,000

④ 前期のれんの償却

（借）	利益剰余金－当期首残高	50	（貸）	のれん	50

※　1,000（のれん計上額）÷20年（償却年数）＝50

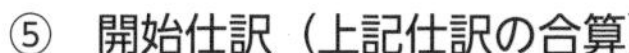

⑤　開始仕訳（上記仕訳の合算）

（借）	資本金－当期首残高	30,000	（貸）	子会社株式	45,400
	利益剰余金－当期首残高	21,450※1		非支配株主持分－当期首残高	12,000※3
	評価差額	5,000			
	のれん	950※2			

※1　利益剰余金：400（取得関連費用）＋20,000（相殺）＋1,000（利益の按分）＋50（のれん償却額）＝21,450
※2　のれん：1,000（のれん計上額）×19年（未償却年数）／20年（償却年数）＝950
※3　非支配株主持分：60,000（X5.3資本合計）×20%（非持比率）＝12,000

(2)　当期の連結修正仕訳

①　当期利益の按分

（借）	非支配株主に帰属する当期純損益	1,600	（貸）	非支配株主持分－当期変動額	1,600

※　8,000（S社当期利益）×20%（非持比率）＝1,600

②　当期のれんの償却

（借）	のれん償却額	50	（貸）	のれん	50

③　一部売却

〔個別上の仕訳〕

（借）	現金預金	15,000※1	（貸）	子会社株式	11,350※2
				子会社株式売却益	3,650※3

※1　現金預金：15,000（売却価額）
※2　子会社株式：45,400（個別上の取得原価）÷80%（X4.3取得）×20%（売却割合）＝11,350
※3　子会社株式売却益：3,650（差額）

〔連結上あるべき仕訳〕

（借）	現金預金	15,000※1	（貸）	非支配株主持分－当期変動額	13,600※2
				資本剰余金－当期変動額	1,400※3

※1　現金預金：15,000（売却価額）
※2　非支配株主持分（連結上の売却持分）：68,000（X6.3資本合計）×20%（売却割合）＝13,600
※3　資本剰余金：1,400（差額）

〔連結修正仕訳〕

（借）	子会社株式	11,350	（貸）	非支配株主持分－当期変動額	13,600
	子会社株式売却益	3,650		資本剰余金－当期変動額	1,400

第27章　連結会計Ⅱ（資本連結）

4．連結財務諸表

連結損益計算書

×5年4月1日～×6年3月31日

借方	金額	貸方	金額
諸費用	112,000	諸収益	166,350
のれん償却額	50		
非支配株主に帰属する当期純利益	1,600		
親会社株主に帰属する当期純利益	52,700※1		
	166,350		166,350

※1　50,000（Ｐ社）＋6,400（当期取得後剰余金）－50（のれん償却額）－3,650（子会社株式売却益）＝52,700

連結貸借対照表

×6年3月31日現在

借方	金額	貸方	金額
諸資産	317,700※2	諸負債	170,000
のれん	900※3	資本金	60,000
		資本剰余金	1,400※4
		利益剰余金	60,000※5
		非支配株主持分	27,200※6
	318,600		318,600

※2　199,700（Ｐ社）＋113,000（Ｓ社）＋5,000（評価差額）＝317,700

※3　1,000（のれん計上額）×18年（未償却年数）／20年（償却年数）＝900

※4　1,400（一部売却）

※5　53,750（Ｐ社）＋4,000（前期取得後剰余金）＋6,400（当期取得後剰余金）
－400（取得関連費用）－50（のれん償却額）×２年－3,650（子会社株式売却益）＝60,000

※6　68,000（X6.3資本合計）×40％（一部売却後非持比率）＝27,200

第7節　子会社の増資

1 分類

子会社の増資は、以下のように分類される。

分類		子会社の資本の増加	持分比率の変動
無償増資		なし	なし
有償増資	株主割当増資※1	あり	なし
	第三者割当増資※2 公募発行増資※3 （時価発行増資）	あり	あり

※1　既存の株主に対してその持株数に比例して割当て、既存の株主が引き受ける新株の発行
※2　会社役員、従業員、取引先、金融機関などの特定の第三者を対象とする新株の発行
※3　広く一般から株主を募集する新株の発行

2 持分比率が変動しない場合

(1) 無償増資

無償増資の場合、子会社の資本勘定の振り替えが行われるのみであり、**資本の増加は生じず、かつ、持分比率の変動も生じない**。よって、**連結修正仕訳は、個別上で行われた無償増資の仕訳を取り消す**ことになる。

〔個別上の仕訳〕

(借) 資本準備金	×××	(貸) 資本金	×××

〔連結修正仕訳〕

(借) 資本金－当期変動額	×××	(貸) 資本剰余金－当期変動額	×××

(2) 株主割当増資

株主割当増資の場合、既存の持分比率に応じて増資を行うため、**持分比率は変動しない**。ただし、株主から払込を受けるため、**子会社の資本が増加し、親会社は引受分を子会社株式として計上**している。よって、**連結修正仕訳により、原始取得に準じた投資と資本の相殺消去を行う**。

〔個別上の親会社の仕訳〕

(借) 子会社株式	×××	(貸) 現金預金	×××

〔個別上の子会社の仕訳〕

(借) 現金預金	×××	(貸) 資本金	×××
		資本準備金	×××

〔連結修正仕訳〕

(借) 資本金－当期変動額	×××	(貸) 子会社株式	×××
資本剰余金－当期変動額	×××	非支配株主持分－当期変動額	×××※

※　非支配株主持分：増資による資本増加額×非持比率

■ 例題15　株主割当増資

重要度C

以下の資料に基づき、×6年3月期の連結財務諸表を作成しなさい。

(1)　P社は×5年3月31日にS社株式の60％を164,000円で取得し、S社を子会社とした。

(2)　S社は×6年3月31日に50,000円の株主割当増資を実施した。

(3)　S社の資本勘定の推移は次のとおりである。

	資本金	資本剰余金	利益剰余金
×5年3月31日	150,000円	50,000円	65,000円
×6年3月31日	200,000円	50,000円	80,000円

(4)　×5年3月31日におけるS社の土地（簿価175,000円）の時価は181,000円である。

(5)　のれんは発生年度の翌期から5年間にわたり定額法により償却する。

(6)　剰余金の配当は行われていない。

(7)　税効果会計は考慮しない。

(8)　×6年3月期におけるP社及びS社の個別財務諸表は次のとおりである。

損益計算書

×5年4月1日～×6年3月31日　（単位：円）

科目	P社	S社	科目	P社	S社
諸費用	1,096,000	435,000	諸収益	1,150,000	450,000
当期純利益	54,000	15,000			
	1,150,000	450,000		1,150,000	450,000

貸借対照表

×6年3月31日現在　（単位：円）

科目	P社	S社	科目	P社	S社
諸資産	1,236,000	425,000	諸負債	921,000	270,000
土地	437,000	175,000	資本金	600,000	200,000
子会社株式	194,000	―	資本剰余金	100,000	50,000
			利益剰余金	246,000	80,000
	1,867,000	600,000		1,867,000	600,000

■ 解答解説（単位：円）

1．タイム・テーブル

	×5.3 (+60%)		×6.3	
		(60%)		
資本金	150,000	増資+50,000 (30,000・20,000) →	200,000	
資本剰余金	50,000		50,000	
利益剰余金	65,000	利益+15,000 (9,000・6,000) →	80,000	
評価差額	6,000		6,000	
合計	271,000	非108,400	336,000	非134,400
P社持分	162,600			
取得原価	164,000			
のれん	1,400	△280 →	1,120	

2．評価差額の計上

(借)		(貸)	
土地	6,000	評価差額	6,000

※　181,000（時価）－175,000（簿価）＝6,000

3．連結修正仕訳

(1)　開始仕訳（投資と資本の相殺消去）

(借)		(貸)	
資本金－当期首残高	150,000	子会社株式	164,000
資本剰余金－当期首残高	50,000	非支配株主持分－当期首残高	108,400※2
利益剰余金－当期首残高	65,000		
評価差額	6,000		
のれん	1,400※1		

※1　のれん：164,000（子会社株式）－271,000（X5.3資本合計）×60%（P社比率）＝1,400
※2　非支配株主持分：271,000（X5.3資本合計）×40%（非持比率）＝108,400

(2)　当期の連結修正仕訳

①　当期利益の按分

(借)		(貸)	
非支配株主に帰属する当期純損益	6,000	非支配株主持分－当期変動額	6,000

※　15,000（S社利益）×40%（非持比率）＝6,000

②　当期のれんの償却

(借)		(貸)	
のれん償却額	280	のれん	280

③　株主割当増資

(借)		(貸)	
資本金－当期変動額	50,000	子会社株式	30,000※1
		非支配株主持分－当期変動額	20,000※2

※1　子会社株式：50,000（株主割当増資）×60%（P社比率）＝30,000
※2　非支配株主持分：50,000（株主割当増資）×40%（非持比率）＝20,000

４．連結財務諸表

連結損益計算書

×5年4月1日～×6年3月31日

借方	金額	貸方	金額
諸費用	1,531,000	諸収益	1,600,000
のれん償却額	280		
非支配株主に帰属する当期純利益	6,000		
親会社株主に帰属する当期純利益	62,720※1		
	1,600,000		1,600,000

※1　54,000（P社）＋9,000（取得後剰余金）－280（のれん償却額）＝62,720

連結貸借対照表

×6年3月31日現在

借方	金額	貸方	金額
諸資産	1,661,000	諸負債	1,191,000
土地	618,000※2	資本金	600,000
のれん	1,120※3	資本剰余金	100,000
		利益剰余金	254,720※4
		非支配株主持分	134,400※5
	2,280,120		2,280,120

※2　437,000（P社）＋175,000（S社）＋6,000（評価差額）＝618,000
※3　1,400（のれん計上額）×4年（未償却年数）／5年（償却年数）＝1,120
※4　246,000（P社）＋9,000（取得後剰余金）－280（のれん償却額）＝254,720
※5　336,000（X6.3資本合計）×40%（非持比率）＝134,400

3 持分比率が変動する場合

(1) 基本的な考え方

子会社の増資により持分比率が変動した場合、増資前の持分比率に応じて株主割当増資を行い、その後に追加取得又は一部売却を行ったとみなして処理する。

(2) 持分比率が増加する場合

① 株主割当増資（みなし割当）

まず、増資前の持分比率に応じて株主割当増資が行われたとみなす。

（借）	資　本　金－当期変動額	×××	（貸） 子　会　社　株　式	××× ※1
	資本剰余金－当期変動額	×××	非支配株主持分－当期変動額	××× ※2

※1　子会社株式：増資額×増資前の親会社比率
※2　非支配株主持分：増資額×増資前の非持比率

② 追加取得（みなし取得）

持分比率が増加した部分は、増資後の資本に対して追加取得したとみなす。

（借）	非支配株主持分－当期変動額	××× ※2	（貸） 子　会　社　株　式	××× ※1
	資本剰余金－当期変動額	××× ※3		

※1　子会社株式：実際の引受額－みなし割当額
※2　非支配株主持分：増資後の資本合計×増加持分比率
※3　資本剰余金：差額

(3) 持分比率が減少する場合

① 株主割当増資（みなし割当）

まず、増資前の持分比率に応じて株主割当増資が行われたとみなす。

（借）	資　本　金－当期変動額	×××	（貸） 子　会　社　株　式	××× ※1
	資本剰余金－当期変動額	×××	非支配株主持分－当期変動額	××× ※2

※1　子会社株式：増資額×増資前の親会社比率
※2　非支配株主持分：増資額×増資前の非持比率

② 一部売却（みなし売却）

持分比率が減少した部分は、増資後の資本に対して一部売却したとみなす。

（借）	子　会　社　株　式	××× ※1	（貸） 非支配株主持分－当期変動額	××× ※2
			資本剰余金－当期変動額	××× ※3

※1　子会社株式：みなし割当額－実際の引受額
※2　非支配株主持分：増資後の資本合計×減少持分比率
※3　資本剰余金：差額

■ 例題16　第三者割当増資①（親会社の持分比率が増加する場合）　重要度C

以下の資料に基づき、×6年3月期の連結財務諸表を作成しなさい。

(1)　P社は×5年3月31日にS社株式の75%を138,000円で取得し、S社を子会社とした。

(2)　S社は×6年3月31日に第三者割当増資を行い、発行価額@80円（資本金計上額@50円）で、500株発行し、全額P社が引き受けた。なお、S社の増資前の発行済株式数は2,000株である。

(3)　S社の資本勘定の推移は次のとおりである。

	資本金	資本剰余金	利益剰余金
×5年3月31日	100,000円	30,000円	50,000円
×6年3月31日	125,000円	45,000円	62,000円

(4)　×5年3月31日におけるS社の土地（簿価175,000円）の時価は178,000円である。

(5)　のれんは発生年度の翌期から10年間にわたり定額法により償却する。

(6)　剰余金の配当は行われていない。

(7)　税効果会計は考慮しない。

(8)　×6年3月期におけるP社及びS社の個別財務諸表は次のとおりである。

損益計算書

×5年4月1日～×6年3月31日　（単位：円）

科目	P社	S社	科目	P社	S社
諸費用	1,096,000	438,000	諸収益	1,150,000	450,000
当期純利益	54,000	12,000			
	1,150,000	450,000		1,150,000	450,000

貸借対照表

×6年3月31日現在　（単位：円）

科目	P社	S社	科目	P社	S社
諸資産	1,284,000	444,000	諸負債	953,000	387,000
土地	437,000	175,000	資本金	600,000	125,000
子会社株式	178,000	—	資本剰余金	100,000	45,000
			利益剰余金	246,000	62,000
	1,899,000	619,000		1,899,000	619,000

■ 解答解説（単位：円）

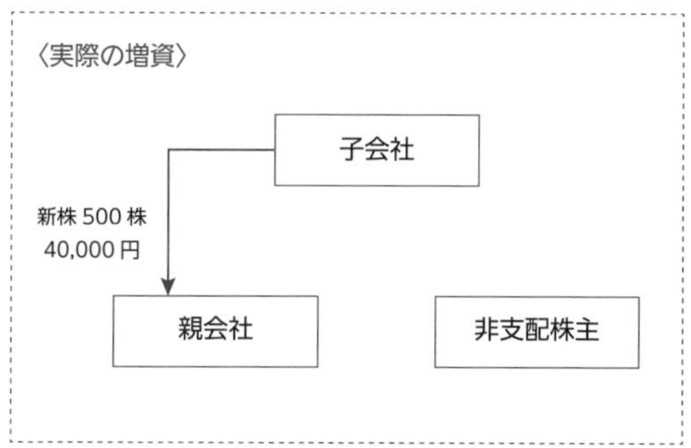

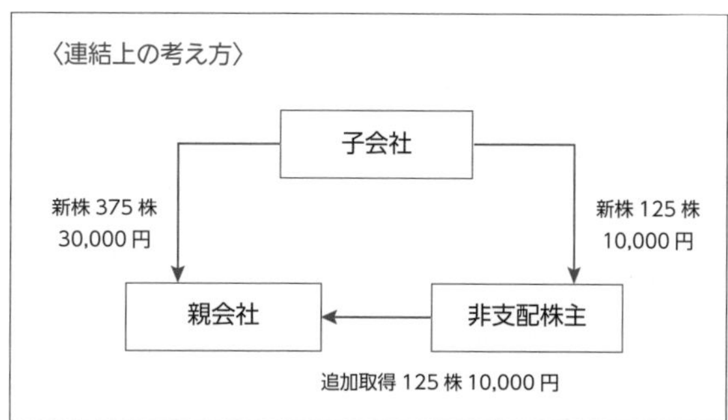

増資前 2,000 株 ─ 親会社持分　1,500 株（75％）／非支配株主持分　500 株（25％）
増資後 2,500 株 ─ 親会社持分　2,000 株（80％）／非支配株主持分　500 株（20％）

１．タイム・テーブル

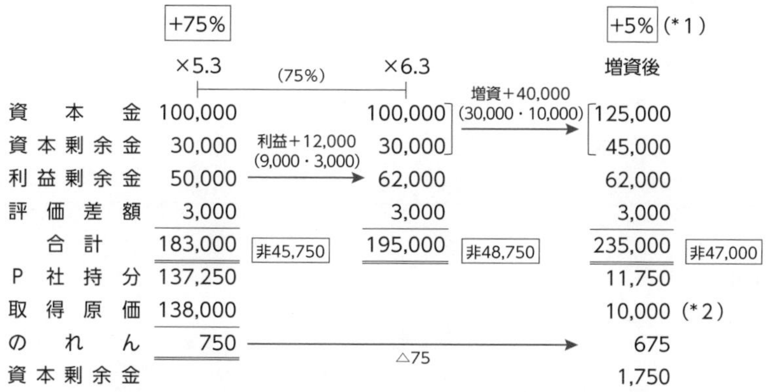

（*１）みなし取得比率：80％（増資後Ｐ社比率）－75％（増資前Ｐ社比率）＝５％
（*２）みなし取得額：40,000（実際の引受額）－30,000（みなし割当額）＝10,000

２．評価差額の計上

（借）	土　　地	3,000	（貸）	評　価　差　額	3,000

３．連結修正仕訳

⑴　開始仕訳（投資と資本の相殺消去）

（借）	資　本　金－当期首残高	100,000	（貸）	子　会　社　株　式	138,000
	資本剰余金－当期首残高	30,000		非支配株主持分－当期首残高	45,750※1
	利益剰余金－当期首残高	50,000			
	評　価　差　額	3,000			
	の　れ　ん	750※2			

※１　非支配株主持分：183,000（X5.3資本合計）×25％（増資前非持比率）＝45,750
※２　のれん：138,000（子会社株式）－183,000（X5.3資本合計）×75％（増資前Ｐ社比率）＝750

⑵　当期の連結修正仕訳

①　当期利益の按分

（借）	非支配株主に帰属する当期純損益	3,000	（貸）	非支配株主持分－当期変動額	3,000

※　12,000（Ｓ社利益）×25％（増資前非持比率）＝3,000

② 当期のれんの償却

(借) のれん償却額	75	(貸) のれん	75

※ 750（のれん計上額）÷10年（償却年数）＝75

③ 増資

〔みなし割当〕

(借) 資本金－当期変動額	25,000	(貸) 子会社株式	30,000※1
資本剰余金－当期変動額	15,000	非支配株主持分－当期変動額	10,000※2

※1 子会社株式：40,000（増資額）×75%（増資前Ｐ社比率）＝30,000

※2 非支配株主持分：40,000（増資額）×25%（増資前非持比率）＝10,000

〔みなし取得〕

(借) 非支配株主持分－当期変動額	11,750※1	(貸) 子会社株式	10,000※2
		資本剰余金－当期変動額	1,750※3

※1 非支配株主持分：235,000（増資後資本合計）×５%（みなし取得比率）＝11,750

※2 子会社株式：40,000（実際の引受額）－30,000（みなし割当額）＝10,000

※3 資本剰余金：1,750（差額）

〔上記仕訳の合算〕

(借) 資本金－当期変動額	25,000	(貸) 子会社株式	40,000
資本剰余金－当期変動額	13,250		
非支配株主持分－当期変動額	1,750		

4．連結財務諸表

連結損益計算書

×5年4月1日～×6年3月31日

諸費用	1,534,000	諸収益	1,600,000
のれん償却額	75		
非支配株主に帰属する当期純利益	3,000		
親会社株主に帰属する当期純利益	62,925※1		
	1,600,000		1,600,000

※1 54,000（Ｐ社）＋9,000（取得後剰余金）－75（のれん償却額）＝62,925

連結貸借対照表

×6年3月31日現在

諸資産	1,728,000	諸負債	1,340,000
土地	615,000※2	資本金	600,000
のれん	675※3	資本剰余金	101,750※4
		利益剰余金	254,925※5
		非支配株主持分	47,000※6
	2,343,675		2,343,675

※2 437,000（Ｐ社）＋175,000（Ｓ社）＋3,000（評価差額）＝615,000

※3 750（のれん計上額）×９年（未償却年数）／10年（償却年数）＝675

※4 100,000（Ｐ社）＋1,750（持分変動による増加額）＝101,750

※5 246,000（Ｐ社）＋9,000（取得後剰余金）－75（のれん償却額）＝254,925

※6 235,000（増資後資本合計）×20%（増資後非持比率）＝47,000

■ 例題17　第三者割当増資②（親会社の持分比率が減少する場合）　重要度Ｃ

以下の資料に基づき、×６年３月期の連結財務諸表を作成しなさい。

(1)　Ｐ社は×５年３月31日にＳ社株式の75％を138,000円で取得し、Ｓ社を子会社とした。

(2)　Ｓ社は×６年３月31日に第三者割当増資を行い、発行価額@80円（資本金計上額@50円）で、500株発行し、全額Ｐ社以外の第三者が引き受けた。なお、Ｓ社の増資前の発行済株式数は2,000株である。

(3)　Ｓ社の資本勘定の推移は次のとおりである。

	資本金	資本剰余金	利益剰余金
×５年３月31日	100,000円	30,000円	50,000円
×６年３月31日	125,000円	45,000円	62,000円

(4)　×５年３月31日におけるＳ社の土地（簿価175,000円）の時価は178,000円である。

(5)　のれんは発生年度の翌期から10年間にわたり定額法により償却する。

(6)　剰余金の配当は行われていない。

(7)　税効果会計は考慮しない。

(8)　×６年３月期におけるＰ社及びＳ社の個別財務諸表は次のとおりである。

損　益　計　算　書

×５年４月１日～×６年３月31日　（単位：円）

科目	Ｐ社	Ｓ社	科目	Ｐ社	Ｓ社
諸費用	1,096,000	438,000	諸収益	1,150,000	450,000
当期純利益	54,000	12,000			
	1,150,000	450,000		1,150,000	450,000

貸　借　対　照　表

×６年３月31日現在　（単位：円）

科目	Ｐ社	Ｓ社	科目	Ｐ社	Ｓ社
諸資産	1,324,000	444,000	諸負債	953,000	387,000
土地	437,000	175,000	資本金	600,000	125,000
子会社株式	138,000	―	資本剰余金	100,000	45,000
			利益剰余金	246,000	62,000
	1,899,000	619,000		1,899,000	619,000

第27章　連結会計Ⅱ（資本連結）

■ 解答解説（単位：円）

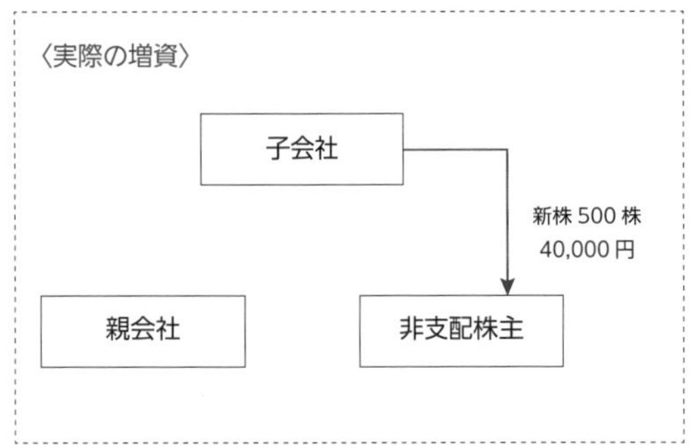

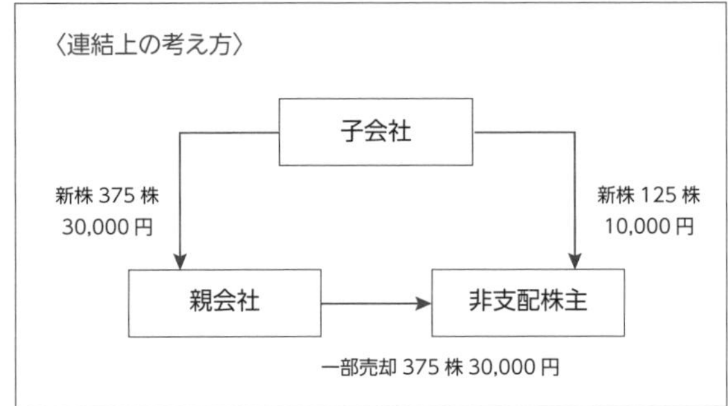

増資前 2,000 株 ── 親会社持分 1,500 株（75%）／非支配株主持分 500 株（25%）

増資後 2,500 株 ── 親会社持分 1,500 株（60%）／非支配株主持分 1,000 株（40%）

1．タイム・テーブル

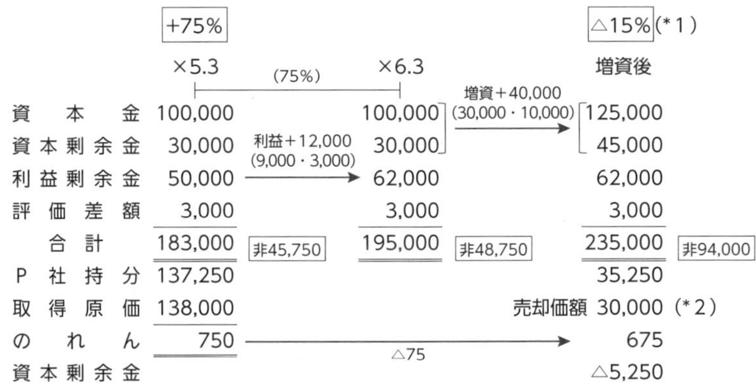

	+75% ×5.3		×6.3		△15%（*1） 増資後	
資本金	100,000		100,000	増資＋40,000 (30,000・10,000)	125,000	
資本剰余金	30,000	利益＋12,000 (9,000・3,000)	30,000		45,000	
利益剰余金	50,000		62,000		62,000	
評価差額	3,000		3,000		3,000	
合計	183,000	非45,750	195,000	非48,750	235,000	非94,000
P社持分	137,250				35,250	
取得原価	138,000				売却価額 30,000（*2）	
のれん	750		△75		675	
資本剰余金					△5,250	

（*1）みなし売却比率：75%（増資前P社比率）−60%（増資後P社比率）＝15%

（*2）みなし売却額：30,000（みなし割当額）−0（実際の引受額）＝30,000

2．評価差額の計上

（借）土　地	3,000	（貸）評価差額	3,000

3．連結修正仕訳

(1) 開始仕訳（投資と資本の相殺消去）

(借)	資本金－当期首残高	100,000	(貸)	子会社株式	138,000
	資本剰余金－当期首残高	30,000		非支配株主持分－当期首残高	45,750※1
	利益剰余金－当期首残高	50,000			
	評価差額	3,000			
	のれん	750※2			

※1　非支配株主持分：183,000（X5.3資本合計）× 25％（増資前非持比率）＝ 45,750
※2　のれん：138,000（子会社株式）－ 183,000（X5.3資本合計）× 75％（増資前Ｐ社比率）＝ 750

(2) 当期の連結修正仕訳

① 当期利益の按分

(借)	非支配株主に帰属する当期純損益	3,000	(貸)	非支配株主持分－当期変動額	3,000

※　12,000（Ｓ社利益）× 25％（増資前非持比率）＝ 3,000

② 当期のれんの償却

(借)	のれん償却額	75	(貸)	のれん	75

③ 増資

〔みなし割当〕

(借)	資本金－当期変動額	25,000	(貸)	子会社株式	30,000※1
	資本剰余金－当期変動額	15,000		非支配株主持分－当期変動額	10,000※2

※1　子会社株式：40,000（増資額）× 75％（増資前Ｐ社比率）＝ 30,000
※2　非支配株主持分：40,000（増資額）× 25％（増資前非持比率）＝ 10,000

〔みなし売却〕

(借)	子会社株式	30,000※2	(貸)	非支配株主持分－当期変動額	35,250※1
	資本剰余金－当期変動額	5,250※3			

※1　非支配株主持分：235,000（増資後資本合計）× 15％（みなし売却比率）＝ 35,250
※2　子会社株式：30,000（みなし割当額）－ 0（実際の引受額）＝ 30,000
※3　資本剰余金：△5,250（差額）

〔上記仕訳の合算〕

(借)	資本金－当期変動額	25,000	(貸)	非支配株主持分－当期変動額	45,250
	資本剰余金－当期変動額	20,250			

4．連結財務諸表

連結損益計算書

×5年4月1日～×6年3月31日

諸費用	1,534,000	諸収益	1,600,000
のれん償却額	75		
非支配株主に帰属する当期純利益	3,000		
親会社株主に帰属する当期純利益	62,925※1		
	1,600,000		1,600,000

※154,000（P社）＋9,000（取得後剰余金）－75（のれん償却額）＝62,925

連結貸借対照表

×6年3月31日現在

諸資産	1,768,000	諸負債	1,340,000
土地	615,000※2	資本金	600,000
のれん	675※3	資本剰余金	94,750※4
		利益剰余金	254,925※5
		非支配株主持分	94,000※6
	2,383,675		2,383,675

※2　437,000（P社）＋175,000（S社）＋3,000（評価差額）＝615,000
※3　750（のれん計上額）×9年（未償却年数）／10年（償却年数）＝675
※4　100,000（P社）－5,250（持分変動による減少額）＝94,750
※5　246,000（P社）＋9,000（取得後剰余金）－75（のれん償却額）＝254,925
※6　235,000（増資後資本合計）×40%（増資後非持比率）＝94,000

第28章

連結会計Ⅲ（成果連結）

第1節　成果連結の基礎

1　内部取引及び債権債務の相殺

✓ 簿記3,2級

連結会社相互間の取引は、連結上、内部取引であるため相殺消去する。よって、**連結財務諸表には企業集団外部との取引に関する金額のみが計上される。**なお、売上高と売上原価の相殺、受取利息と支払利息の相殺は、連結財務諸表上両建表示されているものを相殺することが目的であるため、子会社の利益を修正しているわけではない。よって、**未実現利益の消去等と異なり、非支配株主持分には影響を与えない。**

〔商品売買取引の相殺〕

	販売側	購入側
損益計算書	売上高	売上原価（仕入高）
貸借対照表	売掛金	買掛金
	受取手形	支払手形

〔金銭賃貸借取引の相殺〕

	借入側	貸付側
損益計算書	支払利息	受取利息
貸借対照表	借入金	貸付金
	未払費用	未収収益

■ 例題１　内部取引及び債権債務の相殺　重要度Ａ

以下の資料に基づき、×５年３月期の連結財務諸表を作成しなさい。なお、税効果会計は考慮しない。

(1)　Ｐ社はＳ社を子会社として支配している。

(2)　Ｐ社は当期中に、Ｓ社に対して商品を320,000円で掛販売している。

(3)　Ｐ社の当期末の売掛金にはＳ社に対するものが50,000円含まれている。

(4)　Ｐ社の当期末の受取手形には、Ｓ社振出のものが100,000円含まれている。

(5)　Ｐ社は、×４年７月１日にＳ社に対して30,000円を貸付けており、当該貸付金は、貸付期間１年間、利率年２％、利払日年２回（６月末、12月末）である。

(6)　×５年３月期のＰ社及びＳ社の個別財務諸表（一部）

損　益　計　算　書

×４年４月１日～×５年３月31日　　　（単位：円）

科　　目	Ｐ　社	Ｓ　社	科　　目	Ｐ　社	Ｓ　社
売上原価	800,000	450,000	売　上　高	1,700,000	1,000,000
支払利息	4,500	9,000	受取利息	1,200	300

貸　借　対　照　表

×５年３月31日現在　　　（単位：円）

科　　目	Ｐ　社	Ｓ　社	科　　目	Ｐ　社	Ｓ　社
受取手形	300,000	200,000	支払手形	90,000	180,000
売　掛　金	450,000	180,000	買　掛　金	220,000	260,000
短期貸付金	50,000	―	短期借入金	150,000	300,000
未収収益	800	600	未払費用	1,500	2,200

■ 解答解説（単位：円）

１．連結修正仕訳

(1)　売上高と売上原価（仕入高）の相殺

(借) 売　上　高	320,000	(貸) 売　上　原　価	320,000

(2)　売掛金と買掛金の相殺

(借) 買　掛　金	50,000	(貸) 売　掛　金	50,000

(3)　受取手形と支払手形の相殺

(借) 支　払　手　形	100,000	(貸) 受　取　手　形	100,000

(4)　短期借入金と短期貸付金の相殺

(借) 短　期　借　入　金	30,000	(貸) 短　期　貸　付　金	30,000

(5)　受取利息と支払利息の相殺

(借) 受　取　利　息	450	(貸) 支　払　利　息	450

※　30,000×２％×９ヶ月（X4.7～X5.3）／12ヶ月＝450

(6)　経過勘定の相殺

(借) 未　払　費　用	150	(貸) 未　収　収　益	150

※　30,000×２％×３ヶ月（X5.1～X5.3）／12ヶ月＝150

2．連結財務諸表

連結損益計算書
×4年4月1日～×5年3月31日

売上原価	930,000※2	売上高	2,380,000※1
支払利息	13,050※3	受取利息	1,050※4

※1　1,700,000（P社）＋1,000,000（S社）－320,000（相殺）＝2,380,000
※2　800,000（P社）＋450,000（S社）－320,000（相殺）＝930,000
※3　4,500（P社）＋9,000（S社）－450（相殺）＝13,050
※4　1,200（P社）＋300（S社）－450（相殺）＝1,050

連結貸借対照表
×5年3月31日現在

受取手形	400,000※5	支払手形	170,000※9
売掛金	580,000※6	買掛金	430,000※10
短期貸付金	20,000※7	短期借入金	420,000※11
未収収益	1,250※8	未払費用	3,550※12

※5　300,000（P社）＋200,000（S社）－100,000（相殺）＝400,000
※6　450,000（P社）＋180,000（S社）－50,000（相殺）＝580,000
※7　50,000（P社）－30,000（相殺）＝20,000
※8　800（P社）＋600（S社）－150（相殺）＝1,250
※9　90,000（P社）＋180,000（S社）－100,000（相殺）＝170,000
※10　220,000（P社）＋260,000（S社）－50,000（相殺）＝430,000
※11　150,000（P社）＋300,000（S社）－30,000（相殺）＝420,000
※12　1,500（P社）＋2,200（S社）－150（相殺）＝3,550

2 未実現利益の調整　✓簿記3,2級

(1) 概要

連結会社相互間の取引は、連結上、内部取引であるため相殺消去する。さらに、**その取引から生じた利益が棚卸資産等の資産に含まれている場合には、当該損益は連結上、実現していないもの（未実現）として、その全額を消去しなければならない。**また、未実現利益は、企業集団外部に売却した時点等で実現するため、売却損益等を修正することになる。

なお、アップストリームの場合は、**子会社の利益を変動させるため、非支配株主持分及び非支配株主に帰属する当期純損益の金額を修正する**必要がある。

ダウンストリーム	**親会社から子会社に売却する取引**を、ダウンストリームという。ダウンストリームの場合、未実現利益は親会社側に生じているため、**親会社の利益を修正し、消去した金額は全額親会社が負担する。**
アップストリーム	**子会社から親会社に売却する取引**を、アップストリームという。アップストリームの場合、未実現利益は子会社側に生じているため、**子会社の利益を修正し、消去した金額は親会社持分と非支配株主持分で按分する。**

(2) 棚卸資産に係る未実現利益

① 期末未実現利益の消去

連結会社相互間で商品を売買している場合、個別上、販売側で売上による利益が計上されている。しかし、連結上は、当該商品を企業集団外部の第三者に販売して初めて、当該利益が実現する。したがって、購入側の**期末棚卸資産に含まれている未実現利益は連結上、その全額を消去しなければならない。**

〔期末未実現利益の消去の連結修正仕訳〕

(借) 売上原価(期末商品棚卸高)	×××	(貸) 商　品	×××

② 期首未実現利益の消去と当期実現の連結修正仕訳

連結会社相互間で販売した商品を前期末に保有している場合、**期首商品に含まれている未実現利益を消去すると同時に、当期に実現させる。**なお、期首商品に含まれている未実現利益は、問題上特段の指示がない限り、当期に実現するものとして処理する。

〔期首未実現利益の消去及び実現の連結修正仕訳〕

(借) 利益剰余金－当期首残高	×××※1	(貸) 売上原価(期首商品棚卸高)	×××※2

※1　前期における未実現利益の消去（前期利益の減少）を意味している。
※2　当期における未実現利益の実現（当期利益の増加）を意味している。

具体例 期末未実現利益の消去

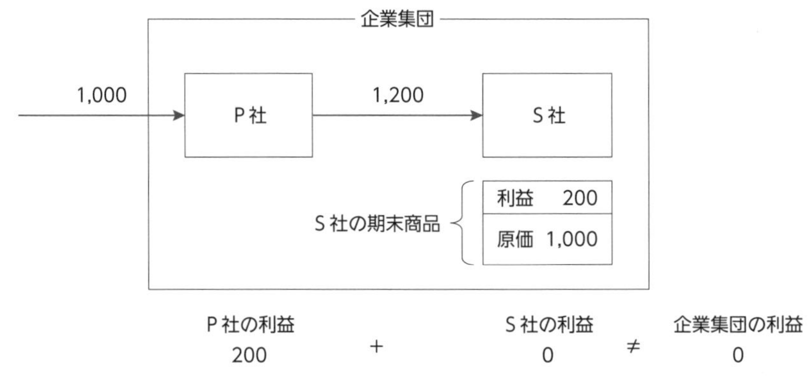

P社の利益		S社の利益		企業集団の利益
200	＋	0	≠	0

〔期末未実現利益の消去の連結修正仕訳〕

(借)	売上原価(期末商品棚卸高)	200	(貸)	商品	200

※　S社の商品は、未実現利益200の分だけ過大に計上されているため、「商品」勘定を200減額する。また、期末商品の減少に伴い、売上原価が増加する。

具体例 期首未実現利益の消去と当期実現の連結修正仕訳

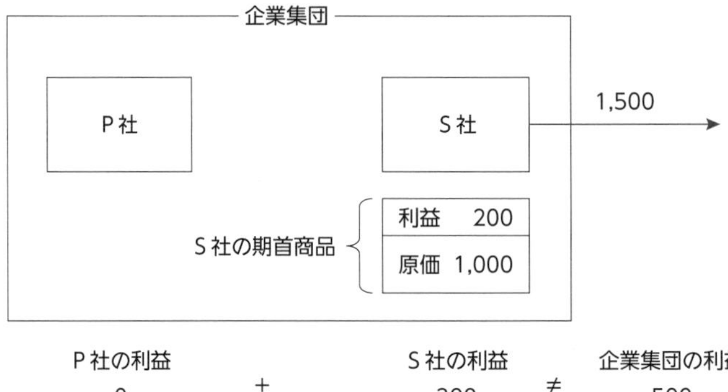

P社の利益		S社の利益		企業集団の利益
0	＋	300	≠	500

〔期首未実現利益の消去の連結修正仕訳〕

(借)	利益剰余金－当期首残高	200	(貸)	商品	200

〔期首未実現利益の実現の連結修正仕訳〕

(借)	商品	200	(貸)	売上原価(期首商品棚卸高)	200

一般的には、上記仕訳をまとめて、以下の連結修正仕訳を行う。

(借)	利益剰余金－当期首残高	200	(貸)	売上原価(期首商品棚卸高)	200

■例題2　未実現利益①（棚卸資産・ダウンストリーム）　重要度A

以下の資料に基づき、各問に答えなさい。なお、税効果会計は考慮しない。

(1)　P社は×4年3月31日にS社株式の60%を36,000円で取得し、S社を子会社とした。なお、×4年3月31日におけるP社及びS社の資本勘定は次のとおりである。

P社		S社	
資本金	利益剰余金	資本金	利益剰余金
100,000円	40,000円	40,000円	20,000円

※　評価差額はないものとする。また、利益剰余金の変動は純利益によるものである。

(2)　×5年3月期のP社及びS社の個別財務諸表は次のとおりである。なお、×5年3月期のP社のS社に対する商品販売額（売上総利益率20%）は36,000円である。また、×5年3月期末時点におけるS社の期末商品にはP社から仕入れた商品が4,000円含まれている。

損　益　計　算　書

×4年4月1日～×5年3月31日　（単位：円）

科目	P社	S社	科目	P社	S社
売上原価	86,000	74,000	売上高	100,000	80,000
当期純利益	14,000	6,000			
	100,000	80,000		100,000	80,000

貸　借　対　照　表

×5年3月31日現在　（単位：円）

科目	P社	S社	科目	P社	S社
商品	23,000	20,000	資本金	100,000	40,000
			利益剰余金	54,000	26,000

(3)　×6年3月期のP社及びS社の個別財務諸表は次のとおりである。なお、×6年3月期のP社のS社に対する商品販売額（売上総利益率20%）は40,000円である。また、×6年3月期末時点におけるS社の期末商品にはP社から仕入れた商品が5,000円含まれている。

損　益　計　算　書

×5年4月1日～×6年3月31日　（単位：円）

科目	P社	S社	科目	P社	S社
売上原価	90,000	77,000	売上高	110,000	85,000
当期純利益	20,000	8,000			
	110,000	85,000		110,000	85,000

貸　借　対　照　表

×6年3月31日現在　（単位：円）

科目	P社	S社	科目	P社	S社
商品	28,000	22,000	資本金	100,000	40,000
			利益剰余金	74,000	34,000

問1　×5年3月期の連結財務諸表を作成しなさい。

問2　×6年3月期の連結財務諸表を作成しなさい。

■ 解答解説（単位：円）

〔タイム・テーブル〕

P社

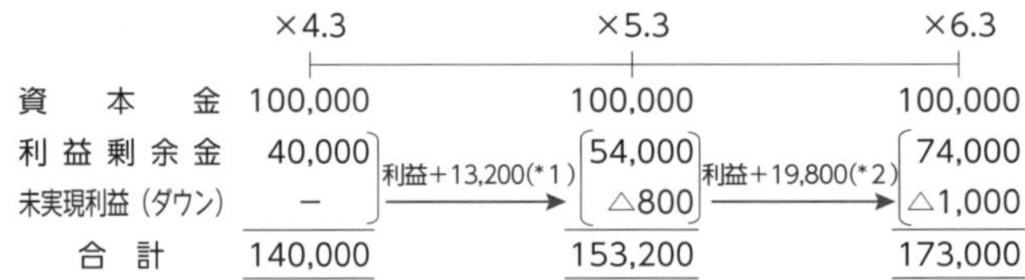

（*1）修正後P社前期利益：14,000（P社前期利益）－800（未実現利益の消去）＝13,200

（*2）修正後P社当期利益：20,000（P社当期利益）+800（未実現利益の実現）
－1,000（未実現利益の消去）＝19,800

S社

	+60% ×4.3	(60%)	×5.3	(60%)	×6.3	
資本金	40,000	利益+6,000 (3,600・2,400)	40,000	利益+8,000 (4,800・3,200)	40,000	
利益剰余金	20,000	→	26,000	→	34,000	
合計	60,000	非24,000	66,000	非26,400	74,000	非29,600
P社持分	36,000					
取得原価	36,000					
のれん	0					

問1　×5年3月期

1．連結修正仕訳（資本連結）

(1) 開始仕訳（投資と資本の相殺消去）

(借)		(貸)	
資本金－当期首残高	40,000	子会社株式	36,000
利益剰余金－当期首残高	20,000	非支配株主持分－当期首残高	24,000※

※　非支配株主持分：60,000（X4.3資本合計）×40%（非持比率）＝24,000

(2) 利益の按分

(借)		(貸)	
非支配株主に帰属する当期純損益	2,400	非支配株主持分－当期変動額	2,400

※　6,000（S社利益）×40%（非持比率）＝2,400

2．連結修正仕訳（成果連結）

(1) 内部取引の相殺

(借)		(貸)	
売上高	36,000	売上原価	36,000

(2) 期末未実現利益の消去

(借)		(貸)	
売上原価	800	商品	800

※　4,000（期末商品）×20%（利益率）＝800

3．連結財務諸表

連結損益計算書
×4年4月1日～×5年3月31日

売上原価	124,800※2	売上高	144,000※1
非支配株主に帰属する当期純利益	2,400		
親会社株主に帰属する当期純利益	16,800※3		
	144,000		144,000

※1　100,000（P社）＋80,000（S社）－36,000（相殺）＝144,000
※2　86,000（P社）＋74,000（S社）－36,000（相殺）＋800（期末未実現利益）＝124,800
※3　13,200（P社）＋3,600（取得後剰余金）＝16,800

連結貸借対照表
×5年3月31日現在

商品	42,200※4	資本金	100,000
		利益剰余金	56,800※5
		非支配株主持分	26,400※6

※4　23,000（P社）＋20,000（S社）－800（未実現利益）＝42,200
※5　54,000（P社）－800（期末未実現利益）＋3,600（取得後剰余金）＝56,800
※6　66,000（X5.3資本合計）×40％（非持比率）＝26,400

問2　×6年3月期

1．連結修正仕訳（資本連結）

(1)　開始仕訳

①　投資と資本の相殺消去

(借)	資本金－当期首残高	40,000	(貸)	子会社株式	36,000
	利益剰余金－当期首残高	20,000		非支配株主持分－当期首残高	24,000

②　前期利益の按分

(借)	利益剰余金－当期首残高	2,400	(貸)	非支配株主持分－当期首残高	2,400

③　開始仕訳（上記仕訳の合算）

(借)	資本金－当期首残高	40,000	(貸)	子会社株式	36,000
	利益剰余金－当期首残高	22,400※1		非支配株主持分－当期首残高	26,400※2

※1　利益剰余金：20,000（相殺）＋2,400（利益の按分）＝22,400
※2　非支配株主持分：66,000（X5.3資本合計）×40％（非持比率）＝26,400

(2)　当期利益の按分

(借)	非支配株主に帰属する当期純損益	3,200	(貸)	非支配株主持分－当期変動額	3,200

※　8,000（S社当期利益）×40％（非持比率）＝3,200

第28章　連結会計Ⅲ（成果連結）

2．連結修正仕訳（成果連結）

(1) 内部取引の相殺

（借）売上高	40,000	（貸）売上原価	40,000

(2) 期首未実現利益の消去及び実現

（借）利益剰余金－当期首残高	800	（貸）売上原価	800

※　4,000（期首商品）×20%（利益率）＝800

(3) 期末未実現利益の消去

（借）売上原価	1,000	（貸）商品	1,000

※　5,000（期末商品）×20%（利益率）＝1,000

3．連結財務諸表

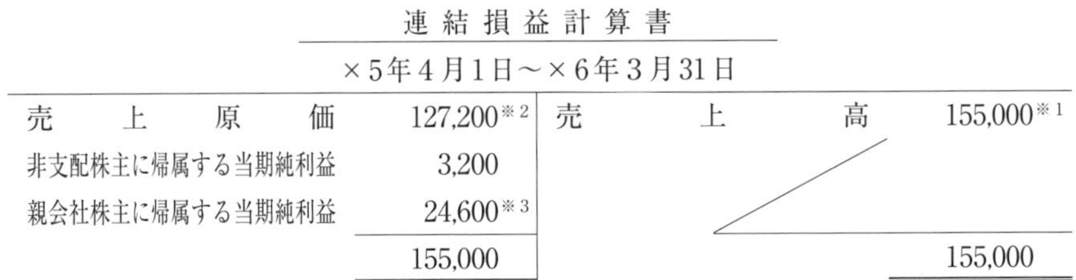

連結損益計算書

×5年4月1日～×6年3月31日

売上原価	127,200※2	売上高	155,000※1
非支配株主に帰属する当期純利益	3,200		
親会社株主に帰属する当期純利益	24,600※3		
	155,000		155,000

※1　110,000（Ｐ社）＋85,000（Ｓ社）－40,000（相殺）＝155,000
※2　90,000（Ｐ社）＋77,000（Ｓ社）－40,000（相殺）－800（期首未実現利益）＋1,000（期末未実現利益）＝127,200
※3　19,800（Ｐ社）＋4,800（当期取得後剰余金）＝24,600

連結貸借対照表

×6年3月31日現在

商品	49,000※4	資本金	100,000
		利益剰余金	81,400※5
		非支配株主持分	29,600※6

※4　28,000（Ｐ社）＋22,000（Ｓ社）－1,000（期末未実現利益）＝49,000
※5　74,000（Ｐ社）－1,000（期末未実現利益）＋3,600（前期取得後剰余金）＋4,800（当期取得後剰余金）＝81,400
※6　74,000（X6.3資本合計）×40%（非持比率）＝29,600

■例題3　未実現利益②（棚卸資産・アップストリーム）

重要度B

以下の資料に基づき、各問に答えなさい。なお、税効果会計は考慮しない。

(1)　P社は×4年3月31日にS社株式の60%を36,000円で取得し、S社を子会社とした。なお、×4年3月31日におけるP社及びS社の資本勘定は次のとおりである。

P社		S社	
資本金	利益剰余金	資本金	利益剰余金
100,000円	40,000円	40,000円	20,000円

※　評価差額はないものとする。また、利益剰余金の変動は純利益によるものである。

(2)　×5年3月期のP社及びS社の個別財務諸表は次のとおりである。なお、×5年3月期のS社のP社に対する商品販売額（売上総利益率20%）は36,000円である。また、×5年3月期末時点におけるP社の期末商品にはS社から仕入れた商品が4,000円含まれている。

損益計算書

×4年4月1日～×5年3月31日　(単位：円)

科目	P社	S社	科目	P社	S社
売上原価	86,000	74,000	売上高	100,000	80,000
当期純利益	14,000	6,000			
	100,000	80,000		100,000	80,000

貸借対照表

×5年3月31日現在　(単位：円)

科目	P社	S社	科目	P社	S社
商品	23,000	20,000	資本金	100,000	40,000
			利益剰余金	54,000	26,000

(3)　×6年3月期のP社及びS社の個別財務諸表は次のとおりである。なお、×6年3月期のS社のP社に対する商品販売額（売上総利益率20%）は40,000円である。また、×6年3月期末時点におけるP社の期末商品にはS社から仕入れた商品が5,000円含まれている。

損益計算書

×5年4月1日～×6年3月31日　(単位：円)

科目	P社	S社	科目	P社	S社
売上原価	90,000	77,000	売上高	110,000	85,000
当期純利益	20,000	8,000			
	110,000	85,000		110,000	85,000

貸借対照表

×6年3月31日現在　(単位：円)

科目	P社	S社	科目	P社	S社
商品	28,000	22,000	資本金	100,000	40,000
			利益剰余金	74,000	34,000

問1　×5年3月期の連結財務諸表を作成しなさい。

問2　×6年3月期の連結財務諸表を作成しなさい。

■ 解答解説（単位：円）

〔タイム・テーブル〕

P社

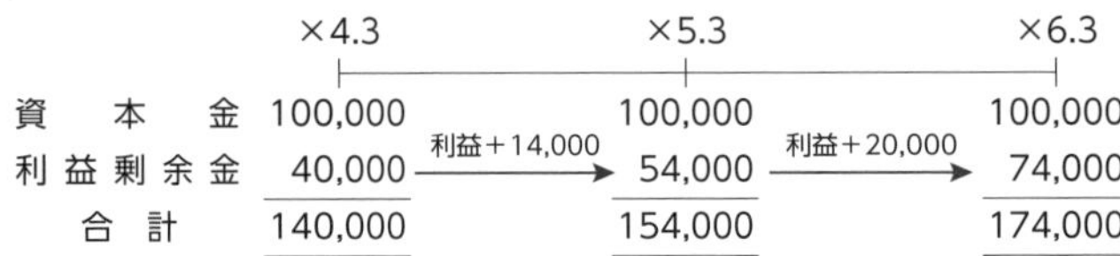

S社

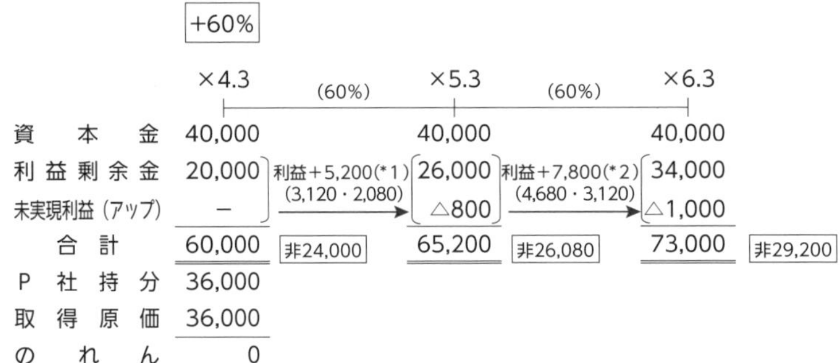

（＊1）修正後S社前期利益：6,000（S社前期利益）−800（未実現利益の消去）＝5,200

（＊2）修正後S社当期利益：8,000（S社当期利益）+800（未実現利益の実現）−1,000（未実現利益の消去）＝7,800

問1　×5年3月期

1．連結修正仕訳（資本連結）

⑴ 開始仕訳（投資と資本の相殺消去）

（借）	資本金－当期首残高	40,000	（貸）	子会社株式	36,000
	利益剰余金－当期首残高	20,000		非支配株主持分－当期首残高	24,000※

※　非支配株主持分：60,000（X4.3資本合計）×40％（非持比率）＝24,000

⑵ 利益の按分

（借）	非支配株主に帰属する当期純損益	2,400	（貸）	非支配株主持分－当期変動額	2,400

※　6,000（S社利益）×40％（非持比率）＝2,400

2．連結修正仕訳（成果連結）

⑴ 内部取引の相殺

（借）	売上高	36,000	（貸）	売上原価	36,000

⑵ 期末未実現利益の消去

（借）	売上原価	800※1	（貸）	商品	800
（借）	非支配株主持分－当期変動額	320※2	（貸）	非支配株主に帰属する当期純損益	320

※1　期末未実現利益：4,000（期末商品）×20％（利益率）＝800

※2　利益の按分：800（未実現利益）×40％（非持比率）＝320

3．連結財務諸表

連結損益計算書
×4年4月1日～×5年3月31日

売上原価	124,800※2	売上高	144,000※1
非支配株主に帰属する当期純利益	2,080		
親会社株主に帰属する当期純利益	17,120※3		
	144,000		144,000

※1　100,000（P社）＋80,000（S社）－36,000（相殺）＝144,000
※2　86,000（P社）＋74,000（S社）－36,000（相殺）＋800（期末未実現利益）＝124,800
※3　14,000（P社）＋3,120（取得後剰余金）＝17,120

連結貸借対照表
×5年3月31日現在

商品	42,200※4	資本金	100,000
		利益剰余金	57,120※5
		非支配株主持分	26,080※6

※4　23,000（P社）＋20,000（S社）－800（期末未実現利益）＝42,200
※5　54,000（P社）＋3,120（取得後剰余金）＝57,120
※6　65,200（X5.3資本合計）×40％（非持比率）＝26,080

問2　×6年3月期

1．連結修正仕訳（資本連結）

(1) 開始仕訳

① 投資と資本の相殺消去

（借）	資本金－当期首残高	40,000	（貸）子会社株式	36,000
	利益剰余金－当期首残高	20,000	非支配株主持分－当期首残高	24,000

② 前期利益の按分

（借）	利益剰余金－当期首残高	2,400	（貸）非支配株主持分－当期首残高	2,400

③ 開始仕訳（上記仕訳の合算）

（借）	資本金－当期首残高	40,000	（貸）子会社株式	36,000
	利益剰余金－当期首残高	22,400※1	非支配株主持分－当期首残高	26,400※2

※1　利益剰余金：20,000（相殺）＋2,400（利益の按分）＝22,400
※2　非支配株主持分：66,000（X5.3資本合計）×40％（非持比率）＝26,400

(2) 当期利益の按分

（借）	非支配株主に帰属する当期純損益	3,200	（貸）非支配株主持分－当期変動額	3,200

※　8,000（S社当期利益）×40％（非持比率）＝3,200

2．連結修正仕訳（成果連結）

(1) 内部取引の相殺

（借）	売　上　高	40,000	（貸）売　上　原　価	40,000

(2) 期首未実現利益の消去及び実現

（借）	利益剰余金－当期首残高	800	（貸）売　上　原　価	800※1
（借）	非支配株主持分－当期首残高	320※2	（貸）利益剰余金－当期首残高	320
（借）	非支配株主に帰属する当期純損益	320	（貸）非支配株主持分－当期変動額	320

※1　期首未実現利益：4,000（期首商品）×20%（利益率）＝800

※2　非支配株主持分：800（期首未実現利益※1）×40%（非持比率）＝320

(3) 期末未実現利益の消去

（借）	売　上　原　価	1,000※1	（貸）商　品	1,000
（借）	非支配株主持分－当期変動額	400※2	（貸）非支配株主に帰属する当期純損益	400

※1　売上原価（期末未実現利益）：5,000（期末商品）×20%（利益率）＝1,000

※2　非支配株主持分：1,000（期末未実現利益※1）×40%（非持比率）＝400

3．連結財務諸表

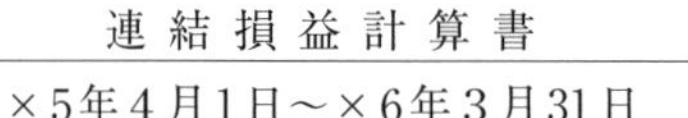

連結損益計算書

×5年4月1日～×6年3月31日

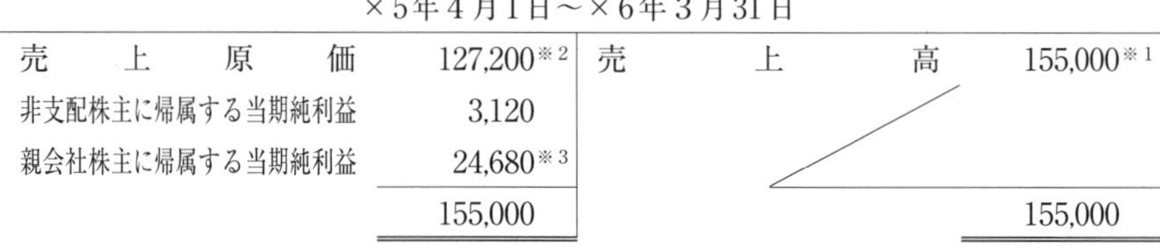

売　上　原　価	127,200※2	売　上　高	155,000※1
非支配株主に帰属する当期純利益	3,120		
親会社株主に帰属する当期純利益	24,680※3		
	155,000		155,000

※1　110,000（P社）＋85,000（S社）－40,000（相殺）＝155,000

※2　90,000（P社）＋77,000（S社）－40,000（相殺）－800（期首未実現利益）＋1,000（期末未実現利益）＝127,200

※3　20,000（P社）＋4,680（当期取得後剰余金）＝24,680

連結貸借対照表

×6年3月31日現在

商　品	49,000※4	資　本　金	100,000
		利　益　剰　余　金	81,800※5
		非　支　配　株　主　持　分	29,200※6

※4　28,000（P社）＋22,000（S社）－1,000（期末未実現利益）＝49,000

※5　74,000（P社）＋3,120（前期取得後剰余金）＋4,680（当期取得後剰余金）＝81,800

※6　73,000（X6.3資本合計）×40%（非持比率）＝29,200

本来は、解説の仕訳のとおり「Ｓ社利益の按分」と「未実現利益の消去に係る利益の按分」を分けて仕訳するが、下記のようにまとめて仕訳を行うこともできる（本例題以降、まとめた場合の仕訳を示している）。

問１　×５年３月期

１．連結修正仕訳（資本連結）

⑴　開始仕訳（投資と資本の相殺消去）

（借）	資本金－当期首残高	40,000	（貸）	子会社株式	36,000
	利益剰余金－当期首残高	20,000		非支配株主持分－当期首残高	24,000

⑵　修正後利益の按分

（借）	非支配株主に帰属する当期純損益	2,080	（貸）	非支配株主持分－当期変動額	2,080

※　5,200（修正後Ｓ社利益）× 40％（非持比率）＝ 2,080

２．連結修正仕訳（成果連結）

⑴　内部取引の相殺

（借）	売上高	36,000	（貸）	売上原価	36,000

⑵　期末未実現利益の消去

（借）	売上原価	800	（貸）	商品	800

問２　×６年３月期

１．連結修正仕訳（資本連結）

⑴　開始仕訳

①　投資と資本の相殺消去

（借）	資本金－当期首残高	40,000	（貸）	子会社株式	36,000
	利益剰余金－当期首残高	20,000		非支配株主持分－当期首残高	24,000

②　前期利益の按分

（借）	利益剰余金－当期首残高	2,080	（貸）	非支配株主持分－当期首残高	2,080

③　開始仕訳（上記仕訳の合算）

（借）	資本金－当期首残高	40,000	（貸）	子会社株式	36,000
	利益剰余金－当期首残高	22,080※1		非支配株主持分－当期首残高	26,080※2

※１　利益剰余金：20,000（相殺）＋ 2,080（利益の按分）＝ 22,080
※２　非支配株主持分：65,200（X5.3資本合計）× 40％（非持比率）＝ 26,080

⑵　当期利益の按分

（借）	非支配株主に帰属する当期純損益	3,120	（貸）	非支配株主持分－当期変動額	3,120

※　7,800（修正後Ｓ社当期利益）× 40％（非持比率）＝ 3,120

2．連結修正仕訳（成果連結）

(1) 内部取引の相殺

(借) 売上高	40,000	(貸) 売上原価	40,000

(2) 期首未実現利益の消去及び実現

(借) 利益剰余金－当期首残高	800	(貸) 売上原価	800

(3) 期末未実現利益の消去

(借) 売上原価	1,000	(貸) 商品	1,000

(3) 非償却性資産（土地）に係る未実現利益

① 期末未実現利益の消去

連結会社相互間で固定資産（非償却性資産）を売買している場合、期末資産に含まれている未実現利益を消去する。

〔未実現利益の消去の連結修正仕訳〕

(借) 固定資産売却益	×××	(貸) 土地	×××

② 期首未実現利益の消去

連結会社相互間で売買された固定資産（非償却性資産）を前期末に保有している場合、**期首資産に含まれている未実現利益を消去する**。なお、未実現利益は、資産を企業集団外部に売却しない限り実現しない。

〔未実現利益の消去の連結修正仕訳〕

(借) 利益剰余金－当期首残高	×××	(貸) 土地	×××

③ 期首未実現利益の実現

資産を企業集団外部に売却した場合、当該資産に係る未実現利益が実現する。

〔未実現利益の実現の連結修正仕訳〕

(借) 土地	×××	(貸) 固定資産売却益	×××

■ 例題４　未実現利益③（土地・ダウンストリーム）

重要度Ａ

以下の資料に基づき、各問に答えなさい。なお、税効果会計は考慮しない。

(1)　Ｐ社は×４年３月31日にＳ社株式の70％を77,000円で取得し、Ｓ社を子会社とした。

(2)　×５年３月期中に、Ｐ社はＳ社に対し、土地（取得原価20,000円）を23,000円で売却した。Ｓ社は、当該土地を×６年３月31日現在、企業集団外部に売却していない。

(3)　Ｐ社及びＳ社の各期の個別財務諸表における固定資産売却益及び土地の金額は次のとおりである。

	Ｐ社		Ｓ社	
	固定資産売却益	土地	固定資産売却益	土地
×５年３月期	5,000円	100,000円	4,500円	60,000円
×６年３月期	6,000円	100,000円	7,000円	60,000円

問１　×５年３月期の連結財務諸表における下記項目の金額を答えなさい。

問２　×６年３月期の連結財務諸表における下記項目の金額を答えなさい。

問３　仮に、Ｓ社が×６年３月期に上記土地を企業集団外部に25,000円で売却していた場合の×６年３月期の連結財務諸表における下記項目の金額を答えなさい。

連結損益計算書：固定資産売却益　　　連結貸借対照表：土地

■ 解答解説（単位：円）

問１　×５年３月期

１．連結修正仕訳（成果連結）

期末未実現利益の消去

(借) 固定資産売却益	3,000	(貸) 土地	3,000

２．連結財務諸表計上額

固定資産売却益：5,000（Ｐ社）＋4,500（Ｓ社）－3,000（未実現利益）＝6,500

土地：100,000（Ｐ社）＋60,000（Ｓ社）－3,000（未実現利益）＝157,000

問２　×６年３月期

１．連結修正仕訳（成果連結）

期首未実現利益の消去

(借) 利益剰余金－当期首残高	3,000	(貸) 土地	3,000

２．連結財務諸表計上額

固定資産売却益：6,000（Ｐ社）＋7,000（Ｓ社）＝13,000

土地：100,000（Ｐ社）＋60,000（Ｓ社）－3,000（未実現利益）＝157,000

問3　×6年3月期（企業集団外部に売却している場合）

1．連結修正仕訳（成果連結）

(1)　未実現利益の消去

(借) 利益剰余金－当期首残高	3,000	(貸) 土　地	3,000

(2)　未実現利益の実現

(借) 土　地	3,000	(貸) 固定資産売却益	3,000

2．連結財務諸表計上額

固定資産売却益：6,000（P社）＋7,000（S社）＋3,000（未実現利益）＝16,000

土地：100,000（P社）＋60,000（S社）＝160,000

■例題5　未実現利益④（土地・アップストリーム）　重要度B

以下の資料に基づき、各問に答えなさい。なお、税効果会計は考慮しない。

(1)　P社は×4年3月31日にS社株式の70％を77,000円で取得し、S社を子会社とした。

(2)　S社の資本勘定の推移は次のとおりである。なお、評価差額はないものとする。また、利益剰余金の変動は純利益によるものである。

	S社	
	資本金	利益剰余金
×4年3月31日	100,000円	10,000円
×5年3月31日	100,000円	40,000円
×6年3月31日	100,000円	90,000円

(3)　×5年3月期中に、S社はP社に対し、土地（取得原価20,000円）を23,000円で売却した。P社は、当該土地を×6年3月31日現在、企業集団外部に売却していない。

(4)　P社及びS社の各期の個別財務諸表における固定資産売却益及び土地の金額は次のとおりである。

	P社		S社	
	固定資産売却益	土地	固定資産売却益	土地
×5年3月期	5,000円	100,000円	4,500円	60,000円
×6年3月期	6,000円	100,000円	7,000円	60,000円

問1　×5年3月期の連結財務諸表における下記項目の金額を答えなさい。

問2　×6年3月期の連結財務諸表における下記項目の金額を答えなさい。

問3　仮に、S社が×6年3月期に上記土地を企業集団外部に25,000円で売却していた場合の×6年3月期の連結財務諸表における下記項目の金額を答えなさい。

連結損益計算書：固定資産売却益、非支配株主に帰属する当期純利益

連結貸借対照表：土地、非支配株主持分

■ 解答解説（単位：円）

〔タイム・テーブル〕

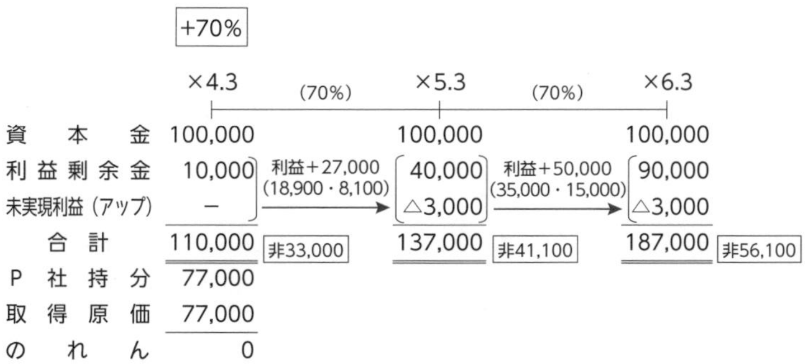

問１　×５年３月期

１．連結修正仕訳（資本連結）

(1) 開始仕訳（投資と資本の相殺消去）

（借）	資本金－当期首残高	100,000	（貸）	子会社株式	77,000
	利益剰余金－当期首残高	10,000		非支配株主持分－当期首残高	33,000※

※　非支配株主持分：110,000（X4.3資本合計）×30％（非持比率）＝33,000

(2) 利益の按分

（借）	非支配株主に帰属する当期純損益	8,100	（貸）	非支配株主持分－当期変動額	8,100

※　27,000（修正後Ｓ社利益）×30％（非持比率）＝8,100

２．連結修正仕訳（成果連結）

期末未実現利益の消去

（借）	固定資産売却益	3,000	（貸）	土地	3,000

３．連結財務諸表計上額

固定資産売却益：5,000（Ｐ社）＋4,500（Ｓ社）－3,000（未実現利益）＝6,500

非支配株主に帰属する当期純利益：8,100

土地：100,000（Ｐ社）＋60,000（Ｓ社）－3,000（未実現利益）＝157,000

非支配株主持分：137,000（X5.3資本合計）×30％（非持比率）＝41,100

問2　×6年3月期

1．連結修正仕訳

(1)　開始仕訳

①　投資と資本の相殺消去

(借)	資　本　金－当期首残高	100,000	(貸)	子　会　社　株　式	77,000
	利益剰余金－当期首残高	10,000		非支配株主持分－当期首残高	33,000

②　前期利益の按分

(借)	利益剰余金－当期首残高	8,100	(貸)	非支配株主持分－当期首残高	8,100

③　開始仕訳（上記仕訳の合算）

(借)	資　本　金－当期首残高	100,000	(貸)	子　会　社　株　式	77,000
	利益剰余金－当期首残高	18,100※1		非支配株主持分－当期首残高	41,100※2

※1　利益剰余金：10,000（相殺）＋8,100（利益の按分）＝18,100

※2　非支配株主持分：137,000（X5.3資本合計）×30%（非持比率）＝41,100

(2)　当期利益の按分

(借)	非支配株主に帰属する当期純損益	15,000	(貸)	非支配株主持分－当期変動額	15,000

※　50,000（修正後S社利益）×30%（非持比率）＝15,000

2．連結修正仕訳（成果連結）

期首未実現利益の消去

(借)	利益剰余金－当期首残高	3,000	(貸)	土　　　　地	3,000

3．連結財務諸表計上額

固定資産売却益：6,000（P社）＋7,000（S社）＝13,000

非支配株主に帰属する当期純利益：15,000

土地：100,000（P社）＋60,000（S社）－3,000（未実現利益）＝157,000

非支配株主持分：187,000（X6.3資本合計）×30%（非持比率）＝56,100

問3　×6年3月期（企業集団外部に売却している場合）

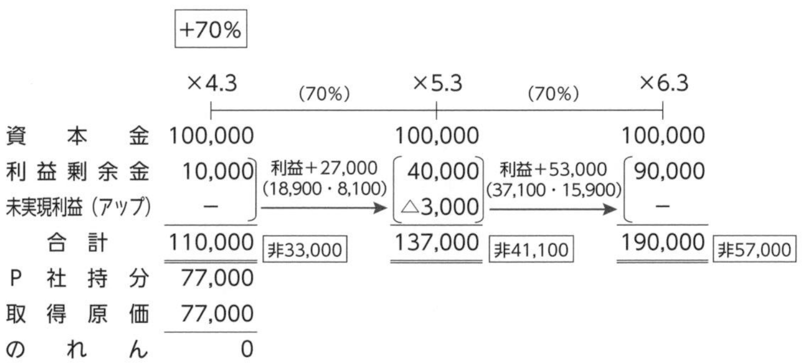

1．連結修正仕訳（資本連結）

(1)　開始仕訳（問2と同様）

（借）	資本金－当期首残高	100,000	（貸）	子会社株式	77,000
	利益剰余金－当期首残高	18,100		非支配株主持分－当期首残高	41,100

(2)　利益の按分

（借）	非支配株主に帰属する当期純損益	15,900	（貸）	非支配株主持分－当期変動額	15,900

※　53,000（修正後Ｓ社利益）×30％（非持比率）＝15,900

2．連結修正仕訳（成果連結）

(1)　期首未実現利益の消去

（借）	利益剰余金－当期首残高	3,000	（貸）	土地	3,000

(2)　期首未実現利益の実現

（借）	土地	3,000	（貸）	固定資産売却益	3,000

3．連結財務諸表計上額

固定資産売却益：6,000（Ｐ社）＋7,000（Ｓ社）＋3,000（未実現利益）＝16,000

非支配株主に帰属する当期純利益：15,900

土地：100,000（Ｐ社）＋60,000（Ｓ社）＝160,000

非支配株主持分：190,000（X6.3資本合計）×30％（非持比率）＝57,000

参考　未実現損失

原則として未実現損益は全額消去しなければならないが、未実現損失については、売手側の帳簿価額のうち回収不能と認められる部分は消去しないこととされている（持分法の未実現損失についても同様）。

第28章　連結会計Ⅲ（成果連結）

3 貸倒引当金の消去

✓ 簿記3,2級

連結会社相互間の債権・債務を相殺した場合には、**その債権に対して設定された貸倒引当金を修正しなければならない。**

〔貸倒引当金の修正の連結修正仕訳〕

(借)			(貸)	
貸倒引当金	×××※1		利益剰余金－当期首残高	×××※2
			貸倒引当金繰入額	×××※3

※1　貸倒引当金：当期末相殺額×設定率

※2　利益剰余金（前期までの貸倒引当金繰入額）：前期末相殺額×設定率

※3　貸倒引当金繰入額：差額（「貸倒引当金」<「利益剰余金－当期首残高」の場合には借方に生じる）

■例題6　貸倒引当金の修正①（ダウンストリーム）　重要度A

以下の資料に基づき、各問に答えなさい。なお、税効果会計は考慮しない。

(1)　P社は×4年3月31日にS社株式の60%を36,000円で取得し、S社を子会社とした。

(2)　×5年3月期のP社のS社に対する商品の掛け販売額は30,000円である。なお、当該販売額のうち8,000円が×5年3月期末現在未回収である（当該売上債権は、翌期中に回収している）。

(3)　×6年3月期のP社のS社に対する商品の掛け販売額は40,000円である。なお、当該販売額のうち12,000円が×6年3月期末現在未回収である。

(4)　貸倒引当金は売上債権残高に対して毎期2%を設定している。なお、期末在庫は存在しないものとする。

(5)　P社及びS社の各期の個別財務諸表における貸倒引当金繰入及び貸倒引当金の金額は次のとおりである。

	P社		S社	
	貸倒引当金繰入	貸倒引当金	貸倒引当金繰入	貸倒引当金
×5年3月期	1,000円	△1,100円	600円	△800円
×6年3月期	1,000円	△1,200円	900円	△900円

問1　×5年3月期の連結財務諸表における下記項目の金額を答えなさい。

問2　×6年3月期の連結財務諸表における下記項目の金額を答えなさい。

連結損益計算書：貸倒引当金繰入　　連結貸借対照表：貸倒引当金

■解答解説（単位：円）

問1　×5年3月期

1．連結修正仕訳（成果連結）

(1)　内部取引の相殺

(借) 売上高	30,000	(貸) 売上原価	30,000

(2)　債権債務の相殺

(借) 仕入債務	8,000	(貸) 売上債権	8,000

(3)　貸倒引当金の修正

(借) 貸倒引当金	160	(貸) 貸倒引当金繰入額	160

※　8,000（相殺額）×2%＝160

2．連結財務諸表計上額

貸倒引当金繰入：1,000（P社）＋600（S社）－160（修正額）＝1,440

貸倒引当金：1,100（P社）＋800（S社）－160（修正額）＝△1,740

問2 ×6年3月期

1．連結修正仕訳（成果連結）

⑴ 内部取引の相殺

（借）売上高	40,000	（貸）売上原価	40,000

⑵ 債権債務の相殺

（借）仕入債務	12,000	（貸）売上債権	12,000

⑶ 貸倒引当金の修正

（借）貸倒引当金	240※1	（貸）利益剰余金－当期首残高	160※2
		貸倒引当金繰入額	80※3

※1 貸倒引当金：12,000（当期相殺額）×２％＝240

※2 利益剰余金：8,000（前期相殺額）×２％＝160

※3 貸倒引当金繰入額：80（差額）

2．連結財務諸表計上額

貸倒引当金繰入：1,000（Ｐ社）＋900（Ｓ社）－80（修正額）＝1,820

貸倒引当金：1,200（Ｐ社）＋900（Ｓ社）－240（修正額）＝△1,860

■ 例題7　貸倒引当金の修正②（アップストリーム）

重要度B

以下の資料に基づき、各問に答えなさい。なお、税効果会計は考慮しない。

(1)　P社は×4年3月31日にS社株式の60％を36,000円で取得し、S社を子会社とした。

(2)　S社の資本勘定の推移は次のとおりである。なお、評価差額はないものとする。また、利益剰余金の変動は純利益によるものである。

	S社	
	資本金	利益剰余金
×4年3月31日	40,000円	20,000円
×5年3月31日	40,000円	26,000円
×6年3月31日	40,000円	34,000円

(3)　×5年3月期のS社のP社に対する商品販売額は30,000円である。なお、当該販売額のうち8,000円が×5年3月期末現在未回収である（当該売上債権は、翌期中に回収している）。

(4)　×6年3月期のS社のP社に対する商品販売額は40,000円である。なお、当該販売額のうち12,000円が×6年3月期末現在未回収である。

(5)　貸倒引当金は売上債権残高に対して毎期2％を設定している。なお、期末在庫は存在しないものとする。

(6)　P社及びS社の各期の個別財務諸表における貸倒引当金繰入及び貸倒引当金の金額は次のとおりである。

	P社		S社	
	貸倒引当金繰入	貸倒引当金	貸倒引当金繰入	貸倒引当金
×5年3月期	1,000円	△1,100円	600円	△800円
×6年3月期	1,000円	△1,200円	900円	△900円

問1　×5年3月期の連結財務諸表における下記項目の金額を答えなさい。

問2　×6年3月期の連結財務諸表における下記項目の金額を答えなさい。

連結損益計算書：貸倒引当金繰入、非支配株主に帰属する当期純利益

連結貸借対照表：貸倒引当金、非支配株主持分

■ 解答解説（単位：円）

〔タイム・テーブル〕

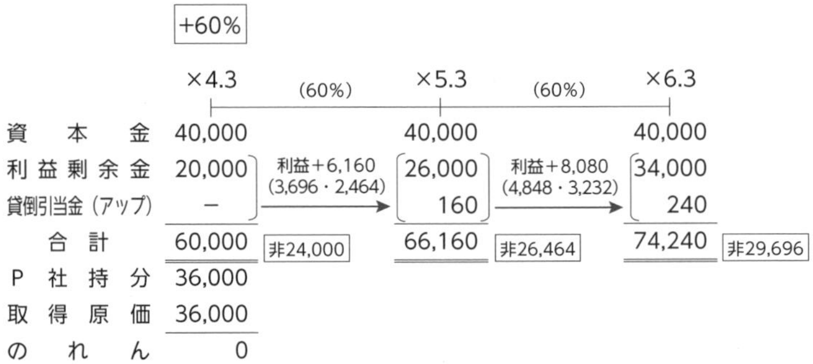

問１　×５年３月期

1．連結修正仕訳（資本連結）

(1)　開始仕訳（投資と資本の相殺消去）

(借)	資本金−当期首残高	40,000	(貸) 子会社株式	36,000
	利益剰余金−当期首残高	20,000	非支配株主持分−当期首残高	24,000

(2)　利益の按分

(借)	非支配株主に帰属する当期純損益	2,464	(貸) 非支配株主持分−当期首残高	2,464

※　6,160（修正後Ｓ社利益）×40%（非持比率）＝2,464

2．連結修正仕訳（成果連結）

(1)　内部取引の相殺

(借)	売上高	30,000	(貸) 売上原価	30,000

(2)　債権債務の相殺

(借)	仕入債務	8,000	(貸) 売上債権	8,000

(3)　貸倒引当金の修正

(借)	貸倒引当金	160	(貸) 貸倒引当金繰入額	160

※　8,000（相殺額）×２％＝160

3．連結財務諸表計上額

貸倒引当金繰入：1,000（Ｐ社）＋600（Ｓ社）−160（修正額）＝1,440

非支配株主に帰属する当期純利益：2,464

貸倒引当金：1,100（Ｐ社）＋800（Ｓ社）−160（修正額）＝△1,740

非支配株主持分：66,160（X5.3資本合計）×40%（非持比率）＝26,464

問２　×６年３月期

1．連結修正仕訳（資本連結）

(1)　開始仕訳

①　投資と資本の相殺消去

(借)			(貸)	
資本金－当期首残高	40,000		子会社株式	36,000
利益剰余金－当期首残高	20,000		非支配株主持分－当期首残高	24,000

②　前期利益の按分

(借)			(貸)	
利益剰余金－当期首残高	2,464		非支配株主持分－当期首残高	2,464

③　開始仕訳（上記仕訳の合算）

(借)			(貸)	
資本金－当期首残高	40,000		子会社株式	36,000
利益剰余金－当期首残高	22,464※1		非支配株主持分－当期首残高	26,464※2

※１　利益剰余金：20,000（相殺）＋2,464（利益の按分）＝22,464

※２　非支配株主持分：66,160（X5.3資本合計）×40%＝26,464

(2)　当期利益の按分

(借)			(貸)	
非支配株主に帰属する当期純損益	3,232		非支配株主持分－当期変動額	3,232

※　8,080（修正後Ｓ社当期利益）×40%（非持比率）＝3,232

2．連結修正仕訳（成果連結）

(1)　内部取引の相殺

(借)			(貸)	
売上高	40,000		売上原価	40,000

(2)　債権債務の相殺

(借)			(貸)	
仕入債務	12,000		売上債権	12,000

(3)　貸倒引当金の修正

(借)			(貸)	
貸倒引当金	240※1		利益剰余金－当期首残高	160※2
			貸倒引当金繰入額	80※3

※１　貸倒引当金：12,000（当期相殺額）×２%＝240

※２　利益剰余金：8,000（前期相殺額）×２%＝160

※３　貸倒引当金繰入額：80（差額）

3．連結財務諸表計上額

貸倒引当金繰入：1,000（Ｐ社）＋900（Ｓ社）－80（修正額）＝1,820

非支配株主に帰属する当期純利益：3,232

貸倒引当金：1,200（Ｐ社）＋900（Ｓ社）－240（修正額）＝△1,860

非支配株主持分：74,240（X6.3資本合計）×40%（非持比率）＝29,696

4 手形の割引

✓ 簿記3,2級

連結会社が振り出した手形を他の連結会社が割引いた場合、連結上は、企業集団から手形を発行し、それと引き換えに金銭を借り入れているとみなせる。よって、**当期末の未決済高を「支払手形」から「短期借入金」に振り替える。また、当該割引から生じた「手形売却損」は連結上「支払利息」とみなせるため修正を行う。**

■ 例題8　連結会社が振り出した手形を他の連結会社が割引いた場合

重要度B

以下の資料に基づき、×5年3月期の連結財務諸表に計上される下記項目の金額を答えなさい。なお、税効果会計は考慮しない。

連結損益計算書：支払利息、手形売却損

連結貸借対照表：前払費用、支払手形、短期借入金

(1)　P社はS社を子会社として支配している。

(2)　×5年3月31日のP社及びS社の個別財務諸表は次のとおりである。

損　益　計　算　書

×4年4月1日～×5年3月31日　　　　(単位：円)

科　　目	P　社	S　社	科　　目	P　社	S　社
支払利息	4,500	9,000			
手形売却損	3,000	3,800			

貸　借　対　照　表

×5年3月31日現在　　　　(単位：円)

科　　目	P　社	S　社	科　　目	P　社	S　社
前払費用	2,000	1,000	支払手形	90,000	180,000
			短期借入金	150,000	300,000

(3)　P社は、S社振出の約束手形20,000円を×5年3月1日に割引いており、割引料600円が生じている。当該手形の満期日は、×5年5月31日である。なお、利息の期間按分は月割計算により行うこと。

■ 解答解説（単位：円）

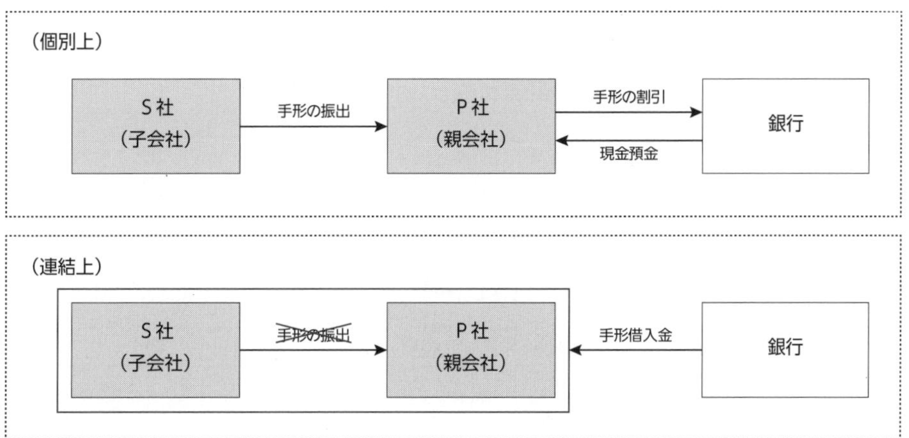

１．連結修正仕訳

⑴　個別上の仕訳

①　Ｓ社の仕訳

（借）	○　○　○	20,000	（貸）	支　払　手　形	20,000

②　Ｐ社の仕訳

（借）	受　取　手　形	20,000	（貸）	○　○　○	20,000
（借）	現　金　預　金	19,400	（貸）	受　取　手　形	20,000
	手　形　売　却　損	600			

⑵　連結上あるべき仕訳

（借）	現　金　預　金	19,400	（貸）	短　期　借　入　金	20,000
	支　払　利　息	600			
（借）	前　払　費　用	400	（貸）	支　払　利　息	400

⑶　連結修正仕訳

（借）	支　払　手　形	20,000	（貸）	短　期　借　入　金	20,000
（借）	支　払　利　息	600	（貸）	手　形　売　却　損	600
（借）	前　払　費　用	400※	（貸）	支　払　利　息	400

※　600（割引料）×２ヶ月（X5.4～X5.5）／３ヶ月（X5.3～X5.5）＝400

２．連結財務諸表計上額

支払利息：4,500（Ｐ社）＋9,000（Ｓ社）＋600（手形売却損からの振替）－400（前払費用への振替）＝13,700

手形売却損：3,000（Ｐ社）＋3,800（Ｓ社）－600（支払利息への振替）＝6,200

前払費用：2,000（Ｐ社）＋1,000（Ｓ社）＋400（手形売却損からの振替）＝3,400

支払手形：90,000（Ｐ社）＋180,000（Ｓ社）－20,000（短期借入金への振替）＝250,000

短期借入金：150,000（Ｐ社）＋300,000（Ｓ社）＋20,000（支払手形からの振替）＝470,000

第2節　成果連結Ⅱ

1　固定資産（償却性資産）に係る未実現利益

⑴　期末未実現利益の消去

連結会社相互間で固定資産（償却性資産）を売買している場合、期末資産に含まれている未実現利益を消去する。

〔未実現利益の消去の連結修正仕訳〕

（借）	固定資産売却益	×××	（貸）	建　　　物	×××

⑵　期首未実現利益の消去

連結会社相互間で売買された固定資産（償却性資産）を前期末に保有している場合、**期首資産に含まれている未実現利益を消去する。**

〔未実現利益の消去の連結修正仕訳〕

（借）	利益剰余金－当期首残高	×××	（貸）	建　　　物	×××

⑶　未実現利益の実現

資産の減価償却又は資産を企業集団外部に売却した場合に、当該資産に係る未実現利益が実現する。

〔減価償却に伴う未実現利益の実現の連結修正仕訳〕

（借）	減価償却累計額	×××	（貸）	減価償却費	×××

〔売却に伴う未実現利益の実現の連結修正仕訳〕

（借）	建　　　物	×××	（貸）	減価償却費累計額	×××
				固定資産売却益	×××

■ 例題9　未実現利益⑤（償却性資産・ダウンストリーム）　重要度B

以下の資料に基づき、各問に答えなさい。なお、税効果会計は考慮しない。

(1)　P社は×4年3月31日にS社株式の80％を217,600円で取得し、S社を子会社とした。

(2)　P社は×4年4月1日に、S社に対し、建物(取得原価80,000円、減価償却累計額30,000円、取得時より3年経過)を58,000円で売却している。当該建物について、P社は定額法、耐用年数8年、残存価額ゼロで減価償却を実施していた。一方、S社は定額法、耐用年数5年、残存価額ゼロで減価償却を実施している。

(3)　P社及びS社の各期の個別財務諸表における減価償却費、固定資産売却益、建物及び減価償却累計額の金額は次のとおりである。

P　社

	減価償却費	固定資産売却益	建物	減価償却累計額
×5年3月期	66,600円	15,000円	1,338,000円	△301,600円
×6年3月期	66,600円	20,000円	1,300,000円	△340,200円

S　社

	減価償却費	固定資産売却益	建物	減価償却累計額
×5年3月期	22,600円	12,000円	285,000円	△74,600円
×6年3月期	22,600円	14,000円	250,000円	△85,000円

問1　×5年3月期の連結財務諸表における下記項目の金額を答えなさい。

問2　×6年3月期の連結財務諸表における下記項目の金額を答えなさい。

問3　仮に、S社が×6年3月31日に上記建物のすべてを企業集団外部に40,000円で売却していた場合の×6年3月期の連結財務諸表における下記項目の金額を答えなさい。なお、上記(3)の金額はそのまま使用すること。

連結損益計算書：減価償却費、固定資産売却益
連結貸借対照表：建物、減価償却累計額

■ 解答解説（単位：円）

問1　×5年3月期

1．連結修正仕訳（成果連結）

(1)　未実現利益の消去

(借)	固定資産売却益	8,000	(貸)	建物	8,000

※　58,000（売却額）－50,000（帳簿価額）＝8,000

(2)　未実現利益の実現

(借)	減価償却累計額	1,600	(貸)	減価償却費	1,600

※　8,000（未実現利益）÷5年（耐用年数）＝1,600

第28章　連結会計Ⅲ（成果連結）

2．連結財務諸表計上額

減価償却費：66,600（P社）＋22,600（S社）－1,600（未実現利益）＝87,600

固定資産売却益：15,000（P社）＋12,000（S社）－8,000（未実現利益）＝19,000

建物：1,338,000（P社）＋285,000（S社）－8,000（未実現利益）＝1,615,000

減価償却累計額：301,600（P社）＋74,600（S社）－1,600（未実現利益）＝△374,600

問2　×6年3月期

1．連結修正仕訳（成果連結）

(1)　未実現利益の消去

（借）	利益剰余金－当期首残高	8,000	（貸）	建物	8,000

(2)　未実現利益の実現

（借）	減価償却累計額	1,600	（貸）	利益剰余金－当期首残高	1,600
（借）	減価償却累計額	1,600	（貸）	減価償却費	1,600

2．連結財務諸表計上額

減価償却費：66,600（P社）＋22,600（S社）－1,600（未実現利益）＝87,600

固定資産売却益：20,000（P社）＋14,000（S社）＝34,000

建物：1,300,000（P社）＋250,000（S社）－8,000（未実現利益）＝1,542,000

減価償却累計額：340,200（P社）＋85,000（S社）－1,600（未実現利益）×2年＝△422,000

問3　×6年3月期（企業集団外部に売却している場合）

1．連結修正仕訳（成果連結）

(1)　未実現利益の消去

（借）	利益剰余金－当期首残高	8,000	（貸）	建物	8,000

(2)　減価償却に伴う未実現利益の実現

（借）	減価償却累計額	1,600	（貸）	利益剰余金－当期首残高	1,600
（借）	減価償却累計額	1,600	（貸）	減価償却費	1,600

(3)　売却に伴う未実現利益の実現

（借）	建物	8,000	（貸）	減価償却累計額	3,200※1
				固定資産売却益	4,800※2

※1　減価償却累計額：8,000（売却益）÷5年（耐用年数）×2年（経過年数）＝3,200

※2　固定資産売却益：8,000（売却益）÷5年（耐用年数）×3年（未償却年数）＝4,800

2．連結財務諸表計上額

固定資産売却益：20,000（P社）＋14,000（S社）＋4,800（未実現利益）＝38,800

減価償却費：66,600（P社）＋22,600（S社）－1,600（未実現利益）＝87,600

建物：1,300,000（P社）＋250,000（S社）＝1,550,000

減価償却累計額：340,200（P社）＋85,000（S社）＝△425,200

■ 例題10　未実現利益⑥（償却性資産・アップストリーム）　重要度C

以下の資料に基づき、各問に答えなさい。なお、税効果会計は考慮しない。

(1)　P社は×4年3月31日にS社株式の80%を217,600円で取得し、S社を子会社とした。

(2)　S社の資本勘定の推移は次のとおりである。なお、評価差額はないものとする。また、利益剰余金の変動は純利益によるものである。

S　社

	資本金	利益剰余金
×4年3月31日	200,000円	72,000円
×5年3月31日	200,000円	96,000円
×6年3月31日	200,000円	124,000円

(3)　S社は×4年4月1日に、P社に対し、建物（取得原価80,000円、減価償却累計額30,000円、取得時より3年経過）を58,000円で売却している。当該建物について、S社は定額法、耐用年数8年、残存価額ゼロで減価償却を実施している。一方、P社は定額法、耐用年数5年、残存価額ゼロで減価償却を実施している。

(4)　P社及びS社の各期の個別財務諸表における減価償却費、固定資産売却益、建物及び減価償却累計額の金額は次のとおりである。

P　社

	減価償却費	固定資産売却益	建物	減価償却累計額
×5年3月期	66,600円	15,000円	1,338,000円	△301,600円
×6年3月期	66,600円	20,000円	1,300,000円	△340,200円

S　社

	減価償却費	固定資産売却益	建物	減価償却累計額
×5年3月期	22,600円	12,000円	285,000円	△74,600円
×6年3月期	22,600円	14,000円	250,000円	△85,000円

問1　×5年3月期の連結財務諸表における下記項目の金額を答えなさい。

問2　×6年3月期の連結財務諸表をおける下記項目の金額を答えなさい。

問3　仮に、P社が×6年3月31日に上記建物のすべてを企業集団外部に40,000円で売却していた場合の×6年3月期の連結財務諸表における下記項目の金額を答えなさい。なお、上記(4)の金額はそのまま使用すること。

連結損益計算書：減価償却費、固定資産売却益、非支配株主に帰属する当期純利益

連結貸借対照表：建物、減価償却累計額、非支配株主持分

■ 解答解説（単位：円）

〔タイム・テーブル〕

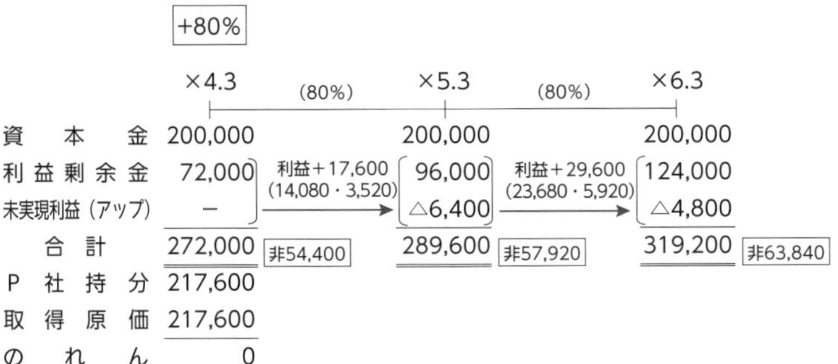

問1　×5年3月期

1．連結修正仕訳（資本連結）

(1)　開始仕訳（投資と資本の相殺消去）

（借）	資本金－当期首残高	200,000	（貸）	子会社株式	217,600
	利益剰余金－当期首残高	72,000		非支配株主持分－当期首残高	54,400

(2)　利益の按分

（借）	非支配株主に帰属する当期純損益	3,520	（貸）	非支配株主持分－当期変動額	3,520

※　17,600（修正後S社利益）×20%（非持比率）＝3,520

2．連結修正仕訳（成果連結）

(1)　未実現利益の消去

（借）	固定資産売却益	8,000	（貸）	建物	8,000

(2)　未実現利益の実現

（借）	減価償却累計額	1,600	（貸）	減価償却費	1,600

3．連結財務諸表計上額

減価償却費：66,600（P社）＋22,600（S社）－1,600（未実現利益）＝87,600

固定資産売却益：15,000（P社）＋12,000（S社）－8,000（未実現利益）＝19,000

非支配株主に帰属する当期純利益：3,520

建物：1,338,000（P社）＋285,000（S社）－8,000（未実現利益）＝1,615,000

減価償却累計額：301,600（P社）＋74,600（S社）－1,600（未実現利益）＝△374,600

非支配株主持分：289,600（X5.3資本合計）×20%（非持比率）＝57,920

問2　×6年3月期

1．連結修正仕訳（資本連結）

(1)　開始仕訳

①　投資と資本の相殺消去

(借)	資本金－当期首残高	200,000	(貸)	子会社株式	217,600
	利益剰余金－当期首残高	72,000		非支配株主持分－当期首残高	54,400

②　前期利益の按分

(借)	利益剰余金－当期首残高	3,520	(貸)	非支配株主持分－当期首残高	3,520

③　開始仕訳（上記仕訳の合算）

(借)	資本金－当期首残高	200,000	(貸)	子会社株式	217,600
	利益剰余金－当期首残高	75,520※1		非支配株主持分－当期首残高	57,920※2

※1　利益剰余金：72,000（相殺）＋3,520（利益の按分）＝75,520

※2　非支配株主持分：289,600（X5.3資本合計）×20％（非持比率）＝57,920

(2)　当期利益の按分

(借)	非支配株主に帰属する当期純損益	5,920	(貸)	非支配株主持分－当期変動額	5,920

※　29,600（修正後S社利益）×20％（非持比率）＝5,920

2．連結修正仕訳（成果連結）

(1)　未実現利益の消去

(借)	利益剰余金－当期首残高	8,000	(貸)	建物	8,000

(2)　未実現利益の実現

(借)	減価償却累計額	1,600	(貸)	利益剰余金－当期首残高	1,600
(借)	減価償却累計額	1,600	(貸)	減価償却費	1,600

3．連結財務諸表計上額

減価償却費：66,600（P社）＋22,600（S社）－1,600（未実現利益）＝87,600

固定資産売却益：20,000（P社）＋14,000（S社）＝34,000

非支配株主に帰属する当期純利益：5,920

建物：1,300,000（P社）＋250,000（S社）－8,000（未実現利益）＝1,542,000

減価償却累計額：340,200（P社）＋85,000（S社）－1,600（未実現利益）×2年＝△422,000

非支配株主持分：319,200（X6.3資本合計）×20％（非持比率）＝63,840

問3　×6年3月期（企業集団外部に売却している場合）

〔タイム・テーブル〕

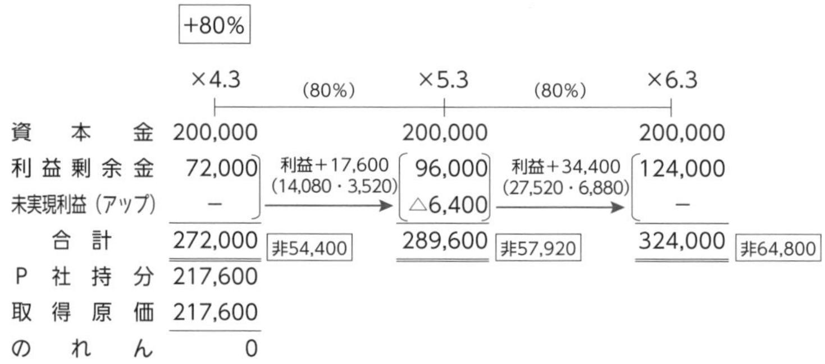

1．連結修正仕訳（資本連結）

⑴　開始仕訳（問2と同様）

（借）	資本金－当期首残高	200,000	（貸）	子会社株式	217,600
	利益剰余金－当期首残高	75,520		非支配株主持分－当期首残高	57,920

⑵　利益の按分

（借）	非支配株主に帰属する当期純損益	6,880	（貸）	非支配株主持分－当期変動額	6,880

※　34,400（修正後S社利益）×20%（非持比率）＝6,880

2．連結修正仕訳（成果連結）

⑴　未実現利益の消去

（借）	利益剰余金－当期首残高	8,000	（貸）	建物	8,000

⑵　減価償却に伴う未実現利益の実現

（借）	減価償却累計額	1,600	（貸）	利益剰余金－当期首残高	1,600
（借）	減価償却累計額	1,600	（貸）	減価償却費	1,600

⑶　売却に伴う未実現利益の実現

（借）	建物	8,000	（貸）	減価償却費累計額	3,200
				固定資産売却益	4,800

3．連結財務諸表計上額

減価償却費：66,600（P社）＋22,600（S社）－1,600（未実現利益）＝87,600

固定資産売却益：20,000（P社）＋14,000（S社）＋4,800（未実現利益）＝38,800

非支配株主に帰属する当期純利益：6,880

建物：1,300,000（P社）＋250,000（S社）＝1,550,000

減価償却累計額：340,200（P社）＋85,000（S社）＝△425,200

非支配株主持分：324,000（X6.3資本合計）×20%（非持比率）＝64,800

2 未達事項

(1) 概要

未達事項とは、親会社又は子会社において、親子会社間取引が未達であるため処理を行っていない取引である。未達事項は、個別財務諸表上では修正を行わないが、連結財務諸表上は企業集団内における未達取引であるため、連結精算表において修正を行うことになる。

(2) 商品の送付未達

当期末に商品未達がある場合、未達側で商品の仕入計上及び在庫の商品を計上する。また、内部取引の相殺及び未実現利益の消去は、未達事項整理後の金額に基づいて行う。

〔当期末の商品未達の連結修正仕訳〕

（借）売　上　原　価	×××	（貸）買　　掛　　金	×××
（借）商　　　　　品	×××	（貸）売　上　原　価	×××

(3) 掛け代金の決済未達

当期末に決済未達がある場合、未達側で債権の回収の処理を行うため、売掛金の期末残高を減少させ、現金及び預金を増加させる。なお、債権債務の相殺は、未達事項整理後の金額に基づいて行う。

〔当期末の決済未達の連結修正仕訳〕

（借）現　金　預　金	×××	（貸）売　　掛　　金	×××

■ 例題11　商品の送付未達　　重要度B

以下の資料に基づき、当期（×6年3月期）の連結財務諸表における下記項目の金額を答えなさい。なお、税効果会計は考慮しない。

連結損益計算書：売上高、売上原価

連結貸借対照表：売掛金、商品、買掛金

(1)　P社はS社を子会社として支配している。

(2)　×6年3月期のP社及びS社の個別財務諸表は次のとおりである。

損 益 計 算 書

×5年4月1日～×6年3月31日　（単位：円）

科　目	P　社	S　社	科　目	P　社	S　社
売上原価	400,000	300,000	売　上　高	700,000	500,000

貸 借 対 照 表

×6年3月31日現在　（単位：円）

科　目	P　社	S　社	科　目	P　社	S　社
売　掛　金	200,000	100,000	買　掛　金	150,000	120,000
商　　品	150,000	70,000			

(3)　連結会社相互間の商品売買取引に関する事項は次のとおりである。

① 当期よりP社はS社に対して商品を掛販売している（売上総利益率：20%）。

② P社及びS社が当期に計上している内部取引高は次のとおりである。

P社：S社への売上高80,000円、S社に対する売掛金50,000円

S社：P社からの仕入高：75,000円、P社に対する買掛金45,000円、P社から仕入れた商品10,000円

③ P社はS社に対して当期末に商品5,000円（売価）を送付しているが、S社で未達である。

■ 解答解説（単位：円）

1．未達事項の整理

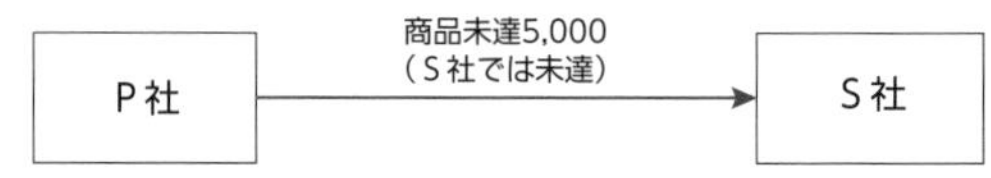

(1)　未達事項整理前

（P社）　P/L

売上	80,000

B/S

売掛金	50,000

（S社）　P/L

当期仕入	75,000	
期末商品	10,000	65,000

B/S

商品	10,000	買掛金	45,000

※　金額はすべて内部取引から生じたものとする（以下同様）。

⑵　未達事項に係る連結修正仕訳

(借) 商　品	5,000	(貸) 買　掛　金	5,000

上記仕訳は「商品の仕入計上」及び「期末商品の計上」の仕訳に分けることができる。

〔商品の仕入計上〕

(借) 売上原価（当期商品仕入高）	5,000	(貸) 買　掛　金	5,000

〔期末商品の計上〕

(借) 商　品	5,000	(貸) 売上原価（期末商品棚卸高）	5,000

⑶　未達事項整理後

（P社）P/L

売上	80,000

B/S

売掛金	50,000

（S社）P/L

当期仕入	80,000	
期末商品	15,000	65,000

B/S

商品	15,000	買掛金	50,000

2．その他の連結修正仕訳

⑴　内部取引の相殺

(借) 売　上　高	80,000※1	(貸) 売　上　原　価	80,000※2

※1　売上高：80,000（P社個別計上額）

※2　売上原価：75,000（S社未達整理前仕入）＋5,000（期末商品未達）＝80,000

⑵　期末未実現利益の消去

(借) 売　上　原　価	3,000	(貸) 商　品	3,000

※　｛10,000（S社未達整理前期末商品）＋5,000（期末商品未達）｝×20%（利益率）＝3,000

⑶　債権債務の相殺

(借) 買　掛　金	50,000※1	(貸) 売　掛　金	50,000※2

※1　買掛金：45,000（S社個別計上額）＋5,000（期末商品未達）＝50,000

※2　売掛金：50,000（P社個別計上額）

3．連結財務諸表計上額

売上高：700,000（P社）＋500,000（S社）－80,000（相殺）＝1,120,000

売上原価：400,000（P社）＋300,000（S社）－80,000（相殺）＋3,000（期末未実現利益）＝623,000

売掛金：200,000（P社）＋100,000（S社）－50,000（相殺）＝250,000

商品：150,000（P社）＋70,000（S社）＋5,000（期末商品未達）－3,000（期末未実現利益）＝222,000

買掛金：150,000（P社）＋120,000（S社）＋5,000（期末商品未達）－50,000（相殺）＝225,000

■ 例題12　掛け代金の決済未達

重要度B

以下の資料に基づき、当期（×6年3月期）の連結財務諸表における下記項目の金額を答えなさい。なお、税効果会計は考慮しない。

連結貸借対照表：売掛金、買掛金

(1)　P社はS社を子会社として支配している。

(2)　×6年3月期のP社及びS社の個別財務諸表は次のとおりである。

貸借対照表

×6年3月31日現在　　（単位：円）

科　目	P社	S社	科　目	P社	S社
売掛金	200,000	100,000	買掛金	150,000	120,000

(3)　連結会社相互間の商品売買取引に関する事項は次のとおりである。

①　P社はS社に対して商品を掛け販売しており、P社及びS社が当期に計上している内部取引高は次のとおりである。なお、売上高と仕入高の相殺は考慮しないこととする。

P社：S社に対する売掛金50,000円

S社：P社に対する買掛金47,000円

②　S社は当期末にP社に対する掛代金3,000円を決済しているが、P社に未達である。

■ 解答解説（単位：円）

1．連結修正仕訳

(1)　未達事項の整理

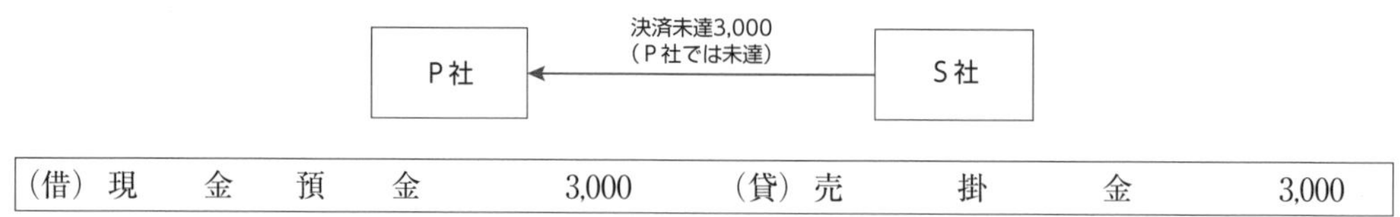

（借）現金預金	3,000	（貸）売掛金	3,000

(2)　債権債務の相殺

（借）買掛金	47,000	（貸）売掛金	47,000

2．連結財務諸表計上額

売掛金：200,000（P社）＋100,000（S社）－3,000（期末決済未達）－47,000（相殺）＝250,000

買掛金：150,000（P社）＋120,000（S社）－47,000（相殺）＝223,000

第29章

連結会計Ⅳ（連結税効果）

第1節　概要

1　連結上の税効果会計の必要性

個別財務諸表において、利益と課税所得が異なる場合、税効果会計を適用していた。

ここで、連結会計において個別財務諸表を合算し、連結修正仕訳を行うと、個別上の利益の合計額と連結上の利益が一致しない。そのため、**個別財務諸表における税効果会計の適用のみでは、連結上の利益と税額が対応しないため、連結財務諸表においても税効果会計を適用し、両者を対応させる必要**がある。

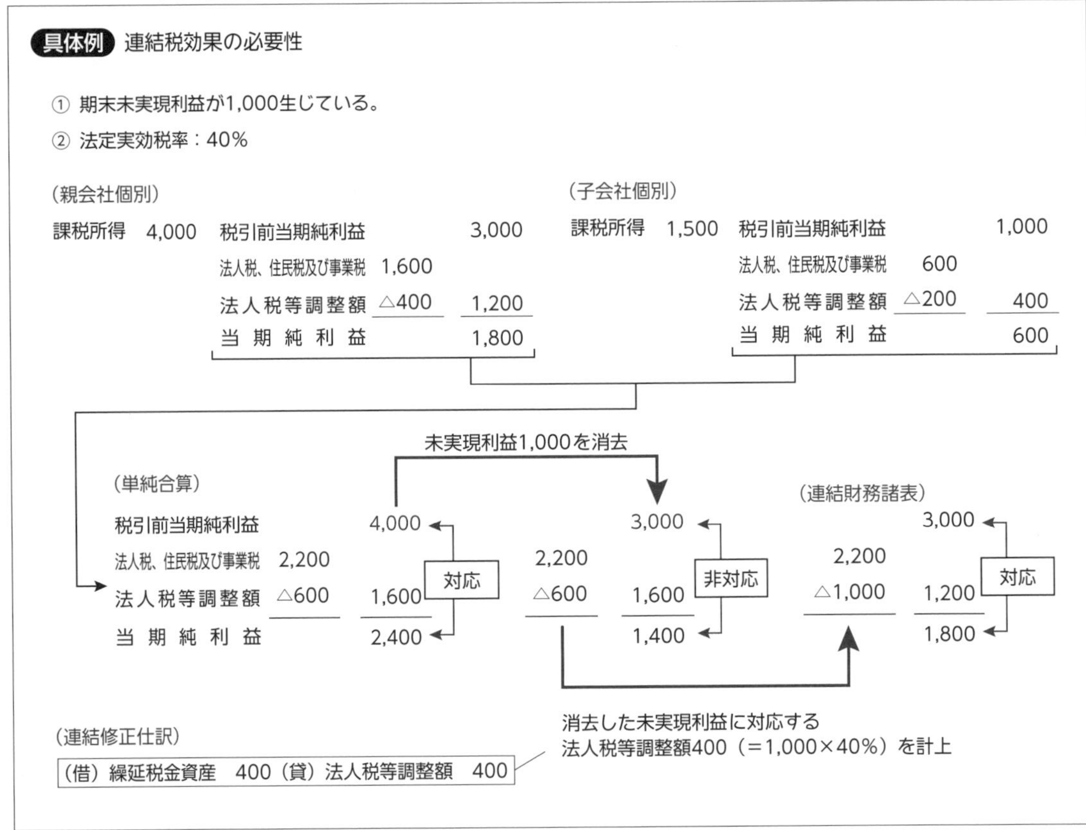

2 連結財務諸表固有の一時差異の例示

範囲	帰属先
資本連結に際し、子会社の資産及び負債の時価評価による評価差額が生じた場合	子会社
連結会社相互間の取引から生じる未実現利益の消去を行った場合	販売側
連結会社相互間の債権・債務の相殺消去による貸倒引当金の調整を行った場合	債権者側

※　上記項目は、連結修正仕訳により利益が変動する項目である。ただし、のれん償却額、負ののれん発生益、受取配当金の修正、子会社株式売却損益、段階取得に係る差益、持分変動損益等は、利益が変動するが、原則として税効果会計を適用しない。

※　親会社と子会社で法定実効税率が異なる場合、連結税効果の適用に当たっては、一時差異の帰属先の税率を用いる。

3 表示方法

(1) 繰延税金資産・繰延税金負債の表示区分（貸借対照表）

繰延税金資産、繰延税金負債の表示方法は、個別上の税効果会計と同様である。

繰延税金資産	固定資産（投資その他の資産）
繰延税金負債	固定負債

(2) 繰延税金資産・繰延税金負債の相殺表示（貸借対照表）

	内容
個別上の税効果会計と同様	同一納税主体に関する繰延税金資産・繰延税金負債は、相殺して表示する
連結上の税効果会計特有	親会社の繰延税金資産、繰延税金負債と子会社の繰延税金資産、繰延税金負債は納税主体が異なるため、相殺できない

具体例 連結税効果の貸借対照表の表示

親会社の個別貸借対照表

借方	貸方
繰延税金資産　1,000	

子会社の個別貸借対照表

借方	貸方
	繰延税金負債　2,000

〈連結上の税効果に伴い繰延税金資産 400 が生じた場合〉

① 繰延税金資産がダウンストリームにより生じた場合

連結貸借対照表

借方	貸方
繰延税金資産　1,400	繰延税金負債　2,000

② 繰延税金資産がアップストリームにより生じた場合

連結貸借対照表

借方	貸方
繰延税金資産　1,000	繰延税金負債　1,600

(3) 法人税等調整額の表示方法（損益計算書）

法人税、住民税及び事業税の下に「**法人税等調整額**」の名称で表示する。

第２節　成果連結に対する税効果会計

1 基本的考え方

連結修正仕訳による連結上の利益の増減に着目し、これに対応する法人税等の増減を考え、税効果の仕訳を導出する。また、計上された繰延税金資産及び繰延税金負債は未実現利益の実現に対応させて取り崩す。

連結修正仕訳		連結上の利益		法人税等の額		税効果の仕訳
「借方」に損益項目	➡	利益減少	➡	法人税等減少	➡	貸方「法人税等調整額」 借方「繰延税金資産」
「貸方」に損益項目	➡	利益増加	➡	法人税等増加	➡	借方「法人税等調整額」 貸方「繰延税金負債」

(1) 連結上の利益が減少する場合

① 当期の連結修正仕訳

(借) 繰延税金資産	×××	(貸) 法人税等調整額	×××

② 翌期以降の連結修正仕訳

〔未実現利益が実現していない場合〕

(借) 繰延税金資産	×××	(貸) 利益剰余金－当期首残高	×××

〔未実現利益が実現した場合〕

(借) 法人税等調整額	×××	(貸) 繰延税金資産	×××

(2) 連結上の利益が増加する場合

① 当期の連結修正仕訳

(借) 法人税等調整額	×××	(貸) 繰延税金負債	×××

② 翌期以降の連結修正仕訳

〔未実現利益が実現していない場合〕

(借) 利益剰余金－当期首残高	×××	(貸) 繰延税金負債	×××

〔未実現利益が実現した場合〕

(借) 繰延税金負債	×××	(貸) 法人税等調整額	×××

■ 例題１　棚卸資産・ダウンストリーム　重要度Ａ

以下の資料に基づき、各問に答えなさい。

(1)　Ｓ社はＰ社が×４年３月31日に設立した会社であり、Ｐ社のＳ社に対する持分比率は80％である。

(2)　×５年３月期のＰ社のＳ社に対する商品販売額（売上総利益率20％）は8,000円である。

(3)　×５年３月期末時点におけるＳ社の期末商品にはＰ社から仕入れた商品が5,000円含まれている。

(4)　Ｐ社及びＳ社の各期の財務諸表における売上原価及び商品の金額は次のとおりである。

	Ｐ　社		Ｓ　社	
	売上原価	商品	売上原価	商品
×５年３月期	25,000円	9,000円	20,000円	8,000円
×６年３月期	27,000円	8,000円	21,000円	7,000円

(5)　実効税率は毎期40％である。なお、個別財務諸表において税効果の対象となる一時差異は生じていないものとする。

問１　×５年３月期の連結財務諸表における下記項目の金額を答えなさい。

問２　×６年３月期の連結財務諸表における下記項目の金額を答えなさい。

連結損益計算書：売上原価、法人税等調整額

連結貸借対照表：商品、繰延税金資産

■ 解答解説（単位：円）

問１　×５年３月期

１．連結修正仕訳（成果連結）

(1)　内部取引の相殺

（借）	売　上　高	8,000	（貸）	売　上　原　価	8,000

(2)　期末未実現利益の消去

（借）	売　上　原　価	1,000	（貸）	商　　品	1,000※1
（借）	繰延税金資産（Ｐ社）	400	（貸）	法人税等調整額	400※2

※１　商品：5,000（期末商品）×20％（利益率）＝1,000

※２　法人税等調整額：1,000（未実現利益）×40％（税率）＝400

連結上の当期の利益減少　→　当期の法人税等減少　→　貸方「法人税等調整額」
借方「繰延税金資産」

２．連結財務諸表計上額

売上原価：25,000（Ｐ社）＋20,000（Ｓ社）－8,000（相殺）＋1,000（未実現利益）＝38,000

法人税等調整額：△400（貸方）

商品：9,000（Ｐ社）＋8,000（Ｓ社）－1,000（未実現利益）＝16,000

繰延税金資産：400

問2　×6年3月期

1．連結修正仕訳（成果連結）

期首未実現利益の消去及び実現

(借) 利益剰余金－当期首残高	1,000	(貸) 売上原価	1,000
(借) 法人税等調整額	400	(貸) 利益剰余金－当期首残高	400

税効果の仕訳は以下の仕訳に分けることができる。

〔期首未実現利益の消去に対する税効果の仕訳〕

(借) 繰延税金資産（P社）	400	(貸) 利益剰余金－当期首残高	400

〔期首未実現利益の実現に対する税効果の仕訳〕

(借) 法人税等調整額	400	(貸) 繰延税金資産（P社）	400

2．連結財務諸表計上額

売上原価：27,000（P社）＋21,000（S社）－1,000（未実現利益）＝47,000

法人税等調整額：400（借方）

商品：8,000（P社）＋7,000（S社）＝15,000

繰延税金資産：ゼロ

■ 例題２　棚卸資産・アップストリーム　重要度B

以下の資料に基づき、各問に答えなさい。

(1)　Ｓ社はＰ社が×４年３月31日に設立した会社であり、Ｐ社のＳ社に対する持分比率は80％である。

(2)　Ｓ社の資本勘定の推移は次のとおりである。利益剰余金の変動は純利益によるものである。

	Ｓ社	
	資本金	利益剰余金
×４年３月31日	100,000円	−
×５年３月31日	100,000円	30,000円
×６年３月31日	100,000円	80,000円

(3)　×５年３月期のＳ社のＰ社に対する商品販売額（売上総利益率20％）は8,000円である。

(4)　×５年３月期末時点におけるＰ社の期末商品にはＳ社から仕入れた商品が5,000円含まれている。

(5)　Ｐ社及びＳ社の各期の財務諸表における売上原価及び商品の金額は次のとおりである。

	Ｐ社		Ｓ社	
	売上原価	商品	売上原価	商品
×５年３月期	25,000円	9,000円	20,000円	8,000円
×６年３月期	27,000円	8,000円	21,000円	7,000円

(6)　実効税率は毎期40％である。なお、個別財務諸表において税効果の対象となる一時差異は生じていないものとする。

問１　×５年３月期の連結財務諸表における下記項目の金額を答えなさい。

問２　×６年３月期の連結財務諸表における下記項目の金額を答えなさい。

連結損益計算書：売上原価、法人税等調整額、非支配株主に帰属する当期純利益

連結貸借対照表：商品、繰延税金資産、非支配株主持分

■ 解答解説（単位：円）

〔タイム・テーブル〕

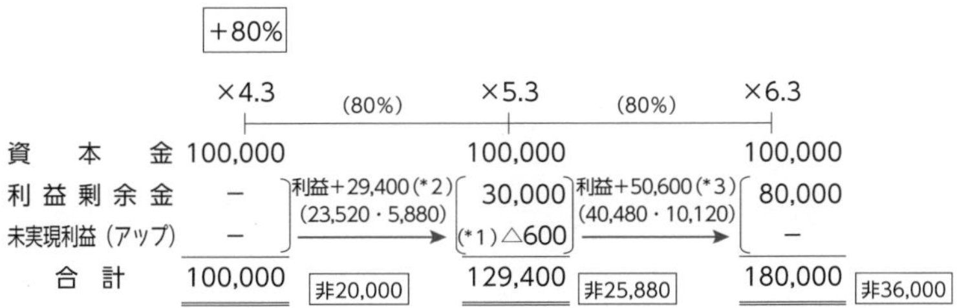

(*１)未実現利益（税引後）：1,000（未実現利益）×{１－40％（税率）}＝600

(*２)修正後Ｓ社前期利益：30,000（Ｓ社前期利益）－600（未実現利益の消去）＝29,400

(*３)修正後Ｓ社当期利益：50,000（Ｓ社当期利益）＋600（未実現利益の実現）＝50,600

問1　×5年3月期

1．連結修正仕訳（資本連結）

(1)　開始仕訳（投資と資本の相殺消去）

（借）	資本金－当期首残高	100,000	（貸）	子会社株式	80,000
				非支配株主持分－当期首残高	20,000※

※　非支配株主持分：100,000（X4.3資本合計）×20%（非持比率）＝20,000

(2)　当期の連結修正仕訳（当期利益の按分）

（借）	非支配株主に帰属する当期純損益	5,880	（貸）	非支配株主持分－当期変動額	5,880

※　29,400（修正後S社利益）×20%（非持比率）＝5,880

2．連結修正仕訳（成果連結）

(1)　内部取引の相殺

（借）	売上高	8,000	（貸）	売上原価	8,000

(2)　期末未実現利益の消去

（借）	売上原価	1,000	（貸）	商品	1,000※1
（借）	繰延税金資産（S社）	400	（貸）	法人税等調整額	400※2

※1　商品：5,000（期末商品）×20%（利益率）＝1,000
※2　法人税等調整額：1,000（未実現利益）×40%（税率）＝400

3．連結財務諸表計上額

売上原価：25,000（P社）＋20,000（S社）－8,000（相殺）＋1,000（未実現利益）＝38,000

法人税等調整額：△400（貸方）

非支配株主に帰属する当期純利益：5,880

商品：9,000（P社）＋8,000（S社）－1,000（未実現利益）＝16,000

繰延税金資産：400

非支配株主持分：129,400（X5.3資本合計）×20%（非持比率）＝25,880

問２　×６年３月期

１．連結修正仕訳（資本連結）

(1)　開始仕訳

①　投資と資本の相殺消去

（借）	資本金－当期首残高	100,000	（貸）	子会社株式	80,000
				非支配株主持分－当期首残高	20,000

②　前期利益の按分

（借）	利益剰余金－当期首残高	5,880	（貸）	非支配株主持分－当期首残高	5,880

③　開始仕訳（上記仕訳の合算）

（借）	資本金－当期首残高	100,000	（貸）	子会社株式	80,000
	利益剰余金－当期首残高	5,880		非支配株主持分－当期首残高	25,880※

※　非支配株主持分：129,400（X5.3資本合計）×20%（非持比率）＝25,880

(2)　当期の連結修正仕訳（当期利益の按分）

（借）	非支配株主に帰属する当期純損益	10,120	（貸）	非支配株主持分－当期変動額	10,120

※　50,600（修正後Ｓ社利益）×20%（非持比率）＝10,120

２．連結修正仕訳（成果連結）

期首未実現利益の消去及び実現

（借）	利益剰余金－当期首残高	1,000	（貸）	売上原価	1,000
（借）	法人税等調整額	400	（貸）	利益剰余金－当期首残高	400

３．連結財務諸表計上額

売上原価：27,000（Ｐ社）＋21,000（Ｓ社）－1,000（未実現利益）＝47,000

法人税等調整額：400（借方）

非支配株主に帰属する当期純利益：10,120

商品：8,000（Ｐ社）＋7,000（Ｓ社）＝15,000

繰延税金資産：ゼロ

非支配株主持分：180,000（X6.3資本合計）×20%（非持比率）＝36,000

■ 例題３　非償却性資産・ダウンストリーム　重要度A

以下の資料に基づき、各問に答えなさい。

⑴　Ｓ社はＰ社が×４年３月31日に設立した会社であり、Ｐ社のＳ社に対する持分比率は80％である。

⑵　Ｐ社は×５年３月期にＳ社に土地（取得原価20,000円）を23,000円で売却した。なお、Ｓ社は当該土地を×６年３月31日現在、企業集団外部に売却していない。

⑶　Ｐ社及びＳ社の各期の財務諸表における固定資産売却益及び土地の金額は次のとおりである。

	Ｐ　社		Ｓ　社	
	固定資産売却益	土地	固定資産売却益	土地
×５年３月期	5,000円	100,000円	4,500円	60,000円
×６年３月期	－	100,000円	－	60,000円

⑷　実効税率は毎期40％である。なお、個別財務諸表において税効果の対象となる一時差異は生じていないものとする。

問１　×５年３月期の連結財務諸表における下記項目の金額を答えなさい。

問２　×６年３月期の連結財務諸表における下記項目の金額を答えなさい。

連結損益計算書：固定資産売却益、法人税等調整額

連結貸借対照表：土地、繰延税金資産

■ 解答解説（単位：円）

問１　×５年３月期

１．連結修正仕訳（成果連結）

期末未実現利益の消去

(借)	固定資産売却益	3,000	(貸) 土　地	3,000※1
(借)	繰延税金資産（Ｐ社）	1,200	(貸) 法人税等調整額	1,200※2

※１　土地：23,000（売却価額）－20,000（簿価）＝3,000

※２　法人税等調整額：3,000（未実現利益）×40％（税率）＝1,200

２．連結財務諸表計上額

固定資産売却益：5,000（Ｐ社）＋4,500（Ｓ社）－3,000（未実現利益）＝6,500

法人税等調整額：△1,200（貸方）

土地：100,000（Ｐ社）＋60,000（Ｓ社）－3,000（未実現利益）＝157,000

繰延税金資産：1,200

問２　×６年３月期

１．連結修正仕訳（成果連結）

期首未実現利益の消去

(借)	利益剰余金－当期首残高	3,000	(貸) 土　地	3,000
(借)	繰延税金資産（Ｐ社）	1,200	(貸) 利益剰余金－当期首残高	1,200

2．連結財務諸表計上額

固定資産売却益：ゼロ

法人税等調整額：ゼロ

土地：100,000（P社）＋60,000（S社）－3,000（未実現利益）＝157,000

繰延税金資産：1,200

■ 例題4　非償却性資産・アップストリーム

重要度B

以下の資料に基づき、各問に答えなさい。

(1)　S社はP社が×4年3月31日に設立した会社であり、P社のS社に対する持分比率は80％である。

(2)　S社の資本勘定の推移は次のとおりである。利益剰余金の変動は純利益によるものである。

	S社	
	資本金	利益剰余金
×4年3月31日	100,000円	－
×5年3月31日	100,000円	30,000円
×6年3月31日	100,000円	80,000円

(3)　S社は×5年3月期にP社に土地（取得原価20,000円）を23,000円で売却した。なお、P社は当該土地を×6年3月31日現在、企業集団外部に売却していない。

(4)　P社及びS社の各期の財務諸表における固定資産売却益及び土地の金額は次のとおりである。

	P社		S社	
	固定資産売却益	土地	固定資産売却益	土地
×5年3月期	5,000円	100,000円	4,500円	60,000円
×6年3月期	－	100,000円	－	60,000円

(5)　実効税率は毎期40％である。なお、個別財務諸表において税効果の対象となる一時差異は生じていないものとする。

問1　×5年3月期の連結財務諸表における下記項目の金額を答えなさい。

問2　×6年3月期の連結財務諸表における下記項目の金額を答えなさい。

連結損益計算書：固定資産売却益、法人税等調整額、非支配株主に帰属する当期純利益

連結貸借対照表：土地、繰延税金資産、非支配株主持分

■ 解答解説（単位：円）

〔タイム・テーブル〕

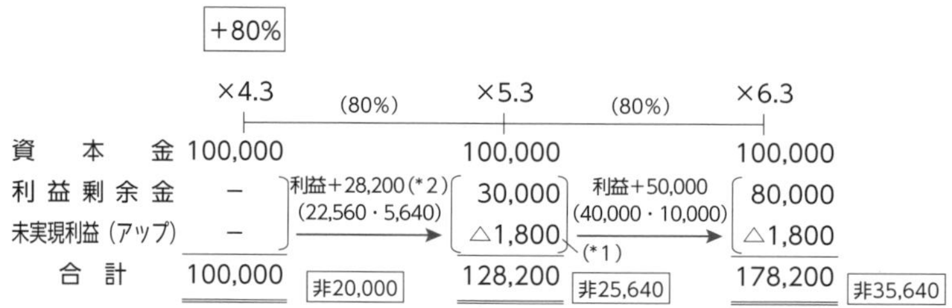

（*1）未実現利益（税引後）：3,000（未実現利益）×{1－40%（税率）}=1,800

（*2）修正後Ｓ社前期利益：30,000（Ｓ社前期利益）－1,800（未実現利益の消去）=28,200

問1　×5年3月期

1．連結修正仕訳（資本連結）

⑴　開始仕訳（投資と資本の相殺消去）

（借）	資本金－当期首残高	100,000	（貸）	子会社株式	80,000
				非支配株主持分－当期首残高	20,000※

※　非支配株主持分：100,000（X4.3資本合計）×20%（非持比率）＝20,000

⑵　当期の連結修正仕訳（当期利益の按分）

（借）	非支配株主に帰属する当期純損益	5,640	（貸）	非支配株主持分－当期変動額	5,640

※　28,200（修正後Ｓ社利益）×20%（非持比率）＝5,640

2．連結修正仕訳（成果連結）

期末未実現利益の消去

（借）	固定資産売却益	3,000	（貸）	土地	3,000※1
（借）	繰延税金資産（Ｓ社）	1,200	（貸）	法人税等調整額	1,200※2

※1　土地：23,000（売却価額）－20,000（簿価）＝3,000

※2　法人税等調整額：3,000（未実現利益）×40%（税率）＝1,200

3．連結財務諸表計上額

固定資産売却益：5,000（Ｐ社）＋4,500（Ｓ社）－3,000（未実現利益）＝6,500

法人税等調整額：△1,200（貸方）

非支配株主に帰属する当期純利益：5,640

土地：100,000（Ｐ社）＋60,000（Ｓ社）－3,000（未実現利益）＝157,000

繰延税金資産：1,200

非支配株主持分：128,200（X5.3資本合計）×20%（非持比率）＝25,640

問2　×6年3月期

1．連結修正仕訳（資本連結）

(1) 開始仕訳

① 投資と資本の相殺消去

(借)	資本金－当期首残高	100,000	(貸)	子会社株式	80,000
			(貸)	非支配株主持分－当期首残高	20,000

② 前期利益の按分

(借)	利益剰余金－当期首残高	5,640	(貸)	非支配株主持分－当期首残高	5,640

③ 開始仕訳（上記仕訳の合算）

(借)	資本金－当期首残高	100,000	(貸)	子会社株式	80,000
	利益剰余金－当期首残高	5,640		非支配株主持分－当期首残高	25,640※

※　非支配株主持分：128,200（X5.3資本合計）×20%（非持比率）＝25,640

(2) 当期の連結修正仕訳（当期利益の按分）

(借)	非支配株主に帰属する当期純損益	10,000	(貸)	非支配株主持分－当期変動額	10,000

※　50,000（修正後S社利益）×20%（非持比率）＝10,000

2．連結修正仕訳（成果連結）

期首未実現利益の消去

(借)	利益剰余金－当期首残高	3,000	(貸)	土地	3,000
(借)	繰延税金資産（S社）	1,200	(貸)	利益剰余金－当期首残高	1,200

3．連結財務諸表計上額

固定資産売却益：ゼロ

法人税等調整額：ゼロ

非支配株主に帰属する当期純利益：10,000

土地：100,000（P社）＋60,000（S社）－3,000（未実現利益）＝157,000

繰延税金資産：1,200

非支配株主持分：178,200（X6.3資本合計）×20%（非持比率）＝35,640

■ 例題５　償却性資産

重要度Ｃ

以下の資料に基づき、各問に答えなさい。

(1)　Ｓ社はＰ社が×４年３月31日に設立した会社であり、Ｐ社のＳ社に対する持分比率は80％である。

(2)　Ｓ社の資本勘定の推移は次のとおりである。利益剰余金の変動は純利益によるものである。

	Ｓ　社	
	資本金	利益剰余金
×４年３月31日	100,000円	－
×５年３月31日	100,000円	30,000円
×６年３月31日	100,000円	80,000円

(3)　Ｐ社は×５年３月末にＳ社に建物（帳簿価額20,000円）を23,000円で売却した。なお、Ｓ社は×５年４月より、当該建物の減価償却を定額法（耐用年数５年、残存価額ゼロ、直接法）で行っている。

(4)　各社の×６年３月期の財務諸表に計上された減価償却費及び建物の金額は次のとおりである。

Ｐ　社		Ｓ　社	
減価償却費	建物（帳簿価額）	減価償却費	建物（帳簿価額）
30,000円	100,000円	20,000円	60,000円

(5)　実効税率は毎期40％である。なお、個別財務諸表において税効果の対象となる一時差異は生じていないものとする。

問１　×６年３月期の連結財務諸表に計上される下記項目（ただし、非支配株主に帰属する当期純利益と非支配株主持分を除く）の金額を答えなさい。

問２　仮に、アップストリームであった場合の、×６年３月期の連結財務諸表に計上される下記項目の金額を答えなさい。

連結損益計算書：減価償却費、法人税等調整額、非支配株主に帰属する当期純利益

連結貸借対照表：建物、繰延税金資産、非支配株主持分

■ 解答解説（単位：円）

問１　×６年３月期

１．連結修正仕訳（成果連結）

(1)　未実現利益の消去

（借）	利益剰余金－当期首残高	3,000	（貸）	建　　物	3,000※1
（借）	繰延税金資産（Ｐ社）	1,200	（貸）	利益剰余金－当期首残高	1,200※2

※１　建物：23,000（売却価額）－20,000（簿価）＝3,000（未実現利益）

※２　利益剰余金（法人税等調整額）：3,000（未実現利益）×40％（税率）＝1,200

(2)　未実現利益の実現

（借）	建　　物	600	（貸）	減価償却費	600※1
（借）	法人税等調整額	240※2	（貸）	繰延税金資産（Ｐ社）	240

※１　減価償却費：3,000（未実現利益）÷５年＝600

※２　法人税等調整額：600（未実現利益の実現額）×40％（税率）＝240

２．連結財務諸表計上額

減価償却費：30,000（Ｐ社）＋20,000（Ｓ社）－600（未実現利益の実現）＝49,400

法人税等調整額：240（借方）

建物：100,000（Ｐ社）＋60,000（Ｓ社）－3,000（未実現利益）＋600（未実現利益の実現）＝157,600

繰延税金資産：1,200（発生）－240（解消）＝960

問２　×６年３月期（アップストリームの場合）

１．タイム・テーブル

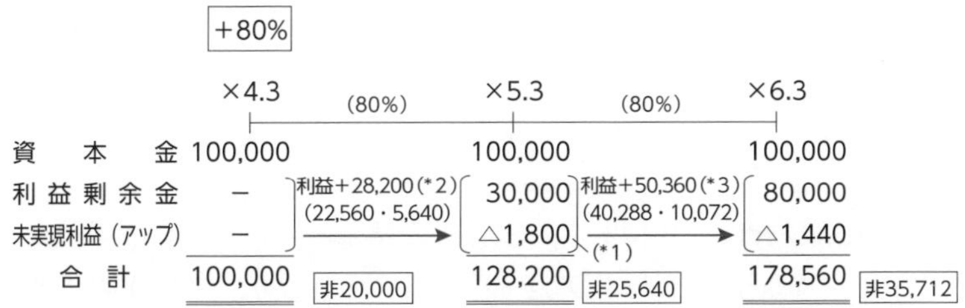

（*１）未実現利益（税引後）：3,000（未実現利益）×{1－40%（税率）}＝1,800

（*２）修正後Ｓ社前期利益：30,000（Ｓ社前期利益）－1,800（未実現利益の消去）＝28,200

（*３）修正後Ｓ社当期利益：50,000（Ｓ社当期利益）＋360（未実現利益の実現*４）＝50,360

（*４）未実現利益の実現額（税引後）：1,800（税引後未実現利益）÷５年＝360

２．連結修正仕訳（資本連結）

⑴　開始仕訳

①　投資と資本の相殺消去

（借）	資本金－当期首残高	100,000	（貸）	子会社株式	80,000
				非支配株主持分－当期首残高	20,000

②　前期利益の按分

（借）	利益剰余金－当期首残高	5,640	（貸）	非支配株主持分－当期首残高	5,640

※　28,200（修正後Ｓ社前期利益）×20%（非持比率）＝5,640

③　開始仕訳（上記仕訳の合算）

（借）	資本金－当期首残高	100,000	（貸）	子会社株式	80,000
	利益剰余金－当期首残高	5,640		非支配株主持分－当期首残高	25,640※

※　非支配株主持分：128,200（X5.3資本合計）×20%（非持比率）＝25,640

⑵　当期の連結修正仕訳（当期利益の按分）

（借）	非支配株主に帰属する当期純損益	10,072	（貸）	非支配株主持分－当期変動額	10,072

※　50,360（修正後Ｓ社利益）×20%（非持比率）＝10,072

3．連結修正仕訳（成果連結）

(1) 未実現利益の消去

（借）	利益剰余金－当期首残高	3,000	（貸）	建物	3,000
（借）	繰延税金資産（Ｓ社）	1,200	（貸）	利益剰余金－当期首残高	1,200

(2) 未実現利益の実現

（借）	建物	600	（貸）	減価償却費	600
（借）	法人税等調整額	240	（貸）	繰延税金資産（Ｓ社）	240

4．連結財務諸表計上額

減価償却費：30,000（Ｐ社）＋20,000（Ｓ社）－600（未実現利益の実現）＝49,400

法人税等調整額：240（借方）

非支配株主に帰属する当期純利益：10,072

建物：100,000（Ｐ社）＋60,000（Ｓ社）－3,000（未実現利益）＋600（未実現利益の実現）＝157,600

繰延税金資産：1,200（発生）－240（解消）＝960

非支配株主持分：178,560（X6.3資本合計）×20％（非持比率）＝35,712

■例題６　貸倒引当金・ダウンストリーム　重要度Ａ

以下の資料に基づき、各問に答えなさい。

(1)　Ｓ社はＰ社が×４年３月31日に設立した会社であり、Ｐ社のＳ社に対する持分比率は80％である。

(2)　Ｐ社の貸借対照表にはＳ社に対する売掛金が×５年３月期末に20,000円、×６年３月期末に30,000円計上されている。

(3)　Ｐ社は売掛金の期末残高の２％について貸倒引当金を設定している。

(4)　Ｐ社及びＳ社の各期の財務諸表における貸倒引当金繰入額及び貸倒引当金の金額は次のとおりである。

	Ｐ社		Ｓ社	
	貸倒引当金繰入額	貸倒引当金	貸倒引当金繰入額	貸倒引当金
×５年３月期	5,000円	△10,000円	4,500円	△4,500円
×６年３月期	7,000円	△8,000円	6,000円	△9,000円

(5)　実効税率は毎期40％である。なお、個別財務諸表において税効果の対象となる一時差異は生じていないものとする。

問１　×５年３月期の連結財務諸表に計上される下記項目の金額を答えなさい。

問２　×６年３月期の連結財務諸表に計上される下記項目の金額を答えなさい。

連結損益計算書：貸倒引当金繰入額、法人税等調整額

連結貸借対照表：貸倒引当金、繰延税金負債

■解答解説（単位：円）

問１　×５年３月期

１．連結修正仕訳（成果連結）

(1)　債権債務の相殺

(借)			(貸)	
(借)	買掛金	20,000	(貸) 売掛金	20,000

(2)　貸倒引当金の修正

(借)			(貸)	
(借)	貸倒引当金	400※1	(貸) 貸倒引当金繰入額	400
(借)	法人税等調整額	160※2	(貸) 繰延税金負債（Ｐ社）	160

※１　貸倒引当金：20,000（売掛金相殺額）×２％＝400

※２　法人税等調整額：400（修正額）×40％（税率）＝160

２．連結財務諸表計上額

貸倒引当金繰入額：5,000（Ｐ社）＋4,500（Ｓ社）－400（修正額）＝9,100

法人税等調整額：160（借方）

貸倒引当金：10,000（Ｐ社）＋4,500（Ｓ社）－400（修正額）＝△14,100

繰延税金負債：160

第29章　連結会計Ⅳ（連結税効果）

問2　×6年3月期

1．連結修正仕訳（成果連結）

(1)　債権債務の相殺

(借)	買掛金	30,000	(貸)	売掛金	30,000

(2)　貸倒引当金の修正

(借)	貸倒引当金	600	(貸)	利益剰余金－当期首残高	400
				貸倒引当金繰入額	200
(借)	利益剰余金－当期首残高	160	(貸)	繰延税金負債（P社）	240
	法人税等調整額	80			

2．連結財務諸表計上額

貸倒引当金繰入額：7,000（P社）＋6,000（S社）－200（修正額）＝12,800

法人税等調整額：80（借方）

貸倒引当金：8,000（P社）＋9,000（S社）－600（修正額）＝△16,400

繰延税金負債：240

■ 例題7　貸倒引当金・アップストリーム　重要度B

以下の資料に基づき、各問に答えなさい。

(1)　S社はP社が×4年3月31日に設立した会社であり、P社のS社に対する持分比率は80%である。

(2)　S社の資本勘定の推移は次のとおりである。利益剰余金の変動は純利益によるものである。

	S社	
	資本金	利益剰余金
×4年3月31日	100,000円	−
×5年3月31日	100,000円	30,000円
×6年3月31日	100,000円	80,000円

(3)　S社の貸借対照表にはP社に対する売掛金が×5年3月期末に20,000円、×6年3月期末に30,000円計上されている。

(4)　S社は売掛金の期末残高の2%について貸倒引当金を設定している。

(5)　P社及びS社の各期の財務諸表における貸倒引当金繰入額及び貸倒引当金の金額は次のとおりである。

	P社		S社	
	貸倒引当金繰入額	貸倒引当金	貸倒引当金繰入額	貸倒引当金
×5年3月期	5,000円	△10,000円	4,500円	△4,500円
×6年3月期	7,000円	△8,000円	6,000円	△9,000円

(6)　実効税率は毎期40%である。なお、個別財務諸表において税効果の対象となる一時差異は生じていないものとする。

問1　×5年3月期の連結財務諸表に計上される下記項目の金額を答えなさい。

問2　×6年3月期の連結財務諸表に計上される下記項目の金額を答えなさい。

連結損益計算書：貸倒引当金繰入額、法人税等調整額、非支配株主に帰属する当期純利益

連結貸借対照表：貸倒引当金、繰延税金負債、非支配株主持分

■ 解答解説（単位：円）

〔タイム・テーブル〕

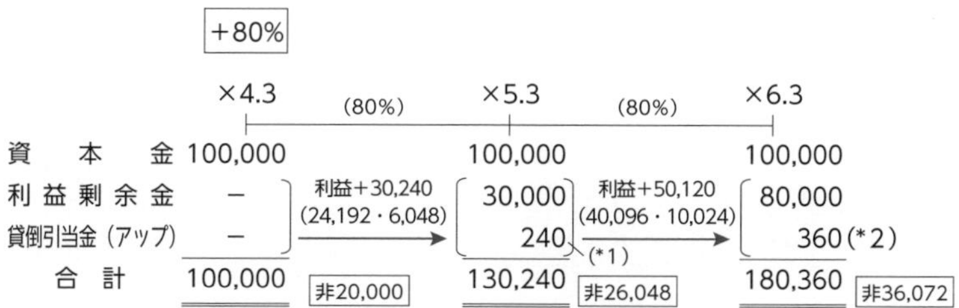

（*1）×5/3貸倒引当金（税引後）：20,000（売掛金相殺額）×2%×{1−40%（税率）}=240

（*2）×6/3貸倒引当金（税引後）：30,000（売掛金相殺額）×2%×{1−40%（税率）}=360

問1　×5年3月期

1．連結修正仕訳（資本連結）

(1) 開始仕訳（投資と資本の相殺消去）

借方	金額	貸方	金額
（借）資本金－当期首残高	100,000	（貸）子会社株式	80,000
		非支配株主持分－当期首残高	20,000※

※　非支配株主持分：100,000（X4.3資本合計）×20％（非持比率）＝20,000

(2) 当期の連結修正仕訳（当期利益の按分）

借方	金額	貸方	金額
（借）非支配株主に帰属する当期純損益	6,048	（貸）非支配株主持分－当期変動額	6,048

※　30,240（修正後Ｓ社利益）×20％（非持比率）＝6,048

2．連結修正仕訳（成果連結）

(1) 債権債務の相殺

借方	金額	貸方	金額
（借）買掛金	20,000	（貸）売掛金	20,000

(2) 貸倒引当金の修正

借方	金額	貸方	金額
（借）貸倒引当金	400※1	（貸）貸倒引当金繰入額	400
（借）法人税等調整額	160※2	（貸）繰延税金負債（Ｓ社）	160

※1　貸倒引当金：20,000（売掛金相殺額）×２％＝400

※2　法人税等調整額：400（修正額）×40％（税率）＝160

3．連結財務諸表計上額

貸倒引当金繰入額：5,000（Ｐ社）＋4,500（Ｓ社）－400（修正額）＝9,100

法人税等調整額：160（借方）

非支配株主に帰属する当期純利益：6,048

貸倒引当金：10,000（Ｐ社）＋4,500（Ｓ社）－400（修正額）＝△14,100

繰延税金負債：160

非支配株主持分：130,240（X5.3資本合計）×20％（非持比率）＝26,048

問2　×6年3月期

1．連結修正仕訳（資本連結）

(1) 開始仕訳

① 投資と資本の相殺消去

(借)	資本金－当期首残高	100,000	(貸)	子会社株式	80,000
				非支配株主持分－当期首残高	20,000

② 前期利益の按分

(借)	利益剰余金－当期首残高	6,048	(貸)	非支配株主持分－当期首残高	6,048

③ 開始仕訳（上記仕訳の合算）

(借)	資本金－当期首残高	100,000	(貸)	子会社株式	80,000
	利益剰余金－当期首残高	6,048		非支配株主持分－当期首残高	26,048※

※　非支配株主持分：130,240（X5.3資本合計）×20%（非持比率）＝26,048

(2) 当期の連結修正仕訳（当期利益の按分）

(借)	非支配株主に帰属する当期純損益	10,024	(貸)	非支配株主持分－当期変動額	10,024

※　50,120（修正後S社利益）×20%（非持比率）＝10,024

2．連結修正仕訳（成果連結）

(1) 債権債務の相殺

(借)	買掛金	30,000	(貸)	売掛金	30,000

(2) 貸倒引当金の修正

(借)	貸倒引当金	600	(貸)	利益剰余金－当期首残高	400
				貸倒引当金繰入額	200
(借)	利益剰余金－当期首残高	160	(貸)	繰延税金負債（S社）	240
	法人税等調整額	80			

3．連結財務諸表計上額

貸倒引当金繰入額：7,000（P社）＋6,000（S社）－200（修正額）＝12,800

法人税等調整額：80（借方）

非支配株主に帰属する当期純利益：10,024

貸倒引当金：8,000（P社）＋9,000（S社）－600（修正額）＝△16,400

繰延税金負債：240

非支配株主持分：180,360（X6.3資本合計）×20%（非持比率）＝36,072

参考 個別上において、貸倒引当金繰入額の損金不算入が生じている場合

個別上において連結会社に対する債権に貸倒引当金を計上し、当該貸倒引当金繰入額について税務上の損金算入の要件を満たしていない場合、当該貸倒引当金繰入額に係る将来減算一時差異の全部又は一部に対して**個別上繰延税金資産が計上されている。**

この場合、連結決算手続上、債権と債務の相殺消去に伴い当該貸倒引当金が修正されたことにより生じた当該貸倒引当金に係る連結財務諸表固有の将来加算一時差異に対して、**当該個別上の繰延税金資産と同額の繰延税金負債を計上する。**当該繰延税金負債については、個別財務諸表において計上した貸倒引当金繰入額に係る将来減算一時差異に対する**繰延税金資産と相殺する。**

つまり、個別上で貸倒引当金繰入額の損金不算入がある場合、連結修正仕訳においては、繰延税金資産の取り崩しをすればよい。

ex) 例題７において「貸倒引当金繰入額は全額損金不算入であり、個別上において税効果を適用している。」という指示がある場合、問１の解説２．(2) の仕訳は次のようになる。

(借) 貸倒引当金	400※1	(貸) 貸倒引当金繰入額	400
(借) 法人税等調整額	160※2	(貸) 繰延税金資産（S社）	160

第３節　資本連結（評価差額）に対する税効果会計

1　子会社の資産・負債の時価評価に伴う評価差額

(1)　基本的考え方

資本連結手続における子会社の資産・負債の時価評価に伴う評価差額は、**税効果相当額（繰延税金資産または繰延税金負債）を控除した金額を資本として計上**する。

評価差額に伴う繰延税金資産または繰延税金負債は、**子会社に帰属**する。

(2)　会計処理

①　評価差益が生じている場合

(借)	諸資産	×××	(貸)	繰延税金負債（子会社）	×××※1
				評価差額	×××※2

※１　繰延税金負債：評価差額×税率
※２　評価差額：評価差額×（１－税率）

②　評価差損が生じている場合

(借)	繰延税金資産（子会社）	×××※1	(貸)	諸資産	×××
	評価差額	×××※2			

※１　繰延税金資産：評価差額×税率
※２　評価差額：評価差額×（１－税率）

■ 例題８　非償却性資産の評価差額

重要度 A

以下の資料に基づき、×３年３月期の連結財務諸表における下記項目の金額を答えなさい。

連結損益計算書：非支配株主に帰属する当期純利益

連結貸借対照表：土地、のれん、繰延税金負債、非支配株主持分

(1)　Ｐ社は×１年３月31日にＳ社株式の60％を50,000円で取得し、Ｓ社を子会社とした。

(2)　Ｐ社は×２年３月31日にＳ社株式の20％を21,000円で取得した。

(3)　Ｓ社の資本勘定の推移は次のとおりである。

	資本金	利益剰余金
×１年３月31日	50,000円	30,000円
×２年３月31日	50,000円	42,000円

(4)　×１年３月31日のＳ社の土地（簿価8,000円）の時価は10,000円である。なお、土地の新規取得、売却等は行われていない。

(5)　×２年度のＳ社の当期純利益は9,000円である。

(6)　実効税率は毎期40％である。なお、個別財務諸表において税効果の対象となる一時差異は生じていないものとする。

(7)　のれんは発生年度の翌期から10年間にわたり定額法により償却する。

(8)　剰余金の配当は行われていない。

(9)　Ｐ社の×３年３月期の貸借対照表に計上された土地は100,000円である。

■ 解答解説（単位：円）

1．タイム・テーブル

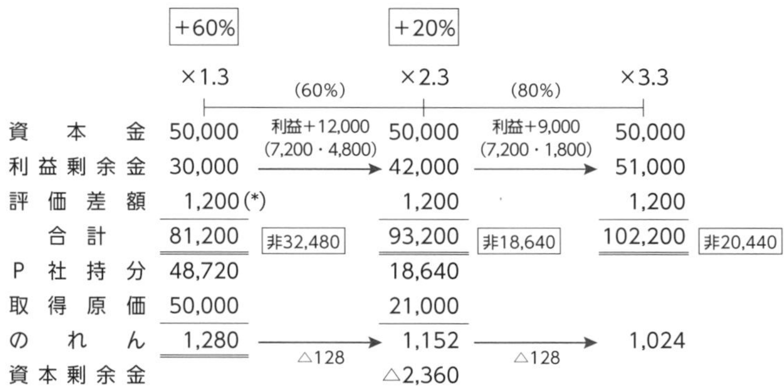

(*) 評価差額：{10,000（時価）−8,000（簿価）}×{1−40%（税率）}=1,200

2．評価差額の計上

(借) 土　地	2,000	(貸) 繰延税金負債（S社）	800※1
		評価差額	1,200※2

※1　繰延税金負債：{10,000（時価）－8,000（簿価）}×40%（税率）＝800
※2　評価差額：{10,000（時価）－8,000（簿価）}×{1－40%（税率）}＝1,200

3．連結修正仕訳

(1) 開始仕訳

① 投資と資本の相殺消去

(借) 資本金－当期首残高	50,000	(貸) 子会社株式	50,000
利益剰余金－当期首残高	30,000	非支配株主持分－当期首残高	32,480※2
評価差額	1,200		
のれん	1,280※1		

※1　のれん：50,000（子会社株式）－81,200（X1.3資本合計）×60%（追加取得前P社比率）＝1,280
※2　非支配株主持分：81,200（X1.3資本合計）×40%（追加取得前非持比率）＝32,480

② 前期利益の按分

(借) 利益剰余金－当期首残高	4,800	(貸) 非支配株主持分－当期首残高	4,800

※　12,000（S社前期利益）×40%（追加取得前非持比率）＝4,800

③ 前期のれんの償却

(借) 利益剰余金－当期首残高	128	(貸) のれん	128

※　1,280（のれん計上額）÷10年（償却年数）＝128

④ 追加取得

(借) 非支配株主持分－当期首残高	18,640※	(貸) 子会社株式	21,000
資本剰余金－当期首残高	2,360		

※　非支配株主持分：93,200（X2.3資本合計）×20%（追加取得比率）＝18,640

⑤ 開始仕訳（上記仕訳の合算）

(借) 資本金－当期首残高	50,000	(貸) 子会社株式	71,000※3
利益剰余金－当期首残高	34,928※1	非支配株主持分－当期首残高	18,640※4
資本剰余金－当期首残高	2,360		
評価差額	1,200		
のれん	1,152※2		

※1　利益剰余金：30,000（相殺）＋4,800（利益の按分）＋128（のれん償却額）＝34,928
※2　のれん：1,280（のれん計上額）×9年（未償却年数）／10年（償却年数）＝1,152
※3　子会社株式：50,000（原始取得）＋21,000（追加取得）＝71,000
※4　非支配株主持分：93,200（X2.3資本合計）×20%（追加取得後非持比率）＝18,640

(2) 当期の連結修正仕訳

① 当期利益の按分

(借) 非支配株主に帰属する当期純損益	1,800	(貸) 非支配株主持分－当期変動額	1,800

※ 9,000（S社当期利益）×20%（追加取得後非持比率）＝1,800

② 当期のれんの償却

(借) の れ ん 償 却 額	128	(貸) の れ ん	128

4．連結財務諸表計上額

非支配株主に帰属する当期純利益：1,800

土地：100,000（P社）＋8,000（S社）＋2,000（評価差額）＝110,000

のれん：1,280（のれん計上額）×8年（未償却年数）／10年（償却年数）＝1,024

繰延税金負債：800

非支配株主持分：102,200（X3.3資本合計）×20%（追加取得後非持比率）＝20,440

2 子会社の資産・負債の時価評価に伴う評価差額の実現

時価評価した資産・負債に係る**評価差額が実現した場合には、子会社の利益が修正されるため、それに伴い税効果を解消**させる。具体的には評価差額認識時に計上していた繰延税金資産または繰延税金負債を取崩し、法人税等調整額を計上する。

■ 例題9　非償却性資産の評価差額の実現

重要度C

以下の資料に基づき、×3年3月期の連結財務諸表における下記項目の金額を答えなさい。

連結損益計算書：固定資産売却益、法人税等調整額、非支配株主に帰属する当期純利益

連結貸借対照表：土地、のれん、繰延税金負債、非支配株主持分

(1)　P社は×1年3月31日にS社株式の60％を50,000円で取得し、S社を子会社とした。

(2)　P社は×2年3月31日にS社株式の20％を21,000円で取得した。

(3)　S社の資本勘定の推移は次のとおりである。

	資本金	利益剰余金
×1年3月31日	50,000円	30,000円
×2年3月31日	50,000円	42,000円

(4)　×1年3月31日のS社の土地（簿価8,000円）の時価は10,000円である。なお、S社は×3年3月31日に当該土地のすべてを12,000円で企業集団外部に売却した。

(5)　×2年度のS社の当期純利益は9,000円である。

(6)　実効税率は毎期40％である。なお、個別財務諸表において税効果の対象となる一時差異は生じていないものとする。

(7)　のれんは発生年度の翌期から10年間にわたり定額法により償却する。

(8)　剰余金の配当は行われていない。

(9)　P社の×3年3月期の貸借対照表に計上された土地は100,000円である。

■ 解答解説（単位：円）

1．タイム・テーブル

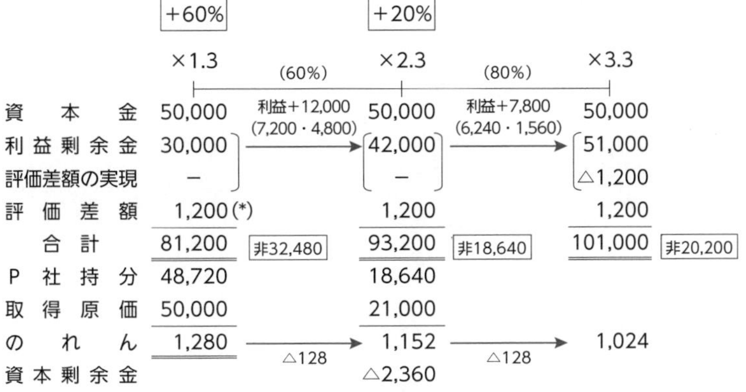

	+60% ×1.3	(60%)	+20% ×2.3	(80%)	×3.3	
資本金	50,000	利益+12,000 (7,200・4,800)	50,000	利益+7,800 (6,240・1,560)	50,000	
利益剰余金	30,000	→	42,000	→	51,000	
評価差額の実現	−		−		△1,200	
評価差額	1,200(*)		1,200		1,200	
合計	81,200	非32,480	93,200	非18,640	101,000	非20,200
P社持分	48,720		18,640			
取得原価	50,000		21,000			
のれん	1,280	△128 →	1,152	△128 →	1,024	
資本剰余金			△2,360			

(*) 評価差額：{10,000（時価）−8,000（簿価）}×{1−40％（税率）}=1,200

2．評価差額の計上及び実現

(1) 評価差額の計上

(借)	土地	2,000	(貸)	繰延税金負債（Ｓ社）	800
				評価差額	1,200

(2) 評価差額の実現

(借)	固定資産売却益	2,000※1	(貸)	土地	2,000
(借)	繰延税金負債（Ｓ社）	800※2	(貸)	法人税等調整額	800

※1　固定資産売却益：10,000（時価）－8,000（簿価）＝2,000

※2　繰延税金負債：2,000（評価差額の実現額）×40％（税率）＝800

3．連結修正仕訳

(1) 開始仕訳

① 投資と資本の相殺消去

(借)	資本金－当期首残高	50,000	(貸)	子会社株式	50,000
	利益剰余金－当期首残高	30,000		非支配株主持分－当期首残高	32,480※2
	評価差額	1,200			
	のれん	1,280※1			

※1　のれん：50,000（子会社株式）－81,200（X1.3資本合計）×60％（追加取得前Ｐ社比率）＝1,280

※2　非支配株主持分：81,200（X1.3資本合計）×40％（追加取得前非持比率）＝32,480

② 前期利益の按分

(借)	利益剰余金－当期首残高	4,800	(貸)	非支配株主持分－当期首残高	4,800

※　12,000（Ｓ社前期利益）×40％（追加取得前非持比率）＝4,800

③ 前期のれんの償却

(借)	利益剰余金－当期首残高	128	(貸)	のれん	128

※　1,280（のれん計上額）÷10年（償却年数）＝128

④ 追加取得

(借)	非支配株主持分－当期首残高	18,640※	(貸)	子会社株式	21,000
	資本剰余金－当期首残高	2,360			

※　非支配株主持分：93,200（X2.3資本合計）×20％（追加取得比率）＝18,640

⑤ 開始仕訳（上記仕訳の合算）

(借)	資本金－当期首残高	50,000	(貸)	子会社株式	71,000※3
	利益剰余金－当期首残高	34,928※1		非支配株主持分－当期首残高	18,640※4
	資本剰余金－当期首残高	2,360			
	評価差額	1,200			
	のれん	1,152※2			

※1　利益剰余金：30,000（相殺）＋4,800（利益の按分）＋128（のれん償却額）＝34,928

※2　のれん：1,280（のれん計上額）×9年（未償却年数）／10年（償却年数）＝1,152

※3　子会社株式：50,000（原始取得）＋21,000（追加取得）＝71,000

※4　非支配株主持分：93,200（X2.3資本合計）×20％（追加取得後非持比率）＝18,640

⑵　当期の連結修正仕訳

①　当期利益の按分

（借）	非支配株主に帰属する当期純損益	1,560	（貸）	非支配株主持分－当期変動額	1,560

※　7,800（修正後Ｓ社当期利益）×20％（追加取得後非持比率）＝1,560

②　当期のれんの償却

（借）	の れ ん 償 却 額	128	（貸）	の れ ん	128

４．連結財務諸表計上額

固定資産売却益：4,000（Ｓ社個別）－2,000（評価差額の実現額）＝2,000

法人税等調整額：△800（貸方）

非支配株主に帰属する当期純利益：1,560

土地：100,000（Ｐ社）

のれん：1,280（のれん計上額）×８年（未償却年数）／10年（償却年数）＝1,024

繰延税金負債：ゼロ

非支配株主持分：101,000（X3.3資本合計）×20％（追加取得後非持比率）＝20,200

■ 例題10　償却性資産の評価差額の実現①　重要度C

以下の資料に基づき、×3年3月期の連結財務諸表における下記項目の金額を答えなさい。

連結損益計算書：減価償却費、法人税等調整額、非支配株主に帰属する当期純利益

連結貸借対照表：建物、減価償却累計額、繰延税金負債、非支配株主持分

(1)　P社は×1年3月31日にS社株式の80%を125,000円で取得し、S社を子会社とした。

(2)　S社の資本勘定の推移は次のとおりである。

	資本金	利益剰余金
×1年3月31日	100,000円	50,300円
×2年3月31日	100,000円	65,300円
×3年3月31日	100,000円	74,300円

(3)　×1年3月31日のS社の建物（簿価16,500円）の時価は21,000円である。なお、S社は×3年3月31日現在、当該建物を保有している。

(4)　S社は上記建物について定額法、残存価額ゼロで減価償却を行っている。なお、×1年4月1日における残存耐用年数は30年である。

(5)　のれんは発生年度の翌期から10年間にわたり定額法により償却する。

(6)　実効税率は40%である。なお、個別財務諸表において税効果の対象となる一時差異は生じていないものとする。

(7)　剰余金の配当は行われていない。

(8)　P社の×3年3月期の損益計算書に計上された減価償却費は10,000円、貸借対照表に計上された建物の取得原価は100,000円、減価償却累計額は△40,000円である。

(9)　S社の×3年3月期の損益計算書に計上された減価償却費は550円、貸借対照表に計上された建物の取得原価は22,000円、減価償却累計額は△6,600円である。

■ 解答解説（単位：円）

1．タイム・テーブル

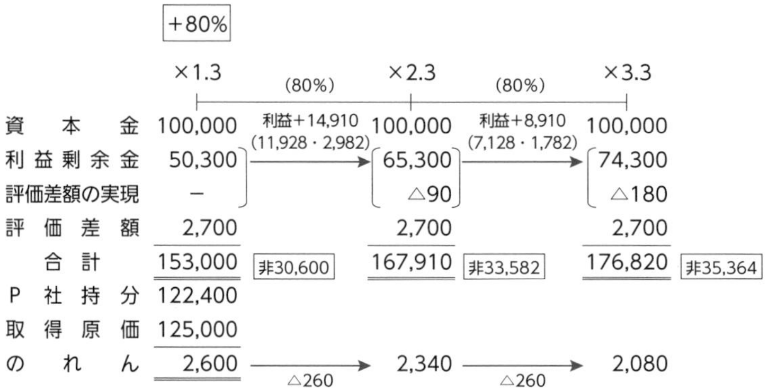

2．評価差額の計上及び実現

⑴　評価差額の計上

(借)	建　物	4,500	(貸)	繰延税金負債（Ｓ社）	1,800※1
				評価差額	2,700※2

※１　繰延税金負債：{21,000（時価）－16,500（簿価）}×40%（税率）＝1,800

※２　評価差額：{21,000（時価）－16,500（簿価）}×{1－40%（税率）}＝2,700

⑵　評価差額の実現

① 前期分

(借)	利益剰余金－当期首残高	150	(貸)	減価償却累計額	150※1
(借)	繰延税金負債（Ｓ社）	60※2	(貸)	利益剰余金－当期首残高	60

※１　減価償却累計額：4,500（評価差額）÷30年（残存耐用年数）＝150

※２　繰延税金負債：150（評価差額の実現額）×40%（税率）＝60

② 当期分

(借)	減価償却費	150	(貸)	減価償却累計額	150
(借)	繰延税金負債（Ｓ社）	60	(貸)	法人税等調整額	60

3．連結修正仕訳

⑴　開始仕訳

① 投資と資本の相殺消去

(借)	資本金－当期首残高	100,000	(貸)	子会社株式	125,000
	利益剰余金－当期首残高	50,300		非支配株主持分－当期首残高	30,600※2
	評価差額	2,700			
	のれん	2,600※1			

※１　のれん：125,000（子会社株式）－153,000（X1.3資本合計）×80%（Ｐ社比率）＝2,600

※２　非支配株主持分：153,000（X1.3資本合計）×20%（非持比率）＝30,600

② 前期のれんの償却

(借)	利益剰余金－当期首残高	260	(貸)	のれん	260

③ 前期利益の按分

(借)	利益剰余金－当期首残高	2,982	(貸)	非支配株主持分－当期首残高	2,982

※　14,910（修正後Ｓ社前期利益）×20%（非持比率）＝2,982

④ 開始仕訳（上記仕訳の合算）

(借)	資本金－当期首残高	100,000	(貸)	子会社株式	125,000
	利益剰余金－当期首残高	53,542※1		非支配株主持分－当期首残高	33,582※3
	評価差額	2,700			
	のれん	2,340※2			

※１　利益剰余金：50,300（相殺）＋260（のれん償却額）＋2,982（利益の按分）＝53,542

※２　のれん：2,600（のれん計上額）×９年（未償却年数）／10年（償却年数）＝2,340

※３　非支配株主持分：167,910（X2.3資本合計）×20%（非持比率）＝33,582

⑵ 当期の連結修正仕訳

① 当期のれんの償却

(借) のれん償却額	260	(貸) のれん	260

② 当期利益の按分

(借) 非支配株主に帰属する当期純損益	1,782	(貸) 非支配株主持分－当期変動額	1,782

※ 8,910（修正後S社当期利益）×20%（非持比率）＝1,782

4．連結財務諸表計上額

減価償却費：10,000（P社）＋550（S社）＋150（評価差額の実現額）＝10,700

法人税等調整額：△60（貸方）

非支配株主に帰属する当期純利益：1,782

建物：100,000（P社）＋22,000（S社）＋4,500（評価差額）＝126,500

減価償却累計額：40,000（P社）＋6,600（S社）＋150（評価差額の実現額）×2年＝△46,900

繰延税金負債：1,800（評価差額に対する税効果）－60（評価差額の実現に対する税効果）×2年＝1,680

非支配株主持分：176,820（X3.3資本合計）×20%（非持比率）＝35,364

■ 例題11　償却性資産の評価差額の実現②

重要度 C

以下の資料に基づき、×3年3月期の連結財務諸表における下記項目の金額を答えなさい。

連結損益計算書：減価償却費、固定資産売却益、法人税等調整額、非支配株主に帰属する当期純利益

連結貸借対照表：建物、減価償却累計額、繰延税金負債、非支配株主持分

(1)　P社は×1年3月31日にS社株式の80％を125,000円で取得し、S社を子会社とした。

(2)　S社の資本勘定の推移は次のとおりである。

	資本金	利益剰余金
×1年3月31日	100,000円	50,300円
×2年3月31日	100,000円	65,300円
×3年3月31日	100,000円	74,300円

(3)　×1年3月31日のS社の建物（簿価16,500円）の時価は21,000円である。なお、S社は×3年3月31日に当該建物のすべてを20,000円で企業集団外部に売却した。

(4)　S社は上記建物について定額法、残存価額ゼロで減価償却を行っている。なお、×1年4月1日における残存耐用年数は30年である。

(5)　のれんは発生年度の翌期から10年間にわたり定額法により償却する。

(6)　実効税率は40％である。なお、個別財務諸表において税効果の対象となる一時差異は生じていないものとする。

(7)　剰余金の配当は行われていない。

(8)　P社の×3年3月期の損益計算書に計上された減価償却費は10,000円、貸借対照表に計上された建物の取得原価は100,000円、減価償却累計額は△40,000円である。

(9)　S社の×3年3月期の損益計算書に計上された減価償却費は550円、固定資産売却益は4,600円であり、貸借対照表に建物は計上されていない。

■ 解答解説（単位：円）

1．タイム・テーブル

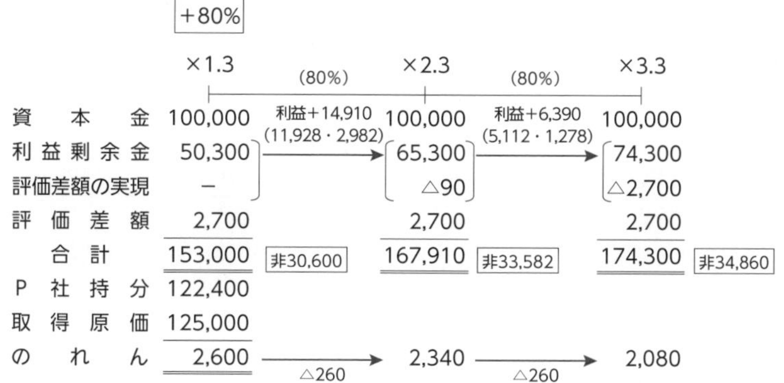

2．評価差額の計上及び実現

⑴ 評価差額の計上

（借）建物	4,500	（貸）繰延税金負債（Ｓ社）	1,800
		評価差額	2,700

⑵ 評価差額の実現

① 前期分

（借）利益剰余金－当期首残高	150	（貸）減価償却累計額	150
（借）繰延税金負債（Ｓ社）	60	（貸）利益剰余金－当期首残高	60

② 当期分（減価償却による実現）

（借）減価償却費	150	（貸）減価償却累計額	150
（借）繰延税金負債（Ｓ社）	60	（貸）法人税等調整額	60

③ 当期分（売却による実現）

（借）減価償却累計額	300	（貸）建物	4,500
固定資産売却益	4,200※1		
（借）繰延税金負債（Ｓ社）	1,680※2	（貸）法人税等調整額	1,680

※１　固定資産売却益：4,500（評価差額）－150（減価償却による実現）×２年＝4,200

※２　繰延税金負債：4,200（固定資産売却益※1）×40％（税率）＝1,680

3．連結修正仕訳

⑴ 開始仕訳

① 投資と資本の相殺消去

（借）資本金－当期首残高	100,000	（貸）子会社株式	125,000
利益剰余金－当期首残高	50,300	非支配株主持分－当期首残高	30,600※2
評価差額	2,700		
のれん	2,600※1		

※１　のれん：125,000（子会社株式）－153,000（X1.3資本合計）×80％（Ｐ社比率）＝2,600
※２　非支配株主持分：153,000（X1.3資本合計）×20％（非持比率）＝30,600

② 前期のれんの償却

（借）利益剰余金－当期首残高	260	（貸）のれん	260

③ 前期利益の按分

（借）利益剰余金－当期首残高	2,982	（貸）非支配株主持分－当期首残高	2,982

※　14,910（修正後Ｓ社前期利益）×20％（非持比率）＝2,982

④ 開始仕訳（上記仕訳の合算）

（借）資本金－当期首残高	100,000	（貸）子会社株式	125,000
利益剰余金－当期首残高	53,542※1	非支配株主持分－当期首残高	33,582※3
評価差額	2,700		
のれん	2,340※2		

※１　利益剰余金：50,300（相殺）＋260（のれん償却額）＋2,982（利益の按分）＝53,542
※２　のれん：2,600（のれん計上額）×９年（未償却年数）／10年（償却年数）＝2,340
※３　非支配株主持分：167,910（X2.3資本合計）×20％（非持比率）＝33,582

⑵　当期の連結修正仕訳

①　当期のれんの償却

(借) のれん償却額	260	(貸) のれん	260

②　当期利益の按分

(借) 非支配株主に帰属する当期純損益	1,278	(貸) 非支配株主持分－当期変動額	1,278

※　6,390（修正後Ｓ社当期利益）×20％（非持比率）＝1,278

４．連結財務諸表計上額

減価償却費：10,000（Ｐ社）＋550（Ｓ社）＋150（評価差額の実現額）＝10,700

固定資産売却益：4,600（Ｓ社）－4,200（売却による評価差額の実現額）＝400

法人税等調整額:60（評価差額の実現に対する税効果）＋1,680（売却益に対する税効果）＝△1,740（貸方）

非支配株主に帰属する当期純利益：1,278

建物：100,000（Ｐ社）

減価償却累計額：△40,000（Ｐ社）

繰延税金負債：ゼロ

非支配株主持分：174,300（X3.3資本合計）×20％（非持比率）＝34,860

第４節　一部売却により生じる資本剰余金からの法人税等相当額の控除

子会社株式を一部売却した場合、親会社の売却持分と売却価額との差額は資本剰余金として処理し、当該差額に係る法人税等相当額は法人税、住民税及び事業税を相手勘定として資本剰余金から控除する。

〔一部売却に係る連結修正仕訳〕

(借)	子会社株式	×××	(貸)	非支配株主持分－当期変動額	×××
	子会社株式売却益	×××		資本剰余金－当期変動額	×××

〔法人税等相当額の控除〕

(借)	資本剰余金－当期変動額	×××	(貸)	法人税、住民税及び事業税	×××

※　資本剰余金への振替額×親会社の実効税率

参考　子会社に対する投資に係る一時差異

子会社に対する投資額は、個別上は「子会社株式の計上額」となる。一方、連結上では、「子会社の資本合計×親会社持分比率＋のれん」が子会社に対する投資額となる。

基本的に支配獲得時において、子会社に対する投資額は個別上と連結上で一致しているため、一時差異は生じない。

しかし、その後は、個別上の子会社株式は取得原価で評価される一方で、連結上の子会社に対する投資額は、取得後剰余金やのれん償却等により増減する。この結果、個別上と連結上の子会社に対する投資額に差異（将来加算一時差異）が生じることになる。当該差異を、「子会社に対する投資に係る一時差異」という。

当該差異は、子会社株式を売却すること等により解消する。よって、子会社株式の売却を行う予定がない場合には差異が解消しない。このため、基本的には、子会社に対する投資に係る一時差異に対しては税効果を適用しない。

■ 例題12　資本剰余金からの法人税等相当額の控除　重要度C

以下の資料に基づき、×５年３月期の連結財務諸表を作成しなさい。

(1)　Ｐ社は×４年３月31日にＳ社株式の80％を45,600円で取得し、Ｓ社を子会社とした。

(2)　Ｐ社は×５年３月31日にＳ社株式の20％を15,000円で売却した。

(3)　Ｓ社の資本勘定の推移は次のとおりである。

	資本金	利益剰余金
×４年３月31日	30,000円	27,000円
×５年３月31日	30,000円	30,000円

(4)　剰余金の配当は行われていない。

(5)　実効税率は毎期40％である。連結上において子会社株式の売却により生じた資本剰余金に係る法人税等相当額は、資本剰余金から控除すること。なお、子会社への投資に係る一時差異については、税効果会計を適用しないものとする。

(6)　×５年３月31日現在のＰ社及びＳ社の財務諸表は次のとおりである。

損　益　計　算　書

×４年４月１日～×５年３月31日　　　（単位：円）

科　　目	Ｐ　社	Ｓ　社	科　　目	Ｐ　社	Ｓ　社
諸　費　用	88,100	27,000	諸　収　益	134,500	32,000
法 人 税 等	20,000	2,000	子会社株式売却益	3,600	―
当期純利益	30,000	3,000			
	138,100	32,000		138,100	32,000

貸　借　対　照　表

×５年３月31日現在　　　（単位：円）

科　　目	Ｐ　社	Ｓ　社	科　　目	Ｐ　社	Ｓ　社
諸　資　産	199,700	110,000	諸　負　債	120,000	50,000
子会社株式	34,200	―	資　本　金	60,000	30,000
			利益剰余金	53,900	30,000
	233,900	110,000		233,900	110,000

■ 解答解説（単位：円）

1．タイム・テーブル

売却額 15,000
個別益　3,600(*1)

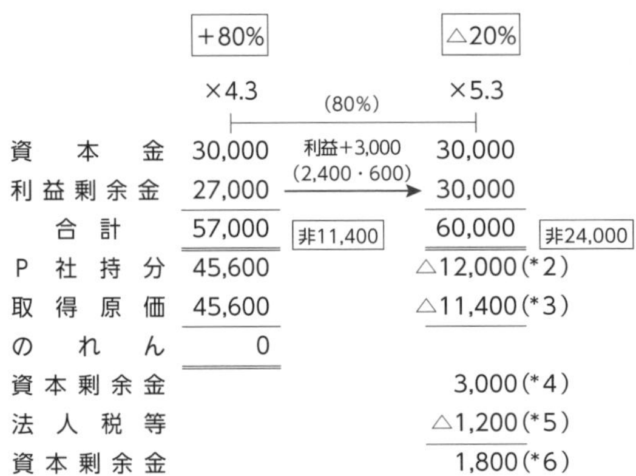

(*1) 株式売却益：15,000（売却価額）－11,400（売却原価*3）＝3,600
(*2) 売却持分：60,000（×5.3資本合計）×20％（売却割合）＝12,000
(*3) 売却原価：45,600（80％分取得原価）÷80％（×4.3取得）×20％（売却割合）＝11,400
(*4) 資本剰余金：15,000（売却価額）－12,000（売却持分*2）＝3,000
(*5) 法人税等修正額：3,000（資本剰余金*4）×40％（税率）＝△1,200
(*6) 法人税等控除後資本剰余金：3,000（資本剰余金*4）×{1－40％（税率）}＝1,800

2．連結修正仕訳

(1) 開始仕訳（投資と資本の相殺消去）

(借)			(貸)	
(借)	資本金－当期首残高	30,000	(貸) 子会社株式	45,600
	利益剰余金－当期首残高	27,000	非支配株主持分－当期首残高	11,400※

※　非支配株主持分：57,000（X4.3資本合計）×20％（一部売却前非持比率）＝11,400

(2) 当期の連結修正仕訳

① 利益の按分

(借)			(貸)	
(借)	非支配株主に帰属する当期純損益	600	(貸) 非支配株主持分－当期変動額	600

※　3,000（S社当期利益）×20％（一部売却前非持比率）＝600

② 一部売却

〔個別上の仕訳〕

(借)			(貸)	
(借)	現金預金	15,000※1	(貸) 子会社株式	11,400※2
			子会社株式売却益	3,600※3

※1　現金預金：15,000（売却価額）
※2　子会社株式：45,600（80％分取得原価）÷80％（X4.3取得）×20％（売却割合）＝11,400
※3　子会社株式売却益：3,600（差額）

〔連結上あるべき仕訳〕

（借）現　金　預　金	15,000※1	（貸）非支配株主持分－当期変動額	12,000※2
		資本剰余金－当期変動額	3,000※3

※１　現金預金：15,000（売却価額）
※２　非支配株主持分：60,000（X5.3資本合計）×20％（売却割合）＝12,000
※３　資本剰余金：3,000（差額）

〔連結修正仕訳〕

（借）子　会　社　株　式	11,400	（貸）非支配株主持分－当期変動額	12,000
子会社株式売却益	3,600	資本剰余金－当期変動額	3,000

③　資本剰余金からの法人税等相当額の控除

（借）資本剰余金－当期変動額	1,200	（貸）法　人　税　等	1,200

※　3,000（資本剰余金）×40％（税率）＝1,200

３．連結財務諸表

連 結 損 益 計 算 書
×４年４月１日～×５年３月31日

諸　費　用	115,100	諸　収　益	166,500
法　人　税　等	20,800※1		
非支配株主に帰属する当期純利益	600		
親会社株主に帰属する当期純利益	30,000※2		
	166,500		166,500

※1　20,000（Ｐ社）＋2,000（Ｓ社）－1,200（資本剰余金に係る法人税等）＝20,800
※2　30,000（Ｐ社）＋2,400（取得後剰余金）－3,600（子会社株式売却益）＋1,200（法人税等）＝30,000

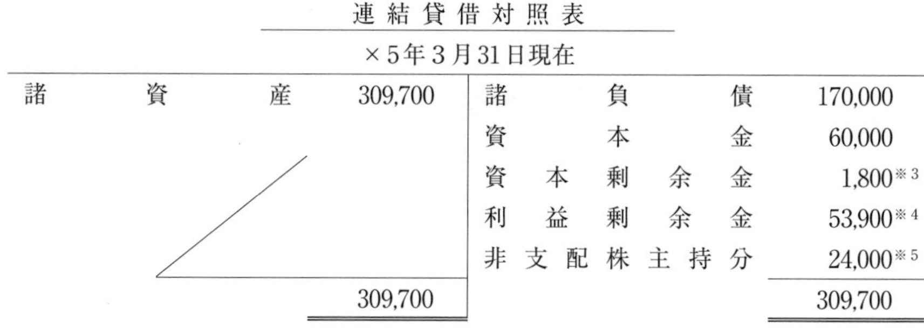

連 結 貸 借 対 照 表
×５年３月31日現在

諸　資　産	309,700	諸　負　債	170,000
		資　本　金	60,000
		資　本　剰　余　金	1,800※3
		利　益　剰　余　金	53,900※4
		非　支　配　株　主　持　分	24,000※5
	309,700		309,700

※3　15,000（売却価額）－12,000（連結上の売却持分）－1,200（法人税等）＝1,800
※4　53,900（Ｐ社）＋2,400（取得後剰余金）－3,600（子会社株式売却益）＋1,200（法人税等）＝53,900
※5　60,000（X5.3資本合計）×40％（一部売却後非持比率）＝24,000

索　引

た

な

は

ま

や

ら

〈編著者紹介〉

CPA会計学院

公認会計士試験資格スクールとして、圧倒的な合格実績を誇る。
創設は昭和43年。わが国で初めて全日制による公認会計士受験指導を始めたスクールとして誕生した。本質が理解できる講義・教材により、全国の学生・社会人から支持を得ている。
創設以来、全国展開をせず、受講生一人ひとりを手厚くするフォローする戦略により、合格者の過半数以上を輩出。
2023年公認会計士試験では全体合格者1,544名の内、786名の合格者の輩出、総合合格１位合格者の輩出など圧倒的な実績を残している。
「CPAラーニング」を通じて、簿記・会計教育の浸透に取り組んでいる。

いちばんわかる日商簿記１級
商業簿記・会計学の教科書　第Ⅱ部

2023年５月18日　初版第１刷発行
2024年７月25日　　　第２刷発行

編著者　CPA会計学院

発行者　CPA出版
住所：〒160-0022　東京都新宿区新宿3-14-20 新宿テアトルビル5F
アドレス：cpa-learning@cpa-net.jp
URL：https://www.cpa-learning.com/

発売　サンクチュアリ出版
〒113-0023　東京都文京区向丘2-14-9
電話：03-5834-2507　FAX：03-5834-2508

印刷・製本　シナノ書籍印刷株式会社

ISBN978-4-8014-9386-5